G&W STEUERBERATUNG

Geld zurück vom Finanzamt 2025

Steuererklärungen 2024

Das große Steuersparbuch

Redaktion:
Oliver Ginthör, Christoph Wolf, Matteo Böhm, Markus Dankl, Richard Elhenicky, Jonas Fleischanderl, Thomas Gritsch, Martin Haselberger, Maria Hofer, Ulrike Hofer, Christian Lang, Olga Ovadias, Anouk Philipp, Laurenz Seidl, Jasmin Wagner, Manfred Wagner, Tobias Wallpach

ISBN 978-3-9505464-3-9
EAN 9 783950 546439

Erschienen bei G & W Steuerberatungs GmbH, 1010 Wien
Layout, Satz: **luc**design – www.luc.at, Wien
Illustrationen: Klaus Pitter
Druck: Czech Print Center a. s., Ostrava

Liebe Leserinnen und Leser!

Zum mittlerweile 25. Mal erscheint das Standardwerk „Geld zurück vom Finanzamt“, das der Bund der Steuerzahler Österreichs für seine Mitglieder gratis und mit großer Kontinuität herausgibt!

Die noch immer spürbaren Folgen der Corona- und Energiekrise, die Kriege in der Ukraine und im Nahen Osten sowie die dadurch entstehenden Lieferengpässe haben zu vielen Maßnahmen der Regierung und des Gesetzgebers auch im steuerlichen Bereich geführt. Weitere Änderungen im Steuer- und Sozialrecht werden sicherlich auch folgen. Bitte beachten Sie, dass viele der Maßnahmen nur befristet gelten. Dieses Buch berücksichtigt Änderungen bis zum 31.10.2024. **Bei Unklarheiten über spätere Änderungen wenden Sie sich bitte an Ihren Steuerberater oder an das Finanzamt.**

Welche ganz legalen Möglichkeiten Sie als SteuerzahlerIn haben, Ihre Abgabenbelastung gegenüber dem Staat zu reduzieren, und welche Steuerspartipps es gibt, die oft nur aus Unkenntnis nicht genützt werden, zeigt Ihnen dieses Buch. Es steht Ihnen mit Rat und Tat bei der raschen Erstellung Ihrer Steuererklärung zur Seite und hilft Ihnen durch:

1. einen einfachen Aufbau mit einer übersichtlichen Gliederung, um Sie schnell zum Erfolg zu führen,
2. einen kompakten Überblick der Änderungen im Jahr 2024/25 (ab Seite 20).

Neben kleineren Anpassungen ist insbesondere auf die Kostenabfederung durch den Klimabonus zu verweisen. Diese ist eine bare, an den Wohnsitz gekoppelte Einmalzahlung. Je besser die Versorgung mit öffentlichen Verkehrsmitteln, desto weniger Klimabonus erhält man. Personen unter 18 Jahren erhalten immer nur die Hälfte. Die dritte Einkommensteuerstufe wird von 42 % auf 40 % gesenkt. Mit der – vom Bund der Steuerzahler seit vielen Jahren geforderten und nun endlich umgesetzten – Abschaffung der kalten Progression per 1.1.2023 kommt es deshalb auch zu einer Anhebung der jeweiligen Tarifstufen.

Um Ihr Geld vom Finanzamt zurückzubekommen, sollten Sie die meisten Fragen bereits mit diesem Buch lösen können. Im Teil A (mit dem grauen Rand) finden Sie alle „Werkzeuge“, mit denen Sie die Steuerschraube lockern können. Die Details können Sie dann mit Hilfe des Einnahmen-Ausgaben-Index im hinteren Teil nachschlagen. Dabei leiten Sie folgende Symbole durch das Buch:

Tipp
So machen Sie es richtig!

Beispiel
Vom trockenen Gesetz hinein ins Leben.

Achtung, aufgepasst!
Tappen Sie nicht in die Falle!

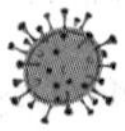

NEU: Corona
Übersehen Sie nicht die neuen Änderungen!

Um die Lesbarkeit des Buches zu erhöhen, haben wir auf den Abdruck der Formulare verzichtet, die alle im Internet abrufbar sind. Für die Steuererklärungsformulare müssen Sie nicht extra aufs Finanzamt laufen. Diese finden Sie auf der Homepage des Bundesministeriums für Finanzen unter der Rubrik „Formulare“.

Na dann, viel Spaß bei der Lösung Ihrer Steuerfragen und wir wünschen: **Geld zurück vom Finanzamt!**

Redaktionsteam – Bund der Steuerzahler · Stand: 31.10.2024

Inhaltsübersicht

Warum Arbeitnehmer eine Steuererklärung abgeben sollen

Stellen Sie sich vor, Sie spielen Lotto. Die Tipps sind gratis, daher füllen Sie diesmal mehrere Scheine aus. Die Wahrscheinlichkeit, dass Sie dafür ein paar Hunderter (Euro) gewinnen, beträgt über 80 %! Mit ein bisschen Glück kann es aber auch mehr sein.

Geld ohne Einsatz

Unrealistisch? Träumerei? Mitnichten. Die Scheine, die kostenlos „Gewinnchancen" einräumen, heißen „Arbeitnehmerveranlagung". Leider wissen nur allzu wenige Österreicher davon, sodass sich der Finanzminister jährlich über ein beträchtliches Körberlgeld freuen kann, das eigentlich dem Steuerzahler gehört. Er muss es sich nur abholen.

Jährlich bis zu 500 Millionen Euro zu verschenken

Wie kommt es dazu? Ihr Arbeitgeber überweist für Sie die Lohnsteuer an das Finanzamt. Damit die Verrechnung für ihn möglichst einfach bleibt, ermittelt er die Steuerbeträge nach einem einfachen Schlüssel, der Ihre persönlichen Umstände nicht berücksichtigt. Damit zahlt er (in den meisten Fällen) zu viel an den Fiskus. **Schlagen Sie jetzt zu!**

Wenn Sie noch keine Arbeitnehmerveranlagung gemacht haben, haben Sie gleich fünffache Gewinnchancen! Sie dürfen heuer (bis 31. Dezember 2025) nämlich den Ausgleich für 2020, 2021, 2022, 2023 und 2024 nachholen.

Ihre Chancen stehen dann besonders gut, wenn Sie in diesen Zeiträumen

- ungleich hohe Bezüge erhielten,
- weniger als € 12.816,– im Jahr verdienten,
- sich Ihre persönlichen Umstände änderten (Kind, Hochzeit, Scheidung, Alleinverdiener, nicht durchgehend beschäftigt),
- Kinder auswärts einer Berufsausbildung nachgingen,
- Haushaltshilfe, Kindergarten oder Internat bezahlen mussten,
- freiwillig in Pensionsversicherung, Krankenversicherung, Unfallversicherung, etc. einzahlten,
- Wohnraum geschaffen, saniert oder Kredite dafür rückgezahlt haben,
- täglich weit zum Arbeitsplatz pendeln mussten oder kein öffentliches Verkehrsmittel zur Verfügung stand,
- besondere private Ausgaben z. B. für Medizin, Behandlung, Pflege, Katastrophenschäden anfielen,
- sich weiterbildeten,
- eigene Ressourcen für Ihre Arbeit verwendeten (Auto, Arbeitszimmer, Computer, Telefon etc.).

Geld ohne Risiko

Nach Abgabe Ihrer Formulare wird das Finanzamt aktiv. Anhand Ihrer Daten wird in einem Bescheid Ihre Gutschrift oder eventuell eine Nachzahlung festgesetzt. Aber keine Angst: **Sie entscheiden selbst, ob Sie das Ergebnis annehmen oder ablehnen!**

Wenn nämlich, was sehr unwahrscheinlich ist, unterm Strich eine Steuernachzahlung herauskommt, so kann jeder, der die Arbeitnehmerveranlagung freiwillig gemacht hat, den Antrag wieder zurückziehen. Eine kurze schriftliche Mitteilung genügt. Warten Sie nicht auf die nächste Steuersenkung!

Holen Sie sich Ihr Geld zurück vom Finanzamt!

A Schnell- durchgang

Meine schnelle Steuererklärung

So wie Haarausfall und der Termin beim Zahnarzt ist auch eine Steuererklärung etwas, mit dem man sich früher oder später im Leben anfreunden muss – und einmal ist eben das erste Mal. Keine Angst, es ging den meisten anderen Mitbürgern irgendwann ebenso.

So geht's am besten – ohne das ganze Buch lesen zu müssen:

1. Klären Sie ab, ob Sie überhaupt steuerpflichtig sind, welche Erklärung Sie wo und wann abgeben müssen (siehe dazu die Wer-Was-Wann-Wo-Wie-Fragen ab Seite 22 und „Steuerexpress" ab Seite 17).
2. Die Steuererklärungen finden Sie auf der Homepage des BMF (www.bmf.gv.at). Suchen Sie sich die richtige aus („Was") und füllen Sie diese nach Möglichkeit am Computer aus.
3. Haben Sie auch wirklich alle Einnahmen und Ausgaben berücksichtigt? Sie möchten wissen, unter welchem Posten Ihre Rechnungen berücksichtigt werden könnten? Der Einnahmen- bzw. Ausgabenindex (ab 27) ist Ihre persönliche Checkliste und Nachschlageregister. Dort erfahren Sie, was wie berücksichtigt werden kann, und wo Sie die notwendigen Informationen dazu finden.
4. Sie sind mit der Steuererklärung fertig? Zusätzlich haben Sie die Möglichkeit Ihre Steuer zu berechnen: Dies können Sie auf der Homepage des BMF erledigen (www.bmf.gv.at, Rubrik Berechnungsprogramme).
5. Schicken Sie dann die Erklärung rechtzeitig („Wann") an das richtige Finanzamt („Wo"). Das ist jetzt auch schon über das Internet möglich.
6. Wenn dann der Bescheid kommt, sollten Sie diesen überprüfen. Geringfügige Abweichungen zu Ihrer Musterberechnung mögen systembedingt möglich sein. Sie sollten aber die Abweichungen im Rahmen der Bescheidprüfung analysieren und gegebenenfalls darauf reagieren.

So einfach geht's!

Im nächsten Jahr – Sie werden sehen – fällt es Ihnen noch viel leichter!

Schnelldurchgang für Fortgeschrittene

Sie zählen sich schon zu den Profis bzw. alten Hasen und wollen das Prozedere der Steuererklärung schnell hinter sich bringen?

Wir zeigen Ihnen, wie's geht:

1. Nur zur kurzen Kontrolle: Sie wissen, ob Sie steuerpflichtig sind, was Sie wo und wann abgeben. Sicherheitshalber ein kurzer Check („Wer-Was-Wann-Wo-Wie?“ auf Seite 12).
2. Auf der Homepage des BMF finden Sie das benötigte Steuerformular und die Beilagen.
3. Schlagen Sie im Buch den Teil „2 Der Steuerexpress“ auf Seite 17 auf und gehen Sie die einzelnen Punkte der Steuererklärung durch.
4. Haben Sie auch nichts vergessen? Prüfen Sie noch einmal die verschiedenen Ausgaben anhand des Einnahmen-/Ausgabenindex (Seite 27). Dort erfahren Sie auch, wo Sie die benötigten Informationen finden.
5. Spezialthemen oder Antworten auf Fragen finden Sie ab Seite 323 nach Sachthemen geordnet im Index.
6. Wenn Sie alles im Griff haben, dann: ab zum Finanzamt.

Einfacher geht es wohl kaum.

1 Wer, Was, Wann, Wo, Wie?

Wer muss eine Steuererklärung abgeben?

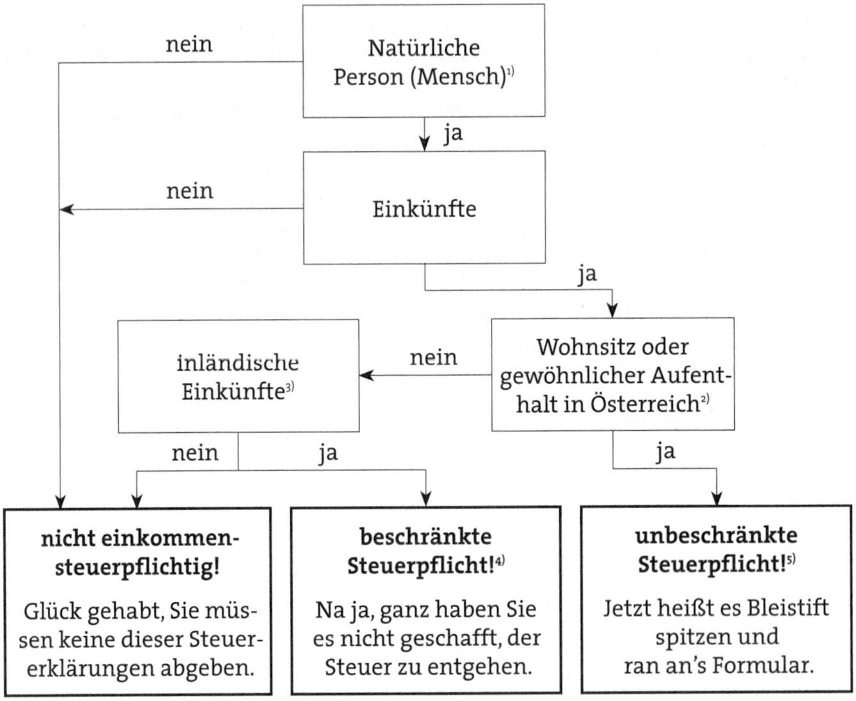

1) Alter, Staatsbürgerschaft, Geschlecht etc. sind für die Begründung der Einkommensteuerpflicht unbedeutend. Kapitalgesellschaften (AG, GmbH) unterliegen nicht der Einkommensteuer, sondern der Körperschaftsteuer. Personengesellschaften sind keine Steuersubjekte, es werden die Gesellschafter direkt besteuert.

2) Eine Person hat einen Wohnsitz dort, wo sie eine Wohnung benutzen kann und diese auch beibehalten möchte. Ein (bloß gelegentlich benütztes) Untermietzimmer oder ein Ferienhaus kann daher auch die unbeschränkte Steuerpflicht auslösen. Eine dauernd an andere Leute vermietete Eigentumswohnung begründet für den Vermieter keinen Wohnsitz. Wenn eine Person einen Wohnsitz in zwei Staaten hat, ist sie in beiden Staaten unbeschränkt steuerpflichtig. In solchen Fällen gibt es so genannte Doppelbesteuerungsabkommen, welche die einzelnen Einkünfte einem der beiden Staaten zur Besteuerung zuweisen und damit das Besteuerungsrecht des anderen Staates beschränken. Die unbeschränkte Steuerpflicht wird durch die Anwendbarkeit der Zweitwohnsitzverordnung relativiert: Befindet sich der Mittelpunkt der Lebensinteressen mehr als 5 Jahre lang im Ausland, begründet die inländische Wohnung nur dann einen Wohnsitz und somit eine unbeschränkte Abgabepflicht wenn diese mehr als 70 Tage genutzt wird. Bei weniger liegt kein Wohnsitz im Inland iSd § 1 EStG vor. Der Abgabepflichtige ist in diesem Fall nur beschränkt steuerpflichtig

3) Dazu gehören z. B. Einkünfte aus inländischem Kapitalvermögen (z. B. Erträge aus österreichischen Aktien, GmbH-Anteilen), Mieteinkünfte aus in Österreich befindlichem Vermögen oder Einkünfte aus einer in Österreich unterhaltenen Betriebsstätte.

4) Bei beschränkter Steuerpflicht unterliegen nur bestimmte inländische Einkünfte der Einkommensteuer.
5) Bei unbeschränkter Steuerpflicht unterliegen sämtliche in- und ausländische Einkünfte (Welteinkommen) einer Person der Einkommensteuer.

Was für eine Steuererklärung?[6]

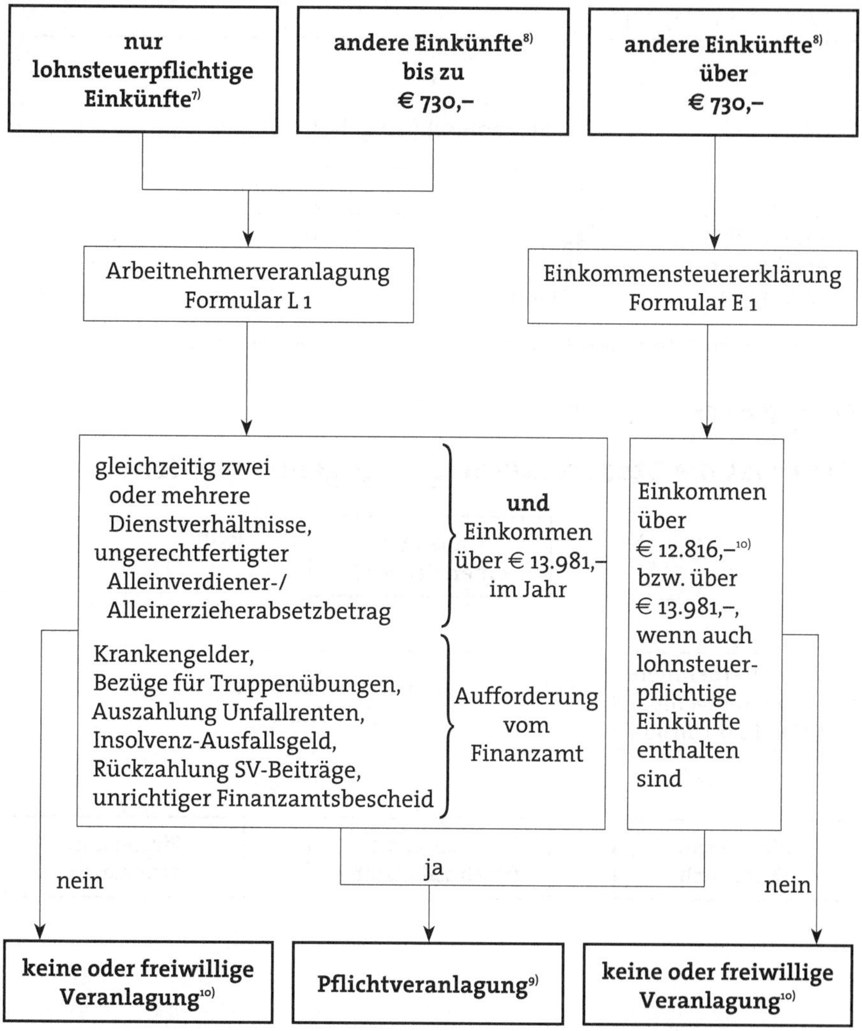

6) Gilt für unbeschränkt Steuerpflichtige (siehe Wer?). Wer einen Betriebsvermögensvergleich macht (Bilanzierung), hat immer verpflichtend eine Einkommensteuererklärung abzugeben.
7) Lohnsteuerpflichtige Einkünfte: Bezüge aus unselbständiger Tätigkeit (z. B. als Arbeiter, Angestellter, Beamter aber auch als Pensionist).
8) Andere Einkünfte: dies sind hier alle anderen Einkünfte außer die lohnsteuerpflichtigen Einkünfte aus Punkt 2; näheres ab Seite 50 („Die Einkunftsarten im Detail").
9) Die Zusendung einer Steuererklärung durch das Finanzamt gilt als verpflichtende Aufforderung, eine Erklärung abzugeben. In Abhängigkeit von Ihren Einkünften erhalten Sie entweder eine Einkommensteuererklärung (E 1) oder eine Erklärung zur Arbeitnehmerveranlagung (L 1).
10) Sie müssen keine Steuererklärung abgeben, aber Sie dürfen – Sie können also nur gewinnen.

Wann muss die Steuererklärung abgegeben werden?

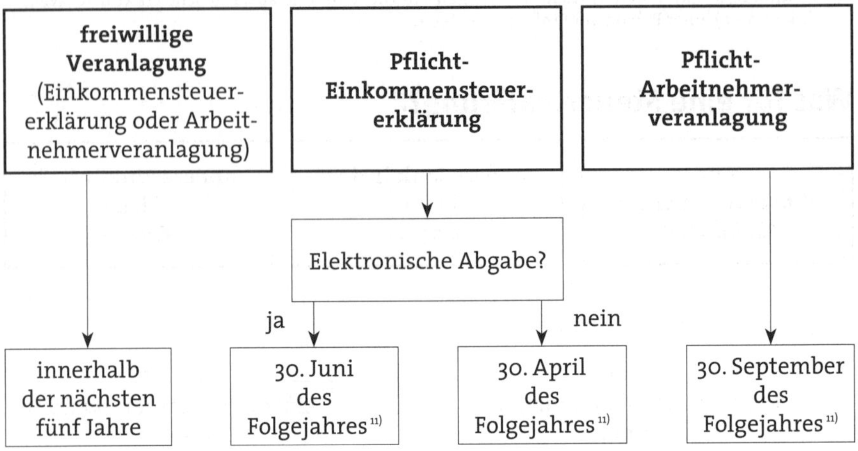

11) durch Wirtschaftstreuhänder vertreten: 31. März des zweitfolgenden Jahres

Achtung vor der Anspruchsverzinsung! Siehe 47

Wo muss die Steuererklärung abgegeben werden?

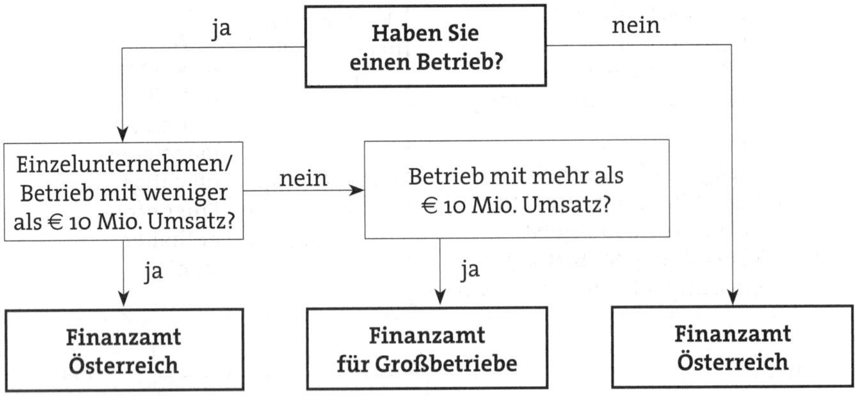

Wie muss die Steuererklärung abgegeben werden?

Das Gesetz sieht grundsätzlich vor, dass die Steuererklärung elektronisch über FinanzOnline (Internet) eingereicht werden muss, außer dem Steuerpflichtigen ist die elektronische Übermittlung der Steuererklärung mangels technischer Voraussetzungen unzumutbar. Das bedeutet, dass die Übermittlung der Einkommensteuererklärung (E1), der Körperschaftsteuererklärung (K1) sowie der Umsatzsteuererklärung (U1) nur dann elektronisch zu erfolgen haben, wenn der Abgabepflichtige die Steuererklärung selbst einreicht, er über einen Internet-Anschluss verfügt, wegen Überschreitens der Umsatzgrenze von € 100.000,– zur Abgabe von Voranmeldungen verpflichtet ist oder wenn die Erklärungen durch den steuerlichen Vertreter eingereicht werden. Bei einem Vorjahresumsatz von mehr als € 100.000,– sind monatliche Umsatzsteuervoranmeldungen abzugeben. Unternehmer, deren Umsätze im vorangegangenen Kalenderjahr € 35.000,–, aber nicht € 100.000,– überstiegen haben, sind verpflichtet, vierteljährlich Umsatzsteuervoranmeldungen einzureichen. Da die Umstellung auf die elektronische Steuererklärung von Seiten der Finanzverwaltung nur schrittweise erfolgen kann, sind noch nicht elektronisch verfügbare Beilagen wie bisher schriftlich einzureichen.

Reicht der Steuerpflichtige die Einkommensteuererklärung einmal elektronisch ein, so ist er auch zukünftig zur elektronischen Übermittlung verpflichtet, da er selbst den Nachweis der technischen Machbarkeit erbracht hat.

Achtung: Personen, für die eine Arbeitnehmerveranlagung (L1) durchzuführen ist, sind von der Verpflichtung zur elektronischen Übermittlung ausgenommen.

Bis wohin zahle ich nichts?

Beispiel

Verdienen Sie weniger als € 518,44 pro Monat (ab 2025: € 551,10 pro Monat), müssen Sie weder Sozialversicherung noch Einkommensteuer zahlen. Verdienen Sie mehr, zum Beispiel € 850,– pro Monat, fallen nur Beiträge zur Sozialversicherung i. H. v. € 149,35 (17,57 % von € 850,–) an. Bei einem Bruttoeinkommen von beispielsweise € 2.200,– monatlich (€ 30.800,– jährlich) fallen sowohl Sozialversicherungsbeiträge als auch Einkommensteuer an. Verdienen Sie beispielsweise € 7.000,–, dann wird der Sozialversicherungsbeitrag nur von der Höchstbemessungsgrundlage i. H. v. € 6.060,– berechnet und beträgt somit € 1.095,04 monatlich. Für die Einkommensteuerbemessung gibt es keinen Höchstbetrag. Die Steuer beträgt in diesem Fall € 35.011,75 jährlich (zur Berechnung der Einkommensteuer siehe Seite „1.4.1 Einkommensteuertarif“ auf Seite 69)

Berechnung	**SV-Beiträge**	**Steuer**
Arbeiter	18,07 %	Werbungskostenpauschale € 132,– Verkehrsabsetzbetrag € 463,–
Angestellte	18,07 %	
Freie Dienstnehmer	17,57 %	Betriebsausgabenpauschale 6 % bzw. u. U. auch 12 %
Gewerbetreibende/ Neue Selbständige	25,30 % zzgl. € 11,35 pauschalisierter Monatsbeitrag zur Unfallversicherung	

Bei kleineren Einkommen verringert sich die Arbeitslosenversicherung.
Sonderzahlungen wurden nicht berücksichtigt.

2 Der Steuerexpress

So kommen Sie am schnellsten zu Ihrer Steuerersparnis

Dieser Teil setzt dort an, wo jeder Steuerzahler auch im täglichen Leben ansetzen muss, um Steuern zu sparen – bei seinen **Steuererklärungen:** Mit unselbständigen Einkünften (z.B. Arbeiter, Angestellte, Beamte aber auch Pensionisten) zahlen Sie in der Regel **Lohnsteuer,** die Ihnen von der auszahlenden Stelle automatisch abgezogen wird. Sie können (in manchen Fällen müssen Sie) diese „Vorweg"-Steuer nach Ablauf des Jahres durch ein an das Finanzamt gerichtetes Formular namens „Arbeitnehmerveranlagung" aber im Nachhinein korrigieren lassen.

Jeder, der keine lohnsteuerpflichtigen, aber andere Einkünfte erzielt, zahlt im Normalfall **Einkommensteuer.** Die Einkommensteuer setzt das Finanzamt aufgrund von Daten fest, die in einem Formular namens „Einkommensteuererklärung" vom Steuerpflichtigen bekannt gegeben werden. Jeder unternehmerisch Erwerbstätige ist üblicherweise verpflichtet, einmal pro Jahr im Nachhinein eine Einkommensteuererklärung für das Kalenderjahr abzugeben. Akzeptiert die Finanz diese Erklärung, errechnet sie daraus die Steuer für das veranlagte Jahr. Während des Jahres werden vom Steuerpflichtigen vierteljährlich Vorauszahlungen geleistet. Sind die Vorauszahlungen geringer als die errechnete Steuer, kommt es zu einer Nachzahlung, sind die Vorauszahlungen höher, dann kommt es zur Freude des Steuerzahlers zu einer Steuergutschrift.

Im Folgenden haben wir Beispiele für Sie zusammengestellt, wann sich eine Arbeitnehmerveranlagung für Sie lohnt!

1) Schwankende Bezüge

Eine Durchführung der Arbeitnehmerveranlagung lohnt sich unter anderem bei schwankenden Bezügen innerhalb eines Jahres bzw. wenn nicht das gesamte Jahr gearbeitet wurde. Es können sich beachtliche Steuergutschriften ergeben.

2) Negativsteuer

Eine Durchführung der Arbeitnehmerveranlagung lohnt sich auch, wenn man gar keine Lohnsteuer bezahlt! Durch die so genannte Negativsteuer kann es zu einer Steuergutschrift kommen.

Arbeitnehmer, die keine Lohnsteuer zahlen, jedoch Sozialversicherungsbeiträge abführen, können 55 % dieser Sozialversicherungsbeiträge zurückholen. Maximal ist eine Steuergutschrift von € 463,– pro Jahr möglich.

Der Erstattungsbetrag kann sich von € 463,– auf maximal € 579,– erhöhen, wenn der Arbeitnehmer zusätzlich einen Anspruch auf die Pendlerpauschale hat.

Auch Pensionisten, die aufgrund ihrer geringen Pension keine Einkommensteuer zahlen und Sozialversicherungsbeiträge abführen, erhalten 80 % dieser Sozialversicherungsbeiträge rückerstattet. Eine Steuergutschrift für Pensionisten ist höchstens bis € 637,– pro Jahr möglich.

3) Zusammenfassendes Beispiel

Herr Max Muster wohnt in Wien und ist Angestellter in der Marketingabteilung eines Lebensmittelkonzerns in Niederösterreich. Sein monatliches Gehalt beträgt € 3.200,–. Er ist zum zweiten Mal verheiratet und aus dieser Ehe entstammen drei Kinder. Seine Gattin ist Studentin und kümmert sich um den gemeinsamen Haushalt. Sie ist nicht erwerbstätig. Aus erster Ehe hat Herr Muster ein Kind, für welches er im gesamten Jahr 2024 Alimente geleistet hat.

In der laufenden Gehaltsverrechnung von Herrn Muster wurde weder der Alleinverdienerabsetzbetrag (siehe 70) noch die Pendlerpauschale (siehe 133) berücksichtigt.

Folgende Sonderausgaben hat Herr Muster im Jahr 2024 geleistet:

Kirchenbeitrag

€ 221,93, max. absetzbar im Jahr 2024: € 600,–.

Spende gemeinnützige Organisation

€ 200,– (siehe Seite 181, 5.2.5 Spenden)

Folgende Werbungskosten hat Herr Muster im Jahr 2024 geleistet:

Herr Muster legt täglich 31 km zur Arbeitsstätte zurück. Da ihm die Benützung eines öffentlichen Verkehrsmittels zumutbar ist, steht ihm nur die kleine Pendlerpauschale zwischen 20 und 40 km zu (siehe 133). Dieses beträgt € 696,– pro Jahr. Da die Pendlerpauschale nicht im Rahmen der Gehaltsverrechnung berücksichtigt wurde, kann Herr Muster dies mit der Arbeitnehmerveranlagung nachholen.

Computer

Herr Muster hat sich im März 2024 einen neuen Computer zugelegt, den er auch für berufliche Zwecke benutzt. Die Anschaffungskosten des Computers betrugen € 1.399,–. Auf Grund der privaten Nutzung muss Herr Muster 40 % der Anschaffungskosten als Privatanteil ausscheiden (üblicherweise von der Finanzverwaltung anerkannt). Die verbleibenden € 839,40 sind über drei Jahre verteilt als Werbungskosten abzusetzen (siehe Seite 108). Das ergibt für die Jahre 2024 bis 2027 jeweils einen Betrag von € 279,80.

Fachliteratur

An Fachbüchern für seine berufliche Tätigkeit hat Herr Muster € 79,90 im Jahr 2024 ausgegeben.

Reisekosten

Am 16.10.2024 hat Herr Muster an einem Seminar über „Guerilla Marketing" in Steyr teilgenommen. Sowohl die Reisekosten als auch die Seminargebühren wurden nicht vom Arbeitgeber übernommen. Da er mit dem eigenen Auto angereist ist, verrechnet Herr Muster € 138,60 (330 km mal € 0,42, siehe Seite 140). Darüber hinaus macht

Herr Muster Tagesdiäten geltend. Da die Reise länger als 11 Stunden dauert, steht Herr Muster ein voller Tagessatz i. d. H. v. € 26,40 zu (siehe 141).

Aus- bzw. Fortbildung

Die Teilnahmegebühren für das oben erwähnte Seminar betragen € 290,– (siehe S. 115).

Folgende außergewöhnliche Belastungen hatte Herr Muster im Jahr 2024 zu leisten:

Auf Grund eines Autounfalls musste Herr Muster sich die unteren Zähne erneuern lassen. Die Arztkosten belaufen sich auf € 7.325,– und wurden im Jahr 2024 zur Gänze von Herrn Muster bezahlt (keine Kostentragung durch die Krankenkasse). Diese außergewöhnlichen Belastungen unterliegen einem gewissen Selbstbehalt (siehe ab Seite 100), im Fall von Herrn Muster beträgt dieser rund € 586,–. Herr Muster ist zu 70 % behindert und muss auf Grund von Diabetes eine strenge Diät einhalten. Eine Tochter von Herrn Muster ist auf Grund eines Nierenleidens zu 40 % behindert. Für die Behinderung von Herrn Muster und seiner Tochter steht Herrn Muster ein Freibetrag i. H. v. € 599,– und € 164,– zu.

Tipp: Herrn Muster steht der Mehrkindzuschlag zu (siehe 72). Sollte jedoch keine Arbeitnehmerveranlagung durchgeführt werden bzw. wurde bei der Arbeitnehmerveranlagung auf den Mehrkindzuschlag vergessen und der Bescheid ist bereits rechtsgültig, so kann trotzdem der Mehrkindzuschlag mittels des Formulars E 4 beantragt werden. Dieses Formular kann auf der Homepage des Bundesministeriums für Finanzen (www.bmf.gv.at) im Bereich „Formulare" heruntergeladen werden. Der Mehrkindzuschlag beträgt ab dem 3. Kind € 23,30 monatlich (2024 daher € 279,60)

Ergebnis für Herrn Muster:

Auf Grund der Arbeitnehmerveranlagung 2024 ergibt sich eine Reduzierung der Steuerbemessungsgrundlage i. H. v. € 2.673,70.

2.1 Steuerliche Änderungen 2024/25

CO_2-Steuer und Klimabonus

Mit der Steuerreform 2022 gerät der Klimaschutz in Österreich in einen größeren Fokus. Klimaschädliches CO_2 erhält in Form der CO_2-Steuer einen Preis, und klimafreundliches Verhalten wird durch den regionalen Klimabonus belohnt. Letzteres gilt als Abfederung der neuen CO_2-Steuer. Die CO_2-Steuer muss von Unternehmen entrichtet werden, die Kraftstoffe in Österreich herstellen oder importieren. Sie beträgt für das Jahr 2024 € 45,– pro Tonne CO_2 und steigt 2025 auf € 55,–. Damit sollen fossile Brennstoffe versteuert werden. Dadurch steigen die Benzin- und Dieselpreise sowie die Kosten für Heizöl an. Der Klimabonus beträgt gestaffelt, abhängig vom Wohnsitz pro Person maximal € 290,– und mindestens € 145,–. Seit 2024 ist neu, dass ab einem Jahreseinkommen von mehr als € 66.612,– der Klimabonus zu versteuern ist.

Änderung des Einkommensteuertarifs – Abschaffung der Kalten Progression

Mit der Steuerreform 2022 ging eine schrittweise Änderung des Einkommensteuertarifs einher. Sie sollte die Belastung der Einkommen durch die kalte Progression entlasten. Geändert wurden seither jährlich jeweils die Tarifstufen und teilweise die Grenzsteuersätze.

Durch die weitgehende Abschaffung der kalten Progression, wird in Zukunft sichergestellt, dass Gehaltserhöhungen nicht das Hineinrutschen in eine höhere Steuerklasse bewirken.

Die neuen (unteren) Tarife von 2024 sind daher wie folgt:

In der ersten (0 %, bis € 12.816,–) und zweiten Stufe (20 %, von € 12.816,– bis € 20.818,–) wurde der Grenzsteuersatz gleich behalten.

Die dritte Stufe (€ 20.818,– bis € 34.513,–) wurde von 35 % (2021) schrittweise auf 30 % gesenkt. Auch die vierte Stufe (€ 34.513,– bis € 66.612,–) wurde von 42 % (2021) schrittweise auf 40 % gemindert.

Senkung der KÖSt

Die Körperschaftssteuer (KÖSt) wurde im Kalenderjahr 2023 von 25 % auf 24 % und im Jahr 2024 auf 23 % gesenkt.

Homeoffice – Telearbeit

Ab 2025 wird durch das Telearbeitsgesetz das Homeoffice auf ortsungebundene Telearbeit außerhalb des fixen Homeoffice (der Wohnung) erweitert. Für 2024 gelten noch die steuerlichen Homeoffice-Regelungen.

Erhöhung des Familienbonus Plus

Der Familienbonus Plus beträgt seit 2022 pro Kind bis zum 18. Geburtstag jährlich € 2.000,–. Damit sollen vor allem Familien steuerlich entlastet werden. Für Kinder über 18 Jahre hat sich der jährliche (reduzierte) Familienbonus Plus von € 650,– auf € 700,– erhöht, wenn für dieses Kind noch Familienbeihilfe bezogen wird.

Der Kindermehrbetrag liegt hingegen auch bei € 700,–.

Höchstbeitragsgrundlage Sozialversicherung

Für das Jahr 2024 ist die Höchstbeitragsgrundlage der Sozialversicherung auf € 6.060,– brutto pro Monat gestiegen.

2.2 Arbeitnehmerveranlagung 2024

Die auszahlende Stelle ist verpflichtet, von unselbständigen Einkünften die Steuer laufend einzubehalten und an das Finanzamt in Form der **Lohnsteuer** monatlich abzuliefern. Wie viel der Arbeitgeber seinen Mitarbeitern abzieht (abziehen muss), errechnet sich prinzipiell aus den Einkommensteuersätzen. Der Arbeitgeber kann dabei natürlich nicht den ganzen Katalog an Faktoren berücksichtigen, die beim Lohnsteuerzahler zu einer höheren oder niedrigeren Steuerlast führen (z.B. andere Einkünfte, steuerlich absetzbare Versicherungsprämien und anderes – dazu gleich viel mehr).

Die Arbeitnehmerveranlagung ist nicht nur für Arbeitnehmer anzuwenden, sondern für alle Steuerpflichtigen mit unselbständigen Einkünften. Daher ist das Kapitel Arbeitnehmerveranlagung und das Formular Arbeitnehmerveranlagung auch das Richtige für Beamte und Pensionisten, die sich mit diesem Thema auseinandersetzen.

Wer?

- natürliche Personen mit
- lohnsteuerpflichtigen Einkünften (z.B. Arbeiter, Angestellte, Beamte, aber auch Pensionisten),
- eventuellen anderen Einkünften (nicht lohnsteuerpflichtigen Einkünften) unter € 730,– und
- Wohnsitz oder gewöhnlichem Aufenthalt in Österreich.

Was?

Das **Formular L1 zur ArbeitnehmerInnenveranlagung** müssen Sie ausfüllen,

- wenn Sie Einkünfte aus nichtselbstständiger Arbeit bezogen haben, die keinem Lohnsteuerabzug unterliegen und € 730,– im Jahr überschritten haben.
- wenn Sie einen steuerfreien Kinderbetreuungszuschuss vom Arbeitgeber erhalten haben, obwohl die Voraussetzungen dafür nicht vorlagen.
- wenn Ihnen eine zu hohe Pendlerpauschale verrechnet wurde, obwohl die Voraussetzungen dafür nicht vorlagen.
- wenn Sie gemeinsam mit Ihrem Arbeitgeber die abzuführende Lohnsteuer vorsätzlich verkürzt haben.

Freiwillige Veranlagungen

- in allen anderen Fällen.

Wie?

Formular L1 für die freiwillige und die Pflichtveranlagung.

Wann?

Pflichtveranlagung: 30. September 2025

Ansonsten, wenn der Arbeitnehmer neben lohnsteuerpflichtigen Einkünften auch andere Einkünfte erzielt: 30. April 2025 (bzw. 30. Juni 2025 bei elektronischer Abgabe über FinanzOnline)

Freiwillige Veranlagung: bis 31. Dezember 2029

Wo?

Finanzamt Österreich (Die genaue Anschrift finden Sie auf www.bmf.gv.at oder über FinanzOnline (www.finanzonline.bmf.gv.at), Rubrik „Ämter und Behörden".)

2.3 Einkommensteuererklärung 2024

Die Erstellung und Abgabe einer Einkommensteuererklärung ist für all jene Steuerpflichtigen bedeutsam, die keine Arbeitnehmerveranlagung abgeben können. Das Finanzamt setzt die Einkommensteuer aufgrund der Einkommensteuererklärung fest. Auf die sich ergebende Steuerlast werden die so genannten Abzugsteuern (Lohnsteuer, Kapitalertragsteuer) angerechnet. Ein sich ergebender Differenzbetrag wird nach Berücksichtigung der Einkommensteuervorauszahlungen als Einkommensteuer gutgeschrieben oder nacherhoben. Bei der Erstellung und beim Ausfüllen einer Steuererklärung sollte man sorgfältig sein. Falsche oder auch fehlende („weggelassene") Positionen können finanzstrafrechtliche Folgen nach sich ziehen. Und wer einmal dabei erwischt worden ist, den behält das Finanzamt oft ein Leben lang unter besonderer Beobachtung. Es zahlt sich daher auf jeden Fall aus, unsere Hinweise und Tipps zu beachten – auch wenn es am Ende nicht zu einer Steuergutschrift, sondern zu einer unerfreulichen Steuernachzahlung kommt. Doch nun geht's los mit der Einkommensteuererklärung!

Wer?

- natürliche Personen mit
- Betriebsvermögensvergleich (= Bilanzierer) oder
- anderen (nicht lohnsteuerpflichtigen) Einkünften über € 730,– pro Kalenderjahr und
- Wohnsitz oder gewöhnlichem Aufenthalt in Österreich

Was?

Pflichtveranlagung,

- wenn der Steuerpflichtige vom Finanzamt aufgefordert wird (z. B. durch Zusenden von Formularen),
- wenn der Freibetragsbescheid in der ausgewiesenen Höhe nicht zusteht,
- wenn von Krankenkassen Krankengeld, Unfallrenten, Gelder vom Heeresgebührenamt oder Insolvenz-Ausfalls-Fonds bezogen oder von der Sozialversicherung überschüssige Pflichtbeiträge zurückerstattet wurden, oder
- wenn zwei oder mehrere lohnsteuerpflichtige Einkünfte gleichzeitig bestanden haben oder
- wenn der Alleinverdiener- oder der Alleinerzieherabsetzbetrag ohne Bestehen der Voraussetzungen berücksichtigt wurde,
- wenn man lohnsteuerpflichtige Einkünfte hat, die die Gesamteinkünfte von € 13.981,– im Kalenderjahr überschritten haben, oder
- wenn ohne lohnsteuerpflichtige Einkünfte die Gesamteinkünfte € 12.816,– im Kalenderjahr überschritten haben

Freiwillige Veranlagung

- in allen anderen Fällen

Wann?

Pflichtveranlagung: bis 30. April 2025, bei elektronischer Abgabe bis 30. Juni 2025; Freiwillige Veranlagung: bis 31. Dezember 2029

Wo?

- Kein Betrieb, Einzelunternehmen oder mehrere Betriebe in verschiedenen Finanzamtsbereichen: Wohnsitzfinanzamt
- Körperschaft oder Personengesellschaft im selben Finanzamtsbereich: Betriebsstättenfinanzamt
- Die genaue Anschrift finden Sie unter www.bmf.gv.at unter der Rubrik „Ämter & Behörden".

Zusammenfassendes Beispiel

Frau Karin Muster ist Angestellte einer PR-Agentur. Neben dieser Tätigkeit hat sie im Mai 2024 eine Werbeagentur in der Rechtsform einer Einzelunternehmung gegründet. Weiters vermietet sie eine Eigentumswohnung. Frau Muster ist Mutter eines kleinen Sohnes, den sie alleine erzieht.

Frau Muster ist weiters Nebenerwerbsbäuerin und bewirtschaftet eine Landwirtschaft mit einem Einheitswert von € 7.500,–.

Frau Muster hält eine 2 %ige Beteiligung an der A-GmbH. Ihr Anteil an der im Jahr 2024 vorgenommenen Dividendenausschüttung beträgt € 1.000,–. Davon wurden ihr € 725,– überwiesen (die restlichen € 275,– wurden als KESt von der A-GmbH einbehalten und an das Finanzamt abgeführt). Außerdem verfügt Frau Muster noch über eine stille Beteiligung an der B-OG. Ihr Gewinnanteil für das Jahr 2024 beträgt € 1.000,–. Davon wurden ihr € 725,– überwiesen (die restlichen € 275,– wurden als KESt von der B-OG einbehalten und an das Finanzamt abgeführt).

Frau Muster flossen im Jahr 2024 auch noch Zinserträge aus Spareinlagen bei inländischen Kreditinstituten i. H. v. € 625,– zu.

Die Einkünfte von Frau Muster setzen sich 2024 weiters wie folgt zusammen:

- Verlust aus der Einzelunternehmung: € –12.186,54
- Einkünfte aus nichtselbständiger Arbeit: € 24.121,90 Bruttogehalt € 2.400,–/Monat)
- Verlust aus der Vermietung und Verpachtung: € –7.425,80
- Einkünfte aus Land- und Forstwirtschaft: € 2.925,–

Des Weiteren besteht von der Werbeagentur aus dem Jahr 2023 noch ein Verlustvortrag (Anlaufverlust des 1. Geschäftsjahres) i. H. v. € 4.516,32. Dieser kann bzw. muss mit den positiven Einkünften des Jahres 2024 gegengerechnet werden.

Folgende Sonderausgabe hat Frau Muster 2024 zu verzeichnen:

- Kirchenbeitrag: € 295,–, max. absetzbar im Jahr 2024: € 600,–

3 Einnahmen-Ausgaben-Index

Wie werden verschiedene Einnahmen versteuert? Welche beruflichen oder privaten Ausgaben können wie abgesetzt werden? Der Einnahmen-Ausgaben-Index ist Ihre persönliche Checkliste und gibt Auskunft, wo Sie die benötigten Informationen finden.

Einnahmen

Ausgaben

B Wie die Einkommensteuer berechnet wird

1 Grundlagen

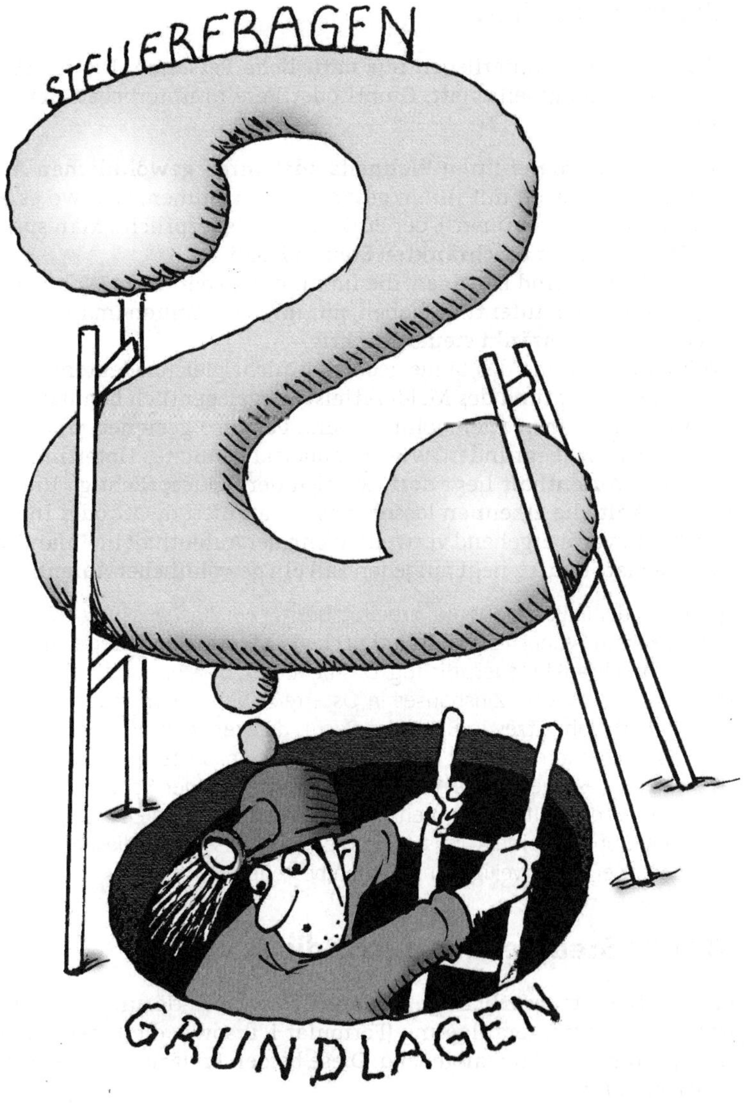

Grundsätzliche Fragen sind manchmal schwieriger zu beurteilen als diverse Detailfragen. Ob überhaupt und mit welcher Höhe Sie der Einkommensteuer unterliegen, welche Art der Steuererklärung für Sie die richtige ist und was Sie dabei beachten müssen, werden Sie nach Durchlesen des Kapitels 1.1 ganz leicht beantworten können. Welche Einkünfte den Fiskus überhaupt interessieren, beschreibt Kapitel 1.2. Wie Sie diese Einkünfte (Einnahmen und Ausgaben) dokumentieren und kalkulieren, zeigt Kapitel 1.3. Die erste Steuerberechnung sollte Ihnen bereits am Ende des Kapitels 1.4 gelingen.

1.1 Steuerpflicht und Steuerzahlung

1.1.1 Wer muss zahlen?

Der Einkommensteuer unterliegen nur **natürliche Personen**. Die juristischen Personen (z. B. Aktiengesellschaft, GmbH oder Verein) unterliegen der Körperschaftsteuer.

- Personen, die im Inland ihren **Wohnsitz oder ihren gewöhnlichen Aufenthalt** haben, unterliegen mit ihrem gesamten Einkommen, egal wo es erzielt worden ist („Welteinkommen"), der Einkommensteuerpflicht. Man spricht in diesem Fall von der **unbeschränkten Steuerpflicht.**
- Im Gegensatz dazu sind Personen, die im Inland weder einen Wohnsitz noch ihren gewöhnlichen Aufenthalt haben, nur mit bestimmten im Inland erzielten Einkünften **beschränkt steuerpflichtig.**
- Ein **Wohnsitz** im Sinne des Steuerrechts ist nicht gleichbedeutend mit dem Hauptwohnsitz aufgrund des Meldezettels. Ein gelegentlich benutztes Untermietzimmer oder eine Ferienwohnung sind genauso geeignet, einen steuerlichen Wohnsitz zu begründen, wie ein dauernd genutztes Hotelzimmer. Der **gewöhnliche Aufenthalt** liegt dort, wo sich der Steuerpflichtige unter Umständen aufhält, die erkennen lassen, dass er an diesem Ort oder in diesem Land nicht nur vorübergehend verweilt. Wenn der Aufenthalt im Inland länger als sechs Monate dauert, liegt auf jeden Fall ein gewöhnlicher Aufenthalt vor.

Ein Angestellter, der in Basel lebt und arbeitet, besitzt ein Zinshaus in Wien, das er vermietet. Da er keinen Wohnsitz oder gewöhnlichen Aufenthalt in Österreich hat, ist er im Inland nur beschränkt steuerpflichtig. Das bedeutet, dass er nur die Einkünfte aus der Vermietung des Wiener Zinshauses in Österreich versteuern muss. Die Schweiz hat aufgrund des Wohnsitzes in Basel das Recht, das gesamte Welteinkommen des Angestellten zu besteuern. Das hat zur Folge, dass die Einkünfte aus der Vermietungstätigkeit zweimal besteuert werden: in Österreich und in der Schweiz. Zur Vermeidung einer solchen doppelten oder mehrfachen Besteuerung hat Österreich mit mehr als 90 Staaten Doppelbesteuerungsabkommen geschlossen. In diesen Abkommen wird vereinbart, wer das jeweilige Einkommen besteuern darf.

1.1.2 Welche Steuererklärung ist die richtige?

Für **unbeschränkt steuerpflichtige Personen** sind die Erklärung zur Durchführung der Arbeitnehmerveranlagung (Formular L 1) sowie die Einkommensteuererklärung (Formular E 1) maßgebend. Diese beiden Erklärungen werden auch in der Folge erläutert.

Beschränkt steuerpflichtige Personen sind verpflichtet, eine Einkommensteuererklärung (Formular E 7) über bestimmte inländische Einkünfte für das abgelaufene Kalenderjahr abzugeben, wenn sie vom Finanzamt dazu aufgefordert werden oder die gesamten veranlagungspflichtigen inländischen Einkünfte mehr als € 2.000,– betragen. (Beachten Sie, dass € 9.000,– Ihrem Einkommen für die Ermittlung der Progression fiktiv hinzugerechnet werden.) Liegen die Voraussetzungen für eine Pflichtveranlagung nicht vor, kann eine freiwillige Veranlagung beantragt werden.

Nur lohnsteuerpflichtige Einkünfte

Sind Sie z. B. Arbeiter, Angestellter, Beamter oder Pensionist, zahlen Sie für Ihre Einkünfte (aus „nichtselbständiger Arbeit") Lohnsteuer. Diese ist eine Form der Einkommensteuer. Sie wird direkt von Ihrem Arbeitgeber einbehalten und an das Finanzamt abgeführt. Damit sind in der Regel auch Ihre steuerlichen Verpflichtungen erfüllt. Sie haben aber die Möglichkeit, eine Veranlagung freiwillig zu beantragen (Antragsveranlagung).

Bei Vorliegen bestimmter Voraussetzungen muss der Lohnsteuerpflichtige jedoch zwingend eine Erklärung zur Durchführung der Arbeitnehmerveranlagung (L1) abgeben. Für Steuerzahler, die ausschließlich lohnsteuerpflichtige Einkünfte beziehen oder daneben andere steuerpflichtige Einkünfte von nicht mehr als € 730,– erzielen, ist das Formular L1 (Erklärung zur Durchführung der Arbeitnehmerveranlagung) vorgesehen.

Ein Muss: Die Arbeitnehmerpflichtveranlagung

Steuerpflichtige sind verpflichtet, eine Erklärung zur Durchführung der Arbeitnehmerveranlagung (Formular L 1) abzugeben, wenn

- Sie vom Finanzamt dazu aufgefordert werden. Die Zusendung des Formulars durch das Finanzamt gilt als Aufforderung. Gleichzeitig wird dem Arbeitnehmer die Frist für die Abgabe der Erklärung mitgeteilt.
- Ihnen im Kalenderjahr Krankengeld aus der gesetzlichen Sozialversicherung oder Bezüge nach dem Heeresgebührengesetz (z. B. für Truppen- oder Kaderübungen) zugeflossen sind, oder Pflichtbeiträge von der Sozialversicherungsanstalt zurückgezahlt wurden. Die Erklärung zur Arbeitnehmerveranlagung (Formular L 1) ist erst nach Aufforderung durch das Finanzamt abzugeben.
- für das jeweilige Kalenderjahr ein Freibetragsbescheid (siehe in diesem Kapitel unter „Der Freibetragsbescheid" auf Seite 41) ausgestellt wurde und die darin berücksichtigten Werbungskosten (siehe Seite 98), Sonderausgaben (siehe Seite 175) oder außergewöhnlichen Belastungen (siehe Seite 184) nicht in der ausgewiesenen Höhe angefallen sind. Die Erklärung zur Arbeitnehmerveranlagung (Formular L 1) ist erst nach Aufforderung durch das Finanzamt abzugeben.
- Gelder aus dem Insolvenz-Ausfallgeld-Fonds zugeflossen sind.
- das zu veranlagende Einkommen mehr als € 18.782,– beträgt und eine der folgenden Voraussetzungen vorliegt:
  - Der Arbeitnehmer hat im Kalenderjahr zumindest zeitweise zwei oder mehrere lohnsteuerpflichtige Einkünfte bezogen, die beim Lohnsteuerabzug gesondert versteuert wurden. Die Erklärung ist in diesem Fall bis spätestens 30. September des Folgejahres abzugeben.
  - Der Alleinverdiener- oder Alleinerzieherabsetzbetrag (siehe dazu die Ausführungen auf Seite 70, „Alleinverdiener-/Alleinerzieherabsetzbetrag") wurde bei der laufenden Lohnverrechnung berücksichtigt, obwohl dieser dem Lohnsteuerpflichtigen für das Kalenderjahr nicht zusteht. Als Frist für die Abgabe der Erklärung gilt der 30. September des Folgejahres.
- Sie gesetzlicher Erbe sind und sich eventuell eine Steuernachzahlung für den Verstorbenen ergibt. Erben sind aufgrund der Gesamtrechtsnachfolge verpflichtet, bei Erkennen der Unvollständigkeit oder Unrichtigkeit der Erklärungen des Rechtsvorgängers entsprechende Berichtigungen vorzunehmen, wenn dies nicht schon im Verlassenschaftsverfahren berücksichtigt wurde.

Was ist zu tun?

In den angeführten Fällen ist die Erklärung zur Durchführung der Arbeitnehmerveranlagung innerhalb der vorgesehenen Fristen beim Finanzamt abzugeben. Die jeweiligen Fristen können auf begründeten Antrag des Arbeitnehmers auch individuell verlängert werden. Die Finanzämter sind allerdings berechtigt, eine Steuererklärung vor den oben genannten Terminen abzuverlangen.

Freiwillig: Die Antragsveranlagung

Liegt keine der Voraussetzungen für eine Pflichtveranlagung vor, kann der Steuerpflichtige durch freiwillige Abgabe einer Erklärung zur Durchführung der Arbeitnehmerveranlagung (Formular L 1) eine Veranlagung beantragen.

Eine Antragsveranlagung wird ein Arbeitnehmer immer dann anstreben, wenn sich daraus für ihn eine Lohnsteuergutschrift ergibt, oder es zur Auszahlung einer Negativsteuer (siehe Seite 76) kommt. Dies ist normalerweise zu erwarten, wenn der Arbeitnehmer

- während des Jahres **unterschiedlich hohe Bezüge** erhalten und der Arbeitgeber keine Aufrollung durchgeführt hat.
- während des Jahres den Arbeitgeber gewechselt hat oder **nicht ganzjährig beschäftigt** war (z. B. wegen Arbeitslosigkeit oder im Falle der Ferialtätigkeit von Schülern und Studenten).
- **Werbungskosten** (siehe Seite 98), **Sonderausgaben** (siehe Seite 175) oder **außergewöhnliche Belastungen** (siehe Seite 184) geltend machen kann und kein Freibetragsbescheid für das betreffende Kalenderjahr ausgestellt wurde oder die entsprechenden Ausgaben die in einem Freibetragsbescheid ausgewiesene Höhe übersteigen.
- die Voraussetzungen für den **Alleinverdiener- oder Alleinerzieherabsetzbetrag** (siehe Seite 70) erfüllt und dieser bei der laufenden Lohnverrechnung nicht berücksichtigt wurde.
- gesetzlichen Unterhalt **(Alimente)** leistet und ihm deshalb der Unterhaltsabsetzbetrag zusteht.
- aufgrund der geringen Höhe seiner Einkünfte Anspruch auf Gutschrift der **Negativsteuer** (siehe Seite 76) hat.

Sind Sie gesetzlicher Erbe, sollten Sie die Arbeitnehmerveranlagung für den Verstorbenen beantragen, wenn dies nicht schon im Verlassenschaftsverfahren berücksichtigt wurde. Ergibt sich ein Steuerguthaben, fällt es dem Erben zu, da bei Eintritt einer Gesamtrechtsnachfolge die sich aus den Abgabenvorschriften ergebenden Rechte und Pflichten des Rechtsvorgängers auf den Rechtsnachfolger übergehen.

Die freiwillige Arbeitnehmerveranlagung kann **bis zum Ende des fünften** auf den Veranlagungszeitraum **folgenden Kalenderjahres** beim Finanzamt eingereicht werden (z. B. läuft die Antragsfrist für das Jahr 2024 Ende Dezember 2029 ab).

Tipp: Sollte die freiwillige Veranlagung wider Erwarten statt der erhofften Gutschrift eine Steuernachzahlung ergeben, kann der Antrag innerhalb eines Monats mittels Berufung wieder zurückgezogen werden.

Antragslose Arbeitnehmerveranlagung

Der Steuerausgleich erfolgt mit der antragslosen Arbeitnehmerveranlagung in vielen Fällen automatisch, wodurch sich für die steuerpflichtige Person der Vorteil ergibt, dass diese keine Steuererklärung mehr abgeben muss. Zu viel bezahlte Steuern werden automatisch durch das Finanzamt berechnet und als Gutschrift auf das Bankkonto der jeweils betroffenen Person überwiesen. Zusätzlich erhält diese einen Steuerbescheid.

Voraussetzungen für die antragslose Arbeitnehmerveranlagung:

- Es wurde bis zum 30. Juni kein Steuerausgleich (Arbeitnehmerveranlagung) für das Vorjahr durchgeführt.
- Der Steuerausgleich führt zu einer Steuergutschrift.
- Die Finanzverwaltung kann aufgrund der Akten folgendes annehmen:
    - Es wurden nur lohnsteuerpflichtige Einkünfte bezogen.
    - Es werden keine besonderen Ausgaben geltend gemacht wie z. B. Sonderausgaben, außergewöhnliche Belastungen oder Absetzbeträge.

Wer zusätzliche Ausgaben absetzen möchte, sollte den Steuerausgleich daher weiterhin selbst durchführen, indem ein Antrag auf Arbeitnehmerveranlagung gestellt wird.

Geht die Finanzverwaltung davon aus, dass die steuerpflichtige Person selbst einen Steuerausgleich durchführt, wird zunächst kein automatischer Steuerausgleich durchgeführt. Liegt jedoch innerhalb von zwei Jahren nach dem Veranlagungszeitraum noch keine Arbeitnehmerveranlagung vor, erfolgt im Fall einer Steuergutschrift immer ein automatischer Steuerausgleich.

Wird der Steuerausgleich automatisch durchgeführt, erhält die jeweilige Person in der zweiten Jahreshälfte ein Informationsschreiben. In diesem werden die der Finanzverwaltung bekannten Kontodaten der Person angeführt. Sind diese Daten veraltet, sollten die aktuellen Daten spätestens innerhalb von vier Wochen dem Finanzamt (elektronisch über FinanzOnline oder schriftlich) gemeldet werden.

Der Freibetragsbescheid

Für Ausgaben im zweitfolgenden Kalenderjahr

Angenommen, Sie haben eine Veranlagung durchgeführt und – aufgrund Ihrer Ausgaben – einen Teil der bezahlten Lohnsteuer zurückbekommen.

Damit Sie sich (bei gleich bleibenden Aufwendungen) diese Prozedur im nächsten Jahr ersparen können, erlässt das Finanzamt neben dem Einkommensteuerbescheid einen Freibetragsbescheid und eine Mitteilung zur Vorlage beim Arbeitgeber, wenn bei der Veranlagung des Steuerpflichtigen einer der folgenden Beträge berücksichtigt wurde:

- **Werbungskosten,** die nicht im Rahmen der Lohnverrechnung zu berücksichtigen waren (z. B. Arbeitsmittel, Fachliteratur, Kilometergelder etc.).
- **Sonderausgaben:** Renten und dauernde Lasten, Steuerberatungskosten, Zuwendungen an begünstigte Spendenempfänger (siehe Seite 181 unter „Spenden“); außer Kirchenbeiträge und Verlustabzug. Sonderausgaben, die

auf das Sonderausgabenpauschale anzurechnen sind, werden mit dem das Pauschale übersteigenden Betrag berücksichtigt.
- **außergewöhnliche Belastungen ohne Selbstbehalt** mit Ausnahme von Aufwendungen zur Beseitigung von Katastrophenschäden (siehe Seite 85).
- Freibeträge aufgrund einer **Behinderung,** eines **Opferausweises** oder einer **Amtsbescheinigung,** sofern sie nicht bereits bei der Lohnverrechnung abgezogen wurden.

Der Freibetragsbescheid und die Mitteilung zur Vorlage beim Arbeitgeber basieren auf den Verhältnissen des Veranlagungsjahres und ergehen für das (dem Einkommensteuerbescheid) zweitfolgende Kalenderjahr (z.B. mit dem Einkommensteuerbescheid 2024 erhält der Steuerpflichtige den Freibetragsbescheid und die Mitteilung zur Vorlage beim Arbeitgeber für das Jahr 2026; dabei wird angenommen, dass die Ausgaben im Jahr 2026 jenen im Jahr 2024 entsprechen).

Wenn der Steuerpflichtige die Mitteilung seinem Arbeitgeber übergibt, hat dies den Vorteil, dass die Ausgaben in Höhe des Freibetragsbescheides bereits bei der laufenden Lohnverrechnung berücksichtigt werden und daher **weniger Lohnsteuer einbehalten** wird. Im Zuge des Veranlagungsverfahrens wird dann festgestellt, ob auch tatsächlich Ausgaben in der berücksichtigten Höhe getätigt wurden. Sind die Ausgaben geringer als im Freibetragsbescheid angenommen, hat der Steuerpflichtige eine Nachzahlung zu leisten.

Wenn der Steuerpflichtige bereits weiß, dass die im Freibetragsbescheid ausgewiesenen Aufwendungen voraussichtlich nicht mehr in diesem Ausmaß anfallen werden, kann er durch Ankreuzen des entsprechenden Kästchens entweder auf die Ausstellung eines Freibetragsbescheides verzichten oder einen betragsmäßig niedrigeren Freibetragsbescheid beantragen. Gibt der Steuerpflichtige die Mitteilung nicht beim Arbeitgeber ab, dann wird der Freibetragsbescheid ebenfalls nicht bei der Lohnverrechnung berücksichtigt. Allfällige (Mehr-) Aufwendungen können aber selbstverständlich im Rahmen der Veranlagung geltend gemacht werden.

Geben Sie beim Arbeitgeber einen Freibetragsbescheid ab, sind Sie auch verpflichtet, die ArbeitnehmerInnenveranlagung durchzuführen. So wird geprüft, ob Ihr Freibetrag tatsächlich die angenommene Höhe erreicht.

Lohnsteuerpflichtige und andere Einkünfte

Beziehen Sie lohnsteuerpflichtige Einkünfte (siehe oben), zusätzlich aber auch andere Einkünfte, kommt es darauf an, wie hoch diese sind.

Unter die **anderen** (nicht lohnsteuerpflichtigen) **Einkünfte** fallen:

- Einkünfte aus Land- und Forstwirtschaft,
- Einkünfte aus selbständiger Arbeit und Gewerbebetrieb,
- Einkünfte aus nichtselbständiger Arbeit, die nicht dem Lohnsteuerabzug unterliegen (z.B. bestimmte Provisionen, pauschale Reisekostenersätze etc.),
- nicht durch den Kapitalertragsteuer-Abzug endbesteuerte Einkünfte aus Kapitalvermögen,
- Einkünfte aus Vermietung und Verpachtung sowie
- sonstige Einkünfte (z.B. Spekulationseinkünfte, Einkünfte aus der Veräußerung privater Grundstücke).

Endbesteuerte Kapitalerträge werden grundsätzlich nicht in die Berechnung der anderen Einkünfte einbezogen. Eine Ausnahme besteht nur dann, wenn es zu einer Antragsveranlagung der durch den KESt-Abzug endbesteuerten Kapitalerträge kommt (z.B. weil der Einkommensteuertarif des Steuerpflichtigen unter dem Kapitalertragsteuersatz von 25 bzw. 27,5 % liegt).

Die anderen Einkünfte betragen nicht mehr als € 730,–

Bezieht der Steuerpflichtige lohnsteuerpflichtige Einkünfte, und betragen die anderen Einkünfte nicht mehr als € 730,– pro Jahr **(Veranlagungsfreibetrag)**, so werden diese Einkünfte nicht besteuert. Sie bezahlen damit nur Lohnsteuer für die nichtselbständige Tätigkeit. Es gilt, was für „nur lohnsteuerpflichtige Einkünfte" beschrieben wurde.

Tipp: Der Veranlagungsfreibetrag von € 730,– bedeutet, dass ein Dienstnehmer Nebenverdiensteinkünfte in dieser maximalen Höhe dazuverdienen kann, ohne Steuern zu zahlen. Werden Sie allerdings für einen nahen Angehörigen nebenverdienstlich tätig, sollte dies besonders gut dokumentiert werden (welche Tätigkeit, wie viel Zeit, etc.), da Vertragsbeziehungen zwischen nahen Angehörigen stets den Argwohn der Finanz erregen.

Die anderen Einkünfte betragen mehr als € 730,–

Steuerpflichtige mit lohnsteuerpflichtigen Einkünften müssen zwingend eine Einkommensteuererklärung (E 1) abgeben, wenn ihre anderen Einkünfte die Grenze von € 730,– übersteigen und ihr gesamtes Einkommen mehr als € 18.782.– beträgt. In diesem Fall gelten jene Bestimmungen, die im Folgenden für „andere Einkünfte" beschrieben sind. Die Einkommensteuererklärung ist bis zum 30. April (bei elektronischer Abgabe bis zum 30. Juni) des Folgejahres abzugeben.

Eine Angestellte bezieht Einkünfte in Höhe von € 13.500.–. Weiters bezieht sie aus der Vermietung eines Hauses Einkünfte in Höhe von € 3.000,–. Sie ist daher verpflichtet, eine Einkommensteuererklärung abzugeben. Würden die Einkünfte aus der Vermietungstätigkeit nur € 600,– betragen, so wäre sie nicht zur Abgabe der Einkommensteuererklärung verpflichtet. Sie könnte aber freiwillig eine Arbeitnehmerveranlagung durchführen.

Einschleifregelung: Zwischen € 730,– und € 1.460,–

Bei anderen Einkünften von mehr als € 730,– bis höchstens € 1.460,– darf der **eingeschliffene Veranlagungsfreibetrag** abgezogen werden. Dieser beträgt zunächst € 730,– und vermindert sich bei steigenden Einkünften auf € 0.–. Ab anderen Einkünften von € 1.460,– steht kein Veranlagungsfreibetrag mehr zu.

Der eingeschliffene Veranlagungsfreibetrag errechnet sich so: Veranlagungsfreibetrag = € 1.460,– minus andere Einkünfte.

Beispiel 1: Lohnsteuerpflichtige Einkünfte € 29.000,–, andere Einkünfte € 600,–. Der Freibetrag beträgt € 600,–.

Beispiel 2: Lohnsteuerpflichtige Einkünfte € 29.000,–, andere Einkünfte € 1.000,–. Der Freibetrag beträgt € 460,– (€ 730,– minus dem Betrag, um den die anderen Einkünfte € 730,– übersteigen, das sind € 270,–, ergibt € 460,–). Steuerpflichtige andere Einkünfte € 540,– (€ 1.000,– minus € 460,–).

Beispiel 3: Lohnsteuerpflichtige Einkünfte € 29.000,–, andere Einkünfte € 1.150,–. Der Freibetrag beträgt € 310,– (€ 730,– minus dem Betrag, um den die anderen Einkünfte € 730,– übersteigen, das sind € 420,–, ergibt € 310,–). Steuerpflichtige andere Einkünfte € 840,– (€ 1.150,– minus € 310,–).

Beispiel 4: Lohnsteuerpflichtige Einkünfte € 29.000,–, andere Einkünfte € 1.460,–. Der Freibetrag beträgt € 0,–. Steuerpflichtige andere Einkünfte € 1.460,–.

Beispiel 5: Lohnsteuerpflichtige Einkünfte € 29.000,–, andere Einkünfte € 1. 600,–. Es gibt keinen Freibetrag mehr. Steuerpflichtige andere Einkünfte € 1.600,–.

Die anderen Einkünfte betragen mehr als € 1.460,–

Über € 1.460,– steht kein Veranlagungsfreibetrag mehr zu.

Andere Einkünfte

Wer ist zur Einkommensteuererklärung verpflichtet?

Der unbeschränkt Steuerpflichtige ist außerdem verpflichtet, eine Einkommensteuererklärung (Formular E 1) abzugeben, wenn

- er vom Finanzamt das Formular für die Einkommensteuererklärung zugeschickt bekommt. In diesem Fall ist die Steuererklärung auch dann abzugeben, wenn das Einkommen des Steuerpflichtigen die Besteuerungsgrenzen nicht überschreitet. Personen, die bereits vom Finanzamt erfasst sind, erhalten das Formular automatisch nach Jahresende zugesandt. Die Frist für die Abgabe der Erklärung wird dem Steuerpflichtigen bei der Zusendung des Formulars mitgeteilt.
- das Einkommen ganz oder teilweise aus Einkünften aus Land- und Forstwirtschaft, aus selbständiger Arbeit oder aus Gewerbebetrieb besteht und der Gewinn aufgrund eines Betriebsvermögensvergleichs (doppelte Buchhaltung, Bilanzierung) ermittelt wird. Als Frist für die Abgabe der Einkommensteuererklärung gilt der 30. April (30. Juni) des Folgejahres.
- im Einkommen keine lohnsteuerpflichtigen Einkünfte enthalten sind und das **Einkommen mehr als € 12.816,–** beträgt. Steuerpflichtige, die ihre betrieblichen Einkünfte (Land- und Forstwirtschaft, selbständige Arbeit, Gewerbebetrieb) durch Einnahmen-Ausgaben-Rechnung ermitteln, sowie Personen mit außerbetrieblichen Einkünften (Vermietung und Verpachtung, Kapitalvermögen, sonstige Einkünfte) müssen daher eine Einkommensteuererklärung immer dann abgeben, wenn ihr Einkommen den Betrag von € 12.816,– übersteigt. Der späteste Abgabetermin ist auch hier der 30. April (30. Juni) des Folgejahres.

Eine Steuerpflichtige bezieht Einkünfte aus dem Betrieb eines Friseurgeschäfts. Nach Berücksichtigung der Sonderausgaben und außergewöhnlichen Belastungen ergibt sich ein Einkommen von € 8.500,–. Die Abgabe einer Steuererklärung kann in diesem Fall unterbleiben.

Antragsveranlagung: Die freiwillige Variante

Wenn die Voraussetzungen für eine Pflichtveranlagung nicht erfüllt werden, kann der Steuerpflichtige durch freiwillige Abgabe einer Einkommensteuererklärung eine Veranlagung beantragen. Eine freiwillige Veranlagung wird der Steuerpflichtige immer dann anstreben, wenn sich daraus eine Gutschrift ergibt. Eine solche ist dann anzunehmen, wenn

- die Summe der anderen Einkünfte einen **Verlust** ergeben hat.

  Ein Steuerpflichtiger erzielt Einkünfte aus nichtselbständiger Arbeit und besitzt auch noch ein Miethaus. Aufgrund hoher Investitionen entsteht aus der Vermietungstätigkeit ein Verlust. Da sich das Einkommen des Steuerpflichtigen aus den Einkünften aus der nichtselbständigen Arbeit und dem Verlust aus der Vermietung zusammensetzt, kommt es zu einer Einkommensteuergutschrift. Dies ergibt sich aus der Tatsache, dass bei der Lohnverrechnung noch nicht der Verlust aus der Vermietungstätigkeit berücksichtigt und deshalb zu viel Lohnsteuer einbehalten wurde.

- ein **Verlustabzug** zusteht. Verluste aus betrieblichen Einkunftsarten (Einkünfte aus Land- und Forstwirtschaft, selbständiger Arbeit und Gewerbebetrieb), die innerhalb eines Kalenderjahres nicht ausgeglichen werden können, dürfen in vollem Ausmaß mit den vorliegenden Gewinnen verrechnet werden (siehe auch Seite 182).

  Eine Pensionistin verfügt bespielsweise noch über vortragsfähige Verluste aus ihrer früheren gewerblichen Tätigkeit. Diese kann sie auch nach ihrer Tätigkeit geltend machen und somit eine Einkommenssteuergutschrift erzielen.

- zur Vermeidung einer Doppelbesteuerung der im Ausland erzielten Einkünfte **eine im Ausland entrichtete Einkommensteuer** auf die inländische Einkommensteuer anzurechnen ist.
- dem Steuerpflichtigen höhere als die durch das Sonderausgabenpauschale abgedeckten **Sonderausgaben** entstanden sind (siehe Seite 175).
- der Steuerpflichtige **außergewöhnliche Belastungen** geltend machen kann (siehe Seite 184).
- im Einkommen endbesteuerte Kapitalerträge (für bestimmte Kapitalerträge wie z. B. Sparbuchzinsen ist die Einkommensteuer durch den Kapitalertragsteuer-Abzug in Höhe von 25 bzw. 27,5 % abgegolten; es erfolgt somit keine Veranlagung) enthalten und die übrigen Einkünfte des Steuerpflichtigen so niedrig sind, dass die Einkommensteuer bei Veranlagung für die grundsätzlich endbesteuerten Kapitalerträge weniger als 25 bzw. 27,5 % beträgt. In diesem Fall kommt es zu einer Rückerstattung der Kapitalertragsteuer, wenn nicht Gründe vorliegen, die zu einer Einschränkung dieser Erstattung führen können.

1.1.3 Die Abgabe der Steuererklärung

Welches Finanzamt ist das richtige?

Mit Januar 2021 trat an Stelle der Wohnsitzfinanzämter das Finanzamt Österreich (bzw. Finanzamt für Großbetriebe) mit bundesweiter Zuständigkeit. Dort ist grundsätzlich die Einkommensteuererklärung über FinanzOnline einzureichen.

Für Steuerpflichtige, die einen Geschäftsbetrieb mit mehr als € 10 Mio. Umsatz unterhalten, ist nun das Finanzamt für Großbetriebe zuständig.

Der optimale Abgabezeitpunkt

Die jeweiligen Fristen können auf begründeten Antrag des Steuerpflichtigen verlängert werden.

Der optimale Zeitpunkt für die Abgabe der Einkommensteuererklärung bestimmt sich danach, ob mit einer Gutschrift oder einer Nachzahlung zu rechnen ist. Wenn sich aus der Erklärung eine Gutschrift ergibt, sollte man sie zum frühest möglichen Zeitpunkt abgeben und nicht erst auf den letzten Tag der Abgabefrist warten. Bei einer zu erwartenden Nachzahlung ist die Abgabe auf den letztmöglichen Termin zu verschieben. **Achtung:** allerdings vor der Anspruchsverzinsung (siehe Seite 47).

Optimale Steuerplanung beginnt bereits rechtzeitig vor Ablauf des Steuerjahres. Bereits im Oktober sollten Sie eine kurze Zwischenaufstellung machen, um die zu erwartende Steuerlast ungefähr abschätzen zu können. Mithilfe des Einkommensteuerrechners wird das zum Kinderspiel. Sie finden diesen auf der Homepage des BMF unter www.bmf.gv.at, Rubrik „Berechnungsprogramme".

Wird mit dieser Überschlagsrechnung zu spät begonnen, bleibt Ihnen nur noch wenig Zeit, um reagieren zu können. Es kommt noch hinzu, dass die Finanzbehörden so genannte Anspruchszinsen (siehe unten) für die verspätete Ablieferung der Steuer einheben: Weicht die geleistete Steuervorauszahlung von der tatsächlichen Steuerlast ab und wird die Einkommensteuererklärung nicht rechtzeitig zum 30. 9. des Folgejahres (für das Veranlagungsjahr 2024 ist die Galgenfrist der 30. 9. 2025) veranlagt, dann wird der Differenzbetrag verzinst. Wollen Sie vermeiden, dass neben den (ohnedies unvermeidbaren) Steuern auch noch Zinsen an das Finanzamt zu leisten sind, sollten Sie die erwarteten Einkünfte im Kalenderjahr im Auge behalten. Erhöhte freiwillige Vorauszahlungen sind aber jederzeit möglich, um Zinsen zu vermeiden.

1.1.4 Bezahlung der Steuer

Steuervorauszahlungen

Die Erhebung der Steuer erfolgt mit der Veranlagung systembedingt erst im Nachhinein. Da aber Vater Staat einen konstanten Einnahmenfluss anstrebt, werden so genannte Vorauszahlungen auf die Einkommensteuer eingehoben.

Nichtselbständige Steuerpflichtige (mit nur einem Bezug) leisten die Vorauszahlungen durch den monatlichen Abzug der Lohnsteuer von ihrem Gehalt. Alle übrigen Steuerzahler sind verpflichtet, quartalsweise Vorauszahlungen zu leisten.

Die **Bemessungsgrundlage** für die Vorauszahlungen ist die Steuerschuld des letztveranlagten Jahres. Da der Fiskus mit steigendem Einkommen rechnet, wird dieser Betrag für das folgende Jahr um vier Prozentpunkte, für jedes spätere Jahr um fünf Prozent erhöht.

Die Vorauszahlungen sind am 15. Februar, 15. Mai, 15. August und 15. November fällig. Und damit niemand auf die Einzahlung vergisst, werden rechtzeitig Buchungsmitteilungen als Erinnerung verschickt. Vorauszahlungen, die nicht mehr als € 300,– pro Jahr betragen würden, werden nicht vorgeschrieben.

Tipp: Sind die Einkommensteuervorauszahlungen zu hoch angesetzt, so kann bis zum 30. September des laufenden Jahres beim Finanzamt ein begründeter Herabsetzungsantrag eingebracht werden. (Liegen Katastrophenschäden vor, kann ein Herabsetzungsantrag bis 31. Oktober beantragt werden.).

Die Benachrichtigungen über die Steuervorauszahlungen werden ohne beigelegten (teilweise vorausgefüllten) Erlagschein versandt. Bei der Abgabe ist daher auf die korrekte Angabe von Abgabenkontonummer, Abgabenart, Abgabezeitraum und Betrag zu achten.

Verzinsung von Einkommensteuernachzahlungen

Ergibt sich durch die Veranlagung ein ausstehender Steuerbetrag (Steuer übersteigt Vorauszahlungen), muss dieser innerhalb der vom Finanzamt gewährten Monatsfrist nachgezahlt werden.

Vom Ende des Wirtschaftsjahres bis zur Zustellung des Steuerbescheides vergehen aber meist Jahre – eine Zeitspanne, in der der Staat nicht über das Geld verfügen kann. Aus diesem Grund hat sich der Finanzminister im Jahr 2000 einen besonderen Trick ausgedacht, der den Geldfluss schon ein wenig früher in Gang bringen soll:

Steuernachzahlungen oder -gutschriften, die sich für ein Jahr ergeben, werden verzinst (**„Anspruchsverzinsung"**). Der Zinssatz beträgt zwei Prozentpunkte über dem Basiszinssatz (derzeit 3,03 %, somit beträgt der Effektivzinssatz für Anspruchszinsen 5,03 %). Die Verzinsung beginnt für das Jahr 2024 ab dem 1.10.2025 und endet mit der Zustellung des Steuerbescheides 2024 (maximal aber 48 Monate = 4 Jahre).

Auch für Nachzahlungen, die aus einer Betriebsprüfung resultieren, sind „Anspruchszinsen" zu leisten. Nachforderungszinsen sind – wie die Einkommen- und Körperschaftsteuer selbst – nicht abzugsfähig, Gutschriftzinsen dafür auch nicht steuerpflichtig. Bagatellbeträge von € 50,– bleiben aber außer Ansatz.

Wollen Sie Anspruchszinsen vermeiden, sollten Sie die zu erwartende Steuernachzahlung 2024 so rechtzeitig ermitteln, dass Sie diesen Betrag bis 30.9.2025 als weitere (freiwillige) Vorauszahlung überweisen können.

1.2 Einkünfte

1.2.1 Steuerpflichtige Einkünfte

Die sieben Möglichkeiten, steuerpflichtig zu werden

Der Einkommensteuer unterliegt das Einkommen, das der Steuerpflichtige innerhalb eines Kalenderjahres bezogen hat. Das steuerpflichtige Einkommen ergibt sich aus der **Summe der Einkünfte** aus den sieben Einkunftsarten **nach Ausgleich von Verlusten** aus den einzelnen Einkunftsarten sowie nach Abzug der Sonderausgaben (siehe auch Seite Seite 175, „Die Abzugsfähigkeit von Sonderausgaben"), der außergewöhnlichen Belastungen (siehe auch Seite 184, Außergewöhnliche Belastungen) und der Freibeträge für Landarbeiter sowie Inhaber von Amtsbescheinigungen und Opferausweisen.

Nach dem Gesetz unterliegen „nur" die folgenden **sieben Einkunftsarten** der Einkommensteuer:

1. Einkünfte aus Land- und Forstwirtschaft;
2. Einkünfte aus selbständiger Arbeit;
3. Einkünfte aus Gewerbebetrieb;
4. Einkünfte aus nichtselbständiger Arbeit;
5. Einkünfte aus Kapitalvermögen;
6. Einkünfte aus Vermietung und Verpachtung;
7. sonstige Einkünfte.

Die ersten drei Einkunftsarten werden als **betriebliche** Einkunftsarten bezeichnet. Bei den betrieblichen Einkunftsarten wird der Gewinn ermittelt. Der Überschuss der Einnahmen über die Werbungskosten wird bei den **außerbetrieblichen** Einkunftsarten (Einkunftsarten vier bis sieben) ermittelt.

Die **Differenzierung ist notwendig,** weil der Umfang der steuerpflichtigen Vorgänge bei den betrieblichen Einkünften weiter als bei den außerbetrieblichen Einkünften ist und für einzelne Einkunftsarten unterschiedliche Ermittlungsvorschriften und steuerliche Begünstigungen zur Anwendung kommen. So sind etwa Wertveränderungen von Wirtschaftsgütern, die der Erzielung von betrieblichen Einkünften dienen, grundsätzlich steuerwirksam und solche von Wirtschaftsgütern, die im Rahmen der außerbetrieblichen Einkunftsarten eingesetzt werden, nicht steuerwirksam.

Haupt- oder Nebeneinkünfte?

Weiters kann zwischen Haupt- und Nebeneinkunftsarten unterschieden werden. Die ersten vier Einkunftsarten sind die **Haupteinkunftsarten,** die restlichen drei Einkunftsarten die **Nebeneinkunftsarten.** Diese Unterscheidung ist von Bedeutung, weil Einkünfte nur dann zu den letzten drei Einkunftsarten (Kapitalvermögen, Vermietung und Verpachtung, sonstige Einkünfte) zählen, wenn sie nicht im Rahmen einer der vier Haupteinkunftsarten anfallen.

Eine Gewerbetreibende legt ihre Betriebseinnahmen auf ein Bankkonto. Die daraus erzielten Zinsen stellen in diesem Sachverhalt Einkünfte aus Gewerbebetrieb und nicht solche aus Kapitalvermögen dar.

Was fällt heraus?

Einkünfte, die nicht unter eine der sieben Einkunftsarten fallen, sind nicht steuerbar und unterliegen daher nicht der Einkommensteuer. Sie müssen auch nicht in der Steuererklärung angegeben werden. Als Beispiele für solche Einkünfte sind etwa Erbschaften, Schenkungen, Gewinne aus der Veräußerung von Privatvermögen (soweit keine Grundstücksveräußerungen vorliegen, siehe Seite 125), Spielgewinne, Finderlohn und Schmerzengeld (nicht aber Entschädigungen für Verdienstentgang) zu nennen. Es ist allerdings zu beachten, dass auch diese an sich nicht steuerbaren Einkünfte im Falle der Auszahlung **in Rentenform** als „wiederkehrende Bezüge" steuerpflichtig sein können (siehe dazu die Erläuterungen unter „Sonstige Einkünfte" auf Seite 53). Außerdem gibt es für die nicht steuerbaren Vermögenszuwächse teilweise **besondere Steuern** (z. B. die Grunderwerbsteuer im Schenkungsmeldegesetz) sowie Gebühren (für Spiel- und Lotteriegewinne).

Die Einkunftsarten im Detail

1. **Einkünfte aus Land- und Forstwirtschaft**
   Dazu gehören unter anderem die Einkünfte aus dem Betrieb einer Landwirtschaft, Weinbau inkl. Buschenschank und Hofverkauf, Gartenbau, Obstbau, Gemüsebau etc. Weiters zählen Einkünfte aus Tierzucht- und Tierhaltungsbetrieben, der Fischzucht oder einer Jagd, sofern diese mit einer Land- oder Forstwirtschaft im Zusammenhang stehen (z. B. Eigenjagd) zu dieser Einkunftsart.

   Wird ein land- und forstwirtschaftlicher **Nebenbetrieb** (z. B. Sägewerke, Brennerei, Mühlen, Molkereien etc.) geführt, dann liegen land- und forstwirtschaftliche Einkünfte vor, wenn der Anteil der zugekauften Erzeugnisse im Verarbeitungs- oder Verwertungsbetrieb maximal 25 % beträgt. Wenn mehr als 25 % der insgesamt verarbeiteten Erzeugnisse zugekauft sind, wird ein selbständiger Gewerbebetrieb (siehe Einkünfte aus Gewerbebetrieb) begründet.

   Nicht zu den land- und forstwirtschaftlichen Betrieben zählen Bäckereien, Fleischereien sowie Gastwirtschaften.

   Nebentätigkeiten von Land- und Forstwirten, die mit der Haupttätigkeit in einem engen wirtschaftlichen Zusammenhang stehen, aber wirtschaftlich untergeordnete Bedeutung haben, wie beispielsweise die Zimmervermietung bei bis zu zehn Betten („Urlaub am Bauernhof") oder Fuhrleistungen werden auch unter dieser Einkunftsart erfasst.

2. **Einkünfte aus selbständiger Arbeit**
   Im Gesetz werden die Tätigkeiten, die als selbständige Arbeit eingestuft werden, aufgezählt. Davon sind unter anderem folgende Tätigkeiten betroffen:

   - Einkünfte aus **freiberuflicher Tätigkeit** wie beispielsweise Ziviltechniker, Ärzte, Tierärzte, Dentisten, Rechtsanwälte, Patentanwälte, Notare, Steuerberater, Wirtschaftstreuhänder, Unternehmensberater, Versicherungsmathematiker, Schiedsrichter im Schiedsgerichtsverfahren, Bildberichterstatter, Journalisten, Dolmetscher, Übersetzer, therapeutisch tätige Psychologen, Hebammen und im medizinischen Dienst tätige Personen.

- Einkünfte aus **sonstiger selbständiger Arbeit.** Darunter fallen die Einkünfte aus einer vermögensverwaltenden Tätigkeit (z. B. Tätigkeit als Hausverwalter, Aufsichtsratsmitglied oder Masseverwalter) sowie die Gehälter und sonstigen Vergütungen, die wesentlich beteiligte Gesellschafter (Beteiligung von mehr als 25 %) einer Kapitalgesellschaft für ihre Beschäftigung erhalten, die sonst alle Merkmale eines Dienstverhältnisses (insbesondere Weisungsgebundenheit) aufweist.
- Gewinnanteile der Gesellschafter von Gesellschaften, bei denen die Gesellschafter als Mitunternehmer anzusehen sind, des Weiteren die Vergütungen, die die Gesellschafter von der Gesellschaft für ihre Tätigkeit im Dienst der Gesellschaft oder für die Hingabe von Darlehen oder für die Überlassung von Wirtschaftsgütern bezogen haben.
- Bezüge und Vorteile aus Versorgungs- und Unterstützungseinrichtungen der Kammern der selbstständig Erwerbstätigen, soweit sie nicht unter § 25 EStG fallen. Das sind z. B. Bezüge aus einer Unfallversorgung der genannten Einrichtungen und fallen nicht unter § 25 EStG.
- Gewinne aus der Veräußerung eines Betriebes, Teilbetriebes oder eines Anteils eines Gesellschafters, der als Unternehmer (Mitunternehmer) des Betriebes anzusehen ist.

3. **Einkünfte aus Gewerbebetrieb**
Unter die Einkünfte aus Gewerbebetrieb fallen Betätigungen, die folgende Merkmale aufweisen:
- **Selbständigkeit:** Diese ist immer dann gegeben, wenn der Steuerpflichtige seine Arbeitszeit frei und eigenverantwortlich regeln kann, die Einnahmen von seinem persönlichen Einsatz abhängen, er das Unternehmerwagnis (kein Spesenersatz) trägt und er mit Ausnahme von eingegangenen Vertragsverpflichtungen an keine Weisungen gebunden ist.
- **Nachhaltigkeit:** Diese liegt vor, wenn eine Tätigkeit wiederholt wird oder bei einer einmaligen Tätigkeit zumindest auf Wiederholungsabsicht geschlossen werden kann. Eine länger andauernde Tätigkeit gilt aber auch dann als nachhaltig, wenn die Wiederholungsabsicht fehlt und die Tätigkeit nur gegenüber einem einzigen Auftraggeber erfolgt.
- **Gewinnerzielungsabsicht:** Eine Tätigkeit wird mit Gewinnabsicht unternommen, wenn sie auf Überschusserzielung gerichtet ist.
- **Beteiligung am allgemeinen wirtschaftlichen Verkehr:** Eine solche ist anzunehmen, wenn der Steuerpflichtige die Bereitschaft zeigt, die jeweilige Leistung jedermann anzubieten, der nach ihr Bedarf hat. Sie liegt auch dann vor, wenn die Tätigkeit nur gegenüber einem einzigen Auftraggeber erfolgt, eine Auftragserteilung durch andere Auftraggeber aber grundsätzlich möglich wäre.
- **Einstufung weder als Land- und Forstwirtschaft noch als selbständige Arbeit.**

Die bloße **Vermögensverwaltung** (verzinsliche Veranlagung von Kapitalvermögen oder die Vermietung oder Verpachtung von unbeweglichem Vermögen) stellt grundsätzlich keine gewerbliche Tätigkeit dar. Die daraus resultierenden Erträge sind entweder den Einkünften aus Kapitalvermögen oder den Einkünften aus Vermietung und Verpachtung zuzurechnen. Die **Verwaltung von Wertpapieren** kann dennoch als gewerbliche Tätigkeit eingestuft werden, wenn besondere Kriterien (z.B. Fremdfinanzierung, Anzahl der jährlichen An- und Verkäufe, Transaktionen auf fremde Rechnung) vorliegen.

Dies gilt auch für **Vermietungstätigkeiten,** wenn zur bloßen Nutzungsüberlassung zusätzliche Leistungen erbracht werden (z.B. die hotelmäßige Betreuung bei der Zimmervermietung, bestehend aus: täglichem Aufräumen der Zimmer, Aushändigen von frischer Wäsche, Reinigung nach Mieterwechsel, nicht hingegen die bloße Verabreichung eines Frühstücks).

In weiterer Folge sind **Gewinnanteile der Gesellschafter** von gewerblich tätigen Mitunternehmerschaften (Personengesellschaften wie OG, KG) sowie die Vergütungen, welche diese Gesellschafter für ihre Tätigkeit im Dienste der Gesellschaft, für die Hingabe von Darlehen oder für die Überlassung von Wirtschaftsgütern von der Gesellschaft erhalten haben, Einkünfte aus Gewerbebetrieb.

4. **Einkünfte aus nichtselbständiger Arbeit**
Die Einkünfte aus nichtselbständiger Arbeit umfassen im Wesentlichen die Bezüge aus einem bestehenden oder früheren Dienstverhältnis. Bezüge, die dem Arbeitnehmer nicht vom Arbeitgeber, sondern von einem Dritten im Rahmen seiner Arbeitnehmereigenschaft gewährt werden (z.B. Bestechungsgelder), sind auch unter dieser Einkunftsart zu erfassen.

   Unter diese Einkünfte fallen außerdem Bezüge der Bürgermeister, Vizebürgermeister, Stadträte, Gemeinderäte und Ortsvorsteher. Seit 2001 gelten Lehrende, Vortragende und Unterrichtende, die ihre Tätigkeit im Rahmen eines von der Bildungseinrichtung vorgegebenen Studien-, Lehr- oder Stundenplans ausüben, selbst dann als nichtselbständig, wenn sie nicht in einem Dienstverhältnis stehen.

   Weiters zählen die Bezüge von **nicht wesentlich beteiligten Gesellschaftern** (Beteiligung bis 25 %), auch wenn sie gesellschaftsvertraglich weisungsfrei gestellt sind, zu den Einkünften aus nichtselbständiger Arbeit, wenn sonst alle Merkmale eines Dienstverhältnisses (siehe D: Sozialversicherung, Seite 255) vorliegen. Bei einer Beteiligung von mehr als 25 % liegen in der Regel Einkünfte aus selbständiger Arbeit vor.

5. **Einkünfte aus Kapitalvermögen**
Zu den Einkünften aus Kapitalvermögen zählen die Früchte der entgeltlichen Überlassung von Kapital (z.B. Dividenden und Zinsen), Wertänderungen des Kapitalstammes (Substanzgewinne bzw. Substanzverluste) sowie Einkünfte aus Derivaten. Wertänderungen des Kapitalstammes sind unabhängig von der Behaltedauer und der Beteiligungshöhe stets steuerpflichtig.

   Eine umfassende Darstellung der Besteuerung der einzelnen Kapitalanlageformen und der dabei zu beachtenden Besonderheiten erfolgt in Kapitel „Kapitalvermögen" ab Seite 156.

6. **Einkünfte aus Vermietung und Verpachtung**
Die Einkunftsart „Vermietung und Verpachtung" bezieht sich nicht auf den zivilrechtlichen Bestandvertrag, sondern fasst verschiedene Erträgnisse zusammen, die aus der entgeltlichen Nutzungsüberlassung von bestimmten körperlichen und unkörperlichen Wirtschaftsgütern gezogen werden.

Eine umfassende Darstellung der Besteuerung von Vermietungseinkünften und der dabei zu beachtenden Besonderheiten erfolgt in Kapitel „Vermietung und Verpachtung“ ab Seite 162.

7. **Sonstige Einkünfte**
   Im allgemeinen Sprachgebrauch bedeutet „sonstige“ meist, dass es so viele Fälle gibt, dass man sie gar nicht aufzählen kann. Bei den sonstigen Einkünften ist das anders: Zu dieser Einkunftsart zählen ausschließlich die in § 29 des Einkommensteuergesetzes ausdrücklich erwähnten Einkünfte.

   Einkünfte, die weder einer der beschriebenen noch den „sonstigen Einkünften“ zugeordnet sind, unterliegen daher nicht der Einkommensteuer. Allerdings sind die sonstigen Einkünfte den anderen untergeordnet („Nebeneinkunft“).

   Die Veräußerung eines Grundstücks innerhalb der Spekulationsfrist, das zum Betriebsvermögen einer protokollierten Gewerbetreibenden gehört, führt zu Einkünften aus Gewerbebetrieb. Hätte sie das Grundstück hingegen in ihrem Privatvermögen gehalten und sind die sonstigen Voraussetzungen eines Spekulationsgeschäftes erfüllt, so liegen sonstige Einkünfte vor.

   Als sonstige Einkünfte gelten:

   Wiederkehrende Bezüge

   Darunter versteht man insbesondere Rentenzahlungen, Zuschüsse und sonstige Vorteile, die aufgrund einer besonderen Verpflichtung einen längeren Zeitraum hindurch mit einer gewissen Regelmäßigkeit, wenn auch nicht in gleicher Höhe und in gleichen zeitlichen Abständen, zufließen. Die Steuerpflicht stellt auf den wiederkehrenden Zufluss von Bezügen und nicht auf die Rechtsgrundlage der Leistung ab.

   Die Steuerpflicht wiederkehrender Bezüge wird in folgenden Fällen eingeschränkt:

- Bezüge, die freiwillig oder an eine gesetzlich unterhaltsberechtigte Person gewährt werden, sind beim Empfänger nicht steuerpflichtig.
- Der monatliche Betrag, den ein Student von seinen Eltern zur Bestreitung der Studienkosten erhält, wäre als wiederkehrender Bezug grundsätzlich steuerpflichtig. Aufgrund der genannten Regelung entfällt aber die Steuerpflicht. Dafür können die Eltern die Zahlungen aber auch nicht steuerlich absetzen.
- Leistungen aus einer Pensionszusatzversicherung sind steuerfrei, soweit für die Beiträge die staatliche Prämie in Anspruch genommen worden ist.

Einkünfte aus privaten Grundstücksveräußerungen
Gewinne aus der Veräußerung von Privatgrundstücken unterliegen der 30 %igen Immobilienertragsteuer. Eine umfassendere Darstellung der Besteuerung von privaten Grundstücksveräußerungen und der dabei zu beachtenden Besonderheiten erfolgt unter C, „Immobilienbesteuerung“ ab Seite 170.

Einkünfte aus Spekulationsgeschäften
Spekulationsgeschäfte sind Veräußerungsgeschäfte von Wirtschaftsgütern des Privatvermögens, wenn die Einkünfte weder zu den Einkünften aus Kapitalvermögen noch zu den Einkünften aus privaten Grundstücksveräußerungen gezählt werden können. Außerdem darf der Zeitraum zwi-

schen Anschaffung und Veräußerung nicht mehr als ein Jahr betragen. Die Einkünfte aus Spekulationsgeschäften bleiben steuerfrei, wenn sie insgesamt im Kalenderjahr € 440,– nicht übersteigen. Führen Spekulationsgeschäfte in einem Kalenderjahr insgesamt zu einem Verlust, ist dieser nicht ausgleichsfähig.

Einkünfte aus Leistungen

Einkünfte aus Leistungen sind insbesondere Einkünfte aus **gelegentlichen Vermittlungen** und aus der **Vermietung beweglicher Gegenstände,** sofern sie weder zu den anderen sechs Einkunftsarten noch zu den wiederkehrenden Bezügen, Spekulationseinkünften und Einkünften aus privaten Grundstücksveräußerungen gehören.

Die Vermietung einzelner beweglicher Gegenstände (z.B. eines einzigen Motorbootes, Vermietung eines KFZ gegen ein Entgelt in Höhe des amtlichen Kilometergeldes) ist im Gesetz als sonstige Leistung angeführt.

Die Vermietung von beweglichen Gegenständen ist allerdings eine gewerbliche Tätigkeit, wenn sie nicht nur gelegentlich betrieben wird und in geschäftsmäßigem Umfang erfolgt.

Einkünfte aus Leistungen sind nicht steuerpflichtig, wenn sie im Kalenderjahr weniger als € 220,– betragen. Verluste aus Leistungseinkünften sind zwar mit positiven Leistungseinkünften, nicht aber mit anderen Einkünften ausgleichsfähig.

Funktionsgebühren

Sie betreffen Funktionsgebühren von **Funktionären öffentlich-rechtlicher Körperschaften,** sofern sie nicht unter die nichtselbstständigen Einkünfte fallen. Als Funktionäre im Sinne dieser Bestimmung gelten beispielsweise der Präsident, das Präsidium, der Vorstand, die Ausschüsse, die Vollversammlung sowie die Obmänner öffentlich-rechtlicher Körperschaften (z.B. ÖGB, Sozialversicherung, Kammern), aber auch Tierärzte in ihrer Funktion als Fleischuntersuchungsorgan.

1.2.2 Steuerfreie Einkünfte

Aufgrund der Definition des Einkommens und der steuerpflichtigen Einkunftsarten unterliegen bestimmte Vermögenszuwächse von vornherein nicht der Einkommensteuer wie beispielsweise Erbschaften, Schenkungen oder Lotteriegewinne.

Daneben enthält das Einkommensteuergesetz in §3 einen **Katalog von Befreiungen** von an sich steuerbaren Einkünften. Diese Steuerbefreiungen gelten sowohl für unbeschränkt Steuerpflichtige als auch für beschränkt lohnsteuerpflichtige Arbeitnehmer. Soweit Werbungskosten oder Betriebsausgaben in einem unmittelbaren wirtschaftlichen Zusammenhang mit den steuerfreien Einnahmen stehen, können sie nicht steuermindernd geltend gemacht werden.

Bezüge oder Beihilfen aus öffentlichen Mitteln

Als „öffentliche Mittel" gelten solche, die von Körperschaften öffentlichen Rechts im Rahmen ihrer öffentlich-rechtlichen Funktion gezahlt werden und solche, die von Institutionen der EU gewährt werden. Befreit sind auch Mittel einer öffentlichen Stiftung. Dazu zählen:

- Bezüge für Hilfsbedürftigkeit **(Hilflosenzuschüsse, Blindenbeihilfen, Notstandshilfen, Sonderunterstützungen).** Eine Person ist hilfsbedürftig, wenn ihr Einkommen und Vermögen nicht ausreichen, um den notwendigen Lebensunterhalt zu gewährleisten, oder wenn sie Opfer einer Naturkatastrophe wurde.
- Bezüge für eine **Tätigkeit im Ausland,** die der Kunst, der Wissenschaft oder der Forschung dient. Die Steuerfreiheit tritt nur dann ein, wenn das Stipendium mit der Auflage verbunden ist, die Tätigkeit im Ausland auszuüben.
- Beihilfen nach dem Studienförderungsgesetz **(Studienbeihilfen, Begabtenstipendien),** Schülerbeihilfengesetz und Kunstförderungsgesetz.

Stipendien, die nach Abschluss einer (Hochschul- oder Universitäts-) Ausbildung ausgezahlt werden (Postgraduate-Stipendien, Habilitationsstipendien), sind hingegen einkommensteuerpflichtig.

Bezüge aus der gesetzlichen Sozialversicherung

Erhaltene Leistungen von der gesetzlichen Unfallversicherung (und vergleichbare ausländische Unfallversicherungen bzw. Unterstützungseinrichtungen der Kammern) nach Arbeitsunfällen bzw. Berufskrankheiten sind zur Gänze steuerfrei. Bei privaten Unfallversicherungen sind nur Einmalabfindungen steuerfrei, laufende Rentenzahlungen sind hingegen steuerpflichtig.

Steuerfrei sind weiters das **Wochengeld** nach dem Mutterschutzgesetz und vergleichbare Bezüge aus der gesetzlichen Sozialversicherung sowie dem Grunde und der Höhe nach gleichartige Zuwendungen aus den Versorgungs- und Unterstützungseinrichtungen der Kammern der selbständig Erwerbstätigen.

Zu den steuerfreien **Erstattungsbeträgen aus der gesetzlichen Sozialversicherung** gehören Kostenersätze für Fahrtauslagen, Heilbehandlungen, Heilmittel, Kosten der Krankenbehandlung und der Rehabilitation. Unter die Steuerbefreiung fallen weiters Sachleistungen aus der gesetzlichen Sozialversicherung und vergleichbarer ausländischer gesetzlicher Sozialversicherungsträger (beispielsweise Heilmittel, Heilbehelfe, Kosten der Krankenhausbehandlung und Kuraufenthalte).

Nicht von der Steuer befreit sind Leistungen aus der gesetzlichen Krankenversorgung.

Arbeitslosengeld und Notstandshilfe

Das versicherungsmäßige Arbeitslosengeld, die Notstandshilfe sowie an deren Stelle tretende Ersatzleistungen (z.B. Krankengeld während Arbeitslosigkeit, Weiterbildungsgeld bei Bildungskarenz und bei Freistellung gegen Entfall des Arbeitsentgelts) sind steuerfrei.

Erhält der Steuerpflichtige aber im selben Jahr auch laufende betriebliche Einkünfte bzw. Einkünfte aus nichtselbständiger Tätigkeit, werden diese Einkünfte mit jenem Steuersatz besteuert, der bei einer ganzjährigen Tätigkeit angesetzt werden würde **(„besonderer Progressionsvorbehalt“).**

Andere Zuschüsse und Einkünfte

- Leistungen nach dem **Kinderbetreuungsgeldgesetz** wie das pauschale Kinderbetreuungsgeld als Konto, das Kinderbetreuungsgeld als Ersatz des Erwerbseinkommens, die Beihilfe zum pauschalen Kinderbetreuungsgeld und der Partnerschaftsbonus.
- **Beihilfen nach dem Arbeitsmarktförderungsgesetz** zur Förderung der Erlangung von Arbeits- oder Ausbildungsplätzen oder zur Sicherung einer Beschäftigung und Beihilfen nach dem Arbeitsmarktservicegesetz. Ebenso Beihilfen nach dem Berufsausbildungsgesetz und das Altersteilzeitgeld gemäß Arbeitslosenversicherungsgesetz.
- **Zuwendungen aus öffentlichen Mitteln** (einschließlich Zinsenzuschüsse) zur Anschaffung oder Herstellung von Wirtschaftsgütern des Anlagevermögens oder ihrer Instandsetzung, wenn sie aufgrund gesetzlicher Ermächtigung oder eines Beschlusses eines Organs einer Körperschaft des öffentlichen Rechts gewährt werden.

Einer Ärztin wird aufgrund eines Gemeinderatsbeschlusses von der Gemeinde ein Grundstück zum Zweck der Errichtung eines Arzthauses geschenkt – gegen die Verpflichtung, mindestens 15 Jahre lang die Arztpraxis in der Gemeinde zu betreiben. Bei Verletzung dieser Obliegenheit ist sie verpflichtet, der Gemeinde die Anschaffungskosten und die Grunderwerbsteuer zu ersetzen. Da die Leistung der Gemeinde daher mit der Führung der Arztpraxis während der vereinbarten Zeitdauer in der beschriebenen Wechselbeziehung steht, fällt die Zuwendung nicht unter die Steuerbefreiung.

- **Familienbeihilfen** und gleichartige ausländische Leistungen: Kinderzulagen, Kinderbeihilfen und Kinderzuschläge, die als Lohnzuschläge vom Arbeitgeber bezahlt werden.
- Einkünfte aus begünstigten **Auslandstätigkeiten** von Arbeitnehmern inländischer Betriebe („Auslandsmonteure"), wenn die Auslandstätigkeit jeweils ununterbrochen über einen Zeitraum von einem Monat hinausgeht.
- Einkünfte von Fachkräften der **Entwicklungshilfe** für ihre Tätigkeit in Entwicklungsländern im Rahmen von Vorhaben des Dreijahresprogramms der österreichischen Entwicklungshilfe.
- Der geldwerte Vorteil aus der **Benützung von Einrichtungen** und Anlagen (z. B. Erholungs- und Kurheime, Kindergärten, Betriebsbibliotheken, Sportanlagen) und zielgerichteter, wirkungsorientierter Gesundheitsförderung und Prävention, soweit diese vom Leistungsangebot der gesetzlichen Krankenversicherung erfasst sind, sowie Impfungen, die der Arbeitgeber allen Arbeitnehmern oder bestimmten Gruppen seiner Arbeitnehmer zur Verfügung stellt.
- Der geldwerte Vorteil der Arbeitnehmer aus der Teilnahme an **Betriebsveranstaltungen** (z. B. Betriebsausflüge, kulturelle Veranstaltungen, Betriebsfeiern) sowie die dabei empfangenen üblichen Sachzuwendungen, soweit die Kosten beider angemessen sind. Der Vorteil aus der Teilnahme an einer Betriebsveranstaltung wird bis zu einem Betrag von höchstens € 365,– jährlich anerkannt und daher steuer- und SV-beitragsfrei. Für empfangene Sachzuwendungen können zusätzlich € 186,– jährlich steuerfrei bleiben. Bei den Sachzuwendungen darf es sich grundsätzlich nur um solche Geschenke handeln, die nicht in Bargeld abgelöst werden können. Weiters sind auch aus Anlass eines Dienst- oder eines Firmenjubiläums empfangene Sachzuwendungen bis zu einer

Höhe von € 186,– jährlich steuerfrei. Bargeldzuwendungen gelten immer als beitrags- und steuerpflichtiges Entgelt. Unter Sachzuwendungen fallen beispielsweise Weinfahrten, Geschenkpäckchen, Gutscheine oder Geschenkmünzen.

- **Einzahlungen** des Arbeitgebers für die **Zukunftssicherung** seines Personals, soweit er die Zuwendungen an alle Arbeitnehmer oder bestimmte Gruppen seiner Arbeitnehmer leistet und diese den Betrag von € 300,– pro Jahr und Arbeitnehmer nicht übersteigen. Die Steuerfreiheit ist an bestimmte Voraussetzungen geknüpft: Für Beiträge einer gleichzeitigen Er- und Ablebensversicherung muss die Laufzeit bis zum Erhalt der gesetzlichen Alterspension andauern bzw. mindestens fünfzehn Jahre betragen. Ist die Erlebenssumme höher als die Ablebenssumme, ist auf jeden Fall eine Mindestlaufzeit bis zum Eintreten der Alterspension erforderlich. Für die Steuerfreiheit ist die Versicherungspolizze entweder beim Arbeitgeber oder bei einem von Arbeitgeber und Arbeitnehmervertretung gemeinsam bestimmten Rechtsträger zu hinterlegen. Werden die Versicherungsprämien frühzeitig zurückgekauft oder anderweitig rückvergütet, kommt es zu einer Versteuerung, es sei denn, der Rückkauf bzw. die Rückvergütung erfolgt bei oder nach Beendigung des Dienstverhältnisses. Die den Freibetrag von € 300,– übersteigenden Zahlungen des Arbeitgebers sind beim Arbeitnehmer Teil des steuerpflichtigen Einkommens. Bei Vorliegen der entsprechenden Voraussetzungen können sie jedoch als Sonderausgaben geltend gemacht werden. Sparprodukte (z.B. Erlebensversicherungen mit fünfjähriger Laufzeit) stellen keine Zukunftssicherung dar und sind daher steuerpflichtig.
- Die unentgeltliche oder verbilligte **Abgabe von Beteiligungen** am Unternehmen des Arbeitgebers oder an mit diesem verbundenen Konzernunternehmen (z.B. Mutter- oder Tochtergesellschaft) bis zu einem Betrag von € 3.000,– jährlich, sofern dieser Vorteil allen Arbeitnehmern oder bestimmten Gruppen von Arbeitnehmern gewährt wird. Besteht diese Beteiligung in Form von Wertpapieren, muss sie der Arbeitnehmer entweder bei einem inländischen Kreditinstitut oder einem (von Arbeitgeber und Arbeitnehmervertretung bestimmten) Treuhänder hinterlegen.
- **Freie oder verbilligte Mahlzeiten,** die der Arbeitgeber an nicht in seinem Haushalt aufgenommene Arbeitnehmer zur Verköstigung am Arbeitsplatz freiwillig gewährt. Für die Inanspruchnahme dieser Steuerbegünstigung ist es gleichgültig, ob die freien oder verbilligten Mahlzeiten im Betrieb des Arbeitgebers verabreicht werden (z.B. Werksküche, Kantine), diese von einem Betrieb außerhalb des Unternehmens (z.B. Großküche) zum Verbrauch im Betrieb geliefert werden, oder die Einnahme der Mahlzeiten überhaupt außerhalb des Betriebes (z.B. in einem Gasthaus) erfolgt. Entscheidend ist jedoch, ob eine Abgabe als Barzuschuss oder Essensbon erfolgt. Barzuschüsse, die der Arbeitgeber leistet, um seinen Arbeitnehmern die Einnahme von Mahlzeiten zu erleichtern, sind nämlich steuerpflichtiger Arbeitslohn. Die Abgabe von Essensbons, die den Arbeitnehmer zur Einnahme von freien oder verbilligten Mahlzeiten im Betrieb oder außerhalb des Betriebs in Gaststätten berechtigen, fällt unter diese Befreiungsbestimmung, sofern sie den Wert von € 8,– (ab 1.7.2020, davor: € 4,40) nicht übersteigen und nur am Arbeitsplatz oder in einer Gaststätte zur dortigen Konsumation eingelöst werden. Können die Gutscheine auch zur Bezahlung von Lebensmitteln verwendet werden, die nicht sofort konsumiert werden müssen (beispielsweise Essensbons für

Konditoreien, Bäckereien oder Fleischhauereien), sind nur Bons bis zu einem Betrag von € 2,– (ab 1.7.2020, davor: € 1,10) steuerfrei.

- **Getränke,** die der Arbeitgeber zum Verbrauch im Betrieb unentgeltlich oder verbilligt abgibt. Dabei ist es gleichgültig, um welche Art von Getränken es sich handelt.
- Der geldwerte Vorteil aus der unentgeltlichen oder verbilligten **Beförderung** der eigenen Arbeitnehmer und ihrer Angehörigen bei Beförderungsunternehmen.
- Bezüge nach dem **Heeresgebührengesetz** sowie Bezüge der Zivildiener: Diese Befreiungsbestimmung umfasst die Vergütungen (Sachbezüge und Aufwandsersatz, Familienunterhalt und Wohnkostenbeihilfe) für den Militärdienst, nicht aber die Entschädigungen für den Verdienstentgang.
- Erwerb von Anteilsrechten aufgrund einer Kapitalerhöhung aus Gesellschaftsmitteln **(„Gratisaktien").** Diese Bestimmung stellt den kostenlosen Erwerb von Anteilsrechten (Gratisaktien, Freianteile) an einer Kapitalgesellschaft (AG, GmbH) anlässlich einer Kapitalerhöhung aus Gesellschaftsmitteln steuerfrei (Rücklagen und nicht ausgeschüttete Gewinne werden in haftendes Kapital umgewandelt.). Die neuen Aktien bzw. Gesellschaftsanteile sind den Aktionären/Gesellschaftern im Verhältnis ihrer bisherigen Beteiligungsquote zuzuweisen. Kommt es innerhalb von zehn Jahren nach einer solchen Kapitalerhöhung allerdings zu einer Kapitalherabsetzung, dann unterliegen die zurückgezahlten Beträge der Besteuerung mit dem auf die Hälfte des auf das gesamte Einkommen des Steuerpflichtigen entfallenden Durchschnittsteuersatzes.
- Der **regionale Klimabonus.**
- Einkünfte natürlicher Personen aus der **Einspeisung** von bis zu 12.500 kWh **elektrischer Energie aus Photovoltaikanlagen.**

Der besondere Progressionsvorbehalt: Hochrechnung auf einen Jahresbetrag

Erhält ein Steuerpflichtiger **bestimmte steuerfreie Einkünfte** nur **für einen Teil des Kalenderjahres,** dann werden die für das restliche Kalenderjahr bezogenen laufenden Einkünfte so besteuert, als wären sie das ganze Jahr über bezogen worden (= besonderer Progressionsvorbehalt). Diese Hochrechnung ist nur für den Bezug folgender steuerfreier Einkünfte vorgesehen:

- das versicherungsmäßige Arbeitslosengeld und die Notstandshilfe,
- die Überbrückungshilfe der Beamten,
- bestimmte Bezüge der Präsenzdiener,
- Geldleistungen nach dem Bundesgesetz über die Entsendung von Angehörigen des Bundesheeres zur Hilfeleistung in das Ausland,
- bestimmte Bezüge der Zivildiener.

Unter den besonderen Progressionsvorbehalt fallen nicht die Entschädigungen für den Verdienstentgang der Präsenz- und Zivildiener (diese sind steuerpflichtig) sowie Karenzurlaubsgeld und das Taggeld (diese bleiben zur Gänze ausgeklammert und damit endgültig steuerbefreit).

Der allgemeine Progressionsvorbehalt

Obwohl die Einkünfte von Entwicklungshelfern unter die Steuerbefreiung des § 3 EStG fallen, sind sie bei der Berechnung der auf die anderen Einkünfte entfallenden Einkommensteuer zu berücksichtigen (= allgemeiner Progressionsvorbehalt) – dies geschieht aber nur im Rahmen der Veranlagung.

Dabei werden die **steuerfreien Einkünfte den anderen Einkünften hinzugerechnet** und von diesem fiktiven Einkommen die Steuerbelastung sowie der Durchschnittssteuersatz ermittelt. Dieser Steuersatz wird dann auf die tatsächlich steuerpflichtigen Einkünfte angewendet. Dadurch unterliegen die steuerpflichtigen Einkünfte einer höheren Besteuerung. Zu beachten ist allerdings, dass der Bezug von Einkünften aus der Entwicklungshilfe für sich allein zu keiner Veranlagungspflicht führt. Sofern eine Pflichtveranlagung nicht aufgrund eines anderen Tatbestands durchzuführen ist, kommt es daher nicht zur Anwendung des Progressionsvorbehalts. Sollte ein Antrag auf Veranlagung eine Steuernachzahlung ergeben, kann der Antrag im Berufungswege zurückgezogen werden.

1.3 Ermittlung der Einkünfte

Bei den betrieblichen Einkunftsarten (Einkünfte aus Land- und Forstwirtschaft, selbständiger Arbeit und Gewerbebetrieb) werden die positiven Einkünfte als Gewinn und die negativen Einkünfte als Verlust bezeichnet. Die Ermittlung der betrieblichen Einkünfte hat nach den Vorschriften der §§ 4 bis 14 des Einkommensteuergesetzes zu erfolgen.

Die Einkünfte aus nichtselbständiger Arbeit, Kapitalvermögen, Vermietung und Verpachtung sowie die sonstigen Einkünfte stellen die Gruppe der außerbetrieblichen Einkunftsarten dar. Hier wird ein positives Ergebnis als Überschuss der Einnahmen über die Werbungskosten und ein negatives Ergebnis (Abgang) als Überschuss der Werbungskosten über die Einnahmen bezeichnet. Die §§ 15 und 16 des Einkommensteuergesetzes regeln die Ermittlung der Einkünfte aus den außerbetrieblichen Einkunftsarten.

Einkünfte aus		Einkunftsermittlung	Gegenüberstellung von
Land- und Forstwirtschaft	betriebliche Einkünfte	Gewinn bzw. Verlust • Betriebsvermögensvergleich • E/A-Rechnung • Pauschalierung	Betriebseinnahmen und Betriebsausgaben
selbständiger Arbeit			
Gewerbebetrieb			
nichtselbständiger Arbeit	außerbetriebliche Einkünfte	Einnahmen-Überschuss bzw. Verlust • Überschussermittlung	Einnahmen und Werbungskosten
Kapitalvermögen			
Vermietung und Verpachtung			
sonstige Einkünfte			

1.3.1 Gewinnermittlung

Um den Gewinn (bei betrieblichen Einkunftsarten) ermitteln zu können, müssen die Geschäftsfälle des Jahres aufgezeichnet werden. Diese Form der Aufzeichnungen unterliegt bestimmten Grundsätzen und variiert je nachdem, welche Gewinnermittlungsart ein Steuerpflichtiger anwendet.

Das Einkommensteuergesetz sieht für die betrieblichen Einkunftsarten folgende Gewinnermittlungsarten vor:

- Betriebsvermögensvergleich nach § 5 oder § 4 Abs 1 EStG (Bilanzierung),
- Einnahmen-Ausgaben-Rechnung nach § 4 Abs 3 EStG,
- Besteuerung nach Durchschnittssätzen gemäß § 17 EStG (Pauschalierung).

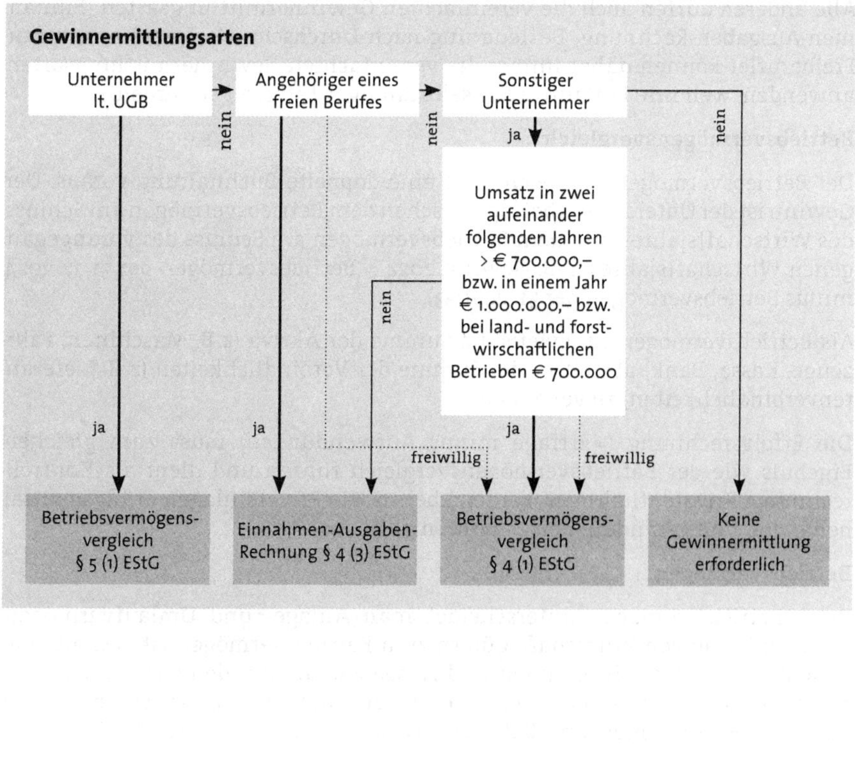

Buchführungspflicht

Welche Gewinnermittlungsart ist nun anzuwenden?

Die aufwendigste Art, den Gewinn zu ermitteln, ist der Betriebsvermögensvergleich (Bilanzierung). Das Gesetz schreibt genau vor, wer unter welchen Bedingungen dieses Verfahren anzuwenden hat, also „Bücher führen" muss:

- Unternehmer im Sinne des Unternehmensgesetzbuches
- Gewerbetreibende, deren Umsatz in zwei aufeinander folgenden Kalenderjahren mehr als € 700.000,– oder einmalig mehr als € 1.000.000,– beträgt
- Land- und Forstwirte: Die für die Buchführungspflicht geltende Einheitswertgrenze von derzeit € 150.000,– entfällt, und die maßgebende Umsatzgrenze beträgt € 700.000,–.
- Für die Pauschalierungsgrenzen wird die Obergrenze der Vollpauschalierungsgrenze mit einem Einheitswert von € 75.000,– beibehalten. Die Vollpauschalierungsgrenze für Intensivobstanlagen zur Produktion von Tafelobst von derzeit 10 Hektar entfällt, ebenso wie die aktuell geltende Grenze von 120 tatsächlich erzeugten und gehaltenen Vieheinheiten und die Grenze von 60 Hektar bewirtschaftete reduzierte landwirtschaftlich genutzte Fläche.

Buchführungspflicht Land und Forstwirtschaft rückwirkend ab 1.1.2021			
Vollpauschalierung	**Teilpauschalierung**	**E-A-R**	**Buchführungspflicht**
Bis € 75.000,- EHW	Bis € 130.000,– EHW Bis € 400.000,– Umsatz	Bis € 700.000,- Umsatz	Über € 700.000,– Umsatz

Alle anderen dürfen auch die vereinfachten Gewinnermittlungsarten (Einnahmen-Ausgaben-Rechnung, Besteuerung nach Durchschnittssätzen) anwenden. Freiberufler können daher immer die vereinfachten Gewinnermittlungsarten anwenden, weil ihre Einkünfte aus selbständiger Tätigkeit stammen.

Betriebsvermögensvergleich

Der Betriebsvermögensvergleich setzt eine doppelte Buchhaltung voraus. Der Gewinn ist der Unterschiedsbetrag zwischen dem Betriebsvermögen am Schluss des Wirtschaftsjahres und dem Betriebsvermögen am Schluss des vorangegangenen Wirtschaftsjahres (z.B. Gewinn 2024 = Betriebsvermögen per 31.12.2024 minus Betriebsvermögen per 31.12.2023).

Als Betriebsvermögen ist jeweils die Summe der Aktiva (z.B. Maschinen, Fahrzeuge, Kassa, Bank) abzüglich der Summe der Verbindlichkeiten (z.B. Lieferantenverbindlichkeiten) zu verstehen.

Die Erfolgsrechnung (= Erträge minus Aufwendungen) muss zum gleichen Ergebnis wie der Betriebsvermögensvergleich führen und dient als Kontrollrechnung. Privatentnahmen werden ebenso wie Privateinlagen erfolgsneutral behandelt und verändern den Gewinn nicht.

Betriebsvermögen

Beim Betriebsvermögen unterscheidet man Anlage- und Umlaufvermögen. Die Zuordnung von Wirtschaftsgütern zum Betriebsvermögen ist deshalb von Bedeutung, weil die Einnahmen und Ausgaben, die mit den zum Betriebsvermögen gehörenden Wirtschaftsgütern in Zusammenhang stehen, steuerlich als Betriebseinnahmen und Betriebsausgaben zu erfassen sind. Im Falle von

Betriebsvermögen sind auch **Wertschwankungen** sowie **Gewinne und Verluste aus Veräußerungen** zu berücksichtigen.

Einnahmen-Ausgaben-Rechnung (§ 4 Abs 3 EStG)

Der Überschuss der Einnahmen über die Ausgaben darf dann als Gewinn angesetzt werden, wenn keine gesetzliche Verpflichtung zur Buchführung (siehe oben) besteht und Bücher auch nicht freiwillig geführt werden. Die Einnahmen-Ausgaben-Rechnung ist eine vereinfachte Form der Gewinnermittlung, die keine doppelte Buchhaltung erfordert und durch Gegenüberstellung der tatsächlich zugeflossenen Betriebseinnahmen und der tatsächlich abgeflossenen Betriebsausgaben erfolgt. Die Geschäftsfälle werden im Zeitpunkt der Bezahlung steuerwirksam.

Ausnahmen bestehen allerdings für die Anschaffung von Wirtschaftsgütern des Anlagevermögens (die Anschaffungskosten sind über die Nutzungsdauer verteilt abzuschreiben) und für geleistete Vorauszahlungen für Aufwendungen (sie sind gleichmäßig auf den Zeitraum der Vorauszahlung zu verteilen).

Unter dem Gesichtspunkt der Gesamtgewinnbesteuerung eines Unternehmens (= Summe der Gewinne der gesamten Unternehmensdauer) führen der Betriebsvermögensvergleich und die Einnahmen-Ausgaben-Rechnung zum selben Ergebnis. Es kommt allerdings zu Gewinnverschiebungen zwischen den einzelnen Perioden.

Im Jahr 2024 hat ein Unternehmer Waren um € 75.000,– verkauft. Davon sind € 30.000,– bar und € 25.000,– auf das Bankkonto eingegangen. Am 31.12.2024 sind noch Rechnungen im Wert von € 20.000,– offen.

Der Warenverkauf stellt bei Einnahmen-Ausgaben-Rechnern erst zum Zeitpunkt der Bezahlung Betriebseinnahmen dar. Im Jahr 2024 werden daher nur € 55.000,– steuerwirksam. Die restlichen € 20.000,– sind im Jahr 2025 als Betriebseinnahmen zu erfassen.

Zufluss-Abfluss-Prinzip

Die zeitliche Zuordnung der Einnahmen und Ausgaben richtet sich wiederum **nach dem Zeitpunkt der Zahlung** (Zufluss-Abfluss-Prinzip). Regelmäßig wiederkehrende Einnahmen und Werbungskosten, die kurze Zeit (maximal bis zu fünfzehn Tage) vor Beginn oder kurze Zeit nach Beendigung des Kalenderjahres, zu dem sie wirtschaftlich gehören, anfallen, sind jedoch dem Kalenderjahr zuzurechnen, zu dem sie wirtschaftlich gehören.

Unter regelmäßig wiederkehrenden Einnahmen bzw. Werbungskosten sind nur solche zu verstehen, die nach dem zugrunde liegenden Rechtsverhältnis grundsätzlich mit Beginn oder Ende des Kalenderjahres fällig sind, zu dem sie wirtschaftlich gehören.

Der am 3. Jänner 2024 fällige Jännerbezug eines Angestellten wird bereits am 28. Dezember des Vorjahres überwiesen. Da es sich hier um einen wiederkehrenden Bezug handelt, ist dieser steuerlich erst im Jahr 2024 zu berücksichtigen.

Die Eigentümerin eines Miethauses hat im Dezember 2023 die Heizungsinstallationen erneuern lassen. Die im Dezember ausgestellte Rechnung bezahlt sie im Jänner 2024. Die Ausgabe ist erst im Jahr 2024 als Werbungskosten zu berücksichtigen, da es sich nicht um regelmäßig wiederkehrende Ausgaben handelt.

Im Bereich der Ausgaben gibt es eine weitere Ausnahmeregelung. Vorauszahlungen von Beratungs-, Bürgschafts-, Fremdmittel-, Garantie-, Miet-, Treuhand-, Vermittlungs-, Vertriebs- und Verwaltungskosten sind nicht im Jahr der Bezahlung zu berücksichtigen, sondern gleichmäßig auf den Zeitraum der Vorauszahlung zu verteilen, sofern sie nicht lediglich das laufende und das folgende Jahr betreffen.

Eine Steuerpflichtige leistet im Jänner 2023 eine Zinsvorauszahlung für vier Jahre. Im Jahr 2024 ist steuerlich lediglich ein Viertel der Zahlung zu erfassen. In den Jahren 2025 bis 2027 sind ebenfalls je ein Viertel steuerwirksam. Eine Mietvorauszahlung, die im Jänner 2024 lediglich das laufende und das folgende Kalenderjahr geleistet wird, kann 2025 sofort abgesetzt werden.

Pauschalbetrag: Besteuerung nach Durchschnittssätzen (§ 17 EStG)

Unter bestimmten Voraussetzungen besteht für den Steuerpflichtigen die Möglichkeit, anstelle der tatsächlich entstandenen Betriebsausgaben oder des tatsächlichen Gewinns einen Pauschalbetrag (= ein bestimmter Prozentsatz des Umsatzes oder des Einheitswerts) als Betriebsausgaben beziehungsweise als Gewinn anzusetzen.

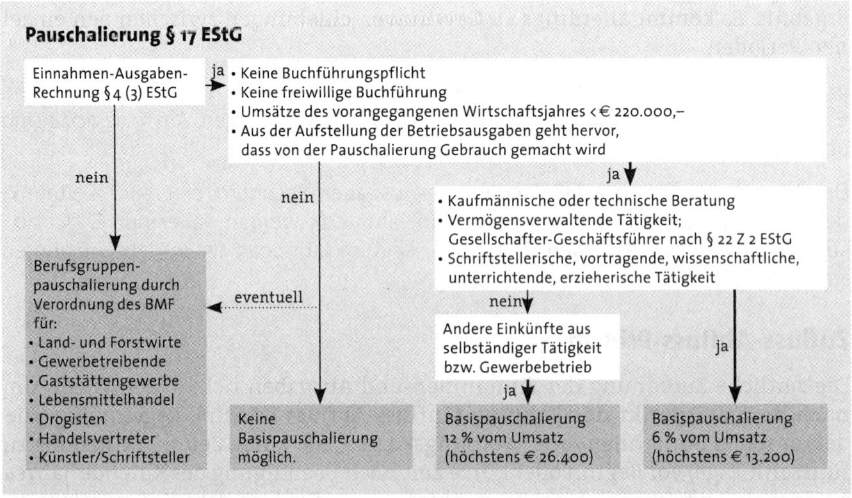

Basispauschalierung

Steuerpflichtige, die **Einkünfte aus selbständiger Arbeit oder** aus **Gewerbebetrieb** erzielen, können die Betriebsausgaben mit einem Durchschnittssatz ansetzen, wenn folgende Voraussetzungen vorliegen:

- Es besteht **keine Buchführungspflicht,** und es werden auch freiwillig keine Bücher geführt.
- Die Umsätze des vorangegangenen Wirtschaftsjahres haben nicht mehr als € 220.000,– betragen.
- Aus der Steuererklärung geht die Geltendmachung der Pauschalierung hervor. Es genügt, wenn bei den Ausgaben die Bezeichnung „Betriebsausgabenpauschale" ersichtlich ist. Die Einnahmen sind jedoch immer exakt zu erfassen.

Werden diese Voraussetzungen erfüllt, darf die Pauschalierung geltend gemacht werden. Der Prozentsatz der Basispauschalierung ist abhängig von der Tätigkeit (siehe Abbildung) und beträgt so entweder 6 % (max. € 13.200,–) oder 12 % (max. € 26.400,–).

Durchschnittssätze für Gruppen von Steuerpflichtigen (Berufsgruppenpauschalierung)

Der Bundesminister für Finanzen ist ermächtigt, für Gruppen von Steuerpflichtigen im Verordnungswege Durchschnittssätze für die Pauschalierung aufzustellen. Die Berechtigung zur Festlegung solcher Pauschalsätze liegt nur für jene Fälle vor, in denen weder eine Buchführungspflicht besteht, noch Bücher oder Aufzeichnungen geführt werden, die eine Gewinnermittlung durch freiwilligen Betriebsvermögensvergleich ermöglichen.

Derzeit besteht eine Ausgabenpauschalierung für kleine Gewerbebetriebe, eine Voll- und eine Ausgabenpauschalierung für Land- und Forstwirte, Pauschalierungen für das Gaststätten- und Beherbergungsgewerbe, Lebensmitteleinzel- und Gemischtwarenhändler und Drogisten, Künstler und Schriftsteller, Handelsvertreter und Sportler.

Kleinunternehmerpauschalierung

Seit der Veranlagung 2020 kommt Kleinunternehmern eine weitere Pauschalierungsmöglichkeit zugute. Die Voraussetzungen für die Pauschalierung sind, dass der Jahresumsatz höchstens € 35.000,– (ab Jahr 2023: € 40.000.–) beträgt und Einkünfte aus Gewerbebetrieb oder selbstständiger Tätigkeit vorliegen.

Die Gewinnermittlung erfolgt mittels Berechnung der Differenz der Betriebseinnahmen und der pauschal ermittelten Betriebsausgaben. Darüber hinaus sind die Beiträge zur Pflichtversicherung abzuziehen. Die pauschalen Betriebsausgaben betragen 45 % der Betriebseinnahmen (höchstens € 18.900,–); für Dienstleistungsbetriebe ist der Pauschalsatz von 20 % anzuwenden (höchstens € 8.400,–). Ob es sich um einen Dienstleistungsbetrieb handelt, ist aus § 1 Abs 1 Dienstleistungsbetriebe-VO, BGBl. II Nr. 615/2020 zu entnehmen.

Grundsätzlich sind Kleinunternehmer nicht verpflichtet, sich der Kleinunternehmerpauschalierung zu bedienen. Wird jedoch eine andere Gewinnermittlungsmethode in Anspruch genommen und möchte wieder die Kleinunternehmerpauschalierung verwendet werden, darf dies frühestens nach Ablauf von drei Wirtschaftsjahren geschehen.

Übersicht über die Pauschalierungsmethoden:

	Beschreibung	Umsatzgrenzen abgeleitet aus Vorjahren	Durchschnittssatz für die Betriebsausgaben	Durchschnittssatz für den Gewinn	Durchschnittssatz für die Vorsteuern
Basispauschalierung	Teilpauschalierung von Betriebsausgaben und Vorsteuern	Umsatz des vorangegangenen Wirtschaftsjahres ≤ € 220.000,–	6 oder 12 % des Umsatzes & bestimmte tatsächliche Einnahmen (z. B. Wareneinkauf, Löhne)		1,8 % des Umsatzes
Gastwirte (bis zur Veranlagung 2019)	(Teilweise) pauschale Ermittlung der Betriebsausgaben mittels Modulsystem	Keine Buchführungspflicht, keine freiwillige Buchführung und Vorjahresumsatz bis max. € 255.000,–, Gastgewerbeberechtigung	Bemessungsgrundlage: Umsatz Pauschale I (Grundpauschale): 10 %, mind. € 3.000,–, max. € 25.500, Umsatz, Möglichkeit der Absetzung bestimmter Betriebsausgaben (Wareneinkauf, Löhne, SV-Beiträge, AfA, Instandhaltung, Miete, u. a.) Pauschale II (Mobilitätspauschale): 2 % vom Umsatz, nur möglich in Kombination mit Grundpauschale, maximal in Höhe des höchsten Pendlerpauschales; nicht höher als € 5.100,– Pauschale III (Energie- und Raumpauschale): 8 %, max. € 20.400,–, nur möglich in Kombination mit Grundpauschale		
Gastwirte (ab Veranlagung 2020)		Keine Buchführungspflicht, keine freiwillige Buchführung und Vorjahresumsatz bis max. € 400.000,–, Gastgewerbeberechtigung	Bemessungsgrundlage: Umsatz Pauschale I (Grundpauschale): 15 %, mind. € 6.000,–, max. € 60.000,– Umsatz, Möglichkeit der Absetzung bestimmter Betriebsausgaben (Wareneinkauf, Löhne, SV-Beiträge, AfA, Instandhaltung, Miete u. a.) Pauschale II (Mobilitätspauschale): 2 %, 4 % oder 6 % vom Umsatz, nur möglich in Kombination mit Grundpauschale, maximal in Höhe des höchsten Pendlerpauschales; nicht höher als € 8.000,–, € 16.000,– oder € 24.000,– Pauschale III (Energie- und Raumpauschale): 8 %, max. € 32.000,–, nur möglich in Kombination mit Grundpauschale		
Lebensmittelhandel und Gemischtwarenhändler	Vollpauschalierung des Gewinnes & Teilpauschalierung von Vorsteuern	Keine Buchführungspflicht, keine freiwillige Buchführung, Umsatz max. € 700.000,–		Sockelbetrag € 3.630,– zuzüglich 2 % der Betriebseinnahmen (inkl. USt)	7 % der Betriebseinnahmen aus Lebensmitteln, inkl. USt (ausgenommen Getränke)
Drogisten	Teilpauschalierung von Betriebsausgaben & Vorsteuern	Keine Buchführungspflicht, keine freiwillige Buchführung, Umsatz max. € 700.000,–	12 % der Nettoumsätze, max. € 26.400,– (wie Basispauschalierung)		1,8 % des Umsatzes (wie Basispauschalierung)
Handelsvertreter	Teilpauschalierung von Betriebsausgaben & Vorsteuern	Keine Voraussetzungen	12 % des Umsatzes & bestimmte tatsächliche Einnahmen (z. B. Miete, Bewirtungsspesen, Tagesgelder, u. a.), max. € 5.825,–		12 % des Betriebsausgabenpauschales, max. € 699,–
Künstler und Schriftsteller	Teilpauschalierung von Betriebsausgaben & Vorsteuern	Keine Buchführungspflicht, keine freiwillige Buchführung	12 % des Umsatzes & bestimmte tatsächliche Einnahmen (z. B. Miete, Bewirtungsspesen, technische Hilfsmittel, Büromaterial, Fachliteratur, u. a.), max. € 8.725,–		12 % des Betriebsausgabenpauschales, max. € 1.047,–
Kleinunternehmer	Teilpauschalierung von Betriebsausgaben	Wenn USt-Befreiung für Kleinunternehmer vorliegt; < € 35.000,– Jahresumsatz (2024: € 40.000,–)	45 % 20 % bei DL-Betrieben		

Selbst wenn Sie sich im Voraus für die Pauschalierung entscheiden, ist es empfehlenswert, sämtliche Ausgabenbelege zu sammeln. So können Sie im Nachhinein noch beurteilen, welche Variante (Pauschalierung oder Nachweis der tatsächlichen Kosten) für Sie vorteilhafter ist.

1.3.2 Überschuss der Einnahmen über die Werbungskosten

Die Einkünfte aus nichtselbständiger Arbeit, Kapitalvermögen, Vermietung und Verpachtung sowie die sonstigen Einkünfte werden durch Berechnung des Überschusses der Einnahmen über die Werbungskosten ermittelt. Die Überschussrechnung entspricht ihrem Wesen nach der Einnahmen-Ausgaben-Rechnung, daher gilt das Zufluss-Abfluss-Prinzip (siehe Seite 63). Die steuerpflichtigen Einnahmen werden um die als Werbungskosten anerkannten Ausgaben gekürzt.

Beispiel: Gewinnermitlung von Lebensmittel- und Gemischtwarenhändler:

Summe Einnahmen: 424.580,00
Gewinnpauschalierung:

Sockelbetrag	3.630,00
+ 2 % von 424.580,–	8.491,60
zu versteuernder Gewinn	**12.121,60**

1.4 Ermittlung der Steuer

1.4.1 Einkommensteuertarif

Das momentan gültige Tarifmodell sieht sieben Steuerstufen vor. Die erste Stufe von bis zu € 12.816,– sieht einen Steuersatz von 0 % vor. Ab einem Einkommen von € 1 Mio. beträgt der Steuersatz 55 %. Der Spitzensteuersatz von 55 % gilt befristet bis 2025, danach beträgt er 50 %. Weiters wurden für das Jahr 2024 die Tarifstufen der Inflation angepasst. Folgende Tarifstufen inkl. Steuersätze sind nun von Relevanz:

Tarifstufen	
bis	**Steuersatz**
€ 12.816,–	0 %
€ 20.818,–	20 %
€ 34.513,–	30 %
€ 66.612,–	40 %
€ 99.266,–	48 %
€ 1.000.000,–	50 %
darüber	55 %

Die Einkommensteuer wird wie folgt berechnet:

Einkommen in €	**Einkommensteuer in €**
Bis 12.816,– und darunter	0,–
Über 12.816,– bis 20.818,–	(Einkommen – 12.816) × 0,20
Über 20.818,– bis 34.513,–	(Einkommen – 20.818) × 0,30 + 1.600,40
Über 34.513,– bis 66.612,–	(Einkommen – 34.513) × 0,40 + 5.708,90
Über 66.612,– bis 99.266,–	(Einkommen – 66.612) × 0,48 + 18.548,50
Über 99.266,– bis 1.000.000,–	(Einkommen – 99.266) × 0,50 + 34.222,42
Über 1.000.000,–	(Einkommen – 1.000.000) × 0,55 + 486.011,75

Beispiel 1	
Zu versteuerndes Einkommen	€ 11.000,–
Steuerberechnung	€ 0,–

Vom Gesamtbetrag der Einkünfte werden die Sonderausgaben und die außergewöhnlichen Belastungen sowie Kinderfreibeträge abgezogen. Das so ermittelte Einkommen bildet die Basis für die Berechnung der Einkommensteuer. Ein bestimmtes Basiseinkommen bleibt steuerfrei, es beträgt für Selbständige € 12.816,– und für Arbeitnehmer € 18.782,–.

Beispiel 2	
Zu versteuerndes Einkommen	€ 35.000,–
Steuerberechnung	€ (35.000 – 34.513) · 0,40 + 5.708,50 = **€ 5.903,70**

Beispiel 3	
Zu versteuerndes Einkommen	€ 70.000,–
Steuerberechnung	€ (70.000 – 66.612) · 0,48+ 18.548,70 = **€ 20.174,74**

1.4.2 Absetzbeträge

Einleitung

Absetzbeträge vermindern im Gegensatz zu Freibeträgen (Werbungskosten, Betriebsausgaben, Sonderausgaben, außergewöhnliche Belastungen) nicht die Steuerbemessungsgrundlage, sondern **reduzieren unmittelbar die Steuer.**

Absetzbeträge können nur bis zur Höhe der anfallenden Einkommensteuer berücksichtigt werden und führen nicht zu einer Steuergutschrift.

Ausnahmen bestehen lediglich für den Alleinverdiener-, den Alleinerzieher- und den Verkehrsabsetzbetrag. Die Gutschrift dieser Absetzbeträge ist allerdings der Höhe nach begrenzt (siehe auch Seite 76, „Negativsteuer“).

Das Einkommensteuergesetz sieht folgende Absetzbeträge vor:

- Allgemeiner Steuerabsetzbetrag
- Alleinverdienerabsetzbetrag
- Alleinerzieherabsetzbetrag
- Kinderabsetzbetrag
- Unterhaltsabsetzbetrag
- Verkehrsabsetzbetrag
- Grenzgängerabsetzbetrag
- Pensionistenabsetzbetrag
- Familienbonus Plus (siehe Kapitel 4.2 Beihilfen)

Im Familienlastenausgleichsgesetz ist als weitere steuerliche Begünstigung noch der Mehrkindzuschlag geregelt. Die Absetzbeträge gelten für ein ganzes Jahr und müssen nicht nach Monaten aliquotiert werden. Eine Ausnahme bilden nur der Kinderabsetzbetrag, der Unterhaltsabsetzbetrag und der Mehrkindzuschlag.

Alleinverdiener-/Alleinerzieherabsetzbetrag

Alleinverdienerabsetzbetrag

Der Alleinverdienerabsetzbetrag beträgt für Familien mit einem Kind € 572,– jährlich (bis 2023: € 520,–). Seit 2011 steht der Alleinverdienerabsetzbetrag Familien ohne Kindern nicht mehr zu. Durch den Entfall des Alleinverdienerabsetzbetrages ist es jedoch zu Benachteiligungen gekommen, da damit weitere steuerliche Begünstigungen verknüpft sind. Als Ausgleich dafür verdoppelte sich 2012 der persönliche Sonderausgabenhöchstbetrag für Alleinverdiener ohne Kinder und beträgt seither € 5.840,–, wenn der Partner nicht höhere Einkünfte als € 6.937,– erzielt (bis 2023: € 6.312,–).

Alleinverdiener ist ein unbeschränkt Steuerpflichtiger, der mehr als sechs Monate im Kalenderjahr verheiratet ist oder für mehr als sechs Monate im Kalenderjahr mit einer unbeschränkt steuerpflichtigen Person in einer eheähnlichen Gemeinschaft lebt, wenn mindestens ein Kind vorhanden ist und ihm oder seinem Partner der Kinderabsetzbetrag länger als sechs Monate zusteht.

Die Inanspruchnahme des Alleinverdienerabsetzbetrags setzt zudem voraus, dass in einer Ehe mit mindestens einem Kind oder einer eheähnlichen Gemeinschaft mit mindestens einem Kind der (Ehe-)Partner Einkünfte von höchstens

€ 6.937,– im Kalenderjahr erzielt (bis 2023: € 6.312,–). Zusätzlich steht ein Kinderzuschlag in gestaffelter Form zum Alleinverdiener-/Alleinerzieherabsetzbetrag zu. Dieser beträgt für das zweite Kind € 202,– (bis 2023: € 184,–), für das dritte und jedes weitere Kind € 255,– (bis 2023: € 232,–). Als Kind gilt dabei jedes Kind, für das der Steuerpflichtige oder sein Partner im Kalenderjahr für mehr als sechs Monate Familienbeihilfe bezogen hat.

Alleinverdiener-, Alleinerzieherabsetzbetrag (inkl. Kinderzuschlag):

Anzahl der Kinder	davon Kinderzuschlag €	Absetzbetrag €
0	0,–	0,–
1	0,–	572,– (bis 2023: 520,–)
2	202,– (bis 2023: 184,–)	774,– (bis 2023: 704,–)
ab dem 3. Kind Erhöhung um je € 255,– (bis 2023: 232,–)		

Für einen Alleinerzieher bzw. Alleinverdiener (d.h. der Partner überschreitet die Zuverdienstgrenze von € 6.937,– nicht) mit zwei Kindern stehen daher jährliche Absetzbeträge in Höhe von € 774,– zu. Der Absetzbetrag inkludiert den Kinderzuschlag i.H.v. € 202,– (2. Kind).

Eine Partnerschaft wird im Juni durch das Beziehen der gemeinsamen Wohnung begründet. Am 30. Juni kommt ein Kind zur Welt. Somit besteht ab Juni ein Anspruch auf den Kinderabsetzbetrag. Der Alleinverdienerabsetzbetrag steht dann zu, wenn die Partnerschaft mit Kind bis zum 31. Dezember (somit sechs Monate) besteht und die anderen Voraussetzungen erfüllt sind.

Besteht die Partnerschaft bereits ab Beginn des Kalenderjahres und erfolgt die Geburt erst im August, so entsteht der Anspruch auf Kinderabsetztbetrag im August. Der Alleinverdienerabsetzbetrag steht hingegen nicht zu, weil die Partnerschaft mit Kind nicht sechs Monate besteht.

Alleinerzieherabsetzbetrag

Der Alleinerzieherabsetzbetrag von € 572,– jährlich steht einem Steuerpflichtigen zu, der mit **mindestens einem Kind** mehr als sechs Monate im Kalenderjahr nicht in einer Gemeinschaft mit einem (Ehe-)Partner lebt (z.B. ledig, verwitwet, geschieden oder von seinem Ehegatten dauernd getrennt lebend) und für dieses Kind mehr als sechs Monate im Kalenderjahr Familienbeihilfe bezieht.

Berücksichtigung von Alleinverdiener- und Alleinerzieherabsetzbetrag

Der Alleinverdiener- oder Alleinerzieherabsetzbetrag kann im Wege der Veranlagung geltend gemacht werden. Allerdings ist zu beachten, dass sich Alleinerzieher- und Alleinverdienerabsetzbetrag gegenseitig ausschließen. Es können daher maximal € 572,– plus ein eventueller Kinderzuschlag als Absetzbetrag aus diesen beiden Titeln geltend gemacht werden.

Bei Lohnsteuerpflichtigen kann der Absetzbetrag aber auch bereits bei der laufenden Lohnverrechnung berücksichtigt werden, wenn der Arbeitnehmer dem Arbeitgeber auf einem amtlichen Vordruck (Formular E 30) eine Erklärung über das Vorliegen der Voraussetzungen abgibt.

Wurde der Absetzbetrag (u.U. mit Kinderzuschlag) in der laufenden Lohnverrechnung nicht berücksichtigt, kann dies mittels Veranlagung nachgeholt werden!

Sollten die Voraussetzungen für die Gewährung des Kinderzuschlages (auch für einzelne Kinder – beispielsweise nach Wegfall des Anspruchs auf Familienbeihilfe und daher in diesem Sinne kein Kind mehr) nicht mehr gegeben sein, ist das durch den Arbeitnehmer innerhalb eines Monats dem Arbeitgeber unter Verwendung des neuen Formulars E 30 (zweite Seite) zu melden.

Darüber hinaus ist der Arbeitnehmer verpflichtet, für das Kalenderjahr des Wegfalls/der Änderung eine Erklärung zur Durchführung einer Arbeitnehmerveranlagung oder bei Vorliegen von veranlagungspflichtigen Einkünften eine Einkommensteuererklärung beim Finanzamt einzureichen.

Der Wegfall der Voraussetzungen für den Alleinverdiener- oder Alleinerzieherabsetzbetrag ist dem Arbeitgeber vom Arbeitnehmer innerhalb eines Monats zu melden. Ab dem Zeitpunkt der Meldung hat dann der Arbeitgeber den Absetzbetrag nicht mehr zu berücksichtigen. Steht der Alleinverdiener- oder Alleinerzieherabsetzbetrag nicht zu, wurde er aber im Rahmen der laufenden Lohnverrechnung einbezogen, ist eine Pflichtveranlagung durchzuführen.

Negativsteuer

Den Alleinverdiener- bzw. Alleinerzieherabsetzbetrag erhalten Sie unter Umständen sogar, wenn Sie gar keine Steuer zahlen. Sie erhalten den betreffenden Betrag dann bei Veranlagung als Gutschrift.

Kinderabsetzbetrag

Einem Steuerpflichtigen, dem Familienbeihilfe gewährt wird, steht im Wege der gemeinsamen Auszahlung mit der Familienbeihilfe ein Kinderabsetzbetrag von monatlich € 67,80 (bis 2023: € 61,80) für jedes Kind zu. Da die Auszahlung des Kinderabsetzbetrags gemeinsam mit der Familienbeihilfe erfolgt, beeinflusst er weder die laufende Lohnverrechnung noch die Ermittlung der Lohn- und Einkommensteuer im Veranlagungsverfahren. Der Kinderabsetzbetrag ist allerdings bei der Berechnung der erstattungsfähigen Kapitalertragsteuer zu berücksichtigen. Der Kinderabsetzbetrag wird selbst bei niedriger oder keiner Steuerbelastung ausgezahlt.

Der Kinderabsetzbetrag ist nicht teilbar. Er steht nur jener Person zu, der auch die Familienbeihilfe für das (die) Kind(er) gewährt wird.

Für Kinder, die sich ständig außerhalb der EU/EWR aufhalten, sieht das Einkommensteuergesetz (unabhängig vom Anspruch auf Familienbeihilfe) keinen Kinderabsetzbetrag vor. Ein der Berufsausbildung des Kindes dienender vorübergehender Aufenthalt im Ausland ist unschädlich.

Zu Unrecht bezogene Kinderabsetzbeträge sind vom Empfänger zurückzuzahlen.

Mehrkindzuschlag

Für das dritte und jedes weitere ständig in Österreich lebende Kind, für welches Familienbeihilfe bezogen wird, steht Personen auf Antrag ein Mehrkindzuschlag von € 23,26,– monatlich pro Kind zu.

Der Anspruch auf den Mehrkindzuschlag ist aber nicht nur vom Bezug der Familienbeihilfe, sondern auch vom Einkommen des Kalenderjahres, welches vor dem Jahr liegt, für das der Antrag auf Gewährung des Mehrkindzuschlags gestellt wird, abhängig. Er steht nur dann zu, wenn das zu versteuernde Einkommen des anspruchsberechtigten Elternteils und seines im gemeinsamen Haushalt lebenden Ehegatten oder Lebensgefährten (= Familieneinkommen) insgesamt € 55.000,– nicht übersteigt.

Das Einkommen des Ehegatten oder des Lebensgefährten ist nur dann zu berücksichtigen, wenn der Antragsteller mit dem Ehepartner oder Lebensgefährten mehr als sechs Monate im gemeinsamen Haushalt gelebt hat.

Der Mehrkindzuschlag ist für jedes Kalenderjahr gesondert im Rahmen der Veranlagung vom Familienbeihilfenbezieher zu beantragen.

Er wird höchstens fünf Jahre rückwirkend vom Beginn des Monats der Antragstellung gewährt. Die Auszahlung für das Jahr 2025 erfolgt im Wege der Veranlagung 2024, die Auszahlung für das Jahr 2024 im Wege der Veranlagung 2023. Der Mehrkindzuschlag kann grundsätzlich nur vom Familienbeihilfenbezieher selbst beantragt werden. Kommt es für diesen zu keiner Veranlagung, so kann er entweder eine Erstattung des Mehrkindzuschlags beantragen oder zugunsten des veranlagten Ehepartners bzw. Lebensgefährten verzichten (siehe Verzichtserklärung auf dem Formular L 1). Beziehen für die im gemeinsamen Haushalt befindlichen Kinder beide Elternteile die Familienbeihilfe, kann einer der beiden Elternteile den Mehrkindzuschlag beantragen, wenn der andere Elternteil hierzu seine Zustimmung durch Verzicht erteilt (siehe dazu ebenfalls die Verzichtserklärung auf dem Formular L 1).

Unterhaltsabsetzbetrag

Der Unterhaltsabsetzbetrag steht einem Steuerpflichtigen zu, der für ein Kind den gesetzlichen Unterhalt leistet, das nicht seinem Haushalt angehört, für das weder ihm noch seinem (Ehe-)Partner Familienbeihilfe gewährt wird und welches die Volljährigkeit noch nicht erreicht hat.

Dieser beträgt monatlich € 35,– (bis 2023: € 31,–) für das erste Kind, € 52,– (bis 2023: € 47,–) für das zweite Kind sowie € 69,– (bis 2023: € 62,–) für das dritte und jedes weitere Kind. Leistet ein Steuerpflichtiger Unterhaltszahlungen (Alimente) für ein im EU-/EWR-Ausland lebendes Kind, welches nicht seinem Haushalt angehört, so kann er ebenfalls den Unterhaltsabsetzbetrag geltend machen. Für Kinder außerhalb des EU-/EWR-Raumes und der Schweiz steht die Hälfte des Unterhalts zu, die als außergewöhnliche Belastung geltend gemacht werden kann. Dies gilt jedoch nicht bei Zahlungen an volljährige Kinder, für die keine Familienbeihilfe ausbezahlt wird. Die Gewährung des Unterhaltsabsetzbetrags erfolgt im Wege der Veranlagung.

Der volle Unterhaltsabsetzbetrag steht für ein Kalenderjahr nur dann zu, wenn für dieses Kalenderjahr der volle Unterhalt tatsächlich geleistet wurde. Der Zahlungsnachweis hat in allen Fällen durch Vorlage schriftlicher Unterlagen (Einzahlungsbeleg, Empfangsbestätigung) zu erfolgen.

Wird das Ausmaß des vorgesehenen Unterhalts durch die tatsächlichen Zahlungen nicht erreicht, so ist der Absetzbetrag nur für jene Monate zu gewähren, in denen der Unterhalt rechnerisch voll geleistet wurde. Eine Aliquotierung des monatlichen Absetzbetrags (die Gewährung eines Teilbetrags von € 35,–, € 52,– oder € 69,–) hat nicht zu erfolgen. Bei nicht ganzjähriger Alimentationspflicht sind für die Berechnung nur die Monate der Verpflichtung heranzuziehen.

Die Unterhaltsverpflichtung für ein Kind beträgt € 330,– monatlich. Für das Jahr 2024 werden Unterhaltszahlungen in Höhe von € 3.500,– geleistet. Da der Unterhalt nur für zehn Monate voll geleistet wurde (€ 3.500,– / € 330,– = 10,60 Monate; für den elften Monat ist der Unterhalt nicht mehr voll bezahlt worden), steht für das Jahr 2024 ein Unterhaltsabsetzbetrag von € 350,– (= 35 × 10) zu.

Vorauszahlungen von Unterhaltsleistungen sind auf den Zeitraum, für den sie geleistet wurden, entsprechend aufzuteilen. Nachzahlungen von Unterhaltsleistungen sind lediglich dann zu berücksichtigen, wenn sie bis zur Rechtskraft des betreffenden Einkommensteuerbescheides geleistet und geltend gemacht wurden.

Die **Höhe der Unterhaltsverpflichtung** ergibt sich

- bei Vorliegen eines **Gerichtsurteils** oder eines gerichtlichen oder behördlichen Vergleichs aus dem darin festgesetzten Unterhaltsbetrag;
- im Falle einer außerbehördlichen Einigung durch den in einem **schriftlichen Vergleich** festgehaltenen Unterhaltsbetrag;
- liegt weder eine behördlich bzw. gerichtlich festgelegte Unterhaltsverpflichtung noch ein schriftlicher Vertrag vor, bedarf es der Vorlage einer **Bestätigung der empfangsberechtigten Person,** aus der das Ausmaß des vereinbarten und des tatsächlich bezahlten Unterhalts hervorgeht.

Dabei müssen die Unterhaltszahlungen aber mindestens die **monatlichen Regelbedarfsätze** für die Jahre 2022, 2023 und 2024 betragen:

Alter	2023	2024
bis 6 Jahre	€ 320,–	€ 340,–
6 bis 10 Jahre	€ 410,–	€ 430,–
10 bis 15 Jahre	€ 500,–	€ 530,–
15 bis 19 Jahre	€ 630,–	€ 660,–
19 bis 28 Jahre	€ 720,–	€ 760,–

Mehrere Unterhaltsverpflichtete

Wird anlässlich einer Ehescheidung beiden Elternteilen das Sorgerecht für die Kinder zugesprochen und beide werden formell zu Unterhaltsleistungen verpflichtet, so dass es zu einer wirtschaftlichen Kompensation und daher zu keiner tatsächlichen Belastung kommt, steht keinem der Elternteile ein Unterhaltsabsetzbetrag zu. Der Unterhaltsabsetzbetrag kann auch bei unterschiedlich hohen gegenseitigen Unterhaltszahlungen nicht in Anspruch genommen werden.

Der Unterhaltsabsetzbetrag steht nur einmal zu, wenn mehrere Personen in Bezug auf ein Kind die Voraussetzungen erfüllen. Setzt das Gericht die Höhe einer Unterhaltsverpflichtung fest und teilt sie in der Folge auf zwei Unterhaltsverpflichtete auf, ist der Unterhaltsabsetzbetrag im Verhältnis der Kostentragung aufzuteilen, weil jeder der beiden Unterhaltsverpflichteten seinem Teil der Unterhaltsverpflichtung nachkommt. Die Aufteilung hat behelfsmäßig nach Monaten zu erfolgen, sodass insgesamt zwölf Monatsbeträge zustehen.

Verkehrsabsetzbetrag

Bei Einkünften aus einem bestehenden Dienstverhältnis steht dem Steuerpflichtigen jährlich ein Verkehrsabsetzbetrag von € 463,– (bis 2023: € 421,–) zu. Bei mehreren parallelen Dienstverhältnissen steht er trotzdem nur einmal zu.

Der Verkehrsabsetzbetrag erhöht sich auf € 798,– (bis 2023: € 726,–), wenn Anspruch auf die Pendlerpauschale besteht und das Einkommen des Steuerpflichtigen € 14.106,– im Kalenderjahr nicht übersteigt. Der erhöhte Verkehrsabsetzbetrag vermindert sich zwischen einem Einkommen von € 14.106– und € 15.030,– gleichmäßig einschleifend auf € 463,– (bis 2023: € 421,–). Ab der Veranlagung 2024 wird ein Zuschlag von bis zu € 752,– (bis 2023: € 684,–) gewährt, wenn das Einkommen des Steuerpflichtigen € 18.499,– (bis 2023: € 16.832,–) im Kalenderjahr nicht übersteigt. Dieser Zuschlag vermindert sich zwischen Einkommen von € 18.499,– und € 28.326,– gleichmäßig einschleifend auf null. Auch die maximale SV-Rückerstattung erhöht sich um bis zu € 752,– (bis 2023: € 684,–), wenn ein Anspruch auf den Zuschlag zum Verkehrsabsatzbetrag besteht.

Der Verkehrsabsetzbetrag deckt den Aufwand des Steuerpflichtigen für Fahrten zwischen Wohnung und Arbeitsstätte ab. Höhere Kosten können daher nicht geltend gemacht werden. Bei Vorliegen der entsprechenden Voraussetzungen stehen dem Steuerpflichtigen aber noch zusätzlich die kleine oder große Pendlerpauschale sowie der Pendlereuro als Werbungskosten zu. Der Verkehrsabsetzbetrag kann auch von Grenzgängern, bei ausländischen Vertretungen beschäftigten Personen oder von Dienstnehmern ausländischer Arbeitgeber ohne inländische Betriebsstätte beansprucht werden.

Der Verkehrsabsetzbetrag wird von jedem Arbeitgeber, der die Bezüge ausbezahlt, im Rahmen der Lohnverrechnung automatisch berücksichtigt. Er schließt den Pensionistenabsetzbetrag aus. Bei Durchführung der Veranlagung steht vorrangig der Verkehrsabsetzbetrag zu. Dies gilt auch bei gleichzeitigen Aktiv- und Pensionsbezügen.

Seit 2016 ist der Grenzgängerabsetzbetrag im Verkehrsabsetzbetrag integriert.

Pensionistenabsetzbetrag

Für Pensionisten tritt anstelle des Arbeitnehmerabsetzbetrages und des Verkehrsabsetzbetrages ein einheitlicher Pensionistenabsetzbetrag in Höhe von € 954,– pro Jahr bei Pensionsbezügen von bis zu € 20.233,– jährlich. 2023 betrug dieser € 868,– jährlich bei Pensionseinkünften von bis € 18.410,– pro Jahr. Zudem erfolgt eine Einschleifung des Pensionistenabsetzbetrages ab 2024 zwischen € 20.233,– und € 29.482,– (bis 2023 zwischen € 18.410,– und € 29.826,–). Zu einer weiteren Einschleifung kommt es dann, wenn neben einer ausländischen Pension nur eine geringe inländische Pension bezogen wird. Bei höheren Pensionseinkünften steht kein Pensionistenabsetzbetrag mehr zu.

Der Pensionistenabsetzbetrag wird automatisch von der pensionsauszahlenden Stelle berücksichtigt.

Ein erhöhter Pensionistenabsetzbetrag in Höhe von € 1.405,– jährlich (bis 2023: € 1.278,–) steht zu, wenn

- die laufenden Pensionseinkünfte € 23.043,– (bis 2023: € 20.967,–) im Kalenderjahr nicht übersteigen,
- mehr als sechs Monate im Kalenderjahr eine Ehe oder eingetragene Partnerschaft besteht und die Ehepartner oder eingetragenen Partner nicht dauernd getrennt leben und
- die Ehepartnerin oder der Ehepartner oder die eingetragene Partnerin oder der eingetragene Partner Einkünfte von höchstens € 2.545,– (bis 2023: € 2.2.315,–) jährlich erzielt hat und kein Anspruch auf den Alleinverdienerabsetzbetrag besteht.

Dieser Absetzbetrag vermindert sich gleichmäßig einschleifend zwischen zu versteuernden laufenden Pensionseinkünften von € 23.043,– und € 29.482,– (bis 2023: zwischen € 20.967,– und € 26.826,–) auf null. Bei Pensionseinkünften von mehr als € 29.482,– wird kein Absetzbetrag gewährt.

Selbst wenn die Begünstigungen bereits während des Jahres durch die pensionsauszahlende Stelle berücksichtigt wurden (mittels Formular E 30 bei der bezugsauszahlenden Stelle beantragen), muss diese auch bei der ArbeitnehmerInnenveranlagung (Formular L 1) beantragt werden. Ansonsten erfolgt eine ungewollte Nachversteuerung.

Hinweis: Die Geltendmachung des Pensionistenabsetzbetrages und des Verkehrs- und Arbeitnehmerabsetzbetrages schließt sich gegenseitig aus. Kommt es in einem Jahr sowohl zu aktiven Erwerbseinkünften, als auch zu Pensionseinkünften, so steht der Verkehrsabsetzbetrag zu.

Negativsteuer

Da Absetzbeträge bei der Berechnung direkt von der Steuer abgezogen werden, bringen sie dem Steuerzahler bares Geld. Ist das Einkommen aber so gering, dass gar keine Steuer anfällt, hätte dieser keinen Vorteil, wenn nicht der Gesetzgeber die Negativsteuer für folgende Gruppen eingeführt hätte.

- Aktive Arbeitnehmer erhalten 55 % der geleisteten Sozialversicherungsbeiträge, allerdings maximal € 463,–.
- Alleinerzieher und 463 erhalten Negativsteuer bis zur Höhe des Alleinverdiener-/Alleinerzieherabsetzbetrages.
- Bei Arbeitnehmern, die die Voraussetzungen für die Pendlerpauschale erfüllen, erhöht sich der Betrag von höchstens € 463,– auf höchstens € 597,– jährlich.

Wie weiß man, ob einem Negativsteuer zusteht?

Als Faustregel ist eine Auszahlung der Negativsteuer dann wahrscheinlich, wenn Ihr Jahreseinkommen die Besteuerungsgrenzen (siehe Grundlagen) nicht übersteigt.

Die Ermittlung der Negativsteuer erfolgt im Rahmen der Veranlagung. Wenn eine Veranlagung unterbleibt und auch keine ausländischen Einkünfte vorliegen, können Steuerpflichtige, die einen Anspruch auf den Alleinverdienerabsetzbetrag haben oder die Voraussetzungen für den Alleinerzieherabsetzbetrag erfüllen, die Erstattung der Negativsteuer beantragen. Der Erstattungsantrag (Formular E 5) kann innerhalb von fünf Jahren ab dem Ende des jeweiligen Kalenderjahres gestellt werden.

Berechnungsbeispiel Negativsteuer

Steuer	0,–
Abzüglich Verkehrsabsetzbetrag	– € 463,–
Abzüglich Alleinverdienerabsetzbetrag	– € 572,–
Ergebnis	**– € 1.035,–**

Haupteinkunftsarten (1–4)	1. Einkünfte aus Land- und Forstwirtschaft	**Betriebliche Einkünfte (1–3)** Berechnung des Einkommens durch Gewinnermittlung
	2. Einkünfte aus selbständiger Arbeit	
	3. Einkünfte aus Gewerbebetrieb	
	4. Einkünfte aus nichtselbständiger Arbeit	**Außerbetriebliche Einkünfte (4–7)** Ermittlung des Einkommens durch Überschuss der Einnahmen über die Werbungskosten
Nebeneinkunftsarten (5–7)	5. Einkünfte aus Kapitalvermögen	
	6. Einkünfte aus Vermietung und Verpachtung	
	7. Sonstige Einkünfte	
	= Gesamtbetrag der Einkünfte	
	– Sonderausgaben	
	– Außergewöhnliche Belastungen	
	= Steuerbemessungsgrundlage	
	Anwendung des Einkommensteuertarifes	
	= Einkommensteuer	
	– Allgemeiner Absetzbetrag	
	– Verkehrsabsetzbetrag	
	– Arbeitnehmer bzw. Grenzgängerabsetzbetrag	
	– Pensionistenabsetzbetrag	
	= Einkommensteuerschuld	
	– entrichtete Lohnsteuer	
	– Einkommensteuervorauszahlungen	
	= Einkommensteuernachzahlung/-guthaben	

2 Ermittlung der Einnahmen

Im Laufe des Jahres erhält man Einnahmen unterschiedlicher Art. Oft handelt es sich um Einnahmen, bei denen nicht eindeutig ist, ob sie auch zu versteuern sind. Muss man ein Geschenk eines Kunden in der Steuererklärung angeben? Ist der Gratisparkplatz in der Tiefgarage anzugeben? Und wenn ja, welcher Wert ist anzusetzen? In diesem Kapitel werden Sie erfahren, was Sie alles in der Steuererklärung als Einnahmen werten sollen und was nicht.

2.1 Betriebseinnahmen

Im Rahmen der betrieblichen Einkunftsarten ist der Gewinn zu ermitteln. Dieser ergibt sich beim **Betriebsvermögensvergleich** als Unterschiedsbetrag zwischen dem Betriebsvermögen am Schluss des Wirtschaftsjahres und dem Betriebsvermögen am Schluss des vorangegangenen Wirtschaftsjahres. Bei der **Einnahmen-Ausgaben-Rechnung** sind die Betriebseinnahmen unmittelbar den Betriebsausgaben gegenüberzustellen (siehe dazu auch Kapitel „Ermittlung der Einkünfte" ab Seite 60).

In Anlehnung an die gesetzliche Definition der Einnahmen bei den außerbetrieblichen Einkunftsarten (siehe Einnahmen aus außerbetrieblichen Einkunftsarten) fallen unter die **Betriebseinnahmen** alle Zugänge in Geld oder Geldeswert, die durch den Betrieb veranlasst sind.

Zu den Betriebseinnahmen gehören nicht nur Erlöse aus Geschäften, die den Betriebsgegenstand des Unternehmens bilden (z. B. Handelswarenerlöse eines Kaufhauses, Honorare aus der Behandlungstätigkeit eines Arztes), sondern auch solche aus Hilfs- und Nebengeschäften (z. B. Veräußerung oder Vermietung von Wirtschaftsgütern des Betriebsvermögens, Kapitalerträge aus betrieblichen Wertanlagen). Versicherungsvergütungen bzw. Schadenersatzleistungen für beschädigtes oder zerstörtes Betriebsvermögen, Zuwendungen durch Geschäftsfreunde, die nicht bloß als Aufmerksamkeiten anzusehen sind (z. B. Urlaubsreisen, größere Sachgeschenke), Subventionen sowie Schuldennachlässe stellen ebenfalls Betriebseinnahmen dar. Gleiches gilt für den Bezug von Einnahmen, die mit gerichtlicher Strafe bedroht sind (z. B. Bestechungsgelder).

ABC der Betriebseinnahmen

Abfindungen

Abfindungen stellen Betriebseinnahmen dar, wenn der Grund für die Entstehung in der betrieblichen Sphäre liegt (z. B. Entgelt für den Verzicht auf eine Firmenbezeichnung, Entgelt für den Verzicht auf ein Vorkaufsrecht, das zum notwendigen Betriebsvermögen des Steuerpflichtigen gehört).

Ablösezahlungen

Ablösen für die Aufgabe oder Abtretung von betrieblichen Rechten (z. B. Mietrechte) sowie die Beschaffung von Ersatzmöglichkeiten gehören zu den Betriebseinnahmen. Beispiele hierfür sind die Absiedlungsbeihilfen von Gemeinden und die Investitionsablöse für die Weitergabe eines angemieteten Werkstättenlokals, welches in der Absicht angemietet wurde, als Werkstätte zu genutzt zu werden.

Betriebsaufgabe

Erlöse, die noch nach der Betriebsaufgabe einlangen, gehören ebenfalls zu den Betriebseinnahmen.

Betriebsgründung

Wenn bereits in der Vorbereitungsphase der Betriebsgründung Einnahmen erzielt werden, sind diese im Gründungsjahr anzusetzen.

Betriebsteuern

Rückzahlungen von als Betriebsausgaben abgesetzten Betriebsteuern (z.B. Kommunalsteuer, Dienstgeberbeitrag, Grundsteuer für ein Betriebsgrundstück, KFZ- und Versicherungssteuer für ein Betriebsfahrzeug) stellen im Gutschriftszeitraum Betriebseinnahmen dar. Wenn die Gutschrift nach Beendigung des Betriebes erfolgt, liegen nachträgliche, steuerpflichtige Einkünfte vor.

Betrügerisch erlangte Vorteile

Betrügerisch erlangte Vorteile (z.B. ein Arzt bezieht Kosmetika aus fingierten Rezepten) sind als Einnahmen anzusetzen.

Durchlaufende Posten

Durchlaufende Posten sind Beträge, die der Unternehmer im Namen und für Rechnung eines anderen vereinnahmt und verausgabt (z.B. Gerichtsgebühren für Klienten eines Rechtsanwalts). Sie scheiden aus der Gewinnermittlung aus, dies auch dann, wenn keine gesonderten Konten geführt werden.

Entschädigungen

Die erhaltenen Entschädigungen sind als Betriebseinnahmen zu erfassen, wenn ein betrieblicher Zusammenhang mit dem Schadensfall vorliegt (z.B. Versicherungsvergütungen für beschädigtes oder zerstörtes Betriebsvermögen, Entschädigungen für Wertminderungen im Anlage- und Umlaufvermögen).

Ersatzleistungen

Die an Stelle vertraglicher Leistungen erbrachten Ersatzleistungen stellen Betriebseinnahmen dar (z.B. Pönale für die nicht fristgerechte Lieferung von Waren oder die nicht fristgerechte Fertigstellung eines Gebäudes).

Fremdgelder

Fremdgelder stellen grundsätzlich Durchlaufposten dar. Dies gilt jedoch nicht, wenn die Berechtigung besteht, über die Gelder zu verfügen oder wenn tatsächlich wie über eigenes Geld verfügt wird (z.B. Veruntreuung und Verwendung für Schuldenrückzahlung). Vorschüsse für künftige Leistungen sind keine Fremdgelder und daher Betriebseinnahmen.

Geschenke

Geschenke von Geschäftsfreunden, Kunden, Patienten etc., die über bloße Aufmerksamkeiten hinausgehen, stellen Einnahmen dar (Urlaubsreisen, größere Sach- oder Geldzugaben). Sie sind in Höhe der fiktiven Anschaffungskosten als Betriebseinnahmen anzusetzen.

Konventionalstrafen

Erhaltene Konventionalstrafen stellen im betrieblichen Bereich Betriebseinnahmen dar.

Nebengeschäfte

Erlöse aus Nebengeschäften (z. B. Kreditvermittlung durch Grundstücksmakler, gelegentliche Überlassung des Betriebsfahrzeugs) sind als Betriebseinnahmen zu erfassen.

Personensteuern

Gutschriften, Erstattungen und Nachsichten von Personensteuern (Einkommensteuer) stellen keine Einnahmen dar. Dies gilt auch für ausländische Personensteuern.

Preise

Betriebseinnahmen liegen vor, wenn Preise im Rahmen eines Wettbewerbs aufgrund einer Leistungsqualifikation durch eine Jury (z. B. Architektenwettbewerb) verliehen werden. Gleiches gilt bei Preisausschreiben aus geschäftlichen Motiven (z. B. Schaufensterwettbewerb mit Verlosung einer Reise).

Preise, die in Würdigung der Persönlichkeit oder des Schaffens (Literaturpreis, Nobelpreis) gewährt oder durch den Einsatz von Allgemeinwissen (z. B. Fernsehquiz) erzielt werden, stellen hingegen keine Einnahmen dar. Preise und Prämien im Sinne des Kunstförderungsgesetzes (Staats-, Würdigungs-, und Förderungspreise etc.), vergleichbare Leistungen aufgrund landesgesetzlicher Vorschriften sowie Preise von internationalen Förderungsinstituten sind steuerbefreit. Aufwendungen, die im Zusammenhang mit solchen steuerfreien Einnahmen stehen, können allerdings auch nicht als Betriebsausgaben geltend gemacht werden.

Privatentnahmen

Die Entnahme von Wirtschaftsgütern des Betriebsvermögens (z. B. Anlagegüter, Waren) für private Zwecke führt zu Betriebseinnahmen. Die Bewertung der entnommenen Wirtschaftsgüter erfolgt mit dem Teilwert. Das ist jener Betrag, den der Käufer des ganzen Betriebs im Rahmen des Gesamtkaufpreises für das einzelne Wirtschaftsgut ansetzen würde. Dieser Betrag ist unter der Prämisse zu bestimmen, dass der Erwerber den Betrieb fortführt. Der Teilwert entspricht im Wesentlichen den Wiederbeschaffungskosten. Da der Restbuchwert des entnommenen Wirtschaftsguts (= Anschaffungs- oder Herstellungskosten abzüglich bisheriger AfA bis zum Zeitpunkt der Entnahme) als Betriebsausgabe zu erfassen ist, wird nur die Differenz zwischen Teilwert und Restbuchwert steuerwirksam.

Rabatte

Erhaltene Rabatte kürzen grundsätzlich die getätigten Betriebsausgaben und sind daher nicht als Einnahmen zu behandeln. Betriebseinnahmen liegen allerdings dann vor, wenn das abgelaufene Jahr betreffende Rabatte erst im folgenden Jahr bezogen werden (z. B. Treuerabatte, Umsatzboni).

Einbehaltene Inkassogelder bei Rechtsanwälten

Die Einnahme von Beträgen, die auf Eintreibungsmaßnahmen beim Prozessgegner oder Drittschuldner zurückzuführen sind, führt beim Rechtsanwalt im Zeitpunkt des Eingangs zu steuerpflichtigen Einnahmen, wenn eine Verrechnung mit dem Klienten derart erfolgt, dass die Rechnungssumme von Honorarabrechnungen um die einbehaltenen Beträge gekürzt wird. Die bezeichneten Beträge stellen dann in Höhe des Honorars an den Klienten keine Fremdgelder dar.

Renten

Bezüglich der steuerlichen Behandlung von Renten siehe Seite 180, „Renten und dauernde Lasten“.

Rückgängigmachung von Betriebsausgaben

Die Rückgängigmachung bzw. Rückzahlung von Betriebsausgaben führt zu Einnahmen (z.B. rückgezahlte Pflichtversicherungsbeiträge, rückgezahlte Betriebsteuern, gestohlenes, ausgebuchtes und wiederaufgefundenes Betriebsvermögen).

Sanierungsgewinne

Die bisherige Verwaltungspraxis wurde gesetzlich verankert. Tritt ein Sanierungsfall ein, dann sind zwar die Sanierungsgewinne grundsätzlich steuerpflichtig, aber in den Fällen des Zwangsausgleichs und des gerichtlichen Ausgleichs nicht einbringlich. Von der Steuerfestsetzung wird nun insoweit Abstand genommen, als die Steuer durch Erfüllung der Ausgleichsquote entstanden ist und diesen Betrag übersteigt. Das bedeutet, dass Sanierungsgewinne zu versteuern sind,

- wenn sie durch einen gerichtlichen Ausgleich oder Zwangsausgleich,
- aus gänzlichem oder teilweisem Schulderlass und
- zum Zweck der Sanierung entstanden sind.

Die Besteuerung erfolgt folgendermaßen (Beispiel)

Der Sanierungsgewinn beträgt € 20.000,– und das Jahreseinkommen vor Berücksichtigung von Pauschalen beträgt € 30.000,–. Die Ausgleichsquote beträgt 20 %. Die Steuer für € 50.000,– (Summe aus Jahreseinkommen und Sanierungsgewinn) beträgt € 21.000,– und ohne Sanierungsgewinne € 10.500,–. Die Differenz, das sind € 10.500,–, wird mit dem Forderungsausfall von 80 % multipliziert. Die Steuer auf die Gesamteinkünfte ermäßigt sich nun um diese 80 %, das sind € 8.400,–. Die Steuer beträgt demnach € 12.600,–.

Schadenersatz

Schadenersatzzahlungen stellen Betriebseinnahmen dar, soweit sie mit dem betrieblichen Geschehen im Zusammenhang stehen (Beispiele: Versicherungsvergütung für Wasserschäden in der Ordination eines Facharztes, Schadenersatz infolge eines Beratungsfehlers des Steuerberaters). Wird der Schaden durch eigene Arbeitsleistung behoben, ändert das nichts am Einnahmencharakter des Schadensersatzes.

Schmerzengeld

Das Schmerzengeld stellt keine Einnahme dar, weil die Ursache im privaten Bereich liegt. Schmerzengelder in Form von wiederkehrenden Bezügen sind als sonstige Einkünfte steuerpflichtig.

Steuern

Gutschriften, Erstattungen und Nachsichten von Betriebsteuern (z.B. Grundsteuer für Betriebsgrundstück, KFZ-Steuer für ein Betriebsfahrzeug, nicht aber Personensteuern wie etwa die Einkommensteuer) stellen Betriebseinnahmen dar.

Stipendien

Stipendien an Künstler im Sinne des Kunstförderungsgesetzes sowie vergleichbare Leistungen aufgrund landesgesetzlicher Vorschriften oder von internationalen Förderungsinstituten unterliegen nicht der Einkommensteuer.

Die mit diesen Einnahmen im Zusammenhang stehenden Ausgaben können jedoch auch nicht steuerlich abgesetzt werden.

Weiters sind Stipendien an Schüler und Studenten (nach dem Studienförderungsgesetz) steuerfrei.

Stipendien, die nach Abschluss einer Hochschulausbildung gewährt werden (z.B. Forschungsstipendien), unterliegen jedoch voll der Einkommensteuer.

Subventionen

Zuwendungen einschließlich Zinsenzuschüsse aus öffentlichen Mitteln (Geld- oder Sachzuwendungen des Bundes, der Länder oder Gemeinden), die zur Anschaffung oder Herstellung von Wirtschaftsgütern des Anlagevermögens gewährt werden, sind steuerfrei.

Da die Anschaffungs- bzw. Herstellungskosten allerdings um die steuerfreien Subventionen aus öffentlichen Mitteln zu kürzen sind, stellen nur die entsprechend verminderten Kosten die Berechnungsbasis für die AfA dar.

Private Subventionen hingegen sind steuerpflichtige Betriebseinnahmen. Die Ermittlung der AfA hat von den ungekürzten Anschaffungs- oder Herstellungskosten zu erfolgen.

Umsatzsteuer

Einnahmen-Ausgaben-Rechner, welche die Umsatzsteuer nach der Bruttomethode verrechnen, haben auch die Umsatzsteuer von Verkäufen, Leistungen etc. als Betriebseinnahmen zu erfassen.

Die im Rahmen der Umsatzsteuervoranmeldung an das Finanzamt abgeführte Umsatzsteuerzahllast (= Umsatzsteuer abzüglich Vorsteuer) stellt eine Betriebsausgabe dar.

Ein Überschuss (= die Vorsteuern übersteigen die Umsatzsteuer) ist als Betriebseinnahme zu behandeln. Die Vorsteuer von den Einkäufen (z. B. Waren, Leistungen) hat der Einnahmen-Ausgaben-Rechner als Ausgabe zu erfassen.

Bei Einnahmen-Ausgaben-Rechnern, welche die Nettomethode anwenden, und Steuerpflichtigen, die ihre Einkünfte durch Betriebsvermögensvergleich ermitteln, wird die Umsatzsteuer erfolgsneutral (das heißt keine Ausgaben- bzw. Einnahmenwirkung) behandelt.

Unentgeltliche Überlassung von Kraftfahrzeugen

Wird einem Steuerpflichtigen, der eine Tätigkeit selbständig ausübt (z. B. selbständiger Handelsvertreter), seitens des von ihm repräsentierten Unternehmens ein Kraftfahrzeug unentgeltlich überlassen, so stellt das einen geldwerten Vorteil dar, der als Betriebseinnahme zu erfassen ist. Im Falle der betrieblichen Verwendung des KFZ stehen der Betriebseinnahme im Umfang der betrieblichen Nutzung Betriebsausgaben gegenüber. Dadurch wird lediglich der auf den privat genutzten Teil entfallende Vorteil steuerwirksam.

Die Höhe des geldwerten Vorteils aus der Überlassung des Fahrzeugs ergibt sich grundsätzlich aus den Aufwendungen, die dem (überlassenden) Unternehmen für das jeweilige Kraftfahrzeug entstehen (z. B. Leasingrate, Versicherung).

Einem Steuerpflichtigen wird aufgrund seiner Vertretertätigkeit ein Kraftfahrzeug zur Verfügung gestellt, das sowohl für betriebliche als auch private Fahrten verwenden werden kann. Im Jahr 2024 werden 15.000 Kilometer zurückgelegt, 9.750 Kilometer davon sind betrieblich (65 % der gesamten Jahreskilometerleistung) und 5.250 Kilometer privat (35 % der Jahreskilometerleistung).

Der betriebliche Einsatz ist durch Berücksichtigung von 65 % des als Sachbezugswert anzusetzenden Werts als Betriebsausgabe zu berücksichtigen, sodass lediglich der privat genutzte Anteil (35 %) zu versteuern ist.

Werden die für das Fahrzeug dem überlassenden Unternehmen tatsächlich entstandenen Aufwendungen nachgewiesen, sind diese Aufwendungen (100 %) als Betriebseinnahme und der auf die betriebliche Nutzung entfallende Teil (65 %) als Betriebsausgabe zu erfassen (effektiv steuerwirksam somit 35 % der nachgewiesenen Aufwendungen).

Verdienstentgang

Eine unter dem Titel Verdienstentgang erhaltene Ersatzleistung stellt eine steuerpflichtige Betriebseinnahme dar. Dabei spielt es keine Rolle, ob tatsächlich ein Verdienstausfall stattgefunden hat.

Verkaufserlöse

Verkaufserlöse (z. B. aus Geschäften, die den Unternehmensgegenstand bilden, aus Hilfs- und Nebengeschäften etc.) sind Betriebseinnahmen.

Versicherungsentschädigungen

Erhaltene Versicherungsentschädigungen sind als Betriebseinnahmen zu erfassen, wenn die Versicherung im Interesse des Betriebs abgeschlossen wurde oder die Prämie für Betriebsvermögen bezahlt worden ist.

Verzicht auf Einnahmen

Ein Verzicht auf Einnahmen, der auf betriebliche Gründe zurückzuführen ist, stellt keine Einnahme dar (z.B. kostenlose Behandlung durch einen Arzt, kostenlose Rechtsberatung durch Rechtsanwälte). Wenn der Verzicht aber aus privaten Gründen erfolgt, liegt eine als Betriebseinnahme anzusehende Entnahme vor (z.B. Verzicht auf die Einnahmen aus einem Warenverkauf an einen Familienangehörigen).

Wertpapiere

Wertpapiere, die als Entgelt für eine betriebliche Leistung bezogen werden, sind Betriebseinnahmen. Diese sind mit dem tatsächlichen Wert zum Zeitpunkt der Übertragung anzusetzen, falls der Wert nicht mit dem Nennbetrag übereinstimmt. Gleiches gilt für Gesellschaftsanteile.

Wertzugänge

Wenn der Wertzugang an einen nahen Angehörigen des Betriebsinhabers das Entgelt für eine von diesem erbrachte Tätigkeit darstellt, liegen Betriebseinnahmen des Betriebsinhabers vor (z.B. Steuerberater, der auf sein Honorar zugunsten einer Beteiligung seiner Ehegattin am Unternehmen des Klienten verzichtet).

Zinsen

Zinsen sind Betriebseinnahmen, wenn sie aus betrieblichen Forderungen, Bankkonten, Wertpapieren usw. stammen.

Zuwendungen zur Beseitigung von Katastrophenschäden

Freiwillige Zuwendungen zur Beseitigung von Katastrophenschäden, das sind z.B. Zuwendungen des Arbeitgebers an seine Arbeitnehmer zur Beseitigung von Katastrophenschäden, freiwillige Zuwendungen und Spenden zur Beseitigung von Katastrophenschäden an Privatpersonen und Unternehmen, sind auf der Empfängerseite steuerfrei. Entsprechend gewidmete freiwillige Zuwendungen zur Beseitigung von Katastrophenschäden kürzen beim Empfänger ebenso wie steuerfreie Subventionen die Anschaffungs- oder Herstellungskosten oder sonstige Aufwendungen.

2.2 Einnahmen aus außer-betrieblichen Einkunftsarten

2.2.1 Allgemeines

Als Einkünfte aus den außerbetrieblichen Einkunftsarten ist der Überschuss der Einnahmen über die Werbungskosten anzusetzen.

Einnahmen liegen immer dann vor, wenn Geld oder geldwerte Vorteile, die mit einer erbrachten Leistung im Zusammenhang stehen, zufließen. Grundsätzlich sind die Einnahmen im außerbetrieblichen Bereich dem Begriff der Betriebseinnahmen ähnlich. Es ergeben sich aber Unterschiede im Umfang der steuerpflichtigen Einnahmen.

Unter Bezugnahme auf das ABC der Betriebseinnahmen (siehe dazu auch Seite 79, „Betriebseinnahmen") und der Berücksichtigung des Unterschieds bei der steuerlichen Behandlung von Wertschwankungen und Veräußerungen des Vermögens wird auf eine Aufzählung der steuerpflichtigen Einnahmen im außerbetrieblichen Bereich verzichtet.

Im Folgenden werden die **Besonderheiten bei den lohnsteuerpflichtigen Einkünften** dargestellt. Diese betreffen einerseits die geldwerten Vorteile im Rahmen der Einkünfte aus nichtselbständiger Arbeit (Sachbezüge) sowie Steuerbegünstigungen für bestimmte lohnsteuerpflichtige Bezüge.

2.2.2 Sachbezüge

Unter die Einkünfte aus nichtselbständiger Arbeit fallen sowohl die tatsächlich in Geld zugeflossenen Einnahmen (z.B. Lohn, Gehalt) als auch die aus dem Dienstverhältnis resultierenden geldwerten Vorteile (z.B. Wohnung, Heizung, Beleuchtung, Kleidung, Kost, Waren, Überlassung von Kraftfahrzeugen zur Privatnutzung). Die Steuerpflicht der geldwerten Vorteile wird damit begründet, dass Personen, die keine derartigen Vorzüge aus einem Dienstverhältnis erhalten (z.B. Firmenwagen, Dienstwohnung), solche Aufwendungen aus ihrem versteuerten Einkommen selbst zu bezahlen haben. Geldwerte Vorteile sind mit den um gängige Preisnachlässe verminderten üblichen Endpreisen des Abgabewertes anzusetzen. Aus Gründen der Verwaltungsvereinfachung hat die Finanz diese Werte für einen Großteil der Sachbezüge festgesetzt.

i

Tipp: Die Sachbezugswerte liegen großteils unter den tatsächlichen Preisen. Daher bringt es für den Steuerzahler einen Steuervorteil, wenn bei den nächsten Gehaltsverhandlungen statt einer Gehaltserhöhung ein Firmenauto oder eine Dienstwohnung vorgeschlagen wird. Die in der Praxis am häufigsten vorkommenden Sachbezüge sind:

Verpflegung und Unterkunft / volle freie Station

Freie oder verbilligte Mahlzeiten, die der Arbeitgeber an nicht in seinen Haushalt aufgenommene Arbeitnehmer zur Verköstigung im Betrieb freiwillig gewährt, sind steuerfrei. Gleiches gilt, wenn dem Arbeitnehmer eine einfache arbeitsplatznahe Unterkunft durch den Arbeitgeber zur Verfügung gestellt wird (z.B. Schlafstelle oder vergleichbare einfache Wohnung für saisonbeschäftigte Arbeitnehmer im Fremdenverkehr oder für Krankenpflegeschüler). Es ist daher kein Sachbezugswert anzusetzen.

Wird allerdings ein Arbeitnehmer in den Haushalt des Arbeitgebers aufgenommen, dann sind als Sachbezug € 196,20 monatlich zu versteuern.

Wohnraum

Stellt der Arbeitgeber seinem Arbeitnehmer eine Wohnung, welche im Eigentum des Arbeitgebers steht, kostenlos oder verbilligt zur Verfügung, dann wird bei der Beurteilung des Quadratmeterwertes von Richtwerten lt. Richtwertgesetz für eine sogenannte **Normwohnung** ausgegangen. Unbeachtlich, ob der Wohnraum möbliert oder unmöbliert ist, gelten im Jahr 2024 folgende Quadratmeterpreise (Brutto, inkl. Betriebskosten und USt., aber exkl. Heizkosten):

	Richtwerte	
Bundesland	**bis 31.3.2023**	**ab 1.4.2024**
Burgenland	€ 5,61	€ 6,09
Kärnten	€ 7,20	€ 7,81
Niederösterreich	€ 6,31	€ 6,85
Oberösterreich	€ 6,66	€ 7,23
Salzburg	€ 8,50	€ 9,22
Steiermark	€ 8,49	€ 9,21
Tirol	€ 7,50	€ 8,14
Vorarlberg	€ 9,44	€ 10,25
Wien	€ 6,15	€ 6,67

Werden die Heizkosten vom Arbeitgeber getragen, erhöht sich der maßgebliche Quadratpreiswert um € 0,58.

Eine **Normwohnung** muss folgende Voraussetzungen hinsichtlich der Ausstattung erfüllen:

Der Wohnraum ...

- befindet sich in einem brauchbaren Zustand (weder die Lage noch die Größe ist für die pauschale Ermittlung des Sachbezugswertes maßgeblich),
- besteht aus Zimmer, Küche (Kochnische), Vorraum, Klosett und einer dem zeitgemäßen Standard entsprechenden Badegelegenheit (Baderaum oder Badenische) und
- verfügt über eine Etagenheizung oder eine gleichwertige stationäre Heizung.

Sollten Wohnungen die obigen Voraussetzungen nicht erfüllen, vermindern sich die Quadratmeterpreise um 30 %.

Sind jedoch die tatsächlichen Marktpreise wesentlich höher oder niedriger als die nach Richtwerten ermittelten Sachbezugswerte, sind die Richtwertsätze nicht mehr anwendbar.

Konkret betrifft das Wohnungen, bei denen der um 25 % verminderte übliche Marktpreis am Verbrauchsort (= Marktwert) der Wohnung um mehr als 50 % niedriger oder um mehr als 100 % höher ist als der Sachbezugswert. Dabei ist nun der um 25 % verminderte Marktpreis anzusetzen.

Vermietet der Arbeitgeber einen Wohnraum, sind die pauschalen Quadratmeterwerte mit der um 25 % gekürzten tatsächlichen Miete samt Betriebskosten (aber ohne Heizkosten) zu vergleichen. Der höhere Wert ist anzusetzen.

Seit 1.1.2013 gibt es Änderungen, wenn der Arbeitgeber eine arbeitsplatznahe Unterkunft (kostenlos oder verbilligt) zur Verfügung stellt und eine rasche Verfügbarkeit des Dienstnehmers im besonderen Interesse liegt. Charakteristisch ist dieses z.B. im Hotel- und Gastgewerbe, wo Arbeitsleistungen keinem kontinuierlichen Verlauf folgen und die rasche Verfügbarkeit vor Ort erforderlich ist.

- Bei einer Unterkunft bis 30 m^2 ist kein steuerlicher Sachbezug zum Ansatz zu bringen.
- Ist die Unterkunft größer als 30 m^2, ist jedenfalls ein Sachbezug anzusetzen.
- Bis zu einer Größe von mehr als 30 m^2 und max. 40 m^2 darf beim Ansatz des Sachbezugs jedoch ein Abschlag von 35 % berücksichtigt werden, vorausgesetzt, die Unterkunft wird vom selben Arbeitgeber für max. zwölf Monate zur Verfügung gestellt.

Privatnutzung des arbeitgebereigenen KFZ

Besteht für den Arbeitnehmer die Möglichkeit ein Firmen-Kraftfahrzeug für nicht beruflich veranlasste Fahrten einschließlich Fahrten zwischen Wohnung und Arbeitsstätte zu benützen, dann ist ein Sachbezugswert anzusetzen. Dieser hängt von den tatsächlichen Anschaffungskosten (einschließlich Umsatzsteuer, Normverbrauchsabgabe, Sonderaustattung) sowie von den CO_2-Emissionen im Jahr der Erstzulassung ab. Wird der CO_2-Grenzwert für das jeweilige Jahr überschritten, so ist ein monatlicher Zuschlag von 2 % der Anschaffungskosten (höchstens € 960,–) anzusetzen.

Wird der Grenzwert nicht überschritten, so beträgt der Zuschlag 1,5 % der Anschaffungskosten (höchstens € 720,–). Die entsprechenden Grenzwerte finden Sie in der Tabelle unten.

Mit 1.4.2020 erfolgte eine Umstellung der CO_2-Emissionswertemessung für KFZ vom bisherigen NEFZ-Verfahren (NEFZ = Neuer Europäischer Fahrzyklus) auf das WLTP-Verfahren (WLTP = weltweit harmonisiertes Prüfverfahren für leichte Nutzfahrzeuge). Das bedeutet, dass für KFZ, die ab 1.4.2020 erstmals zugelassen werden, der CO_2-Emissionswert nach dem WLTP-Verfahren für die Sachbezugsbewertung heranzuziehen ist. Auf Grund dieser Änderung wurden auch die CO_2-Grenzwerte für KFZ-Erstzulassungen ab 1.4.2020 angepasst. Für Erstzulassungen vor dem 1.4.2020 ist die Sachbezugsberechnung jedoch wie bisher anhand der CO_2-Grenzwerte nach dem NEFZ-Verfahren vorzunehmen.

Die Änderungen sollen anhand der folgenden Tabelle und Beispiele veranschaulicht werden:

Datum der Erstzulassung	Max. CO_2-Emissionswert
2019	121 g/km (NEFZ)
Jänner bis März 2020	118 g/km (NEFZ)
April bis Mai 2020 (Übergangsregelung)	118 g/km (NEFZ)
April bis Dezember 2020	141 g/km (WLTP)
2021	138 g/km (WLTP)
2022	135 g/km (WLTP)
2023	132 g/km (WLTP)
2024	129 g/km (WLTP)
ab 2025	126 g/km (WLTP)

Beispiel 1

Der Dienstgeber erwirbt im Dezember 2019 einen Neuwagen um € 30.000,– inkl. USt und NoVA. Die Erstzulassung erfolgt mit Jänner 2020 und der CO_2-Emissionswert beträgt 117 g/km. Entsprechend der alten Regelung (NEFZ-Verfahren) gilt als CO_2-Grenzwert bis 31.3.2020 118 g/km. Daher beträgt der Sachbezug € 450,– (verminderter Sachbezug i.H.v. 1,5 % von € 30.000.–). Dieser Sachbezugswert gilt auch für alle Folgejahre.

Beispiel 2

Der Dienstgeber erwirbt im Juli 2020 einen Neuwagen um € 30.000.– inkl. USt und NoVA. Die Erstzulassung erfolgt ebenfalls im Juli 2020 und der CO_2-Emissionswert beträgt 140 g/km. In diesem Fall kommt der neue CO_2-Grenzwert nach dem WLTP-Verfahren zur Anwendung, der 141 g/km beträgt. Daher ergibt sich ein Sachbezugswert von € 450.– (1,5 % von € 30.000).

Für den Sachbezugswert bei KFZ sind noch folgende Regelungen von Bedeutung:

- Beträgt die monatliche Fahrtstrecke nachweislich im Jahresdurchschnitt nicht mehr als 500 km monatlich, ist der halbe Sachbezugswert anzusetzen. Ergibt sich für ein Fahrzeug mit einem Sachbezug von 2 % bei Ansatz von € 0,67 (Fahrzeugbenützung ohne Chauffeur) bzw. € 0,96 (Fahrzeugbenützung mit Chauffeur) oder mit einem Sachbezug von 1,5 % bei Ansatz von € 0,5 (Fahrzeugbenützung mit Chauffeur) bzw. € 0,72 (Fahrzeugbenützung ohne Chauffeur) pro km Fahrtstrecke ein Substanzwert, der um 50 % niedriger ist als der Sachbezugswert bei einer Fahrtstrecke, die nicht mehr als 500 km monatlich beträgt, so ist der geringere Sachbezugswert anzusetzen.
- Leistet der Arbeitnehmer zu seinem Firmen-KFZ Kostenbeiträge, mindern diese den Sachbezugswert. Bei einem einmaligen Kostenbeitrag ist der Sachbezugswert von den um den Kostenbeitrag geminderten Anschaffungskosten zu berechnen.
- Fahrzeuge mit einem CO_2-Ausstoß von null (Elektrofahrzeuge) sind gänzlich vom Sachbezug befreit.
- Bei Gebrauchtfahrzeugen sind für die Sachbezugsbewertung der Listenpreis und die CO_2-Emmissionswert-Grenze im Zeitpunkt der erstmaligen Zulassung des Fahrzeugs maßgebend. Sonderausstattungen und Rabatte bleiben dabei unberücksichtigt. Anstelle dieses Betrags können die nachgewiesenen tatsächlichen Anschaffungskosten (einschließlich allfälliger Sonderausstattungen und Rabatte) zugrunde gelegt werden.
- Bei geleasten Kraftfahrzeugen ist der Sachbezugswert von jenen Anschaffungskosten zu berechnen, die laut Leasingvertrag der Leasingrate zugrunde gelegt wurden.
- Der Sachbezugswert ist immer vom Bruttobetrag des Fahrzeugpreises (inkl. USt) anzusetzen, also auch im Falle eines Vorsteuerabzugs des Arbeitgebers.
- Kosten für Sonderausstattungen wie ABS, Autoradio, Klimaanlage und ähnliches zählen zu den Anschaffungskosten eines Fahrzeugs und sind daher für die Sachbezugsermittlung zu berücksichtigen. Gegenstände, die eigenständige Wirtschaftsgüter darstellen, sowie der Wert der Autobahnvignette, sind unberücksichtigt zu lassen.
- Kommt es während des Lohnzahlungszeitraumes zu einem Fahrzeugwechsel, kann in diesem Zeitraum nach Wahl sowohl der alte als auch der neue Sachbezugswert angesetzt werden.
- Wird ein Sachbezugswert von 1,5 % oder 2 % der Anschaffungskosten verrechnet, ist die Führung eines Fahrtenbuchs nicht erforderlich. Bei Ansatz eines

geringeren Sachbezugs muss aufgrund geringer Privatnutzung allerdings ein Fahrtenbuch geführt werden, damit das Ausmaß der Privatnutzung nachträglich nachweisbar ist.

Privatnutzung des arbeitgebereigenen Garagenplatzes

Besteht für den Arbeitnehmer die Möglichkeit, das von ihm für Fahrten zwischen Wohnung und Arbeitsstätte genutzte Kraftfahrzeug (entweder eigenes KFZ oder Firmen-KFZ) während der Arbeitszeit in Bereichen, die einer Parkraumbewirtschaftung unterliegen, auf einem Abstell- oder Garagenplatz des Arbeitgebers zu parken, ist ein Sachbezug von € 14,53 monatlich anzusetzen. Es genügt die Einräumung der Abstellberechtigung (z. B. durch Übergabe eines Schlüssels für die Einfahrtsschranke, eine Parkkarte oder durch ein Pickerl, mit dem parkberechtigte Fahrzeuge gekennzeichnet werden). Steht ein Parkplatz mehreren Arbeitnehmern zur Verfügung, ist der Vorteil jedes Arbeitnehmers mit € 14,53 monatlich zu bewerten. Der Sachbezugswert ist auch dann zuzurechnen, wenn der Arbeitnehmer das Kraftfahrzeug für berufliche Fahrten (auch mehrmals pro Tag) benötigt, oder wenn der Arbeitnehmer (z. B. weil er im Außendienst tätig ist) den Parkplatz nur gelegentlich in Anspruch nimmt.

Der Sachbezugswert in Höhe von € 14,53 monatlich stellt einen Mittelwert dar, der sowohl bei firmeneigenen Garagen- oder Abstellplätzen, als auch bei solchen, die vom Arbeitgeber angemietet werden, anzusetzen ist. Kostenersätze an den Arbeitgeber mindern den anzusetzenden Sachbezugswert, über den Sachbezugswert hinausgehende höhere Kostenersätze führen nicht zu Werbungskosten.

Der Ansatz eines Sachbezugswerts setzt das Vorliegen einer flächendeckenden Parkraumbewirtschaftung (das so genannte Parkpickerl) voraus. In zeitlicher Hinsicht muss die Kostenpflicht der Parkraumbewirtschaftung zumindest teilweise innerhalb der Arbeitszeit des Arbeitnehmers gegeben sein. Arbeitet z. B. jemand nur in der Nacht und besteht während dieser Zeit keine Kostenpflicht, ist kein Sachbezugswert zuzurechnen.

Zinsersparnisse bei Arbeitgeberdarlehen und Gehaltsvorschüsse

Bei Arbeitnehmern, die von ihrem Arbeitgeber ein Darlehen oder einen Gehaltsvorschuss zinslos erhalten, unterliegt die daraus resultierende Zinsersparnis als Sachbezug der Einkommensteuer. Etwaige Raten oder die Rückzahlungsdauer des Arbeitgeberdarlehens haben keinen Einfluss auf die Höhe des Sachbezugswerts. Für Zinsersparnisse aus Gehaltsvorschüssen und Arbeitgeberdarlehen ist kein Sachbezug anzusetzen, wenn der Vorschuss bzw. das Darlehen insgesamt nicht mehr als € 7.300,– beträgt. Übersteigen die Gehaltsvorschüsse und Arbeitgeberdarlehen diesen Freibetrag, ist der Sachbezug nur vom übersteigenden Betrag zu ermitteln.

Der Sachbezugswert beträgt für das Jahr 2024 4,5 %. Der relevante Zinssatz wird seit 1.1. 2013 aufgrund eines variablen Zinssatzes berechnet, wobei Berechnungsbasis der durchschnittliche Zwölfmonats-Euribor plus 0,75 % ist. Der neue Zinssatz wird jedes Jahr bis zum 30. November veröffentlicht.

Mitarbeiterrabatte

Bislang waren Rabatte, die einem Arbeitnehmer gewährt wurden, als Vorteil aus dem Dienstverhältnis steuerpflichtig, sofern diese Rabatte über die handelsüblichen, allen Endverbrauchern gewährten Rabatte hinausgehen. Seit 1.1.2016 gelten für Mitarbeiterrabatte ein Freibetrag und eine Freigrenze. Voraussetzung für die Inanspruchnahme der Befreiung ist, dass der Arbeitgeber den Rabatt allen Mitarbeitern bzw. einer bestimmten Gruppe von Mitarbeitern gewährt.

Rabatte bis maximal 20 % sind steuerfrei (Freigrenze). Bei Überschreiten dieser Freigrenze sind Rabatte aber erst steuerpflichtig, wenn sie den Freibetrag von € 1.000,– jährlich übersteigen. Der Arbeitgeber hat alle gewährten Rabatte aufzuzeichnen, zu prüfen und zu dokumentieren.

Digitale Arbeitsmittel

Mit der Novelle des EStG hat der Gesetzgeber in einer eigenen Norm klargestellt, dass vom Arbeitgeber unentgeltlich überlassene digitale Arbeitsmittel für die Berufsausübung keine Sachbezüge darstellen.

Beispiel: Freigrenze

Ein Arbeitgeber verkauft Waren an Endverbraucher um € 100,– (handelsüblicher Preis abzüglich üblicher Rabatte). Er verkauft die gleichen Waren an seine Mitarbeiter um € 80. Hier liegt kein steuerpflichtiger Sachbezug vor, da die 20 %-Grenze nicht überschritten wird.

Beispiel: Freibetrag

Ein Arbeitgeber A verkauft Waren an Endverbraucher um € 100,– (handelsüblicher Preis abzüglich üblicher Rabatte). Er verkauft die gleichen Waren an seine Mitarbeiter um € 70,–. Da die 20 %-Grenze überschritten wird, liegt ein geldwerter Vorteil in der Höhe von € 30,– vor. Allerdings ist der Sachbezug nicht steuerpflichtig, da der Freibetrag von € 1.000,– nicht überschritten wird.

Beispiel: Überschreiten des Freibetrages

Ein Arbeitgeber verkauft Waren an Endverbraucher um € 10.000,– (handelsüblicher Preis abzüglich üblicher Rabatte). Er verkauft die gleichen Waren an seine Mitarbeiter um € 7.500,–. Da die 20 %-Grenze überschritten wird, liegt ein geldwerter Vorteil in der Höhe von € 2.500,– vor. Der Sachbezug ist steuerpflichtig, da der jährliche Freibetrag von € 1.000,– überschritten ist. Zu versteuern ist die Differenz in der Höhe von € 1.500,–.

2.2.3 Begünstigungen für bestimmte lohnsteuerpflichtige Einkünfte

Sonderzahlungen

Unter dem Begriff Sonderzahlungen werden Zahlungen zusammengefasst, die einmalig oder in größeren Abständen neben dem laufenden Arbeitslohn gewährt werden. Die wichtigsten Sonderzahlungen sind die Weihnachtsremuneration („Weihnachtsgeld") und der Urlaubszuschuss (13. und 14. Gehalt). Andere

Beispiele für Sonderzahlungen sind Prämien, Jubiläumsgelder oder Gewinnbeteiligungen.

Für Sonderzahlungen gibt es einen jährlichen Freibetrag von € 620,–. Der darüber hinausgehende Betrag wird fix mit 6 % versteuert, aber nur bis zum so genannten Jahressechstel, alle darüber hinausgehenden Beträge unterliegen der laufenden Lohnsteuer. Damit das Ganze noch ein bisschen komplizierter wird, gibt es weiters eine Freigrenze von € 2.447,–. Unter € 2.447,– erfolgt demnach keine Besteuerung.

Das Jahressechstel ist der zweifache durchschnittliche Monatsbezug, welcher aus den bereits zugeflossenen laufenden Bezügen eines Kalenderjahres errechnet wird. Bei gleich bleibenden Bezügen entspricht das Jahressechstel genau dem 13. und 14. Monatsgehalt. Ändert sich der Bezug im Laufe des Jahres, erhöht sich auch jeweils das Jahressechstel. Für bereits einmal berücksichtigte Jahressechstel erfolgt jedoch keine Aufrollung. Das Jahressechstel soll willkürliche Verschiebungen von laufenden und sonstigen Bezügen verhindern.

Auch bei den Sozialversicherungsbeiträgen gibt es eine gesonderte Behandlung von Sonderzahlungen. Es gibt eine eigene jährliche Höchstbemessungsgrundlage von € 12.120,–, bis zu der die Sonderzahlungen der Sozialversicherung unterliegen. Der Beitrag zur Sozialversicherung bei Sonderzahlungen beträgt bei Angestellten und Arbeitern 17,12 % und ist damit um einen Prozentpunkt günstiger als die Sozialversicherungsbeiträge beim laufenden Bezug.

Die Beiträge zur Sozialversicherung sind von den Sonderzahlungen direkt abzuziehen, der verbleibende Betrag unterliegt dann der Lohnsteuer (mit den oben geschilderten Feinheiten)!

Solidarabgabe

Der Begriff „Solidarabgabe“ versteht einen eigenen progressiven Steuertarif sonstiger Bezüge. Bei diesen sonstigen Bezügen handelt es sich um Bezugsbestandteile, die der Arbeitgeber neben dem laufenden Bezug ausbezahlt. Darunter werden Lohn- bzw. Gehaltsteile verstanden, die zwar aufgrund eines Dienstverhältnisses vom selben Arbeitgeber, aber zusätzlich zum laufenden Lohn/Gehalt gezahlt werden. Sonstige Zahlungen müssen Leistungen aus mehreren Lohnzahlungsräumen abgelten und sich hinsichtlich der tatsächlichen Auszahlung von den laufenden Bezügen unterscheiden.

Bezieher von einem monatlichen Bruttoeinkommen aus unselbständiger Tätigkeit über € 13.280,– zahlen eine Solidarabgabe zur Einkommensteuer, indem das 13./14. Gehalt in gestaffelter Form stärker besteuert wird (ansteigender Steuersatz zwischen 6 % und 50 %); so bleibt der Steuersatz nur mehr bis zu einem Bruttomonatsgehalt i. H. v. € 13.280,– bei 6 % und wird bei darüber liegenden Einkünften auf bis zu 50 % (ab € 42.448,–) angehoben.

die ersten	**€ 620,–**	**0 %**
die nächsten	€ 24.380,–	6 %
die nächsten	€ 25.000,–	27 %
die nächsten	€ 33.333,–	35,75 %
über	€ 83.333,–	nach Monatstarif (in der Regel 50 %)

Erst bei einem Jahresbruttobezug von mehr als € 185.200,– (ausgezahlt in 14 Teilen mit Urlaubs- und Weihnachtsgeld) wird die Solidarabgabe auf sonstige Bezüge schlagend. Bis zu diesem Betrag wird nach Abzug der Sozialversicherungsbeiträge des Dienstnehmers der Grenzwert die Anwendung des festen Satzes von 6 % noch nicht überschritten.

Nicht betroffen von der Regelung sind etwa gesetzliche und freiwillige Abfertigungen sowie Verbesserungsvorschläge.

Abfertigungen

Seit dem 1.1.2003 gelten die Bestimmungen über die Abfertigung Neu. Das Neue an der Abfertigung Neu ist, dass der Arbeitnehmer bei jeder Beendigungsart eines Dienstverhältnisses einen **Anspruch** auf eine Abfertigung hat. Jedoch ist bei den folgenden Formen der Beendigung die Auszahlung gesperrt:

- Selbstkündigung,
- verschuldete Entlassung,
- unberechtigter Austritt,
- weniger als drei Einzahlungsjahre.

Immer verlangt werden kann die Auszahlung aber bei Beendigung des Dienstverhältnisses auf eine der oben angeführten Arten, wenn ein Arbeitsverhältnis beendet wurde und der Arbeitnehmer das Anfallsalter für die vorzeitige Alterspension aus der gesetzlichen Pensionsversicherung vollendet hat, und der Arbeitnehmer seit mindestens fünf Jahren in keinem Arbeitsverhältnis mehr steht, für das Beiträge zu leisten sind. Das ist etwa der Fall, wenn der Arbeitnehmer ganz aus dem Erwerbsleben ausscheidet oder selbständig wird. Beim Tod des Arbeitnehmers hat auch immer eine Auszahlung der Abfertigung zu erfolgen.

Die ausgezahlte Abfertigung unterliegt weiterhin der Lohnsteuer.

Pensionsabfindungen

Mit 31.12.2000 wurde die steuerliche Begünstigung der Pensionsabfindungen (Hälfte-Steuersatz) weitgehend abgeschafft. Beträgt der Barwert der Pensionsabfindung

- weniger als € 15.600,– (bis 2023: € 14.400,–), dann bleibt es bei der begünstigten Besteuerung mit dem halben Steuersatz.
- mehr als € € 15.600,–, dann ist die gesamte Abfindung mit dem Tarif zu besteuern.

Überweist der Arbeitgeber den Abfindungsbetrag allerdings direkt an eine Pensionskasse (für eine spätere Rente), so wird er in diesem Jahr nicht versteuert. Die später erhaltene Rente wird dann normal besteuert.

Überstunden

Geleistete Arbeitsstunden, die über die Normalarbeitszeit hinausgehen, sind Überstunden. Die Überstundenentlohnung setzt sich aus dem Überstundengrundlohn und einem Überstundenzuschlag zusammen. Der Zuschlag beträgt in der Regel 50 %, er kann aber bei Nacht- oder Feiertagsarbeit bis zu 100 %

betragen. In den Kollektivverträgen und Betriebsvereinbarungen werden die Bestimmungen zur Entlohnung von Überstunden festgelegt.

Steuerfrei sind die Zuschläge für zehn Überstunden im Ausmaß von höchstens 50 % des Grundlohns, insgesamt jedoch nur bis € 86,–. Darüber hinausgehende Überstundenzuschläge sind anteilig zu besteuern. Fallen in einem Monat weniger als zehn Überstunden an, sind im nächsten Monat dennoch nur zehn Überstunden begünstigt (kein Nachholen). Bei Überstunden, die während der Nacht beziehungsweise an Sonn- und Feiertagen geleistet werden, beträgt der monatliche Freibetrag € 360, bei überwiegender Nachtarbeit sogar € 540,–.

Die Begünstigung für die ersten zehn Überstunden, die nur die Lohnsteuer betrifft, aber nicht die Sozialversicherung, steht pro Dienstverhältnis zu.

Gewinnfreibetrag

Das Stabilitätsgesetz 2012 brachte Änderungen mit sich. Der Gewinnfreibetrag (GFB) erfährt eine Staffelung, welche von der Höhe des Gewinnes abhängig ist. Ab dem Jahr 2024 kommt für die ersten € 33.000,– (2023: € 30.000,-) ein Gewinnfreibetrag von 15 %, also maximal € 4.950,– zustande. Wird der Gewinn pauschal ermittelt, kann höchstens ein Gewinn von € 33.000,– bei der Ermittlung der Bemessungsgrundlage berücksichtigt werden. Der investitionsbedingte Gewinnfreibetrag kann in diesem Fall nicht mehr geltend gemacht werden.

Übersteigt die Bemessungsgrundlage € 33.000,–, steht ein investitionsbedingter Gewinnfreibetrag insoweit zu, als er durch Anschaffungs- oder Herstellungskosten begünstigter Wirtschaftsgüter gedeckt ist.

Als begünstigte Investitionen gelten:

- Körperliche, abnutzbare und ungebrauchte Wirtschaftsgüter mit einer Nutzungsdauer von mindestens vier Jahren,
- Wertpapiere im Sinne des § 14 Abs 7 Z 4 EStG, wenn sie ab der Anschaffung dem Anlagevermögen eines inländischen Betriebes oder einer inländischen Betriebsstätte mindestens vier Jahre (durch Aufnahme in ein zu führendes Verzeichnis) gewidmet werden.

Nicht als Investitionen gelten:

- PKWs und Kombis unter 80 % betrieblicher Nutzung,
- Luftfahrzeuge,
- sofort abgesetzte geringwertige Wirtschaftsgüter,
- gebrauchte Anlagen,
- Wirtschaftsgüter, die von einem Unternehmen erworben werden, das unter beherrschendem steuerlichen Einfluss des Steuerpflichtigen steht, sowie
- Investitionen, für die eine Bildungs- oder Forschungsprämie in Anspruch genommen wurde.

Gewinn	anzuwendender Prozentsatz	max. mögl. GFB	davon GFB	davon inv. bed. GFB
€ 33.000,–	15 %	€ 4.950,–	€ 4.950,–	€ 0,–
€ 178.000,–	für die ersten € 33.000,–: 15 % für weitere € 145.000,–: 13 %	€ 23.800,–	€ 4.950,–	€ 18.850,–
€ 353.000,–	für die ersten € 33.000,–: 15 % für weitere € 145.000,–: 13 % für weitere € 175.000,–: 7 %	€ 36.050,–	€ 4.950,–	€ 31.100,–
€ 583.000,–	für die ersten € 33.000,–: 15 % für weitere € 145.000,–: 13 % für weitere € 175.000,–: 7 % für weitere € 230.000,–: 4,5 %	€ 46.400,–	€ 4.950,–	€ 41.450,–

Insgesamt können maximal € 46.400,– als Gewinnfreibetrag geltend gemacht werden, die sich wie folgt zusammensetzen:
0,15 · 33.000 + 0,13 · 145.000 + 0,07 · 175.000 + 0,045 · 230.000.

Hat ein Steuerpflichtiger mehrere Betriebe, so steht ihm der Grundfreibetrag dennoch nur einmal pro Veranlagungsjahr zu. Der Grundfreibetrag kann den einzelnen Betrieben frei zugeordnet werden (ab 2022 maximal 15 %). Alternativ kann anstelle der Zuordnung auch eine Aufteilung im Verhältnis der Gewinne erfolgen. Zudem können bei mehreren Betrieben mit positiven Betriebsergebnis die Gewinne für den Grundfreibetrag summiert werden. Eine Kürzung um allfällige betriebliche Verluste erfolgt nicht.

Bei Mitunternehmern steht der Freibetrag anteilig entsprechend der Gewinnbeteiligung zu.

3 Ermittlung der Ausgaben

Das einzig Positive an Ausgaben liegt für den Steuerzahler meist darin, sie bei der Steuererklärung von den Einnahmen abziehen zu dürfen und daher weniger Steuern zahlen zu müssen. In manchen Fällen unterliegen gewisse Ausgaben jedoch einer Beschränkung – oft rechnet man gar nicht mit einer dennoch zulässigen Abzugsfähigkeit. Ist die Arbeitskleidung absetzbar? Wie sind die Ausgaben rund um das Kraftfahrzeug zu bewerten? Um all Ihre Ausgaben steuerlich richtig beurteilen zu können, wird dieses Kapitel sehr nützlich sein.

3.1 Allgemeines

3.1.1 Was sind Betriebsausgaben bzw. Werbungskosten?

Als **Betriebsausgaben** werden jene Aufwendungen bezeichnet, die bei den betrieblichen Einkunftsarten (Land- und Forstwirtschaft, selbständige Arbeit, Gewerbebetrieb) zur Ermittlung der steuerpflichtigen Einkünfte von den Betriebseinnahmen abgezogen werden. Das Einkommensteuergesetz definiert sie als Aufwendungen oder Ausgaben, die durch den Betrieb veranlasst sind.

Im Rahmen der außerbetrieblichen Einkunftsarten (nichtselbständige Arbeit, Kapitalvermögen, Vermietung und Verpachtung, sonstige Einkünfte) werden von den Einnahmen die sogenannten **Werbungskosten** abgezogen. Das sind jene Aufwendungen oder Ausgaben, die zur Erwerbung, Sicherung oder Erhaltung der Einnahmen dienen. Grundsätzlich besteht eine inhaltliche Übereinstimmung zwischen Betriebsausgaben und Werbungskosten. Bei einzelnen Ausgabenarten sieht das Gesetz aber Unterschiede vor. So steht beispielsweise nur für betriebliche Einkünfte die Möglichkeit der Übertragung stiller Reserven zu. Zudem gibt es auch unterschiedliche Abschreibungssätze (siehe dazu Seite 103, „Absetzung für Abnutzung (AfA)").

3.1.2 Wann sind Ausgaben als Betriebsausgaben abzugsfähig?

Voraussetzung für die Abzugsfähigkeit von Ausgaben als Betriebsausgaben oder Werbungskosten ist, dass zumindest ein mittelbarer **Zusammenhang mit der Einkunftsquelle** (darunter versteht man z.B. den Betrieb, den Beruf oder das Zinshaus des Steuerpflichtigen) besteht. Die Wirtschaftlichkeit, Zweckmäßigkeit oder unbedingte Notwendigkeit einer Ausgabe ist grundsätzlich nicht erforderlich. Daher sind auch unzweckmäßige oder vermeidbare Ausgaben im Zusammenhang mit der Einkunftsquelle abzugsfähig. Eine Angemessenheitsprüfung (sowohl der Höhe als auch teilweise dem Grunde nach) gibt es allerdings für bestimmte Luxusgüter (weitergehende Erläuterungen dazu finden Sie auf Seite 132).

Anschaffungs- oder Herstellungskosten von Wirtschaftsgütern, die zu aktivieren sind **(Anlagevermögen),** führen allerdings nicht sofort, sondern erst im Wege der so genannten Absetzung für Abnutzung (AfA) zu Ausgaben.

Sowohl Betriebsausgaben als auch Werbungskosten können vor, während und auch nach einer Tätigkeit anfallen. So können etwa Aufwendungen, die vor der Betriebseröffnung entstehen, als Betriebsausgaben geltend gemacht werden, wenn eine zielstrebige Vorbereitung der Betriebseröffnung erkennbar ist (z.B. Beschaffung der notwendigen Betriebsmittel, Mietzahlungen für ein Geschäftslokal vor der Betriebseröffnung, vorbereitende Reisen zu potenziellen Kunden). Die tatsächliche Eröffnung des Betriebs stellt keine notwendige Voraussetzung für die Abzugsfähigkeit der Aufwendungen dar. Vorweggenommene Werbungskosten liegen vor, wenn Kosten vor Antritt einer Beschäftigung anfallen (z.B. Ausgaben für Vorstellungsgespräche). Werbungskosten können aber auch nach Beendigung des Dienstverhältnisses entstehen (wie etwa Schadenersatzzahlungen an den ehemaligen Arbeitgeber). Betriebsausgaben, die nach Aufgabe oder Veräußerung des Betriebs anfallen, sind ebenfalls abzugsfähig (Beispiel: Prozesskosten für ausstehende Honorare).

Ausgaben im Zusammenhang mit steuerfreien oder endbesteuerten Einnahmen

Ausgaben, die mit nicht steuerpflichtigen Einnahmen oder mit endbesteuerten Kapitalerträgen in unmittelbarem wirtschaftlichen Zusammenhang stehen, unterliegen dem **Abzugsverbot.** Wenn ein Steuerpflichtiger daher Einnahmen erzielt, für die keine Einkommensteuer anfällt, so kann er die damit in Zusammenhang stehenden Ausgaben nicht geltend machen. Der Hauptanwendungsfall dieses Abzugsverbots sind Aufwendungen, die in unmittelbarem wirtschaftlichen Zusammenhang mit endbesteuerungsfähigen Kapitalerträgen (beispielsweise Dividenden, Gewinnanteile aus GmbH-Anteilen, Zinserträge aus Geldeinlagen bei Banken, Erträge aus Forderungswertpapieren) stehen wie z. B. Depot-/ Kontogebühren oder auch Finanzierungskosten. Das Abzugsverbot gilt auch im Falle der Veranlagung der Kapitalerträge.

Der nächste Abschnitt beschäftigt sich mit der Abgrenzung der Betriebsausgaben bzw. Werbungskosten von den Privatausgaben und dem Abzugsverbot für bestimmte Betriebsausgaben. Alles über Betriebsausgaben und Werbungskosten finden Sie im Kapitel 3.4 auf Seite 108. Die wichtigsten Werbungskosten im Bereich der Einkünfte aus nichtselbständiger Arbeit und der Einkünfte aus Vermietung und Verpachtung sind Gegenstand der Kapitel 3.4 (Seite 108) und 4.3 (Seite 170).

Tipp: Das Optimieren Ihrer Steuern beginnt bereits beim Sammeln der Belege: Immer, wenn Sie Ihre Geldbörse zücken, sollten Sie daran denken, dass Sie hier möglicherweise eine steuerlich wirksame Ausgabe tätigen

3.2 Abgrenzung der Privatausgaben von den Betriebsausgaben

Ausschließlich Privatausgaben

Wenn ein Unternehmer Ausgaben, die in seinem **privaten Interesse** liegen, aus Betriebsmitteln tätigt, dann liegen keine Betriebsausgaben vor. Es handelt sich vielmehr um Privatausgaben, die als steuerneutrale Privatentnahmen zu behandeln sind.

Ein Unternehmer nutzt das Firmen-KFZ für Privatfahrten oder führt mit dem Firmenhandy Privatgespräche. Die Urlaubskosten werden aus der Betriebskasse beglichen.

Ausgaben, die der privaten Lebensführung des Steuerpflichtigen zuzurechnen sind, können auch niemals Werbungskosten darstellen (z. B. ein Geographielehrer kauft sich eine Wanderkarte).

Wirtschaftsgüter, die **typischerweise** dem **Privatbereich** zuzuordnen sind, dürfen nicht als Betriebsausgaben abgesetzt werden. Dazu gehören insbesondere Haushaltsgeräte und Geräte der Unterhaltungs- und Freizeitindustrie (beispielsweise Radio- und Fernsehgeräte, Videorecorder, Waschmaschinen, Fotoapparate, Sportgeräte, Tiefkühltruhen). Betriebsausgaben/Werbungskosten liegen lediglich dann vor, wenn solche Wirtschaftsgüter (nahezu) ausschließlich im Rahmen der Einkunftsquelle genutzt werden (z. B. in einem Restaurant wird für die Gäste ein Fernsehgerät aufgestellt, oder eine Waschmaschine wird in einem Friseurbetrieb verwendet).

Private Aufwendungen können jedoch aus triftigen Gründen manchmal als Sonderausgaben (Seite 175) oder außergewöhnliche Belastungen (Seite 184) geltend gemacht werden (sehr selten!).

3.2.1 Mischaufwendungen

Bei Aufwendungen, die sowohl durch eine Einkunftsquelle (betrieblich, beruflich, Miethaus etc.) als auch privat veranlasst sind (so genannte „Mischaufwendungen"), gelten folgende Regelungen:

Eine **Aufteilung des Mischaufwands** ist zulässig, wenn sich der einkunftsquellenbezogene Teil der Ausgaben leicht und einwandfrei vom privat veranlassten Teil trennen lässt. Dies ist insbesondere dann der Fall, wenn die unterschiedlichen Veranlassungen zeitlich auseinander fallen. Bei der gemischten Nutzung von KFZ, Telefonen (Handy), Telefax und Computern können die Ausgaben im Ausmaß der betrieblichen/beruflichen Nutzung als Betriebsausgaben bzw. Werbungskosten geltend gemacht werden.

Ist eine klare und eindeutige **Trennung nicht möglich,** zählt die Ausgabe in voller Höhe zu den nicht abzugsfähigen Privatausgaben (Aufteilungsverbot). So kann etwa der Steuerpflichtige die Kosten einer Urlaubsreise auch dann nicht als Betriebsausgaben absetzen, wenn er dort mit einem Geschäftspartner zusammentrifft. Besucht er anlässlich seines Urlaubsaufenthalts ein Fachseminar, werden nur die zusätzlichen, klar gegenüber der privaten Lebensführung abgrenzbaren Kosten (z. B. Seminargebühren, Fahrtkosten zum Schulungsort) steuerlich anerkannt.

Das Aufteilungsverbot gilt auch für Wirtschaftsgüter, die typischerweise dem Privatbereich zuzuordnen sind (siehe oben).

3.2.2 Angemessenheitsprüfung

Bei **Luxusgütern** ist die Sache ebenfalls nicht eindeutig:

Oft werden sie tatsächlich für eine Tätigkeit gebraucht, um z. B. ein gepflegtes Auftreten zu ermöglichen. Sie erhöhen aber auf diese Weise auch den (privaten) Lebensstandard des Steuerpflichtigen.

Daher unterliegen Aufwendungen im Zusammenhang mit Personen- und Kombinationskraftwagen, Personenluftfahrzeugen, Sport- und Luxusbooten, Jagden, geknüpften Teppichen, Tapisserien und Antiquitäten einer Angemessenheitsprüfung.

Solche Ausgaben werden steuerlich nur insoweit anerkannt, als bestimmte **Gründe** für die Anschaffung oder Herstellung des Wirtschaftsguts vorliegen und/oder die Ausgaben einen bestimmten **Höchstbetrag** nicht übersteigen. Die Angemessenheitsgrenze wird unabhängig vom geschäftlichen oder sozialen Status des Steuerpflichtigen gezogen. Da das Gesetz die betroffenen Wirtschaftsgüter erschöpfend aufzählt, ist eine Angemessenheitsprüfung bei anderen als den genannten Wirtschaftsgütern nicht vorzunehmen.

Beispiele für die Angemessenheitsprüfung bei KFZ finden Sie ab Seite 89 unter „Privatnutzung des arbeitgebereigenen KFZ" sowie in Kapitel „Das Auto im Steuerrecht" ab Seite 203.

3.3 Absetzung für Abnutzung (AfA)

3.3.1 Allgemeine Grundsätze

Die Anschaffung oder Herstellung von Wirtschaftsgütern stellt nur eine Vermögensumschichtung (Tausch von Geld gegen Wirtschaftsgüter) dar. Der Steuerpflichtige ist damit weder reicher noch ärmer geworden – der Vorgang ist daher steuerneutral. Steuerliche Konsequenzen ergeben sich erst infolge der (Ab-) Nutzung der Wirtschaftsgüter.

3.3.2 Welche Arten von Wirtschaftsgütern gibt es?

- Wirtschaftsgüter des **nicht abnutzbaren Anlagevermögens** (z.B. Grundstücke, Beteiligungen, Antiquitäten) verlieren durch ihre laufende Nutzung nicht an Wert. Der Steuerpflichtige kann für sie keine AfA als Betriebsausgabe geltend machen.
- Wirtschaftsgüter des **abnutzbaren Anlagevermögens** liegen vor, wenn der Wert der Wirtschaftsgüter durch die Benutzung allmählich aufgezehrt wird oder durch Zeitablauf abnimmt. Zum abnutzbaren Anlagevermögen gehören beispielsweise Maschinen, KFZ, Gebäude, Büroausstattung und der Firmenwert. Die Anschaffungs- oder Herstellungskosten dieser Wirtschaftsgüter sind gleichmäßig auf die betriebsgewöhnliche Nutzungsdauer zu verteilen und als jährliche AfA steuerlich geltend zu machen.
- Andere Wirtschaftsgüter stellen **Umlaufvermögen** dar. Bei der Einnahmen-Ausgaben-Rechnung sind sie im Zeitpunkt der Bezahlung abzusetzen. Im Rahmen des Betriebsvermögensvergleichs werden die Ausgaben für Wirtschaftsgüter des Umlaufvermögens im Zeitpunkt des Verbrauchs (z.B. bei Handelswaren im Zuge der Inventur) steuerwirksam.

3.3.3 Wer darf die Abschreibung geltend machen?

Die AfA kann nur der wirtschaftliche Eigentümer vornehmen. Wirtschaftliches Eigentum liegt vor, wenn der Steuerpflichtige über Wirtschaftsgüter die Herrschaft gleich einem Eigentümer ausüben kann. In der Regel stimmen zivilrechtliches und wirtschaftliches Eigentum überein. Ein Auseinanderfallen ist allerdings dann anzunehmen, wenn ein anderer als der zivilrechtliche Eigentümer die Befugnis besitzt, das Wirtschaftsgut zu gebrauchen, zu verändern, zu belasten, zu veräußern etc. und wenn er Dritte (auch den Eigentümer) für die Dauer der Nutzung von der Einwirkung auf das Wirtschaftsgut ausschließen kann.

Ein Unternehmer erwirbt einen LKW unter Eigentumsvorbehalt. Bis zur vollständigen Bezahlung des Kaufpreises bleibt der LKW im zivilrechtlichen Eigentum des Verkäufers. Da aber der Käufer wirtschaftlicher Eigentümer ist, kann er die AfA bereits im Zeitpunkt der Inbetriebnahme des LKW und nicht erst bei vollständiger Bezahlung des Kaufpreises geltend machen. Vermietete oder verpachtete Wirtschaftsgüter stehen im wirtschaftlichen (und zivilrechtlichen) Eigentum der Vermieter bzw. Verpächter. Daher können sie und nicht die Mieter (Pächter) die AfA als Betriebsausgabe geltend machen.

3.3.4 Wann beginnt die Abschreibung?

Die AfA ist grundsätzlich erst ab der Inbetriebnahme (Nutzung) des Wirtschaftsguts zulässig. Der Anschaffungszeitpunkt hat keine Bedeutung. Bei hergestellten Wirtschaftsgütern kann mit der Abschreibung frühestens im Zeitpunkt der Fertigstellung begonnen werden. Voraussetzung ist aber wiederum, dass das Wirtschaftsgut auch tatsächlich in Betrieb genommen wird (z.B. nicht nur Testlauf). Eine Ausnahme besteht für Gebäude. Sie können bereits im Zeitpunkt der Anschaffung oder Fertigstellung (im Fall der Herstellung) abgeschrieben werden.

Für Wirtschaftsgüter, die im Laufe eines Kalenderjahres angeschafft oder hergestellt worden sind, steht der gesamte auf ein Jahr entfallende AfA-Betrag zu, wenn deren Inbetriebnahme im ersten Halbjahr (bis zum 30.6.) erfolgt und die Wirtschaftsgüter somit mehr als sechs Monate genutzt werden. Bei einem späteren Nutzungsbeginn (nach dem 30.6.) kann nur die halbe Jahres-AfA angesetzt werden, da in diesem Fall das Wirtschaftsgut nicht länger als sechs Monate genutzt wird.

Bei der Veräußerung von Wirtschaftsgütern steht dem Verkäufer die gesamte Jahres-AfA zu, wenn der Verkauf erst im zweiten Halbjahr erfolgt. Andernfalls kann nur die halbe Jahres-AfA geltend gemacht werden.

Eine Maschine wird im Mai in Betrieb genommen und erst im August bezahlt. Da der Zeitpunkt der Inbetriebnahme für den Beginn der AfA entscheidend ist und die Maschine bereits in der ersten Jahreshälfte verwendet wird, steht die volle Jahres-AfA zu. Wenn die Inbetriebnahme erst nach dem 30. 6. erfolgt, kann nur die halbe Jahres-AfA geltend gemacht werden.

Eine Maschine wird im Mai fertig gestellt und im Juni einem Probelauf unterzogen. Nach dem bestandenen Test wird die Maschine im Juli in der Produktion eingesetzt. Da ein Testlauf nicht als Inbetriebnahme gilt und daher der Einsatz im Betrieb maßgebend ist, steht im Jahr der Herstellung nur eine Halbjahres-AfA zu. Eine Ausnahme davon liegt jedoch vor, wenn unmittelbar nach dem Probebetrieb mit der Produktion begonnen wird und der Testbetrieb mit einem Echtbetrieb vergleichbar ist. In diesen Fällen beginnt die AfA bereits mit dem Probebetrieb.

3.3.5 Wie erfolgt die Abschreibung?

Die Anschaffungs- oder Herstellungskosten werden in jährlich gleich hohen Beträgen „linear" auf die betriebsgewöhnliche Nutzungsdauer des Wirtschaftsgutes verteilt. Die Formel lautet entweder

- AfA = Anschaffungskosten / Nutzungsdauer oder
- AfA = Anschaffungskosten × AfA-Satz in Prozent / 100 %
  (AfA-Satz in Prozent = 100 % / Nutzungsdauer)

Für Investitionen ab 1.7.2020 kann alternativ zur linearen AfA eine degressive AfA in der Höhe von 30 % des jeweiligen Buchwertes geltend gemacht werden.

Für folgende Wirtschaftsgüter ist die degressive Abschreibung ausgeschlossen:

- Wirtschaftsgüter, für die eine Sonderform der Absetzung für Abnutzung vorgesehen ist (das sind insbesondere Gebäude, Kraftfahrzeuge und der Firmenwert), für Kraftfahrzeuge mit einem CO_2-Emissionswert von 0 Gramm pro Kilometer ist sie aber ausdrücklich möglich.

- unkörperliche Wirtschaftsgüter,
- gebrauchte Wirtschaftsgüter,
- Anlagen, die der Förderung, dem Transport oder der Speicherung fossiler Energieträger dienen sowie Anlagen, die fossile Energieträger direkt nutzen.

Wurde mit der Abschreibung nach der degressiven Abschreibungsmethode begonnen, ist man grundsätzlich in den Folgejahren daran gebunden, allerdings ist ein Wechsel zur linearen Abschreibungsmethode zulässig. Nicht zulässig ist hingegen der umgekehrte Wechsel von der linearen zur degressiven Abschreibung.

Eine Maschine wird am 30.5.2024 um € 10.000,– angeschafft. Die betriebsgewöhnliche Nutzungsdauer beträgt vier Jahre. Die im Jahr 2024 absetzbare AfA berechnet sich wie folgt:

€ 10.000,– / 4 = € 2.500,– oder
AfA-Satz = 100 / 4 = 25 %
Jahres-AfA = € 10.000,– × 25 % / 100 % = € 2.500,–

3.3.6 Was ist die betriebsgewöhnliche Nutzungsdauer?

Die Anschaffungs- oder Herstellungskosten sind auf die betriebsgewöhnliche Nutzungsdauer zu verteilen. Diese ist nicht nach der oft längeren technischen Lebensdauer, sondern nach der objektiv zu erwartenden Nutzung im Betrieb (= wirtschaftliche Nutzungsdauer) zu bestimmen. Daraus folgt, dass die Nutzungsdauer für gleichartige Wirtschaftsgüter je nach ihrem Einsatz im Betrieb unterschiedlich lang sein kann. So unterliegt beispielsweise eine Maschine in einem Einschichtbetrieb einer anderen Abnutzung als eine in einem Mehrschichtbetrieb.

Für bestimmte Anlagegüter ist die Nutzungsdauer allerdings festgelegt:

Wirtschaftsgut	Nutzungsdauer
Betriebsgebäude	40 Jahre
Vermietung zu Wohnzwecken	66,67 Jahre
Computer	1 Jahr
Firmenwert bei land- und forstwirtschaftlichen Betrieben und bei Gewerbebetrieben	15 Jahre
Einrichtungsgegenstände (Bürosessel etc.)	10 Jahre
LKW	5 Jahre
PKW und Kombi	8 Jahre
Software	1 Jahr

Eine Änderung der einmal festgelegten Nutzungsdauer ist nur dann zulässig, wenn eine wirtschaftliche Begründung vorliegt.

3.3.7 Wie hoch ist die Bemessungsgrundlage?

Die Anschaffungs- oder Herstellungskosten bilden die Bemessungsgrundlage für die AfA. Wenn Wirtschaftsgüter des abnutzbaren Anlagevermögens in den Betrieb eingelegt wurden, stellen die entsprechenden Einlagewerte die AfA-Basis dar. Die dem Unternehmer für die Anschaffung oder Herstellung der Wirtschaftsgüter in Rechnung gestellte Umsatzsteuer ist grundsätzlich kein Bestandteil der AfA-Bemessungsgrundlage. Sie fließt nur dann in die Bemessungsgrundlage ein, wenn sich der Unternehmer die Umsatzsteuer nicht als Vorsteuer abziehen kann (siehe dazu auch Seite 219, „Umsatzsteuer (USt)“ in Teil C).

Der Vorsteuerabzug ist für unecht umsatzsteuerbefreite Unternehmer (z.B. Banken, Ärzte, Kleinunternehmer) und für die Anschaffung oder Herstellung bestimmter Wirtschaftsgüter (z.B. KFZ, die nicht als Fahrschul- oder Mietfahrzeuge eingesetzt werden) ausgeschlossen.

Bei der Übertragung stiller Reserven gilt der um die stillen Reserven gekürzte Betrag als Anschaffungs- oder Herstellungskosten. Steuerfreie Zuschüsse aus öffentlichen Mitteln kürzen ebenfalls die Bemessungsgrundlage.

3.3.8 Besonderheiten für Einnahmen-Ausgaben-Rechner

Das für Einnahmen-Ausgaben-Rechner grundsätzlich geltende Zufluss-Abfluss-Prinzip ist nicht für die Anschaffung oder Herstellung von Wirtschaftsgütern des Anlagevermögens anwendbar. Die Anschaffungs- oder Herstellungskosten dieser Wirtschaftsgüter sind daher nicht im Zeitpunkt der Bezahlung Betriebsausgaben, sondern zu aktivieren und bei abnutzbarem Anlagevermögen gleichmäßig auf den Zeitraum der Nutzungsdauer als AfA abzusetzen.

Einnahmen-Ausgaben-Rechner sind gesetzlich verpflichtet, eine Anlagenkartei (Anlagenverzeichnis) der im Betrieb verwendeten abnutzbaren Wirtschaftsgüter zu führen. Diese Verpflichtung stellt allerdings keine materielle Voraussetzung für die Inanspruchnahme einer AfA dar.

i

Tipp: Unternehmer können bereits früher angeschaffte Fachliteratur, Büromöbel etc. ins Anlagevermögen einlegen (ohne Umsatzsteuer). Die eingelegten Wirtschaftsgüter führen zu einer höheren Abschreibung und mindern so den steuerpflichtigen Gewinn.

3.3.9 Was ist bei der Abschreibung von Gebäuden zu beachten?

Für zum Betriebsvermögen gehörende Gebäude (Gebäudeteile) ist die Abschreibungsdauer im Gesetz festgelegt. Die dort vorgesehenen AfA-Sätze sind immer dann anzuwenden, wenn der Steuerpflichtige keine kürzere Nutzungsdauer durch ein entsprechendes Gutachten nachweist. Sie gelten auch für Gebäude, die in gebrauchtem Zustand erworben wurden. Die gesetzlichen Abschreibungssätze stellen auf die Verwendung des Gebäudes (bzw. der Gebäudeteile) ab und betragen für:

- unmittelbar betrieblich genutzte Gebäude einheitlich 2,5 % der Anschaffungskosten,
- Betriebsgebäude, die zu Wohnzwecken vermietet werden, 1,5 %.

Für die steuerliche Behandlung von Gebäudeinvestitionen, die nicht im Zuge der Anschaffung oder Herstellung des Gebäudes getätigt werden, ist zwischen Herstellungs- und Erhaltungsaufwand zu unterscheiden:

- Investitionen, die Herstellungsaufwand darstellen (z. B. Zusammenlegung von Räumen, erstmaliger Einbau von Heizungen oder Aufzügen, Einziehen von Trennwänden; siehe auch Stichwort „Instandsetzungsaufwendungen bei Gebäuden (BA)“ auf Seite 129) erhöhen den Restbuchwert des Gebäudes und sind im Rahmen der AfA als Betriebsausgaben geltend zu machen.
- Investitionen, die dazu dienen, das Wirtschaftsgut in ordnungsgemäßem Zustand zu erhalten oder diesen wieder herzustellen (z. B. Austausch von Fenstern, Türen, Stiegen, Dächern, Aufzugs- und Heizungsanlagen, laufende Wartungsarbeiten, Ausmalen des Stiegenhauses, Neuanstrich der Fassade; siehe auch Herstellungs- und Erhaltungsaufwand), stellen Erhaltungsaufwand dar und sind bis auf wenige Ausnahmen sofort als Betriebsausgaben abzuziehen. Diese Aufwendungen erhöhen daher nicht den Restbuchwert des Gebäudes und sind auch nicht erst im Zuge der AfA geltend zu machen.

Im Ergebnis sind somit nachträgliche Gebäudeinvestitionen nur dann im Rahmen der Gebäudeabschreibung zu berücksichtigen, wenn es sich um Herstellungsaufwendungen handelt.

Beschleunigte AfA bei Gebäuden

Für Gebäude, die nach dem 30. Juni 2024 angeschafft worden sind, gilt eine beschleunigte Absetzung für Abnutzung (AfA). Im ersten Jahr beträgt die AfA das Dreifache des „normalerweise“ anzuwendenden Prozentsatzes. (7,5 % im betrieblichen Bereich bzw. 4,5 % im außerbetrieblichen Bereich), im darauffolgenden Jahr das Zweifache (5 % bzw. 3 %). Ab dem zweitfolgenden Jahr beträgt die AfA 2,5 % im betrieblichen Bereich. 1,5 % bei der Vermietung und Verpachtung.

Ein Hotelgebäude (Herstellungskosten: € 2 Mio.) wird im März 2012 fertiggestellt und sofort in Betrieb genommen.

Der AfA-Satz beträgt bis 2020 3 % bzw. $33^{1}/_{3}$ Jahre (= 100/3 %), ab 2022 hingegen nur mehr 2,5 % bzw. 40 Jahre (100/2,5 %).

Im Februar 2024 wird in das Gebäude mit einem Herstellungsaufwand von € 550.000,– ein Aufzug eingebaut.

Jährliche AfA bis zum Jahr 2020	€ 60.000,–	(= 2.000.000 × 3 %)
Buchwert 1. Jänner 2020	€ 1.580.000,–	(= 2.000.000 – 60.000 × 7)
Jährliche AfA ab 2022	€ 39.500,–	(= 1.580.000 × 2,5 %)
Buchwert 1. Jänner 2024	€ 1.501.000,–	(= 1.580.000 – 39.500 × 2)
Aufzugsanlage:	€ 550.000,–	
Neuer Buchwert:	€ 2.051.000,–	(= 1.501.000 + 550.000,–)

Ab 2022 wird die AfA mit 2,5 % vom neuen Buchwert in Höhe € 1.580.000,– berechnet. Die neue AfA beträgt somit € 39.500,– (= € 2.051.000,– × 2,5 %).

Ab 2024 wird die AfA mit 2,5 % vom neuen Buchwert in Höhe € 2.051.000,– berechnet. Die neue AfA beträgt somit € 51.275,– (= 2.051.000,– × 2,5 %).

Restbuchwert 31.12.2024:	€ 1.999.725,–	(= 2.051.000 – 51.275,–)

3.4 Betriebsausgaben (BA) und Werbungskosten (WK) bei Arbeitnehmern

Unter **Betriebsausgaben** sind alle Aufwendungen und Ausgaben zu verstehen, die durch den Betrieb veranlasst sind. Die Betriebsausgaben kürzen den Gewinn und schmälern dadurch die Bemessungsgrundlage der Einkommen- bzw. Körperschaftsteuer. Um einen Abzugsposten handelt es sich, wenn die Ausgaben

- mit einer betrieblichen Tätigkeit im Zusammenhang stehen und
- aus der Sicht der UnternehmerInnen ihrem bzw. seinem Betrieb dienen oder sie/ihn unfreiwillig treffen und
- nicht unter ein Abzugsverbot, insbesondere des § 20 EStG (u.a. Lebensführungskosten, privat veranlasste Ausgaben etc.) fallen.

Zur Anerkennung als Betriebsausgabe reicht es nicht aus, dass eine Zahlung für den Betrieb geleistet worden ist. UnternehmerInnen haben die Aufgabe, Belege zu sammeln, da Betriebsausgaben im Allgemeinen durch schriftliche Belege (Fakturen, Geschäftspapiere, Schriften und Urkunden) nachzuweisen und auf Verlangen des Finanzamtes zur Einsicht und Prüfung vorzulegen sind.

Unter **Werbungskosten** versteht man alle Aufwendungen und Ausgaben, die bei Lohnsteuerpflichtigen mit dem Beruf zusammenhängen, also beruflich veranlasst sind. Eine berufliche Veranlassung ist gegeben, wenn die Aufwendungen oder Ausgaben

- objektiv im Zusammenhang mit einer nichtselbständigen Tätigkeit stehen und
- subjektiv zur Erwerbung, Sicherung oder Erhaltung der Einnahmen geleistet werden oder den Steuerpflichtigen unfreiwillig treffen und
- nicht unter ein steuerliches Abzugsverbot fallen.

Die Werbungskosten müssen der Finanz gegenüber durch entsprechende Nachweise (Rechnungen, Quittungen, Fahrtenbuch) belegt werden. Die entsprechenden Belege müssen nicht an das Finanzamt geschickt werden, sind aber sieben Jahre lang aufzubewahren, da sie bei Aufforderung dem Finanzamt vorgelegt werden müssen.

i **Tipp:** Für die Berücksichtigung der Betriebsausgaben bzw. Werbungskosten gilt die goldene Regel: gut und plausibel argumentiert ist halb gewonnen.

Abfertigungsvorsorge (BA)

Mit 1. Jänner 2003 traten die Bestimmungen über die Abfertigung Neu in Kraft. Ab dem zweiten Monat des Arbeitsverhältnisses zahlt der Arbeitgeber für den Arbeitnehmer monatlich 1,53 % von allen Lohn- und Gehaltsbezügen an eine von ihm gewählte Mitarbeitervorsorgekasse. Diese Beiträge stellen für den Arbeitgeber Betriebsausgaben dar.

Es bestehen nun mehrere Möglichkeiten für die Behandlung der alten Abfertigungsansprüche:

- Das System Abfertigung Alt wird für die volle Dauer des Dienstverhältnisses beibehalten.
- **Vollübertritt:** Die Altabfertigungsanwartschaften des Arbeitnehmers werden in das neue System übertragen. Der Arbeitgeber zahlt die Abfertigungsbeiträge zugunsten des Arbeitnehmers an die MV-Kasse.
- **Teilübertritt:** Die alten Abfertigungsansprüche werden eingefroren, und ab 2003 werden für die in das neue System umgestiegenen Arbeitnehmer die Beiträge an die MV-Kasse bezahlt.

Da bei Übertritt in das neue Abfertigungssystem für vergangene Zeiträume vom Arbeitgeber gebildete Abfertigungsverpflichtungen wegfallen, ist die seinerzeit gebildete Rückstellung steuerwirksam aufzulösen. Das bisherige (50 %ige) Rückstellungsausmaß wird kontinuierlich auf 47,5 % in 2002 und 45 % für die nachfolgenden Wirtschaftsjahre reduziert. Die bisherige Regelung für Arbeitnehmer über 50 bleibt bestehen. Für diese Dienstnehmer bleibt das Rückstellungsausmaß bei 60 % des fiktiven Abfertigungsanspruches unverändert. In weiterer Folge muss auch die Wertpapierdeckung beginnend mit 2003 bis

2007 stufenweise auf 0 % aufgebaut werden. Dem Arbeitgeber wird ein doppelter Steuervorteil gewährt:

- Abfertigungsrückstellungen, die deshalb bestehen, weil das „alte" System auf die volle Dauer des Dienstverhältnisses beibehalten wird oder die alten Abfertigungsansprüche eingefroren werden, können steuerneutral auf das Kapitalkonto oder auf eine versteuerte Rücklage übertragen werden. Die Übertragung war in den Wirtschaftsjahren 2002 und 2003 möglich.
- Alle nach einer Übertragung der steuerlichen Abfertigungsrückstellung eingetretenen Verpflichtungen zur Auszahlung von Abfertigungen und alle nach der vorgenommenen Übertragung der steuerlichen Abfertigungsrückstellung erfolgten Übertragungen der Abfertigungsansprüche an eine MV-Kasse sind steuerliche Betriebsausgaben, die gleichmäßig verteilt auf fünf Jahre als Betriebsausgaben abgesetzt werden können.

Abgaben (BA)

Weitere Ausführungen dazu finden Sie unter dem Stichwort „Steuern (BA)" auf Seite 148.

Absetzung für Abnutzung (BA, WK)

Für Wirtschaftsgüter, die im Rahmen des Berufs verwendet werden und die der Abnutzung unterliegen (z. B. Arbeitsmittel, Werkzeuge, Computer), kann eine so genannte Absetzung für Abnutzung (AfA) als Werbungskosten geltend gemacht werden. Details bezüglich der Berechnung finden Sie im Kapitel 3.3 unter dem Punkt „Wie erfolgt die Abschreibung?" auf Seite 104. Zu beachten ist, dass die AfA nur im Ausmaß der beruflichen Verwendung als Werbungskosten geltend gemacht werden kann. Wird das Wirtschaftsgut daher auch privat verwendet, ist ein Privatanteil auszuscheiden. Die dem Arbeitnehmer für die Anschaffung der Wirtschaftsgüter in Rechnung gestellte Umsatzsteuer („Mehrwertsteuer") gehört ebenfalls zu den Anschaffungskosten.

Anschaffung eines in der Wohnung aufgestellten, beruflich genutzten PCs einschließlich Bildschirm und Tastatur um insgesamt € 1.000,– + € 200,– (USt) = € 1.200,– am 30. 7. 2024. Die Inbetriebnahme erfolgte ebenfalls an diesem Tag. Die Werbungskosten betragen bei einer dreijährigen Nutzungsdauer und einer 40-prozentigen Privatnutzung:

AfA	Insgesamt	Privatanteil 40 %	Werbungskosten abziehbar
AfA 2024	€ 200,–	€ 80,–	€ 120,–
AfA 2025	€ 400,–	€ 160,–	€ 240,–
AfA 2026	€ 400,–	€ 160,–	€ 240,–
AfA 2027	€ 200,–	€ 80,–	€ 120,–

Der Anschaffungspreis (inkl. Umsatzsteuer) wird auf die Nutzungsdauer (3 Jahre) aufgeteilt. Damit erhält man eine jährliche Abschreibung von € 400,– bzw. eine Halbjahresabschreibung (für das erste und letzte Jahr) von € 200,–. Wird von jedem Abschreibungsbetrag ein Privatanteil von 40 % ausgeschieden, so erhält man die absetzbaren Werbungskosten.

Weiterführende Informationen (z. B. AfA bei Gebäuden) finden Sie im Kapitel 3.3 ab Seite 103.

Absetzung für außergewöhnliche technische oder wirtschaftliche Abnutzung (BA)

Kommt es zu einer außergewöhnlichen technischen Abnutzung (z.B. Beschädigung, Brand, Bruch, Unfall), kann die Differenz zwischen dem steuerlich noch offenen Buchwert und dem tatsächlichen Restwert auf 15 Jahre verteilt abgeschrieben werden. Das gleiche gilt für die wirtschaftliche Abnutzung. Eine außergewöhnliche wirtschaftliche Abnutzung liegt vor, wenn die wirtschaftliche Nutzbarkeit eines Gegenstandes durch außergewöhnliche Umstände verändert wurde, z.B. wenn eine Maschine durch Ausfall von Aufträgen infolge Geschmackswandels oder durch eine neue Erfindung unrentabel wird. Die Absetzung für außergewöhnliche wirtschaftliche Abnutzung hat jedoch stets zur Voraussetzung, dass die geltend gemachten wirtschaftlichen Gründe geeignet sind, die voraussichtliche Nutzungsdauer zu kürzen.

Abwehrkosten (BA)

Aufwendungen, die zur Vermeidung einer (anderen) Ausgabe geleistet werden, stellen nur dann Betriebsausgaben dar, wenn auch die abgewehrten Aufwendungen Betriebsausgaben wären. Ist dies nicht der Fall, sind die Aufwendungen der privaten Lebensführung zuzurechnen und damit nicht abzugsfähig. Der Steuerpflichtige hat die Abwehrkosten ungeachtet der zeitlichen Lagerung der abgewehrten Aufwendungen im Jahr ihres Anfallens geltend zu machen. Beispiele für abzugsfähige Abwehrkosten sind unter anderem:

- Wahrung des guten Rufes als Unternehmer;
- Vermeidung einer zwangsweisen Unternehmensschließung;
- Vermeidung eines drohenden Umzugs (z.B. durch Erwerb eines Grundstücks zu einem überhöhten Preis);
- Abwendung der nachteiligen Folgen einer zwangsweisen Räumung eines Geschäftslokals.

Beispiele für nichtabzugsfähige Zahlungen:

- Bürgschaft im privaten Bereich
- Aufwendungen im Zusammenhang mit außerbetrieblichem Verhalten
- Verwandtendarlehen
- Pflichtteilansprüche

Antiquitäten (BA)

Antiquitäten und andere Kunstgegenstände (Gemälde, Skulpturen, wertvolle Gefäße) unterliegen im Regelfall keiner Abnutzung, sodass die Absetzung für Abnutzung nicht in Betracht kommt. Als Betriebsausgaben können nur Reparaturen oder Versicherungsprämien geltend gemacht werden. Antiquitäten unterliegen zudem einer Angemessenheitsprüfung (siehe dazu auch Seite 102).

Anzahlungen (BA)

Dazu finden Sie mehr unter dem Stichwort Seite 153, „Vorauszahlungen (BA)“ in dieser Auflistung.

Arbeitgeberanteil (BA)

Der Arbeitgeberanteil zur gesetzlichen Sozialversicherung stellt eine Betriebsausgabe dar.

Arbeitsessen (BA, WK)

In der Arbeitswelt kommt es häufig vor, dass Steuerpflichtige im Rahmen ihrer beruflichen Tätigkeit Arbeitsessen mit Geschäftspartnern (z.B. Kunden, Lieferanten, Interessenten) haben, die Rechnung im Namen des Unternehmens übernehmen und diese dem Arbeitgeber später weiterverrechnen. Weitere Ausführungen finden Sie dazu unter dem Stichwort „Repräsentationsaufwendungen (BA)" auf Seite 144. Dieser Vorgang hat für Arbeitnehmer keine steuerlichen Auswirkungen, da sie lediglich die von ihnen getätigten Ausgaben vom Arbeitgeber ersetzt bekommen und Auslagenersätze nicht der Besteuerung unterliegen. Geschäftsessen, die anlässlich einer Dienstreise stattfinden, führen zu einer Kürzung des dem Arbeitnehmer zustehenden Taggeldes (siehe Stichwort „Reisekosten (BA, WK)" auf Seite 140).

Auf dem Rechnungsbeleg sind stets die Namen der Geschäftspartner sowie der Zweck des Treffens (z.B. Treffen mit Herrn XY) zu vermerken.

Arbeitskleidung (BA, WK)

Arbeitsbekleidungen sind nur dann als Betriebsausgaben bzw. Werbungskosten absetzbar, wenn es sich um typische Berufskleidung oder um Arbeitsschutzkleidung handelt. Dazu gehören unter anderem:

- Schlosseranzug, Maleranzug, Asbestanzug, Monteuranzüge und Arbeitsmäntel (z.B. weißer Mantel des Arztes), Sicherheitsschuhe, Schutzhelme;
- Stützschuhe und Stützstrümpfe bei stehenden Berufen;
- Kochanzug, Fleischerschürze;
- Uniformen oder mit einem Firmenemblem versehene Dienstanzüge, die Uniformcharakter haben, sowie die dazugehörigen Accessoires (Mascherl, Krawatte, Mütze).

Bekleidung, die auch privat getragen werden kann (z.B. Hosen, Röcke, Hemden, Anzüge, Turnschuhe, Trainingsanzüge), führt nicht zu Werbungskosten, selbst wenn eine solche Bekleidung am Arbeitsplatz verlangt wird. Werden Kleidungsstücke privat gekauft und diese mit der Aufschrift des Arbeitgebers versehen, können auch diese Kleidungsstücke im Sinne der VwGH-Rechtssprechung als Berufskleidung gelten. Wenn die Arbeitskleidung von der Finanz anerkannt wird, können auch die Reinigungs- und Reparaturkosten abgesetzt werden.

Arbeitslohn (BA)

Lohnzahlungen an die Dienstnehmer stellen Betriebsausgaben dar. Dies gilt auch für freiwillige Sozialleistungen (z.B. Werksküche, ärztliche Betreuung) und unentgeltliche Nutzungsüberlassungen (z.B. Dienstwagen, Dienstwohnung).

Arbeitsmittel und Werkzeuge (BA)

Arbeitsmittel und Werkzeuge sind abzugsfähig, wenn sie überwiegend beruflich verwendet werden und zur Ausübung des Berufs notwendig sind. Zudem muss eine eindeutige Trennung von der Privatsphäre möglich sein. Güter der privaten Lebensführung wie z. B. Videorecorder, Fernseher, Armbanduhren oder Lexika stellen daher keine Werbungskosten dar. Abzugsfähige Arbeitsmittel und Werkzeuge sind unter anderem:

- Fachliteratur,
- Sportgeräte bei Berufssportlern,
- Motorsäge bei Forstarbeitern,
- Messer bei Fleischern und Köchen,
- Musikinstrumente von Musikern und Musiklehrern,
- Kraftfahrzeuge (z. B. bei Vertretern im Außendienst).

Arbeitsmittel und Werkzeuge, die nicht mehr als € 1.000,– kosten (so genannte geringwertige Wirtschaftsgüter), können zur Gänze in dem Kalenderjahr abgesetzt werden, in dem sie angeschafft wurden. Wenn die Anschaffungskosten über € 1.000,– betragen, können sie nur auf die Nutzungsdauer verteilt im Wege der AfA geltend gemacht werden.

Als nicht abzugsfähig gelten zum Beispiel:

- Belletristik eines Deutschprofessors
- Landkarten und Wanderbücher eines Geografieprofessors und AHS-Klassenvorstandes
- Nachschlagewerke allgemeiner Art
- Reiseführer
- Bildbände
- geschichtliche bzw. zeitgeschichtliche Dokumentationsbände

Auch eine HiFi-Anlage in der Wohnung einer Musiklehrerin ist eher Teil der privaten Lebensführung, weil es der allgemeinen Lebenserfahrung widerspricht, dass diese nahezu ausschließlich für Unterrichtszwecke verwendet werden.

Arbeitszimmer (BA, WK)

Die Aufwendungen für ein im Wohnungsverband eingerichtetes Arbeitszimmer einschließlich Einrichtung sind grundsätzlich nicht abzugsfähig. Eine Ausnahme besteht jedoch dann, wenn das Arbeitszimmer den Mittelpunkt einer betrieblichen oder beruflichen Tätigkeit bildet. Die nachfolgenden Bestimmungen kommen nur dann zur Anwendung, wenn das Arbeitszimmer mit der Privatwohnung den gleichen Wohnungseingang hat. Arbeitsräume, die sich in einer anderen Wohnung oder in einem anderen Haus befinden oder über einen getrennten Eingang (selbst wenn der Raum an die Privatwohnung angrenzt) verfügen, sind jedenfalls steuerlich anzuerkennen, wenn die berufliche Notwendigkeit gegeben ist.

Die Abzugsfähigkeit eines im Wohnungsverband gelegenen Arbeitszimmers ist von zwei Voraussetzungen abhängig:

- Das Arbeitszimmer **muss für die berufliche (betriebliche) Tätigkeit notwendig** sein **und** auch tatsächlich ausschließlich dafür **genutzt** werden. Eine entsprechende büromäßige Einrichtung des Zimmers ist eine unabdingbare

Voraussetzung für die steuerliche Anerkennung. Private Einrichtungsgegenstände wie z.B. Betten oder Fernseher schließen eine Qualifizierung als Arbeitszimmer aus. Die Notwendigkeit der betrieblichen Nutzung des Arbeitszimmers ist beispielsweise gegeben, wenn kein Anrecht auf einen Arbeitsplatz in der Betriebsstätte besteht. In diesem Fall bildet das Arbeitszimmer den Mittelpunkt der gesamten betrieblichen Tätigkeit.

- Der **Mittelpunkt** der beruflichen (betrieblichen) Tätigkeit muss innerhalb des Arbeitszimmers liegen. Bei folgenden beispielhaft aufgezählten Berufen wird unterstellt, dass der Mittelpunkt der Tätigkeit außerhalb des Arbeitszimmers liegt und die Kosten des Zimmers daher nicht absetzbar sind: Lehrer, Richter, Politiker, Dirigent, Vortragender, Vertreter, Berufsmusiker (so genannte Außentätigkeiten).

Bei folgenden beispielhaft angeführten Berufsbildern wird angenommen, dass sich der Mittelpunkt der Tätigkeit im Arbeitszimmer befindet und die Ausgaben daher abzugsfähig sind: Heimarbeiter, Heimbuchhalter, Telearbeiter, Gutachter, Schriftsteller, Dichter, Maler, Komponisten (so genannte Innentätigkeiten).

Ein Schriftsteller kann das Arbeitszimmer im Wohnungsverband absetzen, ein Lehrer kann nur Computer, Bücher etc., aber nicht die Aufwendungen für das Arbeitszimmer steuerlich geltend machen.

Wenn das Arbeitszimmer für **mehrere Tätigkeiten** genutzt wird, ist für die Beurteilung der Abzugsfähigkeit zu ermitteln, ob diese Tätigkeiten eine einzige Einkunftsquelle oder verschiedene Einkunftsquellen darstellen.

Unter **eine Einkunftsquelle** fallen jene Tätigkeiten, die der gleichen Einkunftsart zurechenbar sind und in einem engen sachlichen Zusammenhang zueinander stehen. Bei Tätigkeiten, die einer Einkunftsquelle zuzuordnen sind, ist das Arbeitszimmer absetzbar, wenn aus jener Tätigkeit, die nach dem typischen Berufsbild ihren Mittelpunkt im Arbeitszimmer hat, mehr als 50 % der Einnahmen bezogen werden.

Herr Muster erzielt neben seiner unselbständigen Beschäftigung auch Einkünfte als Vortragender (€ 2.900,– jährlich) und Gutachter (€ 725,– jährlich) auf dem Gebiet des Steuerrechts und nutzt für diese beiden Tätigkeiten ein im Wohnungsverband gelegenes Arbeitszimmer.

Die Einkünfte aus der Vortrags- und Gutachtertätigkeit sind wegen ihres engen sachlichen Zusammenhangs einer Einkunftsart zuordenbar.

In diesem Fall sind die Kosten des Arbeitszimmers nicht absetzbar, da die Einkünfte als Gutachter (Innentätigkeit) lediglich 25 % der Gesamteinkünfte aus der selbständigen Arbeit (€ 725,– / € 2.900,– = 25 %) beträgt. Im umgekehrten Fall (Gutachtertätigkeit: € 2.900,– jährlich, Vortragstätigkeit: € 725,– jährlich) wäre das Arbeitszimmer steuerlich absetzbar.

Liegen **mehrere Einkunftsquellen** (kein sachlicher Zusammenhang) vor, so ist das Arbeitszimmer absetzbar, wenn bei zumindest einer Tätigkeit der Mittelpunkt typischerweise im Arbeitszimmer liegt. Trifft das auf mehrere Tätigkeiten zu, dann werden die Aufwendungen den Einnahmen entsprechend aufgeteilt.

Ein Schriftsteller arbeitet – neben seiner künstlerischen Tätigkeit – als Lehrer in einer AHS. Da der Mittelpunkt seiner Autorentätigkeit im Arbeitszimmer liegt, ist es im Rahmen dieser Einkünfte absetzbar.

Würde er sein unregelmäßiges Einkommen stattdessen durch Telearbeit aufbessern, dann wäre bei beiden Tätigkeiten der Mittelpunkt im Arbeitszimmer: In diesem Fall sind die Aufwendungen im Verhältnis der Einnahmen aufzuteilen.

Für abzugsfähige Arbeitszimmer können folgende **Kosten** abgesetzt werden:

- anteilige Mietkosten, im Falle von Eigenheimen und Eigentumswohnungen 1,5 % der anteiligen Anschaffungskosten als Absetzung für Abnutzung; die Aufteilung der Kosten erfolgt im Verhältnis der Gesamtnutzfläche zur Nutzfläche des Arbeitszimmers.
- anteilige Versicherungs- und Finanzierungskosten
- anteilige Betriebskosten wie Strom, Gas, Heizung etc.
- Einrichtungsgegenstände (z. B. Regale, Schreibtisch, Sessel); wenn sie in einem steuerlich anzuerkennenden Arbeitszimmer Verwendung finden, ausschließlich der beruflichen Benützung dienen und der Umfang der Tätigkeit solche Gegenstände erfordert. In den letzten Jahren hat die Finanz allerdings in Bezug auf die Abzugsfähigkeit der Einrichtungsgegenstände einen immer restriktiver werdenden Standpunkt vertreten.

Die das Arbeitszimmer betreffenden Einschränkungen gelten nicht für typische Arbeitsmittel wie z. B. Computer einschließlich Computertisch, Schreibmaschine, Fax, Kopierer, Drucker etc. Sie sind daher im Ausmaß der beruflichen Nutzung auch dann absetzbar, wenn sie in der Wohnung stehen und kein steuerlich anzuerkennendes Arbeitszimmer besteht.

Bei einer betrieblichen Nutzung sollte eine Absetzung für Abnutzung im Ausmaß von 2 bis 4 % möglich sein.

Aus- und Fortbildungskosten (BA, WK)

Ausgaben des Steuerpflichtigen bzw. des Arbeitnehmers für seine Aus- und Fortbildung stellen abzugsfähige Aufwendungen dar. Aus- und Fortbildungskosten, die der Steuerpflichtige (Betriebsinhaber) für in seinem Betrieb tätige Personen vornimmt, fallen unter den allgemeinen Betriebsausgabenbegriff und sind daher ebenfalls abzugsfähig.

Abzugsfähige **Fortbildungskosten** liegen vor, wenn die Bildungsmaßnahmen der Verbesserung der Kenntnisse und Fähigkeiten im bisher ausgeübten Beruf dienen. Als Beispiele sind die Meisterprüfung, die Steuerberaterprüfung eines Berufsanwärters oder von Lehrern absolvierte psychologische Seminare zu nennen.

Der Besuch von Lehrgängen an Universitäten und Sprachreisen kann, nach ständiger VwGH-Rechtsprechung, als Fortbildungskosten zum Abzug gebracht werden, wenn die berufliche Bedingtheit einwandfrei erkennbar ist. Die berufliche Bedingtheit liegt jedenfalls vor, wenn die Kenntnisse im Rahmen der ausgeübten Tätigkeit verwertet werden können. Es kann aber vorkommen, dass zwischen der Teilnahme am Lehrgang/Sprachkurs und der privaten Lebensführung ein Zusammenhang besteht; u. a. waren Soft-Skill-Seminare im Ausland nicht abzugsfähig. In diesen Fällen ist oft das zeitliche Ausmaß der Bildungsmaßnahme ausschlaggebend, denn ein Kurs mit geringerem zeitlichem Ausmaß kann zwar beruflich veranlasst sein, andererseits aber nicht zur beruflichen Veranlassung der ganzen Reise führen.

Folgende **Ausbildungskosten** (das sind Aufwendungen zur Erlernung eines Berufs) können abgesetzt werden:

- Ausbildungskosten, die mit dem ausgeübten oder einem damit verwandten Beruf in Zusammenhang stehen. Verwandte Berufe sind z. B. Dachdecker und Spengler, Elektrotechniker und EDV-Techniker, Buchhalter und Lohnverrechner. Abzugsfähig sind unter anderem die Kosten für den Besuch einer Handelsschule, Handelsakademie, einer höheren technischen Lehranstalt, einer Fachhochschule, einer pädagogischen Akademie, eines Universitätslehrgangs oder eines postgradualen Studiums.
  Aufwendungen eines Buchhalters, der am Abend eine HAK besucht oder eines Technikers, der eine HTL besucht, stellen daher Werbungskosten dar. Hingegen können Ferialpraktikanten oder Schulabgänger die Kosten für berufsbildende Schulen nicht absetzen, da sie die Schulen nicht neben einem Beruf besuchen.
- Bildungsmaßnahmen, die dem Erwerb grundsätzlicher kaufmännischer oder bürotechnischer Kenntnisse dienen, und zwar unabhängig davon, ob ein Zusammenhang mit dem ausgeübten Beruf besteht. Grundausbildungen (z. B. EDV-Kurse, Maschinenschreibkurse, Einstiegskurse für Buchhaltung, Kostenrechnung, Lohnverrechnung oder Steuerlehre) sind somit immer abzugsfähig.

Die Kosten für **allgemeinbildende Schulen** (z. B. Hauptschule, Mittelschule) sind nicht als Werbungskosten absetzbar. Dies gilt auch für Ausbildungen, die hauptsächlich die Privatsphäre betreffen, wie etwa die Kosten für den A- und/oder B-**Führerschein,** für Sportkurse oder für die Persönlichkeitsentwicklung ohne beruflichen Bezug. Die Kosten für den C-Führerschein können geltend gemacht werden, wenn der Führerschein für den ausgeübten oder verwandten Beruf benötigt wird (z. B. LKW-Fahrer). Sprachkurse stellen abzugsfähige Werbungskosten dar, wenn berufsbezogene Kenntnisse (z. B. Fachvokabeln für Steuerrecht oder Technik) erworben werden oder allgemeine Sprachkenntnisse vermittelt werden und diese für den Beruf notwendig sind (z. B. Telefonistin, Berufe im Hotel- und Gastgewerbe wie etwa Rezeptionist oder Kellner).

Kosten (Studiengebühr, Skripten, Lehrbehelfe) für ein ordentliches Universitätsstudium sind dann abzugsfähig, wenn dieses im Zusammenhang mit der vom Steuerpflichtigen ausgeübten Tätigkeit steht oder eine umfassende Umschulungsmaßnahme darstellt. Aus- und Fortbildungskosten sind immer nur dann abzugsfähig, wenn sie mit dem ausgeübten oder einem damit verwandten Beruf in Zusammenhang stehen. Ausnahmsweise dürfen auch Ausgaben für eine künftige Tätigkeit als Werbungskosten abgesetzt werden, wenn bereits eine verbindliche Jobzusage vorliegt. Wenn eine Bildungsmaßnahme im Zusammenhang mit der ausgeübten Tätigkeit begonnen wurde, diese Tätigkeit jedoch vor Abschluss der Bildungsmaßnahme beendet wird, liegen dennoch Werbungskosten vor.

Die steuerliche Abzugsfähigkeit einer betriebenen Umschulungsmaßnahme mit konkreter Absicht auf künftige Einnahmeerzielung hängt nicht davon ab, ob es gelingt, im angestrebten Beruf Fuß zu fassen. In diesem Fall ist das Bemühen, Fuß zu fassen, ausschlaggebend.

Bei Ausbildungskosten gilt, dass, wenn deren private Veranlassung jedenfalls ausgeschlossen werden kann, jeder Zusammenhang mit der ausgeübten Tätigkeit ausreicht.

Unter die abzugsfähigen Aus- und Fortbildungskosten fallen vor allem

- die eigentlichen Kurskosten (Kursbeitrag), Kosten für Unterlagen
- die Fahrtkosten (Kilometergelder, öffentliche Verkehrsmittel) und allenfalls Tagesgelder (für die ersten fünf Tage, wenn der Kurs nicht am Wohnort oder Arbeitsort stattfindet und die Entfernung zum Kursort mindestens 25 Kilometer beträgt; weitere Informationen dazu finden Sie unter dem Stichwort „Reisekosten (BA, WK)" auf Seite 140
- die Nächtigungskosten (entweder in tatsächlicher oder in pauschalierter Höhe)

Tipp: Oftmals sind Bestätigungen Ihres Arbeitgebers darüber, dass der Besuch eines Aus- oder Fortbildungskurses notwendig oder zweckmäßig war, vorteilhaft. Eine solche Bestätigung wird zwar nicht vorausgesetzt, da solche Kurse nicht zwangsläufig beruflich notwendig sein müssen, doch bietet sie ein Indiz dafür, dass zumindest keine private Veranlassung vorliegt.

Auto (BA)

Siehe dazu die Erklärungen auf Seite 203, „Das Auto im Steuerrecht".

Bankspesen (BA)

Die Kosten für ein Konto (z.B. Kontoführungsspesen, Bankomat-, Scheck- und Kreditkartengebühr), welches (fast) ausschließlich für betrieblich veranlasste Geschäftsfälle eingerichtet ist, stellen Betriebsausgaben dar.

Beiträge (BA)

Pflichtbeiträge zur gesetzlichen Kranken-, Unfall- und Pensionsversicherung sowie zu Versorgungs- und Unterstützungseinrichtungen der Kammern der selbständig Erwerbstätigen und Beiträge zu einer inländischen gesetzlichen Krankenversorgung stellen Betriebsausgaben dar (siehe auch die jeweiligen Stichwörter). Dies gilt auch für freiwillige und Pflichtbeiträge an Berufs- und Wirtschaftsverbände. Abzugsfähig sind daher die von selbständig Tätigen, je nach Berufsstand, zu leistenden Beiträge an folgende Verbände: Apothekerkammer, Ärztekammern, Börsekammer, Hebammengremium, Ingenieurkammern, Kammer der Wirtschaftstreuhänder, Landwirtschaftskammern, Österreichische Dentistenkammer, Österreichische Notariatskammern, Österreichische Patentanwaltskammer, Österreichische Rechtsanwaltskammer, Tierärztekammern, Wirtschaftskammer.

Bei Erfüllung bestimmter Voraussetzungen werden auch Beiträge für eine freiwillige Mitgliedschaft bei Berufs- und Wirtschaftsverbänden als Steuerabsetzposten anerkannt (siehe dazu auch das Stichwort „Beiträge für die Mitgliedschaft bei Berufsverbänden bzw. Interessenvertretungen (BA, WK)" auf Seite 118).

Beiträge an Pensions- oder Unterstützungskassen (BA)

Beiträge an Pensionskassen im Sinne des Pensionskassengesetzes sind nur dann abzugsfähige Betriebsausgaben, wenn die Vorschriften des Betriebspensionsgesetzes (BPG) und des Pensionskassengesetzes (PKG) eingehalten werden. Abzugsfähig sind nur die vertraglich festgelegten Beiträge. Die Zusagen dürfen 80 % des letzten laufenden Aktivbezugs nicht übersteigen. Weitere Aufwendungen des Arbeitgebers im Zusammenhang mit den Pensionskassenbeiträgen fallen unter den allgemeinen Betriebsausgabentatbestand. Dazu gehören im Wesentlichen die zweieinhalbprozentige Versicherungsteuer und allfällige Zinsen für die Finanzierung des Kassenbeitritts oder für rückständige Beiträge. Die Pensionskassenbeiträge des Arbeitgebers sind nur insoweit abzugsfähig, als der Jahresaufwand 10 % der Lohn- und Gehaltssumme der Leistungsberechtigten nicht übersteigt.

Zuwendungen an betriebliche Unterstützungskassen und sonstige Hilfskassen, die keinen Rechtsanspruch auf Leistungen gewähren, stellen Betriebsausgaben dar, wenn sie zusammen mit unmittelbaren Zuwendungen an die Leistungsberechtigten der Kasse 10 % der Lohn- und Gehaltssumme der Leistungsberechtigten der Kasse nicht übersteigen.

Beiträge für die Mitgliedschaft bei Berufsverbänden bzw. Interessenvertretungen (BA, WK)

Berufs- und Wirtschaftsverbände sind Zusammenschlüsse von Personen, die dieselbe berufliche, gewerbliche oder artverwandte, durch eine natürliche Interessengemeinschaft verbundene Tätigkeit ausüben. Ist der Arbeitnehmer in einer Interessenvertretung (z.B. Betriebsrat, Berufsgruppenvertretung) aktiv, so kann er die daraus entstehenden Aufwendungen nur im Ausmaß der dafür erhaltenen Einkünfte absetzen. Übt er diese Funktion unentgeltlich aus, kann er keine damit verbundenen Ausgaben geltend machen. Siehe dazu auch die Stichwörter „Betriebsratsumlage“ und „Gewerkschaftsbeiträge“ weiter unten.

Beratungskosten (BA)

Betriebsausgaben liegen vor, wenn die Beratung betriebliche Fragen betrifft (z.B. Beratung in betrieblichen Rechtsfragen, Anwaltskosten im Zusammenhang mit Kundenforderungen, Wirtschaftsberatung).

Berufsunfähigkeitsversicherung (BA)

Prämien zu einer Berufsunfähigkeitsversicherung stellen nur dann Betriebsausgaben dar, wenn ausschließlich ein typisches Berufsrisiko versichert wird. Darunter ist jenes Risiko zu verstehen, welches mit der Berufsausübung verbunden ist. Versicherungsprämien sind nicht abzugsfähig, wenn die Versicherung auch eine Berufsunfähigkeit infolge jeglicher Erkrankung, Körperverletzung oder Kräfteverfalls umfasst, weil in solchen Fällen die allgemeine Vorsorge für die Zukunft im Vordergrund steht.

Prämien für die Versicherung bestimmter Gliedmaßen oder Körperteile, die für die Berufsausübung von besonderer Bedeutung sind (z.B. die Hände eines Pianisten, die Beine eines Fußballers, das Gesicht eines Schauspielers oder die Stimme eines Opernsängers) sind betrieblich bzw. beruflich veranlasst und daher abzugsfähig. Prämien für eine Invaliditätsversicherung sind in der Regel nur als Sonderausgaben abzugsfähig.

Betriebsratsfonds (BA)

Dem Grunde nach sind alle Zuwendungen an den Betriebsratsfonds als Betriebsausgabe abzugsfähig, unabhängig davon, ob die Zuwendungen an den Fonds im Interesse aller, einer bestimmten Gruppe oder nur einzelner Arbeitnehmer erfolgen, und unabhängig davon, ob sie freiwillig oder aufgrund eines Rechtsanspruchs gewährt werden. Die Abzugsfähigkeit ist allerdings mit 3 % der Lohn- und Gehaltssumme begrenzt.

Betriebsratsumlage (WK)

Die Betriebsratsumlage wird zwar von der Lohnverrechnung einbehalten, wirkt sich jedoch bei der laufenden Lohnabrechnung nicht steuermindernd aus. Sie kann steuerlich aber im Wege der Arbeitnehmerveranlagung geltend gemacht werden.

Betriebsteuern (BA)

Mehr zu diesem Thema finden Sie in dieser Aufzählung unter „Steuern (BA)“ auf Seite 148.

Betriebsunterbrechungsversicherung (BA)

Prämien zu einer Betriebsunterbrechungsversicherung sind als Betriebsausgaben absetzbar. Diese ersetzen den Schaden, der durch eine gänzliche oder teilweise Unterbrechung des Betriebs infolge eines Schadenereignisses, wie z. B. Krankheit der den Betrieb leitenden Personen, Brand, Explosion eintritt. Dabei darf nur ein Ersatz in Höhe des tatsächlich entgangenen Betriebsgewinns einschließlich der laufenden Betriebskosten gewährt werden. Prämien zu einer bloßen Krankentagegeldversicherung sind hingegen nicht als Betriebsausgaben absetzbar.

Bewirtungsspesen (BA)

Diese Ausgabenart wird auf Seite 144 unter „Repräsentationsaufwendungen (BA)“ erläutert.

Bücher (BA, WK)

Mehr zu diesem Thema finden Sie unter „Fachbücher, Fachliteratur, Fachzeitschriften (BA, WK)“ auf Seite 123.

Bürgschaft (BA)

Aufwendungen im Zusammenhang mit einer Bürgschaft sind bei betrieblicher Veranlassung des Eingehens der Bürgschaft abzugsfähig. Eine Bürgschaftsverpflichtung stellt allerdings kein Betriebsvermögen dar, wenn die Bürgschaft vom Unternehmer für Verwandte überwiegend aus persönlichen (privaten) Gründen eingegangen wird.

Computer (BA, WK)

Die Aufwendungen für die Anschaffung eines Computers einschließlich des Zubehörs stellen Betriebsausgaben dar, wenn die betriebliche Nutzung eindeutig feststeht. Dies ist dann der Fall, wenn er am Betriebsort des Unternehmers ortsfest eingesetzt wird. Bei Computern, die in der Wohnung des Steuerpflichtigen aufgestellt sind, ist die betriebliche Nutzung vom Steuerpflichtigen nachzuweisen.

Wenn der Computer auch privaten Zwecken dient, ist zwingend ein **Privatanteil** auszuscheiden. Das bedeutet, dass nur die auf die betriebliche Nutzung entfallenden Kosten als Betriebsausgaben anerkannt werden. Der Privatanteil ist gegebenenfalls im Schätzungsweg zu ermitteln. Die Finanz nimmt in der Regel einen Privatanteil von 40 % an.

Bei Anschaffungskosten von über € 800,– sind die Aufwendungen für den Computer im Wege der AfA geltend zu machen. Es ist grundsätzlich von einer **Nutzungsdauer** von mindestens drei Jahren auszugehen. PC, Bildschirm und Tastatur stellen dabei eine Einheit dar. Maus, Drucker oder Scanner sind hingegen als eigenständige Wirtschaftsgüter anzusetzen und gesondert abzuschreiben. Wenn die Anschaffungskosten des Computers bzw. des Zubehörs unter € 1.000 liegen, können sie sofort als geringwertige Wirtschaftsgüter abgesetzt werden.

Analog können diese Informationen auch auf die Werbungskosten des Dienstnehmers angewendet werden.

Damnum (BA)

Als Damnum (Abgeld oder Disagio) wird der Unterschiedsbetrag zwischen dem aufgenommenen Betrag (= Rückzahlungsbetrag des Darlehens, des Kredits, der Verbindlichkeit) und dem Auszahlungsbetrag bezeichnet. Das Damnum ist keine sofortige Betriebsausgabe, sondern zwingend zu aktivieren und über die Laufzeit der Verbindlichkeit verteilt abzuschreiben.

Die Abschreibung hat linear oder degressiv zu erfolgen. Dies gilt auch für Geldbeschaffungskosten (Kreditgebühren, Vermittlungsprovisionen, Abschluss- und Bearbeitungsgebühren). Fallen diese nicht neben einem Damnum an, so können sie sofort als Betriebsausgaben geltend gemacht werden, sofern sie den Betrag von € 900,– nicht übersteigen (Freigrenze).

Herrn Max Muster wird ein Darlehen von € 20.000,– gewährt, welches nach fünf Jahren mit € 21.000,– zurückzubezahlen ist. Zusätzlich werden € 100,– als Vermittlungsprovision verrechnet. Das Damnum in Höhe von € 1.000,– sowie die Provision von € 100,– sind auf die Laufzeit des Darlehens (fünf Jahre) verteilt abzusetzen. Herr Muster kann daher € 220,– (= 1.100,–/5) jährlich als Betriebsausgabe geltend machen.

Darlehensforderung, -verlust (BA)

Eine Darlehensforderung gehört dann zum notwendigen Betriebsvermögen, wenn bei der Hingabe des Darlehens betriebliche Interessen im Vordergrund stehen. Eine betriebliche Veranlassung liegt jedenfalls nicht vor, wenn z. B. ein Unternehmer ein Darlehen aus überwiegend persönlichen (privaten) Gründen an Verwandte gewährt. Wenn die Darlehensgewährung dem Betriebsvermögen zuzurechnen (also betrieblich veranlasst) ist, dann stellt auch der entsprechende Darlehensverlust eine Betriebsausgabe dar. Dies gilt (obwohl kein Geldabfluss erfolgt) auch für den Einnahmen-Ausgaben-Rechner. Bei diesem liegt die Gewinnminderung in dem Zeitpunkt vor, in welchem der Verlust feststeht.

Depotgebühren (BA)

Depotgebühren sind Betriebsausgaben, wenn sie für im Betriebsvermögen befindliche Wertpapiere anfallen, deren Erträge nicht der Endbesteuerung unterliegen (bezüglich der Endbesteuerung siehe auch „Kapitalvermögen“ auf Seite 156). Die Endbesteuerung im Bereich der Einkommensteuer gilt nicht nur für Kapitalanlagen im Privatvermögen, sondern auch für betriebliche Kapitalanlagen von Einzelunternehmen und Personengesellschaften, sofern daran natürliche Personen beteiligt sind.

Diebstahl (BA)

Durch Diebstahl hervorgerufene Minderungen des Betriebsvermögens stellen Betriebsausgaben dar. Bei Einnahmen-Ausgaben-Rechnern führt ein Diebstahl nur dann zu Ausgaben, wenn er ein aktivierungspflichtiges Wirtschaftsgut des abnutzbaren Anlagevermögens betrifft, dessen Anschaffungskosten noch nicht zur Gänze abgeschrieben sind. In allen anderen Fällen (z. B. Diebstahl von Handelswaren, geringwertigen Wirtschaftsgütern) war bereits die Anschaffung ausgabenwirksam.

Allfällige Ersätze (z. B. Versicherungsvergütungen) sind als Betriebseinnahmen anzusetzen und daher mit den Betriebsausgaben aufzurechnen.

Doppelte Haushaltsführung (BA, WK)

Ein Dienstnehmer, der eine Wohnung in der Nähe des Arbeitsplatzes (des Betriebs) braucht, weil der Familienwohnsitz zu weit weg ist, um täglich nach Hause zu fahren, kann die Aufwendungen für diese Wohnung als Werbungskosten absetzen, wenn folgende Voraussetzungen erfüllt sind:

- Die tägliche **Heimfahrt** muss **unzumutbar** sein. Dies ist jedenfalls dann der Fall, wenn der Beschäftigungsort mehr als 80 Kilometer vom Familienwohnsitz entfernt liegt bzw. wenn die Fahrzeit mit dem tatsächlich benutzten Verkehrsmittel mehr als eine Stunde beträgt.
- Die **Verlegung des Familienwohnsitzes** (das ist jener Ort, an dem ein Steuerpflichtiger mit seinem Ehegatten oder Lebensgefährten einen gemeinsamen Haushalt führt oder alleinstehende Steuerpflichtige eine eigene Wohnung haben) ist **unzumutbar,** weil entweder
  - der Ehepartner oder Lebensgefährte am Familienwohnsitz berufstätig ist und jährlich mehr als € 6.000,– verdient oder
  - der Steuerpflichtige selbst eine zweite Berufstätigkeit in der Nähe des Familienwohnsitzes ausübt oder
  - eine berufliche Versetzung an einen anderen Ort jederzeit möglich ist oder
  - sonstige schwerwiegende Gründe gegen eine Wohnsitzverlegung vorliegen (z. B. bevorstehende Pensionierung, Pflegebedürftigkeit naher Angehöriger, Betreuung minderjähriger Kinder).

Die Unzumutbarkeit kann die verschiedensten Ursachen haben und sich aus den Umständen der privaten Lebensführung ergeben. Doch selbst wenn diese

Bedingungen zutreffen, ist die Zweitwohnung in der Regel **zeitlich beschränkt** absetzbar:

Wenn der Ehepartner oder Lebensgefährte am Familienwohnsitz jährliche Einkünfte von mehr als € 6.000,– erzielt, können die Aufwendungen für doppelte Haushaltsführung und Familienheimfahrten zeitlich unbegrenzt abgesetzt werden. Alleinstehende hingegen können diese Aufwendungen nur für einen Zeitraum von sechs Monaten geltend machen, und auch nur dann, wenn sie am Heimatort eine eigene Wohnung besitzen. Bei Steuerpflichtigen, deren Ehegatten oder Lebensgefährten nicht mehr als € 6.000,– jährlich verdienen, wird ein Zeitraum von zwei Jahren steuerlich anerkannt.

In Einzelfällen kann der Zeitraum der Abzugsfähigkeit aber auch verlängert werden. Dies ist vor allem bei Berufszweigen mit wechselnden Arbeitsstellen (beispielsweise im Baugewerbe) oder bei einer befristeten auswärtigen Tätigkeit der Fall.

Es sind folgende **Kosten** abzugsfähig:

- Kosten für eine zweckentsprechende **Wohnung** am Beschäftigungsort, Mietkosten(inkl. Betriebskosten, Strom und Gas für eine Wohnung mit rund 55 m^2), Absetzung für Abnutzung bei Eigenheimen, Hotelkosten (max. € 2.200,– monatlich), erforderliche Einrichtungsgegenstände.
- Kosten für **Familienheimfahrten**. Für Verheiratete und in einer Lebensgemeinschaft Lebende werden von der Finanz wöchentliche Heimfahrten anerkannt. Alleinstehende können lediglich eine monatliche Heimfahrt absetzen. Als Familienheimfahrten zählen auch die erste Anreise zum Tätigkeitsort und die letzte Heimfahrt nach Beendigung der Tätigkeit. Die Fahrtkosten für Familienheimfahrten (z.B. Kilometergeld bei Verwendung des eigenen KFZ, Bahnkarte, Flugkosten) sind allerdings mit dem Höchstbetrag der großen Pendlerpauschale € 306,– monatlich, € 3.672,– jährlich begrenzt. Der Ansatz von Taggeld kommt bei einer doppelten Haushaltsführung im Inland nicht in Betracht. Bei einer doppelten Haushaltsführung im Ausland kann aber wegen des Kaufkraftunterschieds Taggeld in Höhe der Differenz zwischen Auslandstagessatz und Inlandstagessatz als Werbungskosten geltend gemacht werden (siehe „Reisekosten (BA, WK)“ auf Seite 140).
  Für den Fall, dass die Entfernung zwischen dem Beschäftigungsort und dem Familienwohnsitz mehr als 120 km beträgt, können für die Strecke, die über 120 km hinausgeht, zusätzlich zur Pendlerpauschale die tatsächlichen Fahrtkosten geltend gemacht werden.

Die Aufwendungen für Familienheimfahrten müssen nach Art und Umfang nachgewiesen werden oder wenigstens glaubhaft gemacht werden. Fehlt ein Nachweis der Höhe nach, ist die Abgabenbehörde zwar zur Schätzung berechtigt, nicht aber dazu, den geltend gemachten Aufwand überhaupt nicht anzuerkennen. Analog können diese Informationen auch auf die Betriebsausgaben des Steuerpflichtigen angewendet werden.

Einrichtungsgegenstände (BA)

Die Einrichtung von betrieblich genutzten Räumen (Büros, Schauräume, Lager, Verkaufsräume) führt selbstverständlich zu Betriebsausgaben. Gegenstände über € 1.000,– sind auf die Nutzungsdauer verteilt als AfA abzusetzen. Liegen die Anschaffungskosten unter € 1.000,–, können die Einrichtungsgegenstände sofort als geringwertige Wirtschaftsgüter steuermindernd abgezogen werden. Da hier aber ein Wahlrecht besteht, können sie aber auch „normal" verteilt auf die Nutzungsdauer abgesetzt werden.

Eintreibungskosten (BA)

Die Kosten für die Eintreibung betrieblicher Forderungen stellen Betriebsausgaben dar. Dies gilt auch dann, wenn die Eintreibungsmaßnahmen nach Beendigung der betrieblichen Tätigkeit gesetzt werden. Voraussetzung für die Abzugsfähigkeit ist, dass die Aufwendungen in unmittelbarem Zusammenhang mit Einbringungsmaßnahmen erwachsen. Dies ist z.B. dann nicht der Fall, wenn der Gläubiger Aufwendungen tätigt, damit der Schuldner zusätzliches Einkommen erzielt und in weiterer Folge in der Lage ist, seine Schulden zu begleichen.

Erhaltungsaufwendungen für Gebäude (BA)

Der Erhaltungsaufwand bei Betriebsgebäuden stellt eine sofort abzugsfähige Betriebsausgabe dar, sofern es sich nicht um einen zwingend auf 15 Jahre zu verteilenden Instandsetzungsaufwand in Mietwohngebäuden (siehe dazu das Stichwort „Instandsetzungsaufwendungen bei Gebäuden (BA)" auf Seite 129 im Kapitel 3.4) oder um einen zwingend zu aktivierenden anschaffungsnahen Erhaltungsaufwand (die Aktivierungspflicht gilt für in größerem Ausmaß anfallende Erhaltungsaufwendungen, die innerhalb von etwa drei Jahren nach der Anschaffung eines vernachlässigten Betriebsgebäudes getätigt werden) handelt. Beispiele für Erhaltungsaufwand: Umdeckung des Dachs, Erneuerung des Verputzes, Reparatur schadhaft gewordener Türen und Fenster sowie sanitärer Anlagen und der Elektroanlagen etc.

Fachbücher, Fachliteratur, Fachzeitschriften (BA, WK)

Abzugsfähige Aufwendungen liegen dann vor, wenn die Literatur derart auf die spezifischen betrieblichen oder beruflichen Bedürfnisse des Steuerpflichtigen abgestellt ist, dass ihr die Eignung fehlt, private Bedürfnisse literarisch interessierter Bevölkerungskreise zu befriedigen.

Fachbücher oder entsprechende elektronische Datenträger sind als Werbungskosten absetzbar, wenn sie eindeutig der beruflichen Sphäre zurechenbar sind. Als Werbungskosten werden beispielsweise EDV-Bücher bei einem Programmierer, medizinische Fachbücher eines Arztes oder der Gesetzeskommentar eines Steuerberaters anerkannt.

Allgemeinbildende Werke wie Lexika oder Nachschlagewerke, Werke der Belletristik, Wanderkarten und Reiseführer gelten nicht als Fachliteratur. Aus dem Beleg muss der genaue Titel des Werkes hervorgehen, die Bezeichnung „Fachbücher" reicht nicht.

Fahrrad (BA, WK)

Ein Fahrrad gehört bei betrieblicher Veranlassung unter den gleichen Voraussetzungen zum Betriebsvermögen wie ein KFZ. Es können entweder die tatsächlichen Kosten (auch AfA) im Ausmaß der betrieblichen Nutzung oder Kilometergeld ab 2 km Wegstrecke in Höhe von € 0,38 je Kilometer geltend gemacht werden. Der Ansatz von **Kilometergeld** ist aber nur dann zulässig, wenn der betriebliche Anteil an der Gesamtnutzung nicht mehr als 50 % beträgt und das Fahrrad somit nicht im Betriebsvermögen auszuweisen ist. Zudem darf die Geltendmachung des Kilometergeldes zu keinem von der tatsächlichen Kostenhöhe erheblich abweichenden Ergebnis führen.

Für ein Fahrrad, welches beruflich verwendet wird, können die tatsächlichen Kosten als Werbungskosten geltend gemacht werden. Wenn die Anschaffungskosten nicht mehr als € 1.000,– betragen, sind sie im Jahr der Bezahlung zur Gänze abzugsfähig. Andernfalls können sie nur auf die voraussichtliche Nutzungsdauer verteilt im Wege der Absetzung für Abnutzung (AfA) geltend gemacht werden. Analog zu den Betriebsausgaben kann der Steuerpflichtige alternativ zu den tatsächlichen Kosten für Fahrten mit dem Fahrrad ab 2 km Kilometergeld in Höhe von € 0,38 je Kilometer in Form von Werbungskosten beantragen.

Fahrtkosten (BA, WK)

Die Aufwendungen für betrieblich veranlasste Fahrten stellen ohne Rücksicht auf eine bestimmte Mindestentfernung im tatsächlichen Umfang abzugsfähige Aufwendungen dar. Der Steuerpflichtige kann das Verkehrsmittel frei wählen. Demnach sind die Fahrtkosten für öffentliche Verkehrsmittel in Höhe der tatsächlichen Ausgaben Betriebsausgaben (kein Abstellen auf billigstes öffentliches Verkehrsmittel, so dass auch die Kosten einer Bahnkarte erster Klasse bzw. bei Flugreisen beispielsweise ein Ticket der „Business-Class" abzugsfähig sind). Für die Beurteilung der Abzugsfähigkeit der Fahrtkosten sind folgende Fälle zu unterscheiden:

- **Fahrten zwischen Wohnsitz und Betrieb:** Die Aufwendungen sind Betriebsausgaben, sofern der Betriebsinhaber nicht aus persönlichen Gründen seinen Wohnsitz außerhalb des Einzugsbereichs des Betriebsorts (= bis 120 Kilometer) gewählt hat. Als persönliche Gründe gelten beispielsweise das Vorhandensein eines Hauses, familiäre Rücksichten, ein aus gesundheitlichen Gründen gewählter Sommerwohnsitz, ein in Kürze geplanter Ruhestand oder eine Wehrdienstverpflichtung. Fahrtkosten des Dienstnehmers zwischen Wohnung und Arbeitsstätte sind hingegen bereits durch den Verkehrsabsetzbetrag und einer gegebenenfalls zustehenden Pendlerpauschale zur Gänze abgegolten. Wöchentliche Familienheimfahrten vom Zweitwohnsitz am Betriebsort zum Familienwohnsitz sind unter Umständen absetzbar. Nähere Informationen finden Sie unter „Doppelte Haushaltsführung (BA, WK)" auf Seite 121.
- **Fahrten zwischen Zweitwohnsitz und Betriebsstätte:** Wenn der Wohnsitz nur zeitweise (z.B. als Sommerwohnung) verwendet wird, sind lediglich die Kosten vom näher gelegenen Hauptwohnsitz anzuerkennen.
- **Fahrten zwischen Betriebsstätte und Betriebsstätte:** Fahrten zwischen zwei Betriebsstätten sind ohne Einschränkungen absetzbar.
- **Sonstige Betriebsfahrten** (z.B. zu Veranstaltungen oder zu Kunden): Bei nachgewiesener oder glaubhaft gemachter betrieblicher Veranlassung sind die entsprechenden Aufwendungen anzuerkennen.

Überwiegend mit einem Dienstverhältnis in Zusammenhang stehende Fahrtkosten sind nicht als Betriebsausgaben abzugsfähig (Beispiele: ein nichtselbständig tätiger Spitalsarzt mit selbständigen Einkünften aus Sonderklassegebühren, ein angestellter Steuerberater betreut am Dienstort auch freiberuflich eigene Klienten). Diese sind bereits mit dem Verkehrsabsetzbetrag und einerallfälligen Pendlerpauschale im Rahmen der Einkünfte aus nichtselbständiger Arbeit abgegolten.

Wenn man sein eigenes KFZ benützt, können die tatsächlichen Kosten oder Kilometergeld angesetzt werden (siehe „Kilometergeld (BA, WK)" auf Seite 130„Kilometergeld" „Kraftfahrzeug (BA, WK)" auf Seite 131).

Finanzierungskosten (BA)

Dem Steuerpflichtigen steht es frei, seinen Betrieb mit Eigen- oder Fremdkapital zu finanzieren. Ob Finanzierungskosten zu Betriebsausgaben führen, ist von der Mittelverwendung abhängig. Wenn die Fremdmittel der Finanzierung von Aufwendungen, die der betrieblichen Sphäre zuzuordnen sind, dienen, liegen Betriebsausgaben vor. Dies gilt auch dann, wenn der Steuerpflichtige in der Lage gewesen wäre, den Aufwand durch Eigenmittel zu finanzieren oder betriebliche Eigenmittel für die Privatsphäre verwendet, und deshalb betriebliche Aufwendungen fremdfinanziert werden müssen. Dient das Fremdkapital hingegen der privaten Lebensführung, liegt eine Privatverbindlichkeit vor, und die Zinsen sind nicht abzugsfähig.

Firmenwert (BA)

Als Firmenwert bezeichnet man bei einem Betriebskauf jenen Mehrwert, der sich als Differenz zwischen Kaufpreis und Summe der Teilwerte der erworbenen Wirtschaftsgüter ergibt. Dieser Firmenwert, der beispielsweise für den Kundenstock und die Lage bezahlt wird, kann bei Land- und Forstwirten sowie Gewerbetreibenden gleichmäßig verteilt auf 15 Jahre als Betriebsausgabe abgeschrieben werden. Bei Freiberuflern geht der Firmenwert viel mehr auf die persönlichen Leistungen des Vorgängers zurück und kann daher in einem kürzeren Zeitraum von in der Regel fünf Jahren abgesetzt werden.

Forschungsprämie (BA)

Eine Forschungsprämie steht für Aufwendungen zur Forschung und experimentellen Entwicklung (F&E), die systematisch und unter Einsatz wissenschaftlicher Methoden durchgeführt werden, und für Aufwendungen zur Entwicklung oder Verbesserung volkswirtschaftlich wertvoller Erfindungen zu. Es können sowohl für eigenbetriebliche, als auch für in Auftrag gegebene F&E 14 % der Aufwendungen/Ausgaben geltend gemacht werden. Anders als bei eigenbetrieblicher F&E ist die Forschungsprämie für Auftragsforschung mit Aufwendungen von € 1.000.000,– p.a. begrenzt. Nunmehr wird nur noch Forschung begünstigt, die in einem inländischen Betrieb oder Betriebsstätte erfolgt.

Freibetrag für Sportler (WK)

Für Sportler, Schiedsrichter und Sportbetreuer wie z.B. Trainer oder Masseure können pauschale Reiseaufwandsentschädigungen, die von gemeinnützigen Sportvereinen bezahlt werden, als Freibetrag geltend gemacht werden. Der Freibetrag ist mit € 60,– pro Tag, maximal mit € 540,– pro Kalendermonat begrenzt.

Freiwilliger Sozialaufwand (BA)

Der freiwillige Sozialaufwand für die Dienstnehmer ist als Betriebsausgabe abzugsfähig (z.B. Betriebsausflüge, Veranstaltung von Weihnachtsfeiern, Werksküche).

Freiwillig geleistete Aufwendungen (BA)

Auch ohne rechtliche Verpflichtung geleistete Aufwendungen stellen Betriebsausgaben dar, wenn sie ausschließlich oder überwiegend durch den Betrieb veranlasst sind, wie z.B. in Kulanz- oder Versicherungsfällen. Aus familiären Gründen geleistete freiwillige Aufwendungen können jedoch nicht steuermindernd geltend gemacht werden.

Freiwillige Beiträge zu einer inländischen gesetzlichen Krankenversicherung (WK)

Als Einrichtungen der Krankenversorgung kommen die Versorgungs- und Unterstützungseinrichtungen der Kammern der selbständig Erwerbstätigen in Betracht. Freiwillige Beiträge zu einer inländischen gesetzlichen Krankenversicherung sowie zu den Einrichtungen der Krankenvorsorge sind allerdings nur insoweit abzugsfähig, als sie der Höhe nach insgesamt den Pflichtbeiträgen in der gesetzlichen Sozialversicherung entsprechen. Für die Berechnung des Höchstausmaßes ist als Vergleichswert für die Pflichtbeiträge in der gesetzlichen Sozialversicherung einerseits der Höchstbetrag (Arbeitgeber- und Arbeitnehmeranteil) in der Selbstversicherung für Angestellte nach dem ASVG und andererseits der Höchstbetrag nach dem GSVG bzw. FSVG heranzuziehen. Aus dem arithmetischen Mittel zwischen diesen beiden Höchstbeträgen ergibt sich somit die jeweilige Beitragsgrenze. Beiträge an eine private Krankenversicherung stellen keine Betriebsausgaben dar. Sie können jedoch als Sonderausgaben geltend gemacht werden.

Gebäude (BA)

Siehe die Erläuterungen auf ab Seite 106 sowie die Stichwörter „Erhaltungsaufwendungen für Gebäude (BA)“ auf Seite 123 und „Instandsetzungsaufwendungen bei Gebäuden (BA)“ auf Seite 129. Eine umfassende Darstellung der Besonderheiten finden Sie ab Seite 162.

Gehälter (BA)

Gehälter sind als Lohnaufwand Betriebsausgaben und daher unter diesem Titel voll absetzbar.

Geldbeschaffungskosten (BA)

Unter Geldbeschaffungskosten sind alle Nebenkosten zu verstehen, die anlässlich der Aufnahme einer Verbindlichkeit (Darlehen, Kredit) anfallen. Dazu gehören vor allem Vermittlungs- und Bereitstellungsprovisionen, Kreditgebühren, Gerichts-, Rechtsanwalts- und Notariatskosten, Ausgaben für die Schätzung des Belehnungsobjekts, Abschlussgebühren sowie sonstige Verwaltungs- und Bearbeitungsgebühren. Die Geldbeschaffungskosten sind zu aktivieren und auf die Laufzeit der Verbindlichkeit linear abzuschreiben. Wenn die Geldbeschaffungskosten den Betrag von € 900,– nicht übersteigen und kein Disagio (siehe das Stichwort „Damnum (BA)" auf Seite 120) vereinbart wurde, können sie hingegen sofort in voller Höhe als Betriebsausgaben geltend gemacht werden.

Geringwertige Wirtschaftsgüter (BA, WK)

Die Anschaffungs- oder Herstellungskosten von abnutzbaren Wirtschaftsgütern des Anlagevermögens können im Jahr der Anschaffung oder Herstellung (bei Gewinnermittlung durch Betriebsvermögensvergleich) oder im Jahr der Verausgabung (bei Gewinnermittlung durch Einnahmen-Ausgaben-Rechnung) voll als Betriebsausgaben abgesetzt werden, wenn sie beim einzelnen Wirtschaftsgut € 1.000,– nicht übersteigen. Auf den Zeitpunkt der Inbetriebnahme kommt es nicht an.

Die 1.000-Euro-Grenze bezieht sich bei vorsteuerabzugsberechtigten Selbständigen/Unternehmern auf die Netto-Anschaffungs- bzw. Herstellungskosten (das heißt exklusive USt). Unecht umsatzsteuerbefreite Unternehmer (z. B. Ärzte, Banken, Versicherungen, Kleinunternehmer – siehe auch Seite 224, „Steuerbare Umsätze") sind vom Vorsteuerabzug ausgeschlossen. Bei ihnen ist die 1.000-Euro-Grenze als Bruttogröße (also inklusive Umsatzsteuer) zu verstehen.

Zu beachten ist auch, dass Wirtschaftsgüter, die aus Teilen bestehen (so genannte „Sachgesamtheiten"), als Einheit aufzufassen sind und daher die Summe der Einzelteile als Kriterium über die Eigenschaft als geringwertiges Wirtschaftsgut heranzuziehen ist. Nicht als einheitliches Wirtschaftsgut gelten beispielsweise:

- Beleuchtungskörper, außer wenn die Beleuchtungskörper im Raum aufgrund ihres Erscheinungsbildes eine Einheit ergeben
- Geschäftseinrichtung
- EDV-Geräte, wie PC, Drucker, Maus; ein zusammen mit einem PC angeschaffter Monitor stellt aber ein einheitliches Wirtschaftsgut dar
- Gasflaschen zur Lieferung von Gas an verschiedene Kunden
- Schreibtischkombinationen aus Schreibtischen, Computerbeistelltischen und Rollcontainern können selbständig nutzbare Wirtschaftsgüter darstellen, wenn eine Trennung nicht zum Verlust der selbständigen Nutzbarkeit eines Teils führt.

Als einheitliches Wirtschaftsgut sind aber die Bestuhlung eines Theaters, ein Sitzensemble oder ein Werkzeugkasten zu nennen.

Wenn Wirtschaftsgüter, die grundsätzlich die Voraussetzungen für die Sofortabschreibung erfüllen, zur entgeltlichen Überlassung bestimmt sind (z. B. Gerüst-, Kostüm-, Skiverleih), ist eine Sofortabschreibung ausdrücklich ausgeschlossen. Ist die entgeltliche Überlassung jedoch nur als völlig untergeordneter Nebenzweck anzusehen, kann eine Sofortabschreibung weiterhin in Anspruch genommen werden. Die Sofortabschreibung stellt ein Wahlrecht dar. Es kann für jedes Wirtschaftsgut einzeln und in jedem Wirtschaftsjahr unterschiedlich ausgeübt werden. Wenn die Sofortabschreibung nicht in Anspruch genommen wird, so sind die Anschaffungs- oder Herstellungskosten gleichmäßig über die betriebsgewöhnliche Nutzungsdauer zu verteilen.

Da Arbeitnehmer die ihnen in Rechnung gestellte Umsatzsteuer nicht als Vorsteuer abziehen können, bezieht sich die Grenze von € 1.000,– auf die Brutto-Anschaffungs- bzw. Herstellungskosten (also inkl. Umsatzsteuer). Die

Sofortabschreibung kann nur im Ausmaß der beruflichen Verwendung als Werbungskosten geltend gemacht werden. Wird das Wirtschaftsgut daher auch privat verwendet, ist ein Privatanteil auszuscheiden.

Geschenke (BA)

Geschenke sind grundsätzlich keine Betriebsausgaben, sondern privat veranlasste Repräsentationsaufwendungen. Sie können nur dann steuerlich abgesetzt werden, wenn der damit verbundene Werbezweck weitaus überwiegt. Dies ist z. B. bei mit dem Firmennamen versehenen (Massen-)Geschenken der Fall (Kalender, Schreibmappen, Kugelschreiber etc.). Geschenke an Dienstnehmer (z. B. Weihnachts- und Geburtstagsgeschenke wie Gutscheine, Goldmünzen, Geschenkkörbe) sind als freiwilliger Sozialaufwand abzugsfähig. Betriebsausgaben liegen auch dann vor, wenn die Geschenkgewährung überwiegend Entgeltcharakter (Gegenleistungscharakter) aufweist und das Schenkungsmoment in den Hintergrund tritt (z. B. Geschenke an Geschäftspartner für konkrete Geschäfte).

Gewerkschaftsbeiträge (WK)

Gewerkschaftsbeiträge sowie Beiträge an andere Berufsverbände werden bereits bei der Lohnverrechnung automatisch berücksichtigt, wenn sie der Arbeitgeber einbehält. Selbstzahler können die Aufrollung beim Dienstgeber beantragen oder müssen die Beiträge im Wege der Arbeitnehmerveranlagung geltend machen. In beiden Fällen erfolgt keine Anrechnung auf das Werbungskostenpauschale.

Gewinnanteile (BA)

Gewinnanteile des echten stillen Gesellschafters sind für den Inhaber des Unternehmens Betriebsausgaben.

Handy (BA)

Mehr zu diesem Thema finden Sie unter dem Stichwort „Telefonkosten (BA, WK)“ auf Seite 150.

Haushalt und Unterhalt (BA, WK)

Die Aufwendungen für den Haushalt des Steuerpflichtigen und den Unterhalt seiner Familie dürfen nicht abgezogen werden. Unter das Abzugsverbot fallen nicht nur der Haushalts- und Unterhaltsaufwand im engeren Sinn (Miete, Beleuchtung, Beheizung, Bekleidung, Nahrung, Kinderbetreuung, Wohnung etc.), sondern auch Aufwendungen für die Erholung (z. B. Urlaube, Wochenendausflüge), für die Freizeitgestaltung (Sport, Hobbys, kulturelle Veranstaltungen usw.), für die ärztliche Versorgung sowie für Gegenstände des höchstpersönlichen Gebrauchs (Brille, Uhr, Hörgeräte).

Homeoffice (WK)

Dem Arbeiten in den eigenen vier Wänden kommt seit der Coronakrise eine starke Bedeutung zu. Aus Sicht der ArbeitnehmerInnen entstehen dabei einige Ausgaben, die als Werbungskosten berücksichtigt werden können:

Ausgaben für digitale Arbeitsmittel – § 16 Abs 1 Z 7 EStG

Zur Verwendung eines in der Wohnung eingerichteten Arbeitsplatzes können Ausgaben für Computer, Bildschirm, Drucker und anteilige Internetkosten als Werbungskosten abgesetzt werden, wenn der AN die Kosten selbst getragen hat und der AG diese digitalen Arbeitsmittel nicht zur Verfügung gestellt hat.

Zu beachten ist allerdings, dass auf die Ausgaben für digitale Arbeitsmittel ein allenfalls gewährtes Homeoffice-Pauschale (§ 26 Z 9 EStG) und Differenzwerbungskosten (§ 16 Abs 1 Z 7a lit b EStG) anzurechnen sind.

Ausgaben für ergonomisch geeignetes Mobiliar – § 16 Abs 1 Z 7a lit a EStG

Für den Arbeitsplatz zuhause können außerdem Ausgaben für ergonomisches Mobiliar wie insbesondere Schreibtisch, Drehstuhl, Beleuchtung oder Fußstütze, als Werbungskosten bis zu einem Höchstbetrag von € 300,– pro Kalenderjahr abgesetzt werden. Dies gilt dann, wenn der Arbeitnehmer/die Arbeitnehmerin mindestens 26 Tage im Kalenderjahr im Homeoffice geleistet hat.

Homeoffice-Pauschale – § 26 Z 9 lit a EStG

Wenn der Arbeitgeber keine oder nicht alle verwendeten digitalen Arbeitsmittel zur Verfügung stellt, steht dem Arbeitnehmer eine Kostenabgeltung durch den Arbeitgeber als Homeoffice-Pauschale zu. Die Pauschale beträgt bis zu € 3,– pro Homeoffice-Tag und steht für höchstens 100 Tage im Kalenderjahr zu (maximal also € 300,– pro Jahr).

Differenzwerbungskosten – § 16 Abs 1 Z 7a lit b EStG

Soweit der Höchstbetrag der vom Arbeitgeber geleisteten Homeoffice-Pauschale nicht erreicht wird, kann der Arbeitnehmer den Differenzbetrag als Differenzwerbungskosten steuerlich geltend machen.

Herr Muster arbeitet 100 Tage pro Kalenderjahr im Homeoffice und erhält dafür von seiner Arbeitgeberin € 2,50 pro Tag als Homeoffice-Pauschale (in Summe also € 250,–). Den Differenzbetrag von € 50,– (€ 0,50 × 100 Tage) kann Herr Muster in seiner Veranlagung als Differenzwerbungskosten gemäß § 16 Abs 1 Z 7a lit b EStG steuerlich geltend machen.

Incentive-Reisen (BA)

Incentive-Reisen dienen dazu, Geschäftspartner oder freie Mitarbeiter (insbesondere Geschäftsvermittler) für erfolgreiches Tätigwerden zu belohnen. Solche Reisen führen grundsätzlich zu Betriebsausgaben. Die Aufwendungen sind jedoch dann nicht absetzbar, wenn der Repräsentationscharakter überwiegt bzw. kein Nachweis erbracht werden kann, dass Reiseeinladungen eindeutig auf Kundenwerbung gerichtet sind. Beim zur Reise Eingeladenen stellt die Einladung eine Betriebseinnahme dar.

Instandsetzungsaufwendungen bei Gebäuden (BA)

Instandsetzungsaufwendungen für Betriebsgebäude zählen zu den sofort absetzbaren Betriebsausgaben. Instandsetzungsaufwand ist jener Aufwand, der nicht zu den Anschaffungs- oder Herstellungskosten gehört und allein oder zusammen mit einem Herstellungsaufwand den Nutzungswert des Gebäudes wesentlich erhöht (Austausch von Gebäudeteilen zu mehr als 25 %; die mögliche

Erzielbarkeit höherer Mieteinnahmen, kürzere Leerstehzeiten, die Verbesserung des Wohnwertes oder möglicher höherer Veräußerungserlös genügen) oder die Nutzungsdauer des Gebäudes wesentlich (um mehr als 25 %) verlängert. Zu den Instandsetzungsaufwendungen gehören insbesondere der Austausch wesentlicher Gebäudeteile wie Türen und Fenster, Dach, Gas-, Wasser-, Elektro- und Heizungsinstallationen. Weitere Beispiele finden Sie im Kapitel 4.3.2.2 unter „Erhaltungsaufwand“ auf Seite 166.

Internet (BA, WK)

Aufwendungen für die Internetnutzung sind bei entsprechender betrieblicher Veranlassung abzugsfähig. Im Falle einer Privatnutzung sind die Kosten zu kürzen. So sind z.B. Providergebühren, die Gebühr für die Benutzung eines Rechtsinformationssystems, fachliche Datenbanken, berufsnahe Info-Homepages entsprechend der betrieblichen Nutzung anzusetzen. Für Fortbildungskurse im Internet gelten jene Regelungen, die für Aus- und Fortbildungskosten auf Seite 115 (Kapitel 3.4) beschrieben werden. Mit der Internetnutzung anfallende Telefonkosten sind nur insoweit abzugsfähig, als sie betrieblich veranlasste Anwendungsbereiche betreffen. Wenn ein Nachweis nicht möglich ist, sind die anteiligen Telefongebühren im Schätzungsweg zu ermitteln.

Kilometergeld (BA, WK)

Bei betrieblicher Verwendung eines nicht im Betriebsvermögen befindlichen (privaten) Kraftfahrzeuges (betriebliche Nutzung weniger als 50 %) sind die Aufwendungen grundsätzlich in tatsächlicher Höhe als Betriebsausgaben zu berücksichtigen. Benützt der Steuerpflichtige sein privates Fahrzeug bei betrieblichen Fahrten von nicht mehr als 30.000 km im Kalenderjahr, so kann anstelle der tatsächlichen Kosten das Kilometergeld angesetzt werden (siehe dazu auch Seite 203, „Das Auto im Steuerrecht“). Ferner dürfen Unternehmer aus Kilometergeldern keine Vorsteuer geltend machen.

Das amtliche Kilometergeld beträgt für	
PKW und Kombi	€ 0,42
jede mitbeförderte Person (Zuschlag)	€ 0,05
Motorräder bis 250 cm^3	€ 0,24
Motorräder über 250 cm^3	€ 0,24
Radfahrer ab zwei Kilometern	€ 0,38
den Fußweg ab 2 km	€ 0,38

Ab 1.1.2025 betragen die Sätze für alle Fahrzeuge (PKW, Motorrad, Fahrrad) € 0,50. Für die Geltendmachung der Kilometergelder bzw. der tatsächlichen Kosten im Rahmen der Arbeitnehmerveranlagung sind insbesondere folgende Punkte zu beachten:

- **Werbungskosten** kann es nur dann geben, wenn eine beruflich veranlasste Reise mit dem eigenen Fahrzeug (PKW, Motorrad etc.) durchgeführt wird. Die Verwendung eines Firmenfahrzeugs schließt die Geltendmachung von Werbungskosten aus.
- Es ist zu prüfen, ob die beruflich veranlasste Reise im Auftrag des Arbeitgebers oder auf Initiative des Steuerpflichtigen (z.B. Fahrten im Zusammenhang mit einer vom Arbeitnehmer selbst bezahlten **Berufsfortbildung** oder Fahrten zur **Erlangung eines neuen Arbeitsplatzes**) anfällt.

- **Dienstreise:** Eine solche liegt vor, wenn ein Arbeitnehmer mit seinem eigenen Fahrzeug eine Reise im Auftrag des Arbeitgebers unternimmt. Die vom Arbeitgeber in Form des Kilometergeldes oder der tatsächlichen Kosten erstatteten Fahrtkosten können vom Arbeitnehmer steuerfrei bezogen werden. Die bezahlten Kilometergelder sind allerdings nur bis zur Höhe der amtlichen Sätze steuerfrei. Da die dem Arbeitnehmer entstandenen Kosten vom Arbeitgeber erstattet werden, ergeben sich aus Dienstreisen grundsätzlich keine Werbungskosten. Wenn der Arbeitnehmer allerdings weniger als das amtliche Kilometergeld erhält, kann er die Differenz zum amtlichen Kilometergeld (siehe Tabelle) im Rahmen der Arbeitnehmerveranlagung geltend machen.
- **Beruflich veranlasste Reise:** Arbeitnehmer, die auf Eigeninitiative eine beruflich veranlasste Reise antreten (z. B. zu einem Bewerbungsgespräch oder zum Kursort), können dafür ebenfalls Kilometergeld ansetzen.

i

Tipp: Für den Bezug des Kilometergeldes ist die Führung eines Fahrtenbuches oder einer fahrtenbuchähnlichen Aufzeichnung notwendig, wo Datum, Beginn, Ende und Dauer der Fahrt, die zurückgelegte Wegstrecke (mit Anfangs- und Endkilometerbestand), das Fahrzeug sowie der Zweck angegeben werden müssen. Sie können auch ein fremdes Fahrzeug, wie z. B. jenes des Partners, verwenden und dafür Kilometergeld beziehen, ohne einen weiteren Nachweis zu erbringen!

Konventionalstrafen (BA)

Geleistete Konventionalstrafen sind, soweit sie sich auf den Betrieb beziehen, abzugsfähig (z. B. wegen Überschreitung des Fertigstellungstermins durch ein Bauunternehmen).

Kraftfahrzeug (BA, WK)

Für Arbeitnehmer, die mit ihrem privaten KFZ Dienstreisen (Reisen im Auftrag des Arbeitgebers) oder sonstige beruflich veranlasste Reisen (z. B. Reisen zu Ausbildungs- bzw. Fortbildungszwecken, auswärtige Bewerbungsgespräche) unternehmen, entstehen Werbungskosten, die entweder vom Arbeitgeber ersetzt werden oder in den sonstigen Fällen im Rahmen der Arbeitnehmerveranlagung geltend zu machen sind (siehe auch das Stichwort „Kilometergeld" oben). Steuerpflichtige können entweder das amtliche Kilometergeld oder die tatsächlichen Kosten ansetzen. Die Geltendmachung der KFZ-Kosten wird in Kapitel „Das Auto im Steuerrecht" ab Seite 203 und unter dem Stichwort „Kilometergeld (BA, WK)" auf Seite 130 genauer besprochen. Die dort getätigten Aussagen können sinngemäß auf Arbeitnehmer übertragen werden.

i

Tipp: Es ist außerdem erlaubt, die Kosten eines Fahrzeugs, das nicht dem Steuerpflichtigen selbst gehört, im Rahmen der beruflichen Nutzung abzusetzen. Die berufliche Nutzung sollte aber in jedem Fall durch ein Fahrtenbuch nachgewiesen werden.

Krankheitskosten (BA)

Krankheitskosten wie z. B. Arztbehandlung, Medikamente etc. stellen nur dann Betriebsausgaben dar, wenn entweder eine typische Berufskrankheit vorliegt oder der Zusammenhang zwischen Erkrankung und Beruf eindeutig feststeht (z. B. nach einem Arbeitsunfall des Unternehmers im Betrieb). Andernfalls liegen Kosten der privaten Lebensführung vor, die jedoch unter bestimmten

Voraussetzungen als außergewöhnliche Belastung abzugsfähig sind (siehe dazu Seite 197, „Krankheitskosten“).

Leasing (BA)

Leasing-Raten für betrieblich genutzte Wirtschaftsgüter sind als Betriebsausgaben abzugsfähig. Bei bestimmten Leasing-Geschäften führt der Vertragsinhalt jedoch dazu, dass nicht die Leasing-Gesellschaft, sondern der Leasing-Nehmer als wirtschaftlicher Eigentümer des Leasing-Gegenstands anzusehen ist. In solchen Fällen hat der Leasing-Nehmer das Wirtschaftsgut zu aktivieren und über die Nutzungsdauer abzuschreiben. Von den Leasing-Raten kann dann der Zinsanteil (jener Teil, der die durch die Leasing-Gesellschaft verrechneten Finanzierungskosten betrifft), nicht aber der Tilgungsanteil, zusätzlich zur AfA als Betriebsausgabe geltend gemacht werden. Mehr bezüglich KFZ-Leasing siehe ab Seite 203 in Kapitel 4.1.

Lebensführungskosten (BA)

Aufwendungen für die Lebensführung sind selbst dann nicht abzugsfähig, wenn sie aufgrund der wirtschaftlichen oder gesellschaftlichen Stellung des Steuerpflichtigen erforderlich werden und sie zur Förderung des Berufs oder der Tätigkeit des Steuerpflichtigen erfolgen. Es handelt sich dabei um Ausgaben, die in erster Linie zur Lebensführung gehören, aber in zweiter Linie auch dem Beruf dienen. Zu den nicht abzugsfähigen Kosten der Lebensführung gehören unter anderem Armbanduhr, Autogenes Training, Ballbesuch, Fitnessstudio, Karriereberatung, Kulturveranstaltungen (auch bei Schauspielern, Musikern etc.).

Tipp: Frisch gewagt ist halb gewonnen! Gute Argumentation kann Wunder wirken: So waren bereits Schauspieler (Fitnessstudio), Kabarettisten (Tageszeitungen) und viele andere beim kreativen Absetzen von Kosten der Lebensführung sogar vor dem Verwaltungsgerichtshof (VwGH) erfolgreich.

Lohnaufwand (BA)

Löhne stellen Betriebsausgaben dar, soweit der Betrag von € 500.000,– pro Person und Jahr nicht überschritten wird. Dies gilt auch für die Gewährung von sonstigen geldwerten Vorteilen (Nutzung eines Firmenfahrzeugs durch einen Dienstnehmer) und den freiwilligen Sozialaufwand. Geldstrafen, die über den Arbeitnehmer verhängt und vom Arbeitgeber ersetzt werden, sind ebenfalls abzugsfähiger Lohnaufwand.

Achtung: Die Identität von Personen, die kurzfristig beschäftigt waren, ist vom Betriebsinhaber festzuhalten, andernfalls können die Zahlungen nicht zum Abzug als Betriebsausgabe zugelassen werden.

Luxuswirtschaftsgüter (BA)

Ausgaben im Zusammenhang mit Personen- und Kombinationskraftwagen, Personenluftfahrzeugen, Sport- und Luxusbooten, Jagden, geknüpften Teppichen, Tapisserien und Antiquitäten werden nur insoweit als Betriebsausgaben anerkannt, als sie bestimmte Angemessenheitskriterien erfüllen. Die Geltendmachung der Aufwendungen kann in Abhängigkeit von dem Wirtschaftsgut sowohl dem Grunde als auch der Höhe nach beschränkt sein. Siehe zu dieser Thematik auch Seite 102, „Angemessenheitsprüfung“.

Messen (BA)

Aufwendungen für die Teilnahme (als Besucher oder Aussteller) an Fachmessen und -ausstellungen sind bei entsprechender betrieblicher Veranlassung abzugsfähig.

Miet- und Pachtzahlungen (BA)

Miet- und Pachtzahlungen für betrieblich genutzte Wirtschaftsgüter stellen Betriebsausgaben dar. Im Falle einer Privatnutzung sind die Aufwendungen anteilsmäßig zu kürzen. Wird die Miete oder Pacht im Voraus bezahlt, so muss die geleistete Vorauszahlung gleichmäßig auf den Zeitraum der Vorauszahlung verteilt werden, außer sie betrifft lediglich das laufende und das folgende Jahr. Siehe dazu auch das Stichwort „Vorauszahlungen (BA)“ auf Seite 153.

Mobiltelefon (BA, WK)

Die Anschaffung eines Mobiltelefons sowie die Gesprächsgebühren können nur dann als Werbungskosten geltend gemacht werden, wenn eine berufliche Veranlassung vorliegt. Wenn die Anschaffungskosten unter € 1.000,– liegen, sind sie sofort absetzbar. Andernfalls sind die Kosten über die voraussichtliche Nutzungsdauer (fünf Jahre) zu verteilen. Ein Privatanteil ist jedoch sowohl bei den Anschaffungskosten als auch bei den laufenden Gesprächsgebühren auszuscheiden. Da sich der Privatanteil (Verhältnis der privaten zu den beruflich veranlassten Gesprächen) in der Regel nicht exakt bestimmen lässt, ist er im Schätzungsweg zu ermitteln.

Notarkosten (BA)

Notarkosten sind grundsätzlich laufende Betriebsausgaben. Stehen sie allerdings im Zusammenhang mit der Anschaffung eines zu aktivierenden Wirtschaftsgutes (z. B. Gebäude), sind sie Teil der Anschaffungskosten.

Pendlerpauschale (WK)

Grundsätzlich sind Ausgaben des Arbeitnehmers für Fahrten zwischen Wohnung und Arbeitsstätte mit dem Verkehrsabsetzbetrag in Höhe von € 463,–, der mit der Lohnabrechnung berücksichtigt wird, abgegolten.

Bei Vorliegen der entsprechenden Voraussetzungen steht noch zusätzlich die Pendlerpauschale zu. Soll dies im Rahmen der Lohnverrechnung berücksichtigt werden, hat der Arbeitnehmer den Antrag L 34 unaufgefordert beim Arbeitgeber abzugeben. Der Arbeitnehmer hat selbst zu prüfen, ob ihm die Pendlerpauschale zusteht. Es ist ausschließlich das Ergebnis des Pendlerrechners ausschlaggebend, ob Anspruch auf eine Pendlerpauschale und den Pendlereuro besteht. Das Ergebnis ist grundsätzlich rechtsverbindlich. Die Fahrtroute stellt keine Fahrtempfehlung für den Arbeitnehmer dar, sondern dient für die Ermittlung der Pendlerpauschale und den Pendlereuro. Die Pendlerpauschale ist nicht an die Grenzen Österreichs gebunden und steht auch Arbeitnehmern zu, die aus dem Ausland nach Österreich einpendeln. Sollte das Ergebnis des Pendlerrechners unrichtig oder beim Lohnsteuerabzug nicht oder nicht in vollem Ausmaß berücksichtigt worden sein, so wird geraten, die tatsächlich zustehende Pendlerpauschale über die Arbeitnehmerveranlagung zu beantragen. Die Pendlerpauschale wird ohne Anrechnung auf die Werbungskostenpauschale abgesetzt.

Die **kleine Pendlerpauschale** steht zu, wenn

- die einfache Fahrtstrecke zwischen Wohnung und Arbeitsplatz mehr als 20 Kilometer beträgt und
- die Benützung eines Massenbeförderungsmittels für mehr als die Hälfte des Arbeitstages zumutbar ist oder der Arbeitsweg mit einem Firmenbus getätigt werden kann.

Sie beträgt bei einer einfachen Fahrtstrecke (diese bestimmt sich nach den Tarifkilometern einschließlich dem Gehweg) von

Strecke	monatlich	jährlich
mindestens 20 bis 40 Kilometer	€ 58,–	€ 696,–
mehr als 40 bis 60 Kilometer	€ 113,–	€ 1.356,–
mehr als 60 Kilometer	€ 168,–	€ 2.016,–

Die **große Pendlerpauschale** steht zu, wenn

- der Arbeitsplatz mehr als **zwei Kilometer** von der Wohnung entfernt liegt **und**
- die Benützung eines Massenbeförderungsmittels zumindest hinsichtlich der halben Fahrtstrecke **nicht zumutbar** ist.

Diese Voraussetzungen müssen im Lohnzahlungszeitraum überwiegen (das heißt, zu mehr als der Hälfte des Monats vorliegen). Die große Pauschale beträgt bei einer einfachen Fahrtstrecke von

Strecke	monatlich	jährlich
mindestens 2 bis 20 Kilometer	€ 31,–	€ 372,–
mehr als 20 bis 40 Kilometer	€ 123,–	€ 1.476,–
mahr als 40 bis 60 Kilometer	€ 214,–	€ 2.568,–
mehr als 60 Kilometer	€ 306,–	€ 3.672,–

Die Benützung eines Massenbeförderungsmittels ist unzumutbar, wenn zumindest auf der halben Fahrtstrecke

- ein Massenverkehrsmittel überhaupt **nicht** oder nicht zur erforderlichen Zeit **verkehrt** oder
- je nach Wegstrecke eine bestimmte **Fahrtdauer** überschritten wird. Dies ist dann der Fall, wenn die Fahrtdauer für eine Strecke
  - unter 20 Kilometer mehr als 1,5 Stunden
  - ab 20 Kilometer mehr als 2 Stunden
  - ab 40 Kilometer mehr als 2,5 Stunden

  beträgt. Die Fahrtdauer umfasst die Zeit vom Verlassen der Wohnung bis zum Arbeitsbeginn bzw. die Zeit vom Verlassen des Arbeitsplatzes bis zum Erreichen der Wohnung. Wenn die Fahrtzeiten der Hin- und Rückfahrt voneinander abweichen, ist die längere Fahrtdauer maßgebend. Wenn mehrere öffentliche Verkehrsmittel zur Verfügung stehen, ist stets das schnellste Verkehrsmittel für die Berechnung der Fahrtdauer heranzuziehen, auch wenn sich dadurch eine längere Fahrtstrecke ergibt. Bei gleitender Arbeitszeit ist für

Zwecke der Fahrtzeitberechnung der Arbeitsbeginn bzw. das Arbeitsende optimal an die Benützungsmöglichkeiten des Beförderungsmittels anzupassen. Die Fahrtstrecke wird anhand der kürzesten Straßenverbindung bestimmt. Wenn der Steuerpflichtige über mehrere Wohnsitze verfügt, wird die Entfernung stets zum nächstgelegenen Wohnsitz ermittelt.

Arbeitnehmer, die im Werkverkehr kostenlos befördert werden, können jedoch nicht die Pauschale geltend machen. Die für die Beförderung im Werkverkehr von den Arbeitnehmern bezahlten Kostenersätze sind allerdings bis zur Höhe der jeweiligen Pendlerpauschale absetzbar.

Stark **Gehbehinderte** haben immer Anspruch auf die große Pendlerpauschale. Eine solche Behinderung liegt vor, wenn der Steuerpflichtige eine Bescheinigung gemäß § 29 b der Straßenverkehrsordnung besitzt, infolge seiner Behinderung von der KFZ-Steuer befreit ist oder bei Eintragung der Unzumutbarkeit der Benützung öffentlicher Verkehrsmittel wegen dauernder Gesundheitsschädigung oder der Blindheit im Behindertenpass.

Erhöhtes Pendlerpauschale von Mai 2022 bis Juni 2023

Aufgrund der seit Monaten steigenden Energiepreise und des Krieges in der Ukraine, der die Teuerungssituation weiter zuspitzt, schnürte die Bundesregierung zusätzlich zu den bisherigen Maßnahmen ein weiteres Energiepaket. Dieses Energiepaket sieht unter anderem eine befristete Erhöhung des Pendlerpauschales um 50 % sowie eine Vervierfachung des Pendlereuros bis 30. Juni 2023 vor:

Steht das **kleine Pendlerpauschale** zu, sind im Zeitraum Mai 2022 bis Juni 2023 zusätzlich folgende Pauschbeträge zu berücksichtigen.

Bisher	Zuschlag	Summe
€ 58,–	€ 29,–	€ 87,– monatlich
€ 113,–	€ 56,50	€ 169,50 monatlich
€ 168,–	€ 84,–	€ 252,– monatlich

Steht das **große Pendlerpauschale** zu, sind im Zeitraum Mai 2022 bis Juni 2023 zusätzlich folgende Pauschbeträge zu berücksichtigen.

Bisher	Zuschlag	Summe
€ 31,–	€ 15,50	€ 46,50 monatlich
€ 123,–	€ 61,50	€ 184,50 monatlich
€ 214,–	€ 107,–	€ 321,– monatlich
€ 306,–	€ 153,–	€ 459,– monatlich

Pendlerpauschale für Teilzeitbeschäftigte

Auch Teilzeitbeschäftigten, die mindestens an einem Tag pro Woche zu ihrer Arbeitsstätte fahren, steht ein Pendlerpauschale zu. Wird die Strecke Wohnung–Arbeitsstätte im Kalendermonat an mindestens 11 Kalendertagen zurückgelegt, steht das volle Pendlerpauschale zu. Wird die Strecke Wohnung–Arbeitsstätte an mindestens 8, aber nicht mehr als 10 Kalendertagen im Kalendermonat zurückgelegt, steht das Pendlerpauschale zu zwei Dritteln zu. Wird die Strecke Wohnung–Arbeitsstätte an mindestens 4, aber nicht mehr als 7 Kalendertagen im Kalendermonat zurückgelegt, steht das Pendlerpauschale zu einem Drittel zu.

Der Pendlereuro

Zusätzlich zur Pendlerpauschale steht Pendlern der „Pendlereuro" zu. Der Pendlereuro ist ein Absetzbetrag, das heißt, er reduziert die Lohnsteuer (nicht, wie die Pendlerpauschale, die Bemessungsgrundlage). Pro Jahr beträgt der Pendlereuro pro Kilometer Distanz Wohnung–Arbeitsplatz € 2,–. Beispielsweise steht bei einer Distanz Wohnung–Arbeitsplatz von 40 Kilometern ein Pendlereuro in der Höhe von € 80,– pro Jahr zu. Bei Teilzeitkräften wird der Pendlereuro wie bei der Pendlerpauschale aliquotiert. Der Pendlereuro wird durch den Arbeitgeber in der laufenden Lohnabrechnung berücksichtigt.

Erhöhter Pendlereuro von Mai 2022 bis Juni 2023

Im Zeitraum Mai 2022 bis Juni 2023 steht zusätzlich ein **Pendlereuro** in Höhe von € 0,50 monatlich pro Kilometer der einfachen Entfernung zwischen Wohnung und Arbeitsstätte zu. Auch der Pendlereuro ist wie das Pendlerpauschale entsprechend der Anzahl der Fahrten pro Monat anzupassen.

Der Pendlereuro wird nun vervierfacht: Für den Zeitraum Mai 2022 bis Juni 2023 steht zusätzlich ein Pendlereuro von € 0,50 monatlich (€ 6,– jährlich) pro Kilometer der einfachen Fahrtstrecke zwischen Wohnung und Arbeitsstätte zu.

Im Zeitraum Mai 2022 bis Juni 2023 beträgt der Pendlereuro somit jährlich € 8,– pro Kilometer der einfachen Fahrtstrecke zwischen Wohnung und Arbeitsstätte.

Verbesserung bei geringem Einkommen

Liegen die Voraussetzungen der Pendlerpauschale und des Pendlereuros vor, wird jedoch keine Lohnsteuer bezahlt, kann sich der Arbeitnehmer maximal € 900,– als Negativsteuer vom Finanzamt zurückholen.

Zusätzlich steht geringverdienenden Pendlern bis zu einem Einkommen von € 12.200,– ein erhöhter Verkehrsabsetzbetrag von € 690,– zu.

Jobticket

Damit können Arbeitgeber die Benützung öffentlicher Verkehrsmittel ihrer Arbeitnehmer fördern, indem sie ihnen eine Jahreskarte oder ein anderes nicht übertragbares Ticket freiwillig zur Verfügung stellen. Dieses Jobticket kann auch bei Fehlen der Voraussetzungen für die Pendlerpauschale in Anspruch genommen werden. Umgekehrt ist es jedoch nicht möglich, bei Beanspruchung des Jobtickets zusätzlich die kleine oder große Pendlerpauschale zu beantragen.

Keine Pendlerpauschale bei Dienstfahrzeugen

Verwendet der Arbeitnehmer sein Dienstfahrzeug auch für Fahrten zwischen Wohnung und Arbeitsstätte, steht ihm keine Pendlerpauschale mehr zu.

Homeoffice-Tage

Ab 1.7.2021 wird die Pendlerpauschale wieder in jener Höhe ausgezahlt, als tatsächlich im entsprechenden Ausmaß gependelt wird. Ein reiner Homeoffice-Tag wird zudem nicht als Pendlertag gewertet.

In der nachstehenden Übersicht wird ersichtlich, ab wann man wie viel Pendlerpauschale/-euro beziehen kann:

Pendlertage pro Monat	Anteil der Pendlerpauschale
Ab 10 Tagen	Volle Pendlerpauschale
8–10 Tage	2/3 der Pendlerpauschale
4–7 Tage	1/3 der Pendlerpauschale
0–3 Tage	Entfällt die Pendlerpauschale

Personenversicherungen (BA)

Prämien zu freiwilligen Personenversicherungen sind selbst bei einer gewissen betrieblichen Mitveranlassung der privaten Sphäre des Steuerpflichtigen zuzurechnen und daher keine Betriebsausgaben. Sie stellen allenfalls Sonderausgaben dar (siehe auch Seite 177, „Beiträge und Versicherungsprämien"). In besonderen Fällen können Betriebsausgaben vorliegen:

- Prämien zu einer **Er- und Ablebensversicherung** stellen ausnahmsweise dann Betriebsausgaben dar, wenn diese Versicherung ausschließlich aufgenommen wurde, um für die Tilgung eines Betriebskredits anzusparen und Zeitpunkt bzw. Laufzeit mit der Kreditlaufzeit abgestimmt ist.
- Wird zur **Besicherung eines betrieblichen Kredits** eine Risikolebensversicherung abgeschlossen (so genannte Kreditrestschuldversicherung), so sind die Prämienleistungen als Betriebsausgaben absetzbar. In einem derartigen Fall stellen jedoch geleistete Versicherungsvergütungen Betriebseinnahmen dar.
- Prämien zu Personenversicherungen sind Betriebsausgaben, wenn das Moment der Freiwilligkeit in den Hintergrund tritt und die Beiträge zu dieser Versicherung **mit** der **Erzielung von Einkünften** zusammenhängen (z. B. wenn ein Artist ein Auslandsengagement nur bei Abschluss einer Unfallversicherung erhält).

Pflichtversicherungsbeiträge bei geringfügiger Beschäftigung (WK)

Arbeitnehmer, deren monatliches Entgelt im Jahr 2024 € 518,44,– nicht übersteigt, unterliegen grundsätzlich nicht der Sozialversicherungspflicht („geringfügig Beschäftigte"). Der Arbeitgeber hat im Rahmen der Lohnverrechnung daher auch keine Sozialversicherungsbeiträge einzubehalten.

Wenn ein Arbeitnehmer allerdings mehr als ein Dienstverhältnis hat und die daraus resultierenden Entgelte insgesamt die Grenze von € 518,44 übersteigen, wird die Versicherungspflicht auch für das geringfügige Beschäftigungsverhältnis begründet, und der Arbeitnehmer erhält die zu entrichtenden Pflichtbeiträge von der Gebietskrankenkasse vorgeschrieben. Wenn diese Beiträge daher nicht bei der Lohnabrechnung für das geringfügige Beschäftigungsverhältnis berücksichtigt werden, hat sie der Arbeitnehmer im Rahmen der Arbeitnehmerveranlagung geltend zu machen.

Pflichtbeiträge zur gesetzlichen Kranken-, Unfall- und Pensionsversicherung (BA)

Als derartige Pflichtversicherungen sind lediglich die Beiträge aufgrund österreichischer Sozialversicherungsgesetze abzugsfähig. Dazu gehören insbesondere die gesetzliche Unfallversicherung sowie die Versicherungen nach dem Gewerblichen Sozialversicherungsgesetz, dem Bauern-Sozialversicherungsgesetz (BSVG), dem Sozialversicherungsgesetz freiberuflich selbständig Erwerbstätiger

(FSVG) sowie dem Notarversicherungsgesetz. Beiträge zu ausländischen Pflichtversicherungen fallen unter den allgemeinen Betriebsausgabenbegriff.

Unter die Beiträge zu einer gesetzlichen Pflichtversicherung fallen auch Beiträge zu einer Weiterversicherung im Rahmen der gesetzlichen Sozialversicherung, wie dies z. B. bei der Weiterversicherung nach dem Allgemeinen Sozialversicherungsgesetz (ASVG) der Fall ist, durch die der Steuerpflichtige von der Pflichtversicherung nach dem GSVG, dem BSVG oder dem FSVG auf Antrag befreit wurde.

Beiträge zu einer freiwilligen Weiterversicherung, auf die diese Voraussetzungen nicht zutreffen, stellen keine Betriebsausgaben, sondern Sonderausgaben dar. Letzteres gilt auch für Beiträge aus einer freiwilligen Höherversicherung in der gesetzlichen Sozialversicherung.

Pflichtbeiträge zu Versorgungs- und Unterstützungseinrichtungen (BA)

Für die Berücksichtigung dieser Beiträge als Betriebsausgaben kommt es darauf an, ob deren Entrichtung dem Steuerpflichtigen aufgrund eines Bescheides des zuständigen Kammerorgans zwingend vorgeschrieben wird. Die Versorgungs- und Unterstützungseinrichtungen müssen zwar nicht nach dem Versicherungsprinzip eingerichtet sein, sie müssen aber der Kranken-, Alters-, Invaliditäts- und Hinterbliebenenversorgung dienen. Beiträge, die darüber hinaus an eine derartige Einrichtung geleistet werden, können allenfalls Sonderausgaben darstellen.

Postgebühren und -wertzeichen (BA)

Es liegen insoweit Betriebsausgaben vor, als die Postgebühren und -wertzeichen betrieblich veranlasst sind (z. B. Porto für Geschäftsbriefe, Kosten für Paketversand von Waren).

Provisionen (BA)

Provisionen (z. B. für Vermittlungstätigkeiten) begründen Betriebsausgaben, sofern die Zahlungen betrieblich veranlasst sind. Die Finanz kann verlangen, dass der Empfänger der Provisionen genau bezeichnet wird. Wenn der Steuerpflichtige der Aufforderung des Finanzamts nicht nachkommt oder eine Person nennt, die nicht der Empfänger der abgesetzten Beträge ist, wird die Abzugsfähigkeit der Zahlungen untersagt.

Prozesskosten (BA, WK)

Typische Beispiele: Gerichts-, Anwaltskosten, Gebühren. Es sind folgende Fälle zu unterscheiden:

- Die Kosten eines **Zivilprozesses** stellen Betriebsausgaben dar, wenn der Prozessgegenstand objektiv mit dem Betrieb zusammenhängt. Das gilt auch unabhängig von der Art der Beendigung (Urteil oder Vergleich). Kosten für einen übernommenen Nachlass sind allerdings nicht abzugsfähig.
- Kosten eines **Strafverfahrens:** Die verhängte Strafe einschließlich der Verfahrenskosten, die Kosten des Verteidigers im Strafprozess oder im Finanzstraf-

verfahren und die Kosten einer Urteilsveröffentlichung sind grundsätzlich nicht abzugsfähig.
- Kosten eines **Verwaltungsverfahrens** sind abzugsfähig, wenn ein betrieblicher Zusammenhang gegeben ist (z.B. Bauverfahren für Betriebsgebäude, Verfahren im Gewerberecht).
- Betriebsausgaben liegen aber dann vor, wenn die zur Last gelegte Handlung ausschließlich aus der betrieblichen Tätigkeit heraus erklärbar ist und das Verfahren mit einem Freispruch endet. Nimmt aber z.B. ein Wirtschaftstreuhänder Scheinbuchungen beim Klienten vor, fällt diese Handlung nicht unter die normale Betriebsführung einer Wirtschaftstreuhandkanzlei. Erfolgt ein Freispruch nur wegen Verjährung, liegt ebenfalls keine Betriebsausgabe vor. Der drohende Verlust der Gewerbeberechtigung im Falle der Verurteilung reicht für die Abzugsfähigkeit auch dann nicht aus, wenn Anschuldigungen der Konkurrenz das Strafverfahren ausgelöst haben und der Steuerpflichtige freigesprochen wurde.

Prozesskosten, die nicht mit dem Betrieb zusammenhängen, können unter Umständen als „außergewöhnliche Belastung" (siehe Kapitel 6.2, Seite 199) abgesetzt werden.

Für Arbeitnehmer können Prozesskosten geltend gemacht werden, wenn der Prozess durch die Berufstätigkeit veranlasst ist und es nicht zu einem Schuldspruch des Arbeitnehmers kommt. So stellen z.B. Kosten in einem Verwaltungsverfahren, bei dem es um die Wahrnehmung beruflicher Interessen des Arbeitnehmers geht (z.B. Insolvenzverfahren), oder Kosten eines Strafprozesses, der mit der beruflichen Tätigkeit zusammenhängt und zu einem Freispruch des Arbeitnehmers führt, Werbungskosten dar.

Rechtsberatungskosten (BA)

Die Kosten eines Rechtsanwalts stellen Betriebsausgaben dar, soweit ein Zusammenhang mit der betrieblichen Tätigkeit nachgewiesen wird (z.B. Beratung im Bereich Arbeits-, Versicherungs-, Vertragsrecht, Einbringung betrieblicher Forderungen). Kosten für die Vertragserrichtung und Beratung, welche die Anschaffung von Wirtschaftsgütern betreffen, werden wie ein Teil der Anschaffungskosten aktiviert und auf die Nutzungsdauer des Wirtschaftsguts verteilt abgeschrieben.

Reinigungskosten (BA)

Die Aufwendungen für die Reinigung der Betriebsräume (Büros, Lager, Produktionshalle, Geschäfte etc.) stellen Betriebsausgaben dar. Hinsichtlich der Reinigungskosten für die Berufskleidung ist Folgendes zu beachten:

- Erfolgt die Reinigung der Berufskleidung im eigenen Haushalt gemeinsam mit der privaten Kleidung des Steuerpflichtigen, dann sind die anteiligen Reinigungsaufwendungen für die Berufskleidung nicht abzugsfähig.
- Im Falle der Reinigung der Berufskleidung durch fremde Dritte werden die mittels Fremdbeleg nachgewiesenen Kosten von der Finanz als Betriebsausgaben anerkannt.

Reisekosten (BA, WK)

Reisekosten eines Unternehmers stellen nur dann Betriebsausgaben dar, wenn die Reise ausschließlich betrieblich veranlasst ist und das Reiseziel mehr als **25 Kilometer** vom Ort der Betriebsstätte bzw. dem Wohnort (kürzeste zumutbare Wegstrecke, nicht Luftlinie) entfernt liegt. Die Reisedauer muss mehr als drei (bei Auslandsreisen mehr als fünf) Stunden betragen und es darf kein weiterer Mittelpunkt der Tätigkeit begründet werden. Fahrten im Nahbereich wie z.B. innerhalb Wiens werden auch dann nicht als Reise anerkannt, wenn insgesamt eine größere Entfernung zurückgelegt wird.

Der Arbeitnehmer kann sowohl die Reisekosten einer beruflich veranlassten Reise als auch nicht vom Arbeitgeber ersetzte Kosten einer Dienstreise als Werbungskosten in seiner Steuererklärung geltend machen. Wird der Arbeitnehmer von seinem Arbeitgeber auf die Reise geschickt, so liegt eine Dienstreise vor. Voraussetzung ist, dass der Arbeitnehmer über Auftrag des Arbeitgebers

- seinen Dienstort (z.B. Büro, Betriebsstätte, Lager, Werksgelände etc.) zur Durchführung seiner beruflichen Tätigkeit verlässt (1. Tatbestand – wenn er auch nur „um's Eck" geht) oder
- von seinem ständigen Wohnort so weit weg arbeitet, dass eine tägliche Rückkehr zu seinem Wohnort nicht zumutbar ist (2. Tatbestand).

In der Regel ersetzt der Arbeitgeber die anfallenden Reisekosten. Wie hoch der Reisekostenersatz ausfällt, wird in der Regel in Kollektivverträgen oder sonstigen lohngestaltenden Vorschriften geregelt.

Der Reisekostenersatz ist beim Arbeitnehmer steuerfreies Einkommen, sofern die gesetzlich vorgesehenen Pauschalsätze (siehe dazu unten) nicht überschritten werden. Werden die Kosten vom Arbeitgeber nicht oder nur teilweise ersetzt, kann der Steuerzahler Differenzwerbungskosten in Höhe der Pauschalsätze in seiner Steuererklärung geltend machen.

i **Tipp:** Kollektivverträge und lohngestaltende Vorschriften einzelner Berufsgruppen sehen häufig besondere Regelungen für Dienstreisen vor. Diese kollektivvertraglichen Regelungen sind auch steuerlich anzuerkennen, egal ob der Arbeitnehmer dadurch besser oder schlechter gestellt wird. Es lohnt sich daher in jedem Fall, sich über die Vorschriften des Kollektivvertrags zu informieren. Eine Übersicht über die aktuellen Kollektivverträge finden Sie auf der Homepage der Wirtschaftskammer Österreich.

Unterschied zwischen Dienstreise und beruflich veranlasster Reise:

Dienstreise	beruflich veranlasste Reise
ein ausdrücklicher Auftrag des Arbeitgebers liegt vor	es liegt kein Auftrag des Arbeitgebers vor (z.B. in der Freizeit wird ein Fortbildungskurs besucht, und die 25-Kilometer-Grenze wird überschritten)

Hinweis: Im Folgenden werden die Voraussetzungen für die steuerliche Abzugsfähigkeit der Aufwendungen sowohl für beruflich veranlasste als auch für Dienstreisen dargestellt. Wenn Sie von Ihrem Arbeitgeber jedoch sämtliche Reisekosten im Höchstausmaß ersetzt bekommen, können Sie dieses Kapitel getrost überspringen.

Reisekosten können sowohl bei der Dienstreise als auch bei der beruflich veranlassten Reise geltend gemacht werden:

Fahrtkosten

Die Fahrtkosten sind in ihrer tatsächlichen Höhe (Bahn-, Flugticket, Taxi, KFZ) Werbungskosten, auch wenn die Mindestentfernung oder Mindestdauer einer beruflichen Reise nicht eingehalten werden. **Bei Verwendung eines eigenen KFZ können das Kilometergeld oder die tatsächlich angefallenen Kosten geltend gemacht werden.** (Siehe auch „Kilometergeld (BA, WK)" auf Seite 130).

Fahrtkosten zwischen Wohnung und Arbeitsstätte sind hingegen bereits durch den Verkehrsabsetzbetrag und einer gegebenenfalls zustehenden Pendlerpauschale zur Gänze abgegolten.

Taggeld

Das Taggeld wird zur Abgeltung des Verpflegungsmehraufwands an einem fremden Ort gewährt. Ein Arbeitnehmer kann für Inlandsreisen Taggeld in Höhe von maximal **€ 26,40** pro Tag steuerfrei ersetzt bekommen. Dieser Höchstbetrag kann auch vom Steuerpflichtigen im Rahmen einer beruflichen Reise als Werbungskosten geltend gemacht werden. Unabhängig davon, ob eine berufliche Reise oder eine Dienstreise vorliegt, steht das Taggeld nur zu, wenn die Reise länger als drei Stunden dauert. Für jede angefangene Stunde können € 2,20 abgesetzt werden.

Wenn z. B. die Reise eines Arbeitnehmers sechs Stunden dauert, stehen ihm € 13,20 Taggeld zu, selbst wenn er höhere Kosten nachweisen kann.

Dauert eine Reise mehr als elf Stunden, so steht der volle Satz zu. Ein Tag versteht sich dabei nicht als Kalendertag, sondern als Zeitspanne von 24 Stunden, die mit Reiseantritt beginnt. Neben dieser 24-Stunden-Regelung kann auch eine Abrechnung nach Kalendertagen erfolgen, das volle Tagesgeld steht dann je Kalendertag zu, ab dem nächsten Kalendertag entsteht ein neuer Anspruch.

Keine Reise liegt allerdings vor, wenn der Steuerpflichtige

- länger als fünf Tage durchgehend am selben Einsatzort tätig ist oder
- regelmäßig wiederkehrend (z. B. wöchentlich an einem Tag) an einem Einsatzort tätig ist und die Anfangsphase von fünf Tagen überschritten wird, oder
- an einem Ort zwar wiederkehrend, aber nicht regelmäßig tätig ist und eine Anfangsphase von fünfzehn Tagen überschritten wird.

In den genannten Fällen können Taggelder nur für die ersten fünf bzw. fünfzehn Tage abgesetzt werden, und die auch nur dann, wenn der Steuerpflichtige erstmals oder zuletzt vor mehr als sechs Monaten an diesem Ort tätig war. Erfolgt innerhalb von sechs Kalendermonaten kein neuerlicher Einsatz an dem neuen Tätigkeitsmittelpunkt, lebt der Anspruch auf Taggeld wieder neu auf.

Die Berechnung bei Auslandsreisen erfolgt wie bei Inlandsreisen, d.h. ab einer Reisedauer von drei Stunden. Für jede angefangene Stunde besteht ein Anspruch auf ein Zwölftel der jeweiligen Ländersätze. Es kann aber auch eine Abrechnung nach Kalendertagen erfolgen.

Wenn Arbeitnehmer im Rahmen einer Reise Geschäftspartner zum Essen einladen **(Geschäftsessen)**, müssen sie eine Kürzung der ihnen zustehenden Taggelder hinnehmen. Die Taggelder werden bei Inlandsreisen um je € 13,20 pro Mahlzeit gekürzt. Bei Auslandsreisen erfolgt erst eine Kürzung bei zwei Geschäftsessen pro Tag, in diesem Fall steht nur ein Drittel des jeweiligen Höchstsatzes zu.

Bei **Auslandsreisen** ist an Stelle des Betrags von € 26,40 der in der Reisegebührenvorschrift der Bundesbediensteten für das jeweilige Land vorgesehene Höchstsatz heranzuziehen (siehe dazu die Tabelle unter „Nächtigungsgeld" auf Seite 143). Auch hier können keine höheren Kosten geltend gemacht werden.

Bei einer **gemischten Inlands-/Auslandsreise** ist für die Frage, ob neben den Auslandsreisesätzen zusätzlich anteilige Inlandsreisesätze zum Zuge kommen, von einer einheitlichen Reise auszugehen. Ab dem Grenzübertritt (bei grenzüberschreitenden Flugreisen ab dem Abflug bzw. bis zur Ankunft im Inland) kommen die Sätze für das jeweilige Land zur Anwendung. Sodann sind von der in Tagen bzw. in Zwölfteln ausgedrückten Gesamtreisezeit, die durch die Auslandsreisesätze erfassten Tage bzw. Zwölftel abzuziehen. Für die verbleibenden Reisezeiten steht das Inlandstagesgeld zu. Dies gilt auch dann, wenn der Inlandsanteil isoliert betrachtet nicht mehr als drei Stunden beträgt.

Beispiel: Geschäftsreise Wien–Budapest mit dem Auto

Beginn der Reise:	8:00 Uhr
Grenzübertritt Deutschkreutz:	11:00 Uhr
Grenzübertritt bei Heimfahrt:	nächster Tag um 13:00 Uhr
Ende der Reise:	18:00 Uhr

Das Taggeld für Budapest beträgt € 31,00.

Lösung

Ungarn-Aufenthalt	1 Tag Auslandssatz für 24 Stunden	€ 31,00
Österreich	3 Stunden vor Grenzübertritt, 2 Stunden Rest Ungarn-Aufenthalt, 5 Stunden nach Grenzübertritt = $^{10}/_{12}$ von € 26,40	€ 22,00
Reisekosten insgesamt		**€ 53,00**

Nächtigungsgeld

Ist die beruflich veranlasste Reise mit einer Nächtigung verbunden, können entweder die Kosten inkl. Frühstück laut Beleg oder das Nächtigungspauschale von € 15,– pro Nächtigung als Werbungskosten geltend gemacht werden. Beim Nächtigungsgeld gibt es keinen Unterschied, ob eine Dienstreise oder eine beruflich veranlasste Reise vorliegt. Ein Pauschalbetrag wird jedoch nicht angesetzt, wenn Aufwendungen für den Arbeitnehmer, z. B. durch unentgeltliche Zurverfügungstellung eines Nächtigungsquartiers durch den Arbeitgeber oder andere Personen, gar nicht anfallen.

Arbeitnehmer, die im Zuge einer Reise im Ausland übernachten, können die tatsächlich angefallenen Kosten der Nächtigung inklusive der Kosten des Frühstücks vom Arbeitgeber steuerfrei entgegennehmen. Kann die Übernachtung nicht durch einen Beleg nachgewiesen werden, erfolgt hier ebenfalls der Ansatz von pauschalen Kosten.

Die aktuellen Tages- und Nächtigungsgebühren für die Nachbarländer Österreichs und die USA finden Sie in der Tabelle weiter unten.

Wenn der Arbeitgeber nicht die gesamten für das Unternehmen gefahrenen Kilometer ersetzt, können Sie diese im Rahm en der Werbungskosten anset-

zen. Sicherheitshalber lassen Sie sich vom Dienstgeber bestätigen, dass Sie die Dienstreise in seinem Auftrag durchgeführt haben.

Im Dienstvertrag wird vereinbart, dass mit dem privaten KFZ unternommene Dienstreisen mit einem Kilometergeld von € 0,20 pro Kilometer vergütet werden. Hat der Arbeitnehmer im Kalenderjahr 650 Kilometer für Dienstreisen zurückgelegt, so können folgende Werbungskosten im Rahmen der Arbeitnehmerveranlagung geltend gemacht werden:

	Kilometergeld insgesamt	€ 273,–
–	Ersatz durch Arbeitgeber	€ 130,–
	Differenzwerbungskosten	€ 143,–

Das Gleiche gilt auch für Tages- und Nächtigungsgelder.

Land	Tagesgeld 2024	Nächtigungsgeld 2024
Deutschland	35,3	27,9
Grenzorte	30,7	18,1
Italien	35,8	27,9
Grenzorte	30,7	18,1
Rom und Mailand	40,6	36,4
Liechtenstein	30,7	18,1
Schweiz	36,8	32,7
Grenzorte	30,7	18,1
Slowakei	27,9	15,9
Preßburg	31,0	24,4
Slowenien	31,0	23,3
Grenzorte	27,9	15,9
Tschechien	31,0	24,4
Grenzorte	27,9	15,9
Ungarn	26,6	26,6
Grenzorte	26,6	18,1
Budapest	31,0	26,6
USA	52,3	42,9
New York und Washington	65,4	51,0

Die **Fahrtkosten** sind getrennt von den Tag- und Nächtigungsgeldern zu betrachten, da diese bei betrieblicher Veranlassung stets als Betriebsausgaben geltend gemacht werden können (das heißt auch für Fahrtstrecken unter 25 Kilometer). Sie sind entweder in ihrer tatsächlichen Höhe (z. B. Bahnkarte, KFZ-Kosten) oder in Form von Kilometergeldern (z. B. 2024: € 0,42/km für PKW/Kombi, siehe Seite 130) abzugsfähig. Die Wahl des Verkehrsmittels liegt beim Steuerpflichtigen. Fahrten zwischen Wohnort und Betriebsstätte stellen zwar keine Reisen dar, die dafür anfallenden Fahrtkosten können aber dennoch geltend gemacht werden.

Der Verwaltungsgerichtshof (VwGH) hat verlangt, dass die Verpflegungsmehraufwendungen unabhängig von der betragsmäßigen Begrenzung der Verpflegungsaufwendungen nachgewiesen werden müssen. Das Gesetz wurde nun insoweit geändert, dass ohne Prüfung der tatsächlichen Aufwendungen die geltenden Tages- und Nächtigungsgelder abzugsfähig sind. Die Verwaltungspraxis sieht folgendermaßen aus: Nächtigt beispielsweise der Steuerpflichtige nicht kostenpflichtig, können auch keine Nächtigungsgelder als Werbungskosten oder Betriebsausgaben geltend gemacht werden. Die Kosten für die zusätzlich angefallenen Mehraufwendungen (Frühstück) bleiben unberührt.

Rentenzahlungen (BA)

Mehr zu diesem Thema finden Sie auf Seite 180, „Renten und dauernde Lasten“.

Repräsentationsaufwendungen (BA)

Repräsentationsaufwendungen unterliegen dem Abzugsverbot. Unter diesem Begriff sind Ausgaben zu verstehen, die durch den Beruf des Steuerpflichtigen bedingt sind bzw. im Zusammenhang mit der Erzielung von steuerpflichtigen Einkünften anfallen und geeignet sind, das gesellschaftliche Ansehen des Steuerpflichtigen zu fördern. Unmaßgeblich für die Beurteilung als Repräsentationsaufwendungen sind die Motive für die Tragung des Aufwands, die Möglichkeit, sich dem Aufwand entziehen zu können sowie das Vorliegen eines ausschließlich betrieblichen Interesses.

Der wichtigste Anwendungsfall sind die Aufwendungen anlässlich der **Bewirtung von Geschäftsfreunden.** Als Geschäftsfreunde gelten Personen, mit denen eine geschäftliche Verbindung besteht oder angestrebt wird. Geschäftsfreunde sind auch Arbeitnehmer eines Geschäftsfreundes, nicht jedoch Arbeitnehmer des Steuerpflichtigen selbst. Die Bewirtungsspesen beziehen sich auf:

- Geschäftsessen sowohl im Betrieb als auch außerhalb
- Übernahme der Hotelkosten des Gastes
- Kosten der Beherbergung des Gastes im (Gäste-)Haus (Wohnung, Wochenendhaus) des Gastgebers bzw. im dafür vom Gastgeber angemieteten Haus. (Beherbergungskosten: Verpflegungs- und Unterbringungskosten sowie entsprechende Zusatzangebote wie Sauna, Solarium, usw.)

Im Bereich der Bewirtungsspesen ist die Abzugsfähigkeit aber nicht immer ausgeschlossen. Es gibt auch Aufwendungen, die zur Gänze oder zur Hälfte abzugsfähig sind. Es ist daher zu unterscheiden:

Zur Gänze abzugsfähig

- **Bewirtung ist Leistungsinhalt**

  Bewirtungsausgaben unterliegen nicht dem Abzugsverbot, wenn sie unmittelbarer Bestandteil der Leistung sind oder in unmittelbarem Zusammenhang mit der Leistung stehen.

  - Verpflegungskosten anlässlich einer Schulung, wenn die Verpflegungskosten im Schulungspreis enthalten sind.
  - Bewirtung durch ein Unternehmen, dessen Unternehmenszweck die Präsentation anderer Unternehmen ist (ein Werbebüro stellt Reisebürovertretern eine Fremdenverkehrsregion, deren Freizeitbetriebe und Gastronomie vor und bietet dabei Produkte der Region zum Verkosten an).

- **Bewirtung hat Entgeltcharakter**

  Bewirtungsausgaben unterliegen auch nicht dem Abzugsverbot, wenn sie (überwiegend) Entgeltcharakter haben. Dies trifft insbesondere auf Incentive-

Reisen für Geschäftspartner zu. Allerdings muss der Wert des zugewendeten Incentives beim Empfänger steuerlich als Betriebseinnahme erfasst werden.

- Freiberuflich tätige Geschäftsvermittler werden für erfolgreiches Tätigwerden mit einer Reise belohnt (Incentive-Reise).

- **Bewirtung ohne Repräsentationskomponente**

  Zur Gänze abzugsfähig sind auch Bewirtungskosten, die (nahezu) keine Repräsentationskomponente aufweisen. Beim Bewirteten sind derartige Zuwendungen grundsätzlich keine Betriebseinnahme. Eine Kürzung seiner Reisediäten erfolgt erst, wenn die Bewirtung in einer kompletten Mahlzeit besteht.

  - Kostproben bei „Kundschaftstrinken" (z. B. Lokalrunden eines Brauereivertreters).
  - Bewirtung in Zusammenhang mit Betriebsbesichtigung, wobei fast ausschließlich betriebliche Gründe oder Werbung für den Betrieb ausschlaggebend sind (man will aus der Besuchergruppe künftige Arbeitnehmer werben; der Betrieb will vor der Besuchergruppe mit seinen Produkten, seinem Know-how werben und durch die Bewirtung eine angenehme Atmosphäre schaffen).
  - Bewirtung anlässlich der Schulung von Arbeitnehmern eines in- oder ausländischen Geschäftsfreunds.
  - Bewirtung anlässlich von Fortbildungsveranstaltungen, die für Geschäftsfreunde, mit denen laufende Geschäftsbeziehungen bestehen, gegeben werden (wie Produktvorstellung, Schulung usw. für selbständige Handelsvertreter, Kaufleute usw., die die Erzeugnisse des Betriebs vertreten).
  - Die Bewirtung selbst ist Werbung wie bei Produkt- und Warenverkostung, Kostproben, um für die im Unternehmen erzeugten oder/und vertriebenen Produkte zu werben
  - Bewirtung im Rahmen von Events, wenn derartiges Event-Marketing im Rahmen eines professionellen Marketingkonzeptes eingesetzt wird.

Zur Hälfte abzugsfähig

- **Bewirtungsaufwendungen sind zur Hälfte abzugsfähig, wenn der Steuerpflichtige nachweist, dass die Bewirtung der Geschäftsfreunde einen eindeutigen Werbezweck hat und die betriebliche Veranlassung der so entstandenen Ausgaben weitaus überwiegt.**

  - Bewirtung im Zusammenhang mit Bilanzpressekonferenzen, Klienteninformationen oder sonstigen Informationsveranstaltungen;
  - Bewirtung im Betriebsraum bei Geschäftsbesprechung, Bewirtung im Betriebsraum bei Betriebseröffnung (ohne Produkt - oder Warenverkostung);
  - Bewirtung von Geschäftsfreunden in der Kantine des Betriebs bzw. durch den Gastwirt in seinem eigenen Gasthaus;
  - Arbeitsessen zur Vorbereitung eines konkret angestrebten Geschäftsabschlusses;
  - Bewirtungsspesen im Zusammenhang mit Informationsbeschaffungen (z. B. Journalist– Informant).

Zur Gänze nicht abzugsfähig

- **Bewirtungsspesen sind zur Gänze nicht abzugsfähig, wenn die Bewirtung hauptsächlich der Repräsentation dient oder Repräsentationsmerkmale in einem nicht untergeordneten Ausmaß aufweist.**

- Bewirtung im Haushalt des Steuerpflichtigen;
- Bewirtung im Zusammenhang mit dem nicht absetzbaren Besuch von Vergnügungsetablissements, Casinos etc.;
- Bewirtung im Zusammenhang mit dem nicht absetzbaren Besuch von gesellschaftlichen Veranstaltungen (Bälle, Essen nach Konzert, Theater usw.);
- Bewirtung durch den Steuerpflichtigen anlässlich seiner Betriebseröffnung außerhalb des Betriebs;
- Bewirtung in Form von Arbeitsessen nach Geschäftsabschluss;
- Aufwendungen des Steuerpflichtigen für seinen eigenen Ballbesuch und die damit in Zusammenhang stehenden Kosten (wie Ballkarte, Taxi, Ballkleidung, Ballspende, eigene und Gästebewirtung).

Tipp: Die Rechtsprechung definiert den Begriff *Werbung* als eine Produkt- oder Leistungsinformation, somit eine auf die betriebliche bzw. berufliche Tätigkeit bezogene Informationsleistung. Der Steuerpflichtige sollte einen entsprechenden Nachweis erbringen. Die bloße Bewirtung von Kunden ohne Produkt- oder Leistungsinformation mit dem Ziel der Kontakterhaltung zu Kunden stellt einen nicht abzugsfähigen werbeähnlichen Aufwand dar.

Tipp: Notieren Sie auf der Rückseite der Rechnung den Namen des Geschäftsfreundes und den Anlass der Bewirtung.

Rückdeckungsversicherung für Abfertigungen (BA)

Die Bildung von steuerfreien Beträgen für die Abfertigungsvorsorge (bei Einnahmen-Ausgaben-Rechnern) bzw. Abfertigungsrückstellungen (bei Bilanzierern) schließt die steuerliche Anerkennung von Rückdeckungsversicherungen für die betreffenden Abfertigungsansprüche nicht aus. Unter Rückdeckungsversicherungen sind Versicherungen zu verstehen, die dazu dienen, dem Unternehmer (als Versicherungsnehmer) die Mittel zur Erfüllung seiner Verpflichtung zur Zahlung von Abfertigungen an seine Dienstnehmer zu verschaffen. Die Versicherungsbeiträge des Unternehmers sind als Betriebsausgabe zu behandeln. Das versicherungsmäßige Deckungskapital der Ansprüche zur Gewinnbeteiligung ist zu aktivieren.

Rückzahlung von Aus- bzw. Fortbildungskosten (WK)

Muss ein Arbeitnehmer die Kosten seiner beruflichen Aus- bzw. Fortbildung an den Dienstgeber zurückzahlen, können diese als Werbungskosten abgesetzt werden, weil man den Erwerb von berufsspezifischem Wissen zahlt. Diese Rückzahlung erfolgt meist nach Beendigung des Dienstverhältnisses und ist daher im Rahmen der Arbeitnehmerveranlagung geltend zu machen. Unbedingt wichtig für das Finanzamt ist die Bestätigung des Arbeitgebers über Art und Höhe der Rückzahlung.

Rückzahlung von Einnahmen (BA, WK)

Die Rückzahlung von Einnahmen kann grundsätzlich als Betriebsausgabe geltend gemacht werden. Dies ist der Fall, wenn z.B. der Unternehmer nach Ablauf des Jahres einen Umsatzbonus an seine Kunden bezahlt oder auch die Rückzahlung eines Kaufpreises für eine Warenlieferung. Keine Betriebsausgabe hingegen ist die freiwillige Rückzahlung von Einnahmen zur Vermeidung der Steuerprogression.

Auch Arbeitnehmer können in diesem Rahmen Werbungskosten in Anspruch nehmen. Es kann auch einmal vorkommen, dass man von seinem Arbeitgeber zu viel Lohn erhält und diesen daher zurückzahlen muss (z. B. ein Handelsvertreter muss einen Teil seiner Provision zurückzahlen). Diese Rückzahlungen zählen ebenfalls zu den Werbungskosten, und zwar unabhängig davon, ob die Bezüge (wie z. B. 13. und 14. Gehalt mit 6 %) begünstigt sind oder nicht. Die Rückzahlung von steuerfreien Einnahmen ist nicht abzugsfähig.

Wenn die Rückzahlung noch während eines Dienstverhältnisses erfolgt, muss der Arbeitgeber die zurückfließenden Beträge bei der Lohnverrechnung als Werbungskosten berücksichtigen.

Wenn aber der rückzahlungspflichtige Dienstnehmer inzwischen den Arbeitsplatz gewechselt hat, kann die Berücksichtigung nur im Rahmen der Arbeitnehmerveranlagung durch das Finanzamt erfolgen. In beiden Fällen erfolgt keine Anrechnung auf das Werbungskostenpauschale.

Sachbezüge (BA)

Die Sachbezüge der Dienstnehmer (z. B. KFZ, Wohnung) stellen als Lohnbestandteil Betriebsausgaben dar. Siehe dazu auch Seite 87 in Kapitel 2.2.2.

Sach- und Schadensversicherung (BA)

Die Prämien für Sach- und Schadensversicherungen, welche für das Betriebsvermögen oder die Betriebsführung abgeschlossen werden, sind als Betriebsausgaben abzugsfähig. Darunter fallen vor allem Feuerversicherungen, sonstige Sachversicherungen für Betriebsanlagen (z. B. Gebäudeversicherung), Einbruchsversicherungen, Transportversicherungen sowie Haftpflichtversicherungen (Berufs- oder Betriebshaftpflichtversicherung).

Säumnis- und Verspätungszuschläge (BA)

Säumnis- und Verspätungszuschläge, die für **Betriebsteuern** (z. B. Umsatzsteuer, Kommunalsteuer, Dienstgeberbeitrag) verhängt werden, sind abzugsfähig. Wenn diese Zuschläge allerdings **Personensteuern** (Einkommensteuer) betreffen, werden sie wie diese behandelt (siehe auch „Steuern (BA)“ auf Seite 148).

Schadenersatz (BA)

Schadenersatzleistungen, die auf ein Fehlverhalten zurückzuführen sind, werden als Betriebsausgaben anerkannt, wenn das Fehlverhalten und die sich daraus ergebenden Folgen der betrieblichen Sphäre zuzuordnen sind.

Abzugsfähig sind beispielsweise:

- Schadenersatzleistungen wegen der Lieferung fehlerhafter Produkte,
- Zahlungen eines Rechtsvertreters wegen Fristversäumung.

Nicht abzugsfähig sind:

- Schadenersatzleistungen aufgrund eines vorsätzlichen Fehlverhaltens (z. B. Rezeptbetrug von Ärzten),
- Verzicht auf Kassenfehlbeträge aus familiären Gründen (der Steuerpflichtige muss die Durchsetzung der Ansprüche zumindest versuchen).

Schmier- und Bestechungsgelder (BA)

Geld- und Sachzuwendungen, deren Gewährung oder Annahme im Inland mit gerichtlicher Strafe bedroht ist, sind nicht als Betriebsausgaben oder Werbungskosten abzugsfähig. Sie können auch weder als Sonderausgaben noch als außergewöhnliche Belastungen geltend gemacht werden.

Spenden (BA)

Spenden sind freiwillige Zuwendungen und als solche nicht abzugsfähig, können aber unter Umständen auch als Sonderausgabe abgesetzt werden (siehe auch Seite 181, „Spenden"). Das Einkommensteuergesetz zählt zudem ausdrücklich bestimmte spendenbegünstigte Einrichtungen auf (z.B. Universitäten, Österreichische Akademie der Wissenschaften, Österreichische Nationalbibliothek, Bundesdenkmalamt, Freiwillige Feuerwehr). Spenden an solche ausdrücklich genannten Einrichtungen sind betraglich begrenzt als Betriebsausgabe (wenn aus dem Betriebsvermögen geleistet) oder als Sonderausgabe (wenn aus dem Privatvermögen geleistet) abzugsfähig.

Seit 2017 müssen Personen, die nur Spenden, Kirchenbeiträge oder Beiträge zur gesetzlichen Weiterversicherung von der Steuer absetzen, keinen Steuerausgleich mehr machen, denn diese Sonderausgaben werden künftig von den sammelnden Organisationen an das Finanzamt gemeldet und automatisch berücksichtigt.

Sponsorzahlungen (BA)

Sponsorzahlungen stellen grundsätzlich dann abzugsfähige Betriebsausgaben dar, wenn sie nahezu ausschließlich auf wirtschaftlicher (betrieblicher) Grundlage beruhen und als eine angemessene Gegenleistung für die vom Gesponserten übernommene Verpflichtung zu Werbeleistungen angesehen werden können. Der Sponsortätigkeit muss zudem eine breite öffentliche Werbewirkung zukommen. In der Praxis werden vor allem Sportler bzw. Vereine, kulturelle Veranstaltungen sowie Parteien gesponsert.

Steuerberatungskosten (BA)

Steuerberatungskosten stellen in voller Höhe Betriebsausgaben dar, wenn sich der Schwerpunkt der Tätigkeit des Steuerberaters auf das Unternehmen des Steuerpflichtigen bezieht. Dies gilt auch für jene Fälle, in denen der Steuerberater die Einkommensteuererklärung des Unternehmers miterledigt. Ausgaben für eine die Einkommensteuer betreffende Tätigkeit, die klar von der betrieblichen Sphäre abgrenzbar ist (z.B. Kosten einer Berufung wegen Nichtanerkennung einer außergewöhnlichen Belastung) sind dem privaten Bereich des Unternehmers zuzuordnen und daher keine Betriebsausgaben. Sie können jedoch als Sonderausgaben des Steuerpflichtigen berücksichtigt werden (siehe auch Seite 180, „Steuerberatungskosten"). Bei Freiberuflern sind die Kosten der Erstellung der Einnahmen-Ausgaben-Rechnung grundsätzlich Betriebsausgaben.

Steuern (BA)

Betriebsteuern (z.B. Kommunalsteuer, Dienstgeberbeitrag, der Dienstgeberanteil zur Sozialversicherung, Grundsteuer für ein Betriebsgrundstück, KFZ- und

Versicherungsteuer für ein Betriebsfahrzeug) stellen Betriebsausgaben dar. Die Umsatzsteuer ist zwar ebenfalls eine Betriebsteuer, sie wird aber in der Regel erfolgsneutral behandelt. Ausnahmen siehe Stichwort „Umsatzsteuer (BA)" auf Seite 151.

Steuern und Abgaben, die mit der Anschaffung oder Herstellung von aktivierungspflichtigen Wirtschaftsgütern im Zusammenhang stehen *(z. B. Grunderwerbsteuern, Normverbrauchsabgabe),* sind als Teil der Anschaffungs- oder Herstellungskosten zu aktivieren und führen im Rahmen der AfA zu Betriebsausgaben.

Personensteuern *(z. B. Einkommensteuer)* sind hingegen nicht abzugsfähig. Wie die Einkommensteuer sind auch deren besondere Einhebungsformen (Lohnsteuer, Kapitalertragsteuer) bzw. entsprechende ausländische Steuern nicht abzugfähig.

Nebenansprüche (Abgabenerhöhungen, Verspätungszuschläge, im Verfahren auflaufende Kosten, Zwangs- und Ordnungsstrafen, Kosten der Ersatzvornahme; Nebengebühren wie Stundungszinsen, Aussetzungszinsen, Mahngebühr, Säumniszuschlag, Kosten des Vollstreckungs- und Sicherungsverfahrens) teilen das Schicksal der zugrunde liegenden Steuer. Wenn sich daher ein Verspätungszuschlag z. B. auf die Einkommensteuer bezieht, ist dieser nicht abzugsfähig, da die Einkommensteuer keine Betriebsausgabe darstellt.

Stille Beteiligung (BA)

Der Gewinnanteil des echten stillen Gesellschafters stellt für den Inhaber des Unternehmens eine Betriebsausgabe dar.

Strafen (BA, WK)

Strafen und Geldbußen, die von Gerichten, Verwaltungsbehörden oder Organen der Europäischen Union verhängt werden, sind steuerlich nicht abzugsfähig. Strafen aller Art, auch wenn sie betrieblich veranlasst sind, können steuerlich nicht mehr geltend gemacht werden.

Das heißt beispielsweise, dass eine Strafe wegen Parkens in zweiter Spur nicht als Betriebsausgabe geltend gemacht werden kann.

Nicht davon betroffen sind Konventional- oder Vertragsstrafen, da diese als pauschalierter Schadenersatz gelten. Diese sind daher abzugsfähig. Auch Strafen, die über den Dienstnehmer im Rahmen seiner dienstlichen Obliegenheiten verhängt werden, sind für den Arbeitgeber, der sie trägt, Betriebsausgaben. Beim Arbeitnehmer liegen jedoch steuerpflichtige Lohnzahlungen vor.

Studiengebühren (BA)

Bei Vorliegen von folgenden Kriterien sind die Kosten für ein ordentliches Universitätsstudium als Betriebsausgaben bzw. Werbungskosten abzugsfähig:

- Der Studierende übt eine aktive berufliche Tätigkeit aus.
- Das Studienergebnis wird im Rahmen dieser Tätigkeit oder als Umschulungsmaßnahme eingesetzt.
- Pensionisten dürfen die Kosten nicht abziehen.
- Objektiver Zusammenhang zwischen Studium und beruflicher Tätigkeit.

Abzugsfähig sind:

- Fahrtkosten zur Universität oder universitären Einrichtungsstätte
- Tagesgelder
- Kursgebühren
- Unmittelbare Kosten wie für Fachliteratur, Skripten oder Computer.

Studien- und Fortbildungsreisen (BA, WK)

Die Kosten einer Studienreise stellen nur dann Betriebsausgaben bzw. Werbungskosten dar, wenn die Reise (nahezu) ausschließlich betrieblich veranlasst ist. Dabei wird von den Finanzbehörden ein sehr strenger Maßstab angelegt.

- Planung und Durchführung im Rahmen einer lehrgangsmäßigen Organisation oder in einer Weise, die weitaus überwiegende betriebliche (berufliche) Bedingtheit erkennen lässt. Betriebliche Veranlassung reicht nicht aus. Die Reisen müssen vielmehr fast ausschließlich betrieblich bedingt sein.
- Die Reise bietet dem Steuerpflichtigen die Möglichkeit, Kenntnisse zu erwerben, die eine einigermaßen konkrete Verwertung im Unternehmen gestattet.
- Das Reiseprogramm ist in seiner Durchführung derart einseitig und nahezu ausschließlich auf interessierte Teilnehmer der Berufsgruppe (des Steuerpflichtigen) abgestellt, dass es auf Außenstehende unattraktiv wirkt.
- Die allgemein interessierenden Programmpunkte (Privatzeiten) dürfen jeweils nicht mehr Raum einnehmen als jene, die während der laufenden Berufsausübung als Freizeit regelmäßig verwendet wird. Dabei ist von einer Normalarbeitszeit von acht Stunden täglich auszugehen. Der Steuerpflichtige muss anhand des Reiseprogramms nachweisen oder zumindest glaubhaft machen, welche Stunden an welchen Tagen beruflichen und privaten Zwecken gedient haben. Eine pauschale Angabe der Arbeitszeiten ist nicht ausreichend.

Telefonkosten (BA, WK)

Kosten für betrieblich veranlasste Telefonate sind im tatsächlichen Umfang als Betriebsausgaben abzugsfähig. Telefonkosten (Grundgebühr, Anschlussgebühr, Sprechgebühr, Gerätekosten) unterliegen nicht dem Aufteilungsverbot. Der auf Privatgespräche entfallende Teil der Telefonkosten ist somit auszuscheiden. Diese Regelung gilt auch für Mobiltelefone (Handys). Ausgaben für Telefongespräche, die von betrieblichen Apparaten geführt werden, sind im Ausmaß der betrieblichen Nutzung als Betriebsausgabe abzugsfähig. Wenn über den Telefonanschluss in der Wohnung auch betrieblich veranlasste Gespräche geführt werden, ist der betriebliche Teil der Telefonkosten als Betriebsausgabe anzuerkennen. Die entsprechenden Kosten sind durch genaue Aufzeichnungen der betrieblichen Gespräche nachzuweisen. Sofern Unterlagen über Zahl und Dauer der Gespräche fehlen oder unvollständig sind und damit eine Abgrenzung gegenüber dem privaten Teil nicht möglich ist, sind die Kosten im Schätzungsweg zu ermitteln.

Analog können diese Informationen auch auf die Werbungskosten des Dienstnehmers angewendet werden. Demnach sind die Kosten für beruflich veranlasste Telefonate mit dem privaten Telefon (z. B. Terminvereinbarungen) in ihrer tatsächlichen Höhe als Werbungskosten absetzbar. Da niemand genau wissen kann, wie viel er privat und beruflich mit dem privaten Telefon telefoniert, wird auch hier der berufliche Anteil oft geschätzt. Der glaubhaft gemachte beruflich veranlasste Teil kann geltend gemacht werden, sowohl Grundgebühr als auch Gesprächskosten.

Trinkgelder (BA)

Trinkgelder sind abzugsfähig, wenn die betriebliche Veranlassung nachgewiesen oder zumindest glaubhaft gemacht wird. Scheint das Trinkgeld nicht in der Rechnung auf, kann der Steuerpflichtige einen Eigenbeleg (über Datum, Empfänger und Betrag) als Nachweis ausstellen.

Umsatzsteuer (BA)

Einnahmen-Ausgaben-Rechner haben die Wahlmöglichkeit, die Umsatzsteuer brutto oder netto zu verrechnen. Bei der **Bruttomethode** setzt der Unternehmer die ihm (von seinen Lieferanten) in Rechnung gestellte Umsatzsteuer (so genannte Vorsteuer, siehe auch Seite 228, „Vorsteuer") im Zeitpunkt ihrer Bezahlung als Betriebsausgabe an.

Die auf Einkäufe, Fremdleistungen, aktivierungspflichtige Wirtschaftsgüter des Anlagevermögens etc. entfallende Umsatzsteuer (Vorsteuer) stellt somit eine Betriebsausgabe dar.

Andererseits hat der Einnahmen-Ausgaben-Rechner die seinen Kunden in Rechnung gestellte Umsatzsteuer (im Zeitpunkt der Bezahlung) durch den Kunden auch als Betriebseinnahme anzusetzen. Ein Unternehmer hat für jeden Kalendermonat die Differenz zwischen Umsatzsteuer und Vorsteuer zu berechnen (Umsatzsteuervoranmeldung) und bis zum 15. des zweitfolgenden Kalendermonats zu melden (z. B. für Jänner ist die Voranmeldung bis spätestens 15. 3. abzugeben).

Wenn die Umsatzsteuer die Vorsteuer übersteigt, ist der Unterschiedsbetrag (Zahllast) an das Finanzamt abzuführen. Im umgekehrten Fall hat der Unternehmer ein Guthaben gegenüber dem Finanzamt.

Einnahmen-Ausgaben-Rechner, welche die Bruttomethode anwenden, haben eine Zahllast als Betriebsausgabe und ein Guthaben als Betriebseinnahme. Soweit in der Zahllast allerdings Umsatzsteuerbeträge enthalten sind, die auf einen Eigenverbrauch (beispielsweise private Nutzung von Wirtschaftsgütern des Betriebsvermögens) entfallen, ist sie nicht als Betriebsausgabe abzugsfähig.

Im Rahmen der **Nettomethode** wird die Umsatzsteuer (Vorsteuer) als durchlaufender Posten und somit steuerneutral behandelt. Die Vorsteuer sowie die an das Finanzamt entrichtete Zahllast stellen keine Betriebsausgaben dar. Die Umsatzsteuer sowie ein Umsatzsteuerguthaben sind dafür aber auch keine Betriebseinnahmen.

Der Einnahmen-Ausgaben-Rechner kann sich jährlich zwischen der Brutto- und Nettomethode entscheiden. Die Wahl des Steuerpflichtigen hat auf den steuerpflichtigen Gewinn allerdings keinen Einfluss, da beide Methoden langfristig zum gleichen steuerlichen Ergebnis führen. Es kann jedoch zu Verschiebungen zwischen den Jahren kommen.

Bei der **Gewinnermittlung durch Betriebsvermögensvergleich** wird die Umsatzsteuer stets erfolgsneutral behandelt.

Umschulungsmaßnahmen (BA, WK)

Umschulungsmaßnahmen, die derart umfassend sind, dass sie eine Tätigkeit in einem neuen Berufsfeld ermöglichen, gelten als Betriebsausgaben bzw. Werbungskosten. Jedoch sind sie nur dann abzugsfähig, wenn diese Umschulungsmaßnahmen auch auf eine tatsächliche Ausübung eines anderen Berufes abzielen. Weiters sind rückwirkend, seit Veranlagung 2003, nicht nur Studiengebühren, sondern alle mit einer Umschulung entstehenden Kosten im Zusammenhang mit einem ordentlichen Universitätsstudium bzw. einer AHS absetzbar, sofern ein objektiver Zusammenhang mit der beruflichen oder betrieblichen Tätigkeit besteht.

Umzugskosten (BA, WK)

Umzugskosten sind bei betrieblicher Veranlassung Betriebsausgaben. Der Gesetzgeber akzeptiert Umzugskosten als Werbungskosten, wenn der Umzug beruflich veranlasst ist. Die Finanz anerkennt folgende Fälle:

- Umzug beim erstmaligen Antritt eines Dienstverhältnisses,
- Umzug beim Wechsel des Dienstgebers,
- Umzug durch Versetzung beim gegenwärtigen Dienstgeber,
- Umzug zur Vermeidung eines unzumutbaren täglichen Arbeitswegs.

Folgende Werbungskosten können bei einem Umzug geltend gemacht werden:

- Kosten für Inserate, Vermittlungsprovision, Telefonkosten, Fahrtkosten mit dem PKW usw. Es können aber keine Anschaffungskosten für den Hausrat oder gar die Wohnungsablöse geltend gemacht werden;
- Kosten für den Transport der Wohnungseinrichtung;
- der Mietzins der alten Wohnung bis zum nächstmöglichen Kündigungstermin.

Ein Umzug setzt immer voraus, dass der bisherige Wohnsitz aufgegeben wird.

Versicherungen (BA)

Siehe dazu die Stichwörter

- „Berufsunfähigkeitsversicherung (BA)“ auf Seite 118
- „Betriebsunterbrechungsversicherung (BA)“ auf Seite 119
- „Personenversicherungen (BA)“ auf Seite 137
- „Pflichtbeiträge zur gesetzlichen Kranken-, Unfall- und Pensionsversicherung (BA)“ auf Seite 137
- „Pflichtbeiträge zu Versorgungs- und Unterstützungseinrichtungen (BA)“ auf Seite 138
- „Freiwillige Beiträge zu einer inländischen gesetzlichen Krankenversicherung (WK)“ auf Seite 126
- „Sach- und Schadensversicherung (BA)“ auf Seite 147

Verteidigerkosten (BA)

Soweit das Verfahren betrieblich veranlasst ist, stellen die Kosten eines Rechtsanwalts Betriebsausgaben dar. Siehe dazu auch das Stichwort „Prozesskosten (BA, WK)“ auf Seite 138.

Visitenkarten (BA, WK)

Die Kosten für Visitenkarten können sowohl als Werbungskosten als auch als Betriebsausgaben abgesetzt werden, wenn nach der beruflichen Tätigkeit und Gestaltung der Visitenkarten die berufliche Veranlassung bzw. der Werbezweck im Vordergrund steht.

Vorauszahlungen (BA)

Die folgenden, erschöpfend aufgezählten Vorauszahlungen für Aufwendungen müssen gleichmäßig auf den Zeitraum der Vorauszahlung verteilt werden, wenn sie nicht nur das laufende und das folgende Jahr betreffen:

- Beratungskosten
- Bürgschaftskosten
- Fremdmittelkosten
- Garantiekosten
- Mietkosten
- Treuhandkosten
- Vermittlungskosten
- Vertriebskosten
- Verwaltungskosten

Vorauszahlungen, die in dieser Aufzählung nicht enthalten sind, können im Zahlungszeitpunkt als Betriebsausgaben geltend gemacht werden.

Vorstellungsgespräch (WK)

Wenn im Zuge eines Vorstellungsgesprächs bei einer neuen Firma Kosten anfallen, kann der Steuerpflichtige diese als Werbungskosten geltend machen. Reisekosten, wie z. B. Kilometergeld oder Telefonkosten, können abgesetzt werden. Siehe „Reisekosten (BA, WK)" auf Seite 140.

Werbung (BA)

Die Kosten der betrieblich veranlassten Werbung stellen Betriebsausgaben dar (z. B. Fernsehspots, Einschaltung in Tageszeitungen). Bezüglich der Abzugsfähigkeit der Aufwendungen für die Bewirtung von Geschäftsfreunden siehe Seite 144 unter „Repräsentationsaufwendungen (BA)". Sponsorzahlungen werden unter dem gleichnamigen Stichwort behandelt. Informationen betreffend „Werbegeschenke" finden Sie unter dem Stichwort „Geschenke (BA)" auf Seite 128.

Wohnung (BA)

Die Aufwendungen des Steuerpflichtigen für seine eigene Wohnung sind der privaten Lebensführung zuzurechnen und daher nicht absetzbar. Abzugsfähige Betriebsausgaben stellen hingegen Aufwendungen für Dienstwohnungen dar, wenn die Wohnung objektiv dem Betrieb dient, d.h. für die Einräumung des Wohnrechts überwiegend betriebliche Gründe maßgebend sind.

Die Kosten einer kleinen Wohnung, die auf betrieblichen Reisen als Unterkunft dient, können ausnahmsweise betrieblich veranlasst sein, wenn eine Privatnutzung ausgeschlossen ist und Hotelkosten auf längere Sicht noch viel teurer kämen.

Kosten für eine Wohnung am Betriebsort sind abzugsfähig, wenn es sich um einen betrieb(beruf)sbedingten Doppelwohnsitz handelt, nicht aber, wenn die weit entfernte Privatwohnung aus privaten Gründen weiter unterhalten wird. Siehe dazu auch Kapitel 3.4, Seite 121, „Doppelte Haushaltsführung (BA, WK)".

Wunschkennzeichen (BA)

Die Ausgaben für Wunschkennzeichen werden als Betriebsausgaben anerkannt, wenn der Werbezweck eindeutig im Vordergrund steht. Dies ist etwa bei der Ausstattung des gesamten Fuhrparks mit einer für einen Dritten verständlichen Kennzeichnung der Fall. Ein Betriebsausgabenabzug ist jedoch ausgeschlossen, wenn das Kennzeichen nur am Fahrzeug des Firmeninhabers selbst angebracht wird.

Zeitungen (BA, WK)

Ausgaben für Tageszeitungen oder auch Zeitschriften können weder von Dienstnehmern als Werbungskosten noch von Steuerpflichtigen als Betriebsausgaben geltend gemacht werden, weil sie den Kosten der Lebensführung zuzurechnen sind. Dies gilt auch dann, wenn mehrere Zeitungen von einer Person bezogen werden bzw. auch dann, wenn die Zeitung betriebliche Informationen enthält. Bei Wirtschaftsmagazinen handelt es sich ebenfalls um keine betriebsbezogene Literatur. Besondere Berufsgruppen (z.B. Journalisten, Politiker) können allerdings ab der dritten abonnierten Tageszeitung bzw. dem dritten Magazin Betriebsausgaben bzw. Werbungskosten geltend machen. Siehe auch unter dem Punkt „Fachbücher, Fachliteratur, Fachzeitschriften (BA, WK)" auf Seite 123.

Zinsen (BA, WK)

Zinsen für die Anschaffung von beruflich verwendeten Wirtschaftsgütern (z.B. Computer, KFZ, Arbeitszimmer) stellen Werbungskosten dar. Wenn der Arbeitnehmer für die mit seinem eigenen KFZ unternommenen beruflichen Fahrten allerdings das amtliche Kilometergeld geltend macht, kommt ein zusätzlicher Abzug der Zinsen nicht in Betracht. Nähere Informationen zur Behandlung als Betriebsausgabe finden Sie unter dem Stichwort „Finanzierungskosten (BA)" auf Seite 125.

4 Besondere Einkommensteuer

Der Aufbau dieses Kapitels ist so konzipiert, dass zunächst die Grundlagen der Einkünfte aus Kapitalvermögen dargestellt werden, anschließend wird auf ausgewählte Einzelthemen Bezug genommen.

Der besondere Steuersatz für Einkünfte aus Kapitalvermögen liegt grundsätzlich bei 27,5 %. Dies gilt für Dividenden, Aktien, GmbH-Anteile oder Anleihen. Der Steuersatz für Einkünfte aus Geldanlagen sowie sonstige Forderungen bei Kreditinstituten, dazu zählen v. a. Sparbücher, Einlagen oder Konten, liegt bei 25 %.

4.1 Kapitalvermögen

4.1.1 Allgemeines zu Einkünften aus Kapitalvermögen und zur Kapitalertragsteuer

Einkünfte aus Kapitalvermögen

Bei den Einkünften aus Kapitalvermögen handelt es sich um eine außerbetriebliche Einkunftsart. Unter diese Einkunftsart sind nunmehr Einkünfte aus der Überlassung von Kapital, Einkünfte aus realisierten Wertsteigerungen von Kapitalvermögen und Einkünfte aus Derivaten zu subsumieren.

- **Einkünfte aus der Überlassung von Kapital**
  Die Einkünfte aus der Überlassung von Kapital können am einfachsten als die Früchte des Kapitalstammes beschrieben werden. Dazu zählen mitunter Gewinnausschüttungen, Zinsen, Diskontbeträge (von Wechsel und Anweisungen) oder Gewinnanteile von stillen Gesellschaftern. Unter anderem werden hier auch Zuwendungen von Privatstiftungen (außer Substanzauszahlungen), steuerpflichtige Versicherungsleistungen, Ausgleichzahlungen sowie Leihgebühren im Rahmen einer Wertpapierleihe oder eines Pensionsgeschäfts erfasst.
- **Einkünfte aus realisierten Wertsteigerungen**
  Einkünfte aus realisierten Wertsteigerungen von Kapitalvermögen umfassen insbesondere Veräußerungen, Einlösungen und sonstige Abschichtungen des Kapitalstammes, unabhängig von der Beteiligungshöhe. Dazu zählen vor allem Veräußerungsgewinne aus dem Verkauf von Aktien, GmbH-Anteilen, Anteile an Investmentfonds und Immobilieninvestmentfonds sowie Forderungswertpapieren.
- **Einkünfte aus Derivaten**
  Zu den Einkünften aus Derivaten gehören der Differenzausgleich, die Stillhalterprämie, Einkünfte aus der Veräußerung und sonstigen Abwicklungen bei Termingeschäften (z.B. Optionen, Futures und Swaps) sowie bei sonstigen derivativen Finanzinstrumenten. Darunter fallen auch Indexzertifikate oder gelinkte Schuldverschreibungen.

4.1.2 Kapitalertragsteuer (KESt)

Die Kapitalertragsteuer stellt in Österreich eine besondere Erhebungsform für Einkünfte aus Kapitalvermögen dar. Einkünfte aus Kapitalvermögen unterliegen zumeist einem Sondersteuersatz von 27,5 % bzw. 25 % und nicht der Tarifbesteuerung.

Der Sondersteuersatz gilt in folgender Höhe:

- grundsätzlich der Steuersatz von 27,5 %
- lediglich Geldeinlagen und nicht verbriefte Forderungen bei Kreditinstituten unterliegen einem Sondersteuersatz in Höhe von 25 % (im wesentlichen sind das Zinsen aus Sparbüchern und Girokonten).

Die KESt wird wie die Lohnsteuer durch Abzug an der Quelle, in der Regel durch die inländischen depotführenden bzw. auszahlenden Kreditinstitute, erhoben. Schuldner der KESt sind in der Regel die Bank oder die auszahlende Gesellschaft, welche die KESt in Höhe von 25 % bzw. 27,5 % vom Kapitalertrag einbehalten und an das zuständige Finanzamt abführen. Grundsätzlich gilt die Einkommensteuer durch die KESt als abgegolten, man spricht dabei von einer Endbesteuerungswirkung – das bedeutet, dass der Steuerzahler die erzielten Einkünfte aus dem Kapitalvermögen nicht mehr in die Steuererklärung aufnehmen muss.

i

Tipp: Der Steuerpflichtige hat die Möglichkeit, für endbesteuerte Einkünfte des Kapitalvermögens eine Veranlagung zum progressiven Einkommensteuertarif zu beantragen (Regelbesteuerungsoption). Für die Regelbesteuerungsoption wird sich der Steuerpflichtige dann entscheiden, wenn eine Veranlagung aufgrund seines niedrigen Steuersatzes ausnahmsweise günstiger ist (z.B. bei einem Einkommen bis zu € 12.816). Bestimmte im Gesetz taxativ aufgezählte Einkünfte sind verpflichtend mit dem progressiven Einkommensteuertarif zu besteuern (der Sondersteuersatz von 25 % bzw. 27,5 % ist auf diese nicht anzuwenden).

Realisierte Wertsteigerungen

Darunter fallen sogenannte Substanzgewinne und Substanzverluste, das heißt sämtliche positive wie negative Einkünfte aus der Veräußerung, Erlösung und der sonstigen Abschichtung von Anteilsrechten, wie beispielsweise Gewinne aus der Veräußerung von GmbH-Anteilen oder Aktien.

Realisierte Wertsteigerungen sind generell steuerpflichtig und unterliegen dem Sondersteuersatz von 27,5 %. Dies jedoch nur, wenn es sich dabei um sogenanntes Neuvermögen handelt. Das liegt vor bei:

- Anteile an Körperschaften (z.B. Aktien) und Investmentfonds, die nach dem 31.12.2010 entgeltlich erworben wurden und
- sonstigen Kapitalvermögen (z.B. Anleihen und Derivaten), die ab dem 1.4.2012 entgeltlich erworben wurden.
- Kapitalanlagen, die bis 31.12.2010 bzw 1.4.2012 angeschafft worden sind, sind grundsätzlich Altbestände und von der Vermögenszuwachsbesteuerung nicht betroffen (Ausnahme: Beteiligung ab einer Höhe von 1 %).

Ab dem 1.1.2011 angeschafftes Kapitalvermögen ist als Neubestand zu werten und wird unabhängig von der Beteiligungshöhe und der Behaltedauer mit 27,5 % besteuert.

- **Wegzugbesteuerung**
  Vom Wegzug spricht man, wenn die Republik Österreich entweder
  - das Besteuerungsrecht durch Aufgabe des inländischen Wohnsitzes verliert,
  - das Besteuerungsrecht verliert, da der Anleger den inländischen Lebensmittelpunkt ins Ausland verlegt oder
  - das Besteuerungsrecht verliert, weil die Kapitalanlage an eine Person unentgeltlich übertragen wird, die im Inland nicht steuerpflichtig ist.

  Erfolgt ein Wegzug in einen anderen EU- oder EWR-Staat, so besteht die Möglichkeit einen Antrag auf Besteuerungsaufschub zu stellen, und es wird von der tatsächlichen Besteuerung abgesehen (Aufschuboption). Die Wegzugbesteuerung hängt nicht von einer bestimmten Höhe des Kapitals ab.

- **Zufluss anteiliger Einkünfte aus der Überlassung von Kapital (sogenannte Stückzinsen)**
  Stückzinsen sind anteilige Zinserträge für den Zeitraum zwischen dem letzten Kuponfälligkeitstermin und dem Zeitpunkt des Verkaufs von festverzinslichen Wertpapieren, für die der Erwerber zum Zeitpunkt des Kaufs des Forderungswertpapiers neben dem Kurswert aufkommen muss.

  Allfällige aufgelaufene Stückzinsen sind nicht als Zinsen, sondern als Einkünfte aus realisierten Wertsteigerungen bei einer Veräußerung steuerlich zu erfassen – unabhängig davon, ob das zugrunde liegende Wirtschaftsgut mitverkauft wird oder nicht.

Abgelöste Stückzinsen sind Teil der Anschaffungskosten und wirken sich erst bei der Veräußerung oder bei der Einlösung einkünftemindernd aus. Beim Veräußerer von Neu-Forderungswertpapieren sind die empfangenen Stückzinsen umgekehrt Teil des Veräußerungserlöses.

i **Tipp:** Der Kauf einer Anleihe sollte aufgrund des Entfalls der Stückzinsengutschrift (aus steuerrechtlicher Perspektive) stets nach dem Kupontermin erfolgen.

Derivate

Kursgewinne von Derivaten unterliegen der KESt in Höhe von 27,5 %. Derivate sind Finanzinstrumente, deren Preis von einem ihnen jeweilig zugrunde liegenden Marktgegenstand als Basiswert abgeleitet wird.

Ebenfalls umfasst der Ausdruck Derivate sämtliche Termingeschäfte (wie z. B. Optionen, Futures, Swaps). Einkünfte liegen nur vor, wenn:

- ein Differenzausgleich erfolgt,
- ein Stillhalterprämie geleistet wird,
- das Derivat selbst veräußert wird oder
- eine sonstige Abwicklung erfolgt.

Verlustverrechnung

- **Privatvermögen**
  Die Verlustausgleichsoption soll sicherstellen, dass auch Substanzverluste steuermindernd verwertbar sind. Folglich können im außerbetrieblichen Bereich Substanzverluste aus Finanzvermögen oder aus Derivaten mit zu versteuernden Erträgen bzw. Substanzgewinnen aus Finanzvermögen oder aus Derivaten ausgeglichen werden. Der Verlustausgleich ist nur im Wege der Veranlagung möglich und durchaus eingeschränkt. So ist es z. B. nicht möglich, Substanzverluste aus Finanzvermögen mit Zinserträgen aus Geldanlagen bei Kreditinstituten zu verrechnen, da die beiden Investitionsformen vom Risiko nicht vergleichbar sind. Eine Verlustverrechnung mit anderen Einkünften ist ebenso wenig möglich wie ein Verlustvortrag.

  Der Verlustausgleich ist durch die Bank durchzuführen, sofern ein oder mehrere Depots beim gleichen Kreditinstitut gehalten werden. Wenn ein Verlustausgleich durch die Bank nicht durchgeführt werden kann (z. B. mehrere Depots in unterschiedlichen Banken), besteht die Möglichkeit der sogenannten Verlustausgleichsoption. Diese erfolgt im Rahmen der Veranlagung, und es werden nur die ausgleichsfähigen Kapitalanlagen erfasst. Andere Einkünfte

als jene aus Kapitalvermögen werden bei der Verlustausgleichsoption nicht einbezogen.
Hingegen erfolgt bei Ausübung der Regelbesteuerungsoption die Besteuerung sämtlicher Kapitaleinkünfte zum progressiven Einkommensteuertarif. Auch dabei ist ein Verlustausgleich möglich.

- **Betriebsvermögen**
  Im betrieblichen Bereich hat vorrangig eine Verlustverwertung mit realisierten Wertsteigerungen (bzw. Zuschreibungen) zu erfolgen. Ein danach verbleibender negativer Verlustüberhang ist zu 60 % mit betrieblichen Gewinnen zu verrechnen und kann gegebenenfalls als Verlustvortrag in künftige Veranlagungsjahre vorgetragen werden. Ein Ausgleich von im Betriebsvermögen entstandenen Verlusten aus Kapitalanlagen und Derivaten mit positiven Einkünften aus Kapitalvermögen im Privatvermögen erscheint nach dem Gesetzeswortlaut ausgeschlossen.

4.1.3 Einkünfte, die nicht unter den 25- bzw. 27,5-%igen KESt-Abzug fallen

Bei bestimmten Einkünften aus Kapitalvermögen kommt der 25- bzw. 27,5-%ige Steuersatz hinsichtlich der Wertsteigerungen und realisierten Gewinne nicht zur Anwendung. Stattdessen ist bei folgenden Einkünften aus Kapitalvermögen der progressive Einkommensteuertarif von bis zu 50 % anzuwenden:

- Einkünfte aus Privatdarlehen (denen kein Bankgeschäft zugrunde liegt),
- Einkünfte aus Forderungswertpapieren, sofern diese nicht einem unbestimmten Personenkreis angeboten werden („private placement"),
- Gewinnanteile aus einer Beteiligung als echter stiller Gesellschafter,
- Diskontbeträge aus Wechsel und Anweisungen,
- Ausgleichszahlungen und Leihgebühren aus Pensionsgeschäften (Wertpapierleihe), sofern der Entleiher kein Kreditinstitut ist,
- Unterschiedsbeträge aus Kapitalversicherungen sowie realisierte Wertsteigerungen aus der Veräußerung eines Anspruches aus dem Versicherungsvertrag,
- Einkünfte aus unverbrieften Forderungen und Derivaten.

4.1.4 Ausländische Kapitalerträge

Ausländische Kapitalerträge sind solche, bei denen sich der Schuldner der Kapitalerträge im Ausland befindet bzw. solche, die auf ein ausländisches Depot zufließen (z. B. Zinsen, die auf ein Konto bei einer ausländischen Bank gutgeschrieben werden oder Wertpapierträger, die einem Wertpapierdepot zufließen, das sich bei einer Bank im Ausland befindet).

Ihre Besteuerung erfolgt isoliert vom übrigen Einkommen mit einem festen Steuersatz von 25 % bzw. 27,5 % der Bruttobeträge (eventuell im Ausland bereits abgezogene Quellensteuern sind in dem nach Doppelbesteuerungsabkommen möglichen Ausmaß anzurechnen). Im Ergebnis werden ausländische Kapitalerträge wie endbesteuerungsfähige inländische Kapitalerträge, die der KESt von 25 % bzw. 27,5 % unterliegen, behandelt (man spricht hier von einer „Quasi-Endbesteuerung"). Keine ausländischen Einkünfte aus Kapitalvermögen liegen vor, wenn der Schuldner der Kapitalerträge eine inländische Zweigstelle eines ausländischen Kreditinstituts ist.

Damit das Prinzip der Einmalbesteuerung gewahrt bleibt, existieren Doppelbesteuerungsabkommen (DBA). Das sind völkerrechtliche Verträge, die Österreich mit anderen Staaten geschlossen hat. Diese verhindern, dass grenzüberschreitende Aktivitäten doppelt besteuert werden.

Im Detail legen DBA fest, welcher der beiden Staaten die grenzüberschreitende Aktivität nach dem nationalen Steuerrecht besteuern darf und welcher Staat ganz oder teilweise auf seine Besteuerung verzichten muss. Voraussetzung für die Anwendbarkeit des DBA ist, dass sich eine Person auf das DBA berufen kann. Das ist dann der Fall, wenn sie in Österreich ansässig ist, was gegenüber dem anderen Staat durch Vorlage der österreichischen Ansässigkeitsbestätigung belegt werden muss. Das Ansässigkeitsformular ist beim Finanzamt erhältlich.

Legt das DBA fest, dass die Einkünfte im anderen Staat besteuert werden dürfen, erfolgt die Vermeidung der Doppelbesteuerung entweder durch die Befreiung dieser Einkünfte in Österreich oder durch Anrechnung der Auslandssteuer auf die österreichische Einkommensteuer bzw. Körperschaftssteuer. Österreich folgt der Anrechnungsmethode, d.h. der im Ausland bereits geleistete Steuerbetrag wird auf den österreichischen angerechnet.

Es ist zu beachten, dass jedes DBA einen eigenen Staatsvertrag bildet und es deswegen je nach Land zu einer abweichenden Besteuerung kommen kann. Es gibt zudem die Möglichkeit, die Rückerstattung eines allfälligen Steuerüberhangs bei der ausländischen Steuerbehörde zu beantragen.

4.1.5 KESt-Rückerstattung

Die Rückerstattung von österreichischen Abzugssteuern (Kapitalertragssteuer, Lohnsteuer, Abzugssteuer) kann entweder mit der Steuererklärung in der Arbeitnehmerveranlagung oder durch einen eigenen Antrag auf Rückzahlung erwirkt werden.

Für die Rückerstattung der KESt ist ein zwingendes zweistufiges Verfahren zu beachten:

- Es muss **elektronisch eine Vorausmeldung** erfolgen. Der geeignete Antrag ist im Web-Formular auszufüllen und elektronisch zu übermitteln. Frühestens darf diese Vorausmeldung nach Ablauf des Jahres der Einbehaltung erfolgen. Hierfür gibt es jeweils eigene Formulare für alle in Frage kommenden Geschäftsvorfälle. Es ist jeweils ein gesonderter Antrag mittels eigenen Web-Formulars zu stellen.
- Anschließend muss das elektronisch vorausgemeldete Formular mitsamt Übermittlungsbestätigung ausgedruckt und **per Post** an das zuständige Finanzamt **übermittelt** werden.

Ein Antrag auf Erstattung der KESt kann bei folgenden Einkünften gestellt werden (wobei jeweils ein gesonderter Antrag mittels eigenen Web-Formulars zu stellen ist):

- Sparbuchzinsen, Kontozinsen, sonstige Zinsen
- Zinsen aus Forderungswertpapieren
- Zinsen aus nicht verbrieften sonstigen Forderungen bei Kreditinstituten

- Dividenden aus Aktien
- Gewinnausschüttung aus GmbH
- Ausschüttung von Substanzgenussrechten
- Ausschüttung von Genossenschaften und Agrargemeinschaften
- Substanzgewinne aus Aktien, Fonds und sonstige Substanzgewinne
- Einkünfte aus Derivaten
- Zuwendungen von Privatstiftungen

Die Rechtsgrundlage für eine Rückerstattung könnte unter anderem sein:

- Rückerstattung aufgrund eines Doppelbesteuerungsabkommens
- Rückerstattung mangels beschränkter Steuerpflicht im Inland

Liegt das Einkommen unter der Besteuerungsgrenze, so erfolgt auf Antrag des Steuerpflichtigen eine Rückerstattung der gesamten, bereits abgezogenen KESt (aus Dividenden, Zinserträge ect.). Die aktuelle Besteuerungsgrenze liegt bei € 12.816,–.

Unter Umständen ist auch eine teilweise Rückerstattung möglich. Das ist dann der Fall, wenn zwar die Besteuerungsgrenze überschritten wird, der durchschnittliche Steuersatz aber unter 25 % bzw. 27,5 % liegt.

i

Tipp: Natürlich ist das für „Normalverdiener" außer Reichweite. Typische Nutznießer dieser Regelung sind beispielsweise Kinder mit Geldvermögen, jedoch ohne Arbeitseinkommen, oder Pensionisten mit geringer Pension, aber Geldvermögen.

4.2 Vermietung und Verpachtung

Einkünfte aus Vermietung und Verpachtung liegen immer nur dann vor, wenn das zur Nutzung überlassene Objekt nicht zum Betriebsvermögen gehört (sonst liegen betriebliche Einkünfte vor). Die Vermietung/Verpachtung von Liegenschaften bzw. Gegenständen, die im Rahmen eines Gewerbes vermietet werden, werden in diesem Kapitel nicht behandelt, da diese im Rahmen der betrieblichen Einkünfte zu erfassen sind.

4.2.1 Einnahmen

Die Einnahmen werden hauptsächlich durch den laufenden **Miet- und Pachtzins** erzielt. Aber auch **Ablösen** anlässlich der Aufgabe eines Mietrechts sind bei den Einnahmen zu erfassen.

Die vom Mieter zu tragenden **Betriebskosten** können wahlweise als durchlaufende Posten behandelt werden, sofern eine Verrechnungspflicht nach dem Mietrecht besteht. Werden neben der Vermietung noch umfangreiche zusätzliche Leistungen erbracht (z.B. Gaststätten- oder hotelmäßige Betreuung bei der Zimmervermietung), kann die Vermietungstätigkeit zu gewerblichen Einkünften führen. Beispiele dafür sind die Vermietung von Ausstellungsräumen, Messeständen, Garagen, Tennisplätzen und die ständig wechselnde kurzfristige Vermietung von Sälen.

Die Vermietung und Verpachtung von unbeweglichem Vermögen wie Grund und Boden, Gebäuden, Gebäudeteilen (z.B. Wohnungsvermietung, Untervermietung) führt üblicherweise zu Einkünften aus Vermietung und Verpachtung. Daneben wird diese Einkunftsart häufig durch die Vermietung von so genannten Sachinbegriffen (z.B. eine Bibliothek, ein ganzer Betrieb oder eine Wohnungseinrichtung) sowie durch die Überlassung von Rechten (z.B. Urheberrechte eines Schriftstellers) erzielt.

4.2.2 Werbungskosten

Im Bereich der Einkünfte aus Vermietung und Verpachtung gehören die AfA sowie die Herstellungs- und Erhaltungsaufwendungen zu den wichtigsten Werbungskosten. Diese sind daher auch Gegenstand der folgenden Erläuterungen:

Bemessungsgrundlage für die Absetzung für Abnutzung (AfA)

Bei den Einkünften aus Vermietung und Verpachtung von Liegenschaften kann für das Gebäude eine Absetzung für Abnutzung (AfA) geltend gemacht werden. Zu beachten ist in diesem Zusammenhang, dass der Wertanteil von Grund und Boden nicht abgeschrieben werden kann. Die Bemessungsgrundlage für die AfA ist abhängig davon, wie das Wirtschaftsgut erworben wurde.

Wird ein bereits vermietetes Gebäude unentgeltlich erworben, hat der Erwerber die AfA seines Rechtsvorgängers fortzusetzen. Hier ist keine neue Bemessungsgrundlage zu bilden. Bei erstmaliger Vermietung oder Verpachtung ist hingegen zu unterscheiden: Der Ansatz der fiktiven Anschaffungskosten ist nur mehr für Gebäude des Altvermögens (=Gebäude, die am 31.3.2012 nicht steuerhängig waren) möglich. Für Gebäude des Neuvermögens (=Gebäude, bei denen am 31.3.2012 die Spekulationsfrist noch nicht abgelaufen war sowie ab 1.4.2012 erworbene Gebäude) sind stets die tatsächlichen Anschaffungs- oder Herstellungskosten für die AfA maßgeblich, sodass eine Aufwertung nicht möglich ist. Die Vermietung ist aber dann nicht „erstmalig", soweit die Steuerpflichtige/der Steuerpflichtige – egal wie lange zurück – das Gebäude irgendwann bereits vermietet hat. In diesem Fall muss die seinerzeitige AfA fortgesetzt werden.

Wird ein Gebäude, das aus dem Betriebsvermögen ausgeschieden ist, sofort oder zu einem späteren Zeitpunkt zur Erzielung von Einkünften aus Vermietung und Verpachtung verwendet, so tritt der Entnahmewert/Aufgabewert für die AfA-Bemessung an Stelle der Anschaffungs- oder Herstellungskosten. Konnte die Begünstigung für das Wohngebäude bei Betriebsaufgabe in Anspruch genommen werden, ist der maßgebliche steuerliche Wertansatz um die unversteuerten stillen Reserven zu kürzen und davon die AfA zu bemessen.

War das Grundstück zum 31.3.2012 nicht steuerverfangen (Altvermögen), sind die fiktiven Anschaffungskosten zum Zeitpunkt der erstmaligen Nutzung als Bemessungsgrundlage für die AfA heranzuziehen. Dies gilt nicht, wenn das Gebäude bereits früher (wenn auch mit mehrjähriger Unterbrechung) vermietet wurde. Schädlich ist auch eine Vermietung des Rechtsvorgängers bei unentgeltlichem Erwerb (außer es sind mehr als zehn Jahre seit der letzten Vermietung vergangen). In diesem Fall gilt die Buchwertfortführung.

Wurde das Gebäude im Falle eines unentgeltlichen Erwerbes bereits durch den Rechtsvorgänger zeitweise zur Einkünfteerzielung verwendet, liegt auch beim Rechtsnachfolger keine erstmalige Verwendung vor. Es bestehen aber keine Bedenken, für die AfA-Bemessung die fiktiven Anschaffungskosten heranzuziehen, wenn bei einem unentgeltlichen Erwerb zwischen der Beendigung der Vermietung und der neuerlichen Vermietung ein Zeitraum von mehr als zehn Jahren liegt.

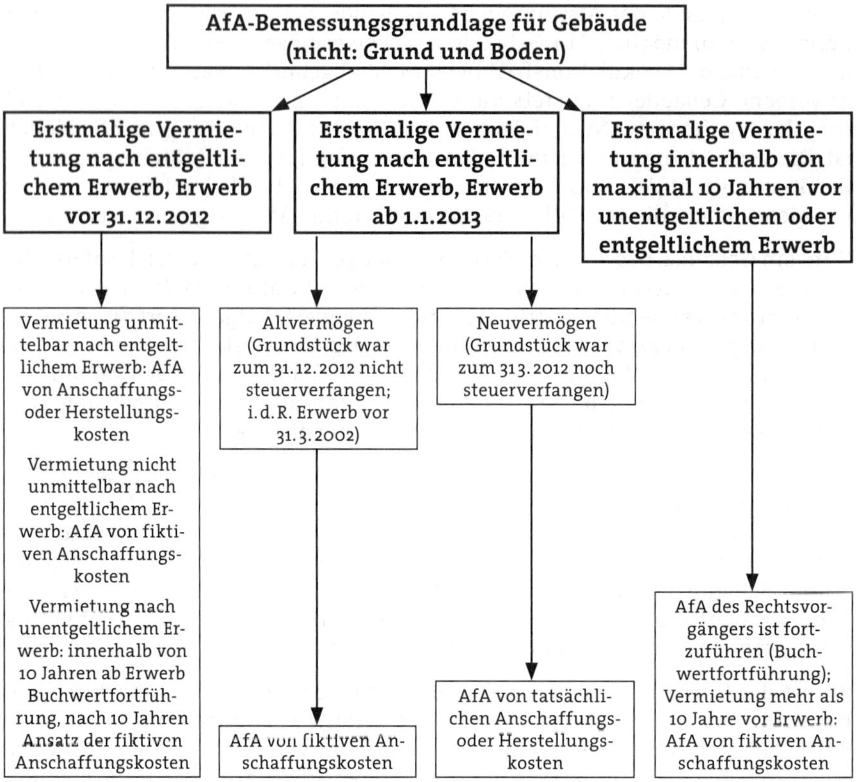

Höhe der Absetzung für Abnutzung

Bei Gebäuden, mit denen Einkünfte aus Vermietung und Verpachtung erzielt werden, besteht ein gesetzlich festgelegter AfA-Satz von 1,5 %. Das entspricht einer Nutzungsdauer von 66,67 Jahren. Ein höherer AfA-Satz darf nur angesetzt werden, wenn eine kürzere Nutzungsdauer des Gebäudes durch ein Gutachten nachgewiesen wird. Bei Gebäuden, die vor 1915 erbaut wurden, kann laut Finanzverwaltung auch ohne Gutachten ein AfA-Satz von höchstens 2 % angewandt werden.

Beispiel

A kauft im Februar 2002 ein Einfamilienhaus mit Grundstück um € 250.000,–, davon entfallen € 100.000,– auf das Haus und die restlichen 150.000 Euro auf den Grund und Boden. Er bewohnt das Haus zunächst selbst mit seiner Familie, ab August 2013 vermietet er es. Die fiktiven Anschaffungskosten für das Haus betragen zu diesem Zeitpunkt € 130.000,–, von diesem Wert ist die AfA zu bemessen. Bei einem AfA-Satz von 1,5 % ergibt sich eine Jahres-AfA von € 1.950,–. Da die Vermietung erst in der zweiten Jahreshälfte beginnt, darf für 2013 nur die Halbjahres-AfA von € 975,– angesetzt werden.

Hätte A das Einfamilienhaus erst im Oktober 2002 gekauft, könnte er nur die tatsächlichen Anschaffungskosten des Gebäudes von € 100.000,– als AfA-Bemessungsgrundlage heranziehen, die Halbjahres-AfA 2024 würde dann nur € 750,– betragen.

Herstellungs- und Erhaltungsaufwand

Bei Aufwendungen für ein Gebäude wird zwischen Herstellungs- und Erhaltungsaufwand unterschieden. Der Erhaltungsaufwand zerfällt wiederum in Instandsetzungs- und Instandhaltungsaufwand.

Herstellungsaufwand liegt bei Errichtungskosten für ein neu gebautes Gebäude vor. Außerdem liegt ein Herstellungsaufwand vor, wenn das Gebäude erweitert (vergrößert), die Raumeinteilung verändert oder sonst die Wesensart des Gebäudes verändert wird. Herstellungsmaßnahmen sind beispielsweise

- Aufstockung eines Gebäudes;
- Zusammenlegung von Wohnungen;
- Versetzen von Zwischenwänden;
- Einbau von Zentralheizungen, Aufzugsanlagen;
- Einbau von Badezimmern und Toilettenanlagen;
- Versetzen von Türen und Fenstern.

Der Herstellungsaufwand ist grundsätzlich auf die Restnutzungsdauer des Gebäudes zu verteilen.

Ein Zinshaus wurde im Jänner 2015 mit einem Herstellungsaufwand von € 145.000,– fertig gestellt und in Betrieb genommen. Der AfA-Satz beträgt 1,5 %. Im Jänner 2024 wird in das Gebäude eine Aufzugsanlage im Wert von € 35.000,– eingebaut.

Buchwert 1. Jänner 2024	€ 125.425,–
Aufzugsanlage	€ 35.000,–
neuer Restbuchwert	€ 160,425,–

Dieser neue Restbuchwert ist auf die sich aus dem AfA-Satz von 1,5 % ergebende Restnutzungsdauer, das sind 57,67 Jahre, aufzuteilen.

Folgende Herstellungsaufwendungen können allerdings **auf Antrag** auf eine Nutzungsdauer von **15 Jahren** verteilt abgesetzt werden:

- Aufwendungen nach den §§ 3–5 des Mietrechtsgesetzes (MRG) wie z. B. Errichtung von Kanal, Gasversorgung, Fernwärme, Zentralheizung, Aufzug, Zusammenlegung bzw. Kategorieanhebung von Wohnungen, etc.;
- Sanierungsmaßnahmen, wenn eine Zusage für eine Förderung nach dem Wohnhaussanierungsgesetz, dem Startwohnungsgesetz oder Landesgesetzen über Wohnhaussanierung vorliegt;
- Aufwendungen nach dem Denkmalschutzgesetz.

Im bisher leer stehenden Dachboden wird eine Wohnung unter Zuhilfenahme von Förderungsmitteln für Wohnhaussanierung errichtet.

Die Herstellungskosten können in diesem Fall – nach Saldierung mit der Subvention des Landes – auf die Restnutzungsdauer oder auf Antrag auf 15 Jahre verteilt abgeschrieben werden.

Im Hinterhof wird ein Zubau errichtet, in dem sich 4 weitere Wohnungen befinden. Der Herstellungsaufwand muss zwingend auf die Restnutzungsdauer des Gebäudes abgeschrieben werden. Es besteht keine Teilabsetzungsmöglichkeit.

Dürfen aufgrund der Herstellungsarbeiten erhöhte Zwangsmieten eingehoben werden, kann der Herstellungsaufwand auch auf die Laufzeit der erhöhten Mieten verteilt werden. Der kürzeste Zeitraum ist aber zehn Jahre.

Erhaltungsaufwand

Erhaltungsaufwand dient dazu, das Gebäude in ordnungsgemäßem Zustand zu erhalten oder diesen wiederherzustellen. Dabei ist zwischen Instandsetzungs- und Instandhaltungsaufwand zu unterscheiden.

Instandsetzungsaufwendungen sind jene Aufwendungen, die nicht zu den Anschaffungs- oder Herstellungskosten gehören und allein oder mit einem Herstellungsaufwand

- den Nutzwert des Gebäudes wesentlich erhöhen oder
- die Nutzungsdauer wesentlich verlängern.

Der **Nutzungswert** eines Gebäudes wird dann erhöht, wenn das Gebäude aufgrund der durchgeführten Neuinvestition z.B. durch Erzielung höherer Einnahmen besser nutzbar ist. Eine Erhöhung des Nutzungswerts liegt vor, wenn tatsächlich höhere Mieteinnahmen verlangt werden, aber nicht, wenn

- bei einer angenommenen Neuvermietung mehr verlangt werden könnte,
- der Wohnwert für die Mieter verbessert wird (z.B. durch besser isolierte Fenster),
- bei einer Veräußerung mehr erzielt werden könnte.

	Herstellung	**Erhaltung**	
		Instandsetzung	**Instandhaltung**
Definition	Vergrößerung des Gebäudes oder Änderung seiner Wesensart; Einbau bisher nicht vorhandener unselbständiger Gebäudeteile, u.U. über Instandsetzung hinausgehende Verbesserungen	keine Vergrößerung und keine Wesensänderung, aber wesentliche Verlängerung der Nutzungsdauer oder wesentliche Erhöhung des Nutzwerts	keine Herstellung oder Instandsetzung und nicht jährlich anfallend, Instandsetzung nach „höherer Gewalt"
Sofortabzug	nein	nein	ja
Fünfzehntelabsetzung	Auf Antrag, sofern begünstigter Herstellungsaufwand bzw. bei erhöhten Zwangsmieten Verteilung auf 15 oder weniger Jahre	Zwingend, soweit nicht mit Mietzinsrücklage verrechenbar	Auf Antrag, sofern nicht jährlicher Aufwand

Führt die Neuinvestition zu einer Änderung der Wesensart des Gebäudes, liegt jedoch wiederum Herstellungsaufwand (siehe oben) vor.

Eine wesentliche Verlängerung der **Nutzungsdauer** liegt dann vor, wenn die wirtschaftliche oder technische Restnutzungsdauer des Gebäudes im Zeitpunkt vor der Instandsetzung um mehr als 25 % verlängert wird.

Instandsetzungsmaßnahmen sind **beispielsweise**

- Austausch aller Fenster samt Rahmen;
- Austausch von Dach und Dachstuhl;
- Austausch aller Türen samt Türstock;
- Austausch von Zwischendecken;
- Austausch von Unterböden (z.B. Estrich statt Holzboden usw.);
- Austausch auch einzelner Fenster bei Verbesserung des Lärmschutzes oder zur Minderung des Energieverbrauchs;

- Austausch der Eingangstür bei Verbesserung des Einbruchschutzes oder zur Minderung des Energieverbrauchs;
- Erneuerung des Außenputzes mit gleichzeitiger Erhöhung der Wärmedämmung sowie die Trockenlegung der Mauern.
- Austausch von Heizungsanlagen (verbesserte Heizleistung, Bedienbarkeit, z.B. Umstellung einer Zentralheizungsanlage von festen Brennstoffen auf Gas oder Öl);
- Austausch der Elektro-, Gas-, Wasser- und Heizungsinstallationen
- Austausch der Sanitärinstallationen (auch mit Erneuerung der Bodenbeläge und Fliesen);
- Einbau von Wärmepumpen, Solaranlagen und Wärmerückgewinnungsanlagen;
- Umstellung auf Fernwärmeversorgung;
- Maßnahmen zur Verminderung des Energieverlusts oder -verbrauchs (z.B. Maßnahmen zur Erhöhung des Wärmeschutzes von Fenstern, Türen, Außenwänden, obersten Geschoßdecken, Kellerdecken und Feuermauern);
- nachträglicher Anschluss an Versorgungsnetze, wie an die Wasser-, Kanal-, Strom- oder Gasversorgung; darunter fallen sowohl die Aufwendungen für das Herstellen des Anschlusses als auch die Anschlussgebühren. Die Kosten eines Telefonanschlusses sind nicht absetzbar;
- Folgekosten, die durch Sanierungsmaßnahmen erforderlich geworden sind, wie z.B. Neuverlegungen von Fußböden oder Ausmalen der Wände.

Instandsetzungsaufwendungen in vermieteten Wohngebäuden sind zwingend auf 15 Jahre verteilt abzusetzen. Instandsetzungsaufwendungen, die nicht die zu Wohnzwecken vermieteten Teile des Gebäudes betreffen, können wie Instandhaltungsaufwand (siehe unten) entweder sofort oder über Antrag auf 15 Jahre verteilt abgeschrieben werden. Wird ein Gebäude teilweise für Wohnzwecke und gleichzeitig für andere Zwecke (z.B. als Büroraum, Geschäftslokal) vermietet, so sind die Instandsetzungsaufwendungen entsprechend der Nutzung aufzuteilen und entsprechend abzuschreiben.

Bei einem Gebäude, welches zu 60 % für Wohnzwecke und zu 40 % für betriebliche Zwecke vermietet ist, wird die Fassade abgeschlagen, wärmegedämmt und neu verputzt. In den Geschäftslokalen wird die bestehende Zentralheizung erneuert.

Die Fassadenerneuerung ist zu 60 % zwingend auf 15 Jahre abzuschreiben. Die den Geschäftszwecken zuzuordnende Erneuerung der Fassade (40 %) und die Erneuerung der Zentralheizung (100 %) sind sofort oder über Antrag auf 15 Jahre verteilt abzusetzen.

Unter **Instandhaltungsaufwendungen** fallen Aufwendungen, die zu keiner wesentlichen Erhöhung der Nutzungsdauer oder des Nutzungswerts führen. Dazu gehören unter anderem:

- laufende Wartungsarbeiten und Reparaturen;
- Ausmalen des Stiegenhauses und der Räume;
- Anmalen der Fassade ohne Erneuerung des Außenputzes;
- Ausbessern des Verputzes;

Instandhaltung liegt auch vor, wenn ein Gebäude durch höhere Gewalt (Sturm, Hagel usw.) beschädigt wurde und wieder erneuert wird. Jährlich regelmäßig anfallende Instandhaltungsaufwendungen sind sofort abzusetzen. Der Aufwand für nicht regelmäßig jährlich anfallende Instandhaltungsaufwendungen kann auf Antrag allerdings auch auf 15 Jahre verteilt werden. Andere Aufwendungen (insbesondere laufende, jährlich anfallende Aufwendungen wie z. B. Hausversicherung, Grundsteuer) sind im Jahr, in dem sie anfallen, abzusetzen.

Tipp: Eine Reparatur der Heizungs- und der Belüftungsanlage ist als laufende Instandhaltung im Jahre der Verausgabung voll absetzbar.

An einem Gebäude werden einige der Fenster ausgetauscht. Die Kosten können als Instandhaltungsaufwand sofort oder über Antrag auf 15 Jahre verteilt werden, wenn weniger als 25 % aller Fenster des Hauses ausgetauscht werden. Sind mehr Fenster betroffen, sind sie als Instandsetzungsaufwand zu werten und daher zwingend auf 15 Jahre zu verteilen.

Tipp: Wird das einsturzgefährdete Dach eines Wohnhauses zur Gänze abgetragen und ein neues Dach aufgesetzt, erhöht dies den Nutzwert und die Nutzungsdauer des Gebäudes wesentlich. Es liegt damit Instandsetzungsaufwand vor, der zwingend auf 15 Jahre zu verteilen ist. Besteht der Dachschaden aufgrund höherer Gewalt (z. B. Sturmschaden, Blitzschlag, Brand), sind die Kosten sofort absetzbar (Instandhaltung).

4.2.3 Spezialfragen und besondere Verhältnisse bei Vermietung und Verpachtung

Teilweise Nutzung für private oder betriebliche Zwecke

Nutzt der Vermieter einen Teil des Hauses privat (z. B. zu eigenen Wohnzwecken) oder betrieblich (z. B. als Geschäftslokal), sind die auf den privaten Teil entfallenden Aufwendungen (einschließlich der AfA) nicht abzugsfähig, die auf den betrieblich genutzten Teil entfallenden Aufwendungen stellen Betriebsausgaben für den Betrieb dar. Es wird in der Regel nach der Nutzfläche aufgeteilt.

Mehrere Eigentümer (Hausgemeinschaft)

Bei Miteigentum an Gebäuden erfolgt wie bei Personengesellschaften eine einheitliche und eine gesonderte Feststellung der Einkünfte. Bei mehreren Miteigentümern kann sich für jeden einzelnen eine unterschiedliche AfA-Basis ergeben. Auch das Wahlrecht für die Zehntelabsetzung kann gesondert ausgeübt werden.

Beendigung der Vermietung

Wird die Vermietung aufgegeben (in Zukunft rein private Nutzung) oder das Gebäude in ein Betriebsvermögen eingebracht, können die restlichen Fünfzehntelbeträge der Instandhaltungs- und Instandsetzungsaufwendungen in den folgenden Kalenderjahren als nachträgliche Werbungskosten bei Einkünften aus Vermietung und Verpachtung geltend gemacht werden.

Fünfzehntelbeträge für Herstellungsaufwendungen können ab dem Jahr, das dem Übergang auf die Privatnutzung oder der Einlage des Gebäudes ins Betriebsvermögen folgt, nicht mehr geltend gemacht werden!

Liebhaberei

Oft ergibt die Vermietungstätigkeit von Wohnungen und Häusern einen Verlust (die Werbungskosten übersteigen die Mieteinnahmen), den man von den übrigen Einkünften abziehen kann. Dadurch kann die Steuerbelastung reduziert werden. Doch Vorsicht! Wird innerhalb von 20 Jahren (bzw. 25 Jahren bei Zinshäusern mit mindestens drei Wohneinheiten) ab Beginn der Vermietung nicht nachhaltig Gewinn erzielt, werden die gesamten Verluste als „Privatvergnügen" aberkannt. Der Steuerzahler muss in diesem Fall die erzielte Steuerersparnis zurückzahlen. Für Renovierungsarbeiten vor Beginn der Vermietungstätigkeit können sich die Fristen um bis zu drei Jahre verlängern.

4.2.4 Private Grundstücksveräußerung

Grundsätzlich unterliegen sämtliche Gewinne aus der Veräußerung von Grundstücken der Einkommensteuerpflicht. Von der Immobilienertragsteuer (Immo-ESt) sind nur entgeltliche Erwerbs- und Veräußerungsvorgänge erfasst. Nicht steuerrelevant ist grundsätzlich die unentgeltliche Übertragung einer Liegenschaft, da es hier keinen Verkaufserlös in Form einer Gegenleistung gibt und somit kein Verkaufserlös entsteht (daher fällt bei Schenkungen und Erbschaften grundsätzlich keine Immo-ESt an).

Einkünfte aus der Veräußerung von Grundstücken unterliegen einem besonderen Steuersatz von 30 % und wirken nicht progressionserhöhend für das Resteinkommen. Werden die anderen Einkünfte niedriger als mit 30 % besteuert, so kann auf Antrag der niedrigere Tarifsteuersatz angewendet werden (= Regelbesteuerungsoption). Genaueres siehe Kapitel 4.3. „Immobilienbesteuerung".

4.2.5 Verlustverrechnungsgrenze

Im außerbetrieblichen Bereich soll ein Verlust aus privaten Grundstücksveräußerungen in Höhe von 60 % auf 15 Jahre gleichmäßig verteilt werden und nur mit Einkünften aus Vermietung und Verpachtung ausgleichbar sein. Im betrieblichen Bereich sollen Verluste aus Grundstücksveräußerungen vorrangig mit positiven Einkünften aus der Veräußerung oder Zuschreibung von Grundstücken verrechnet werden. Ein verbleibender negativer Überhang darf zu 60 % ausgeglichen werden.

4.3 Immobilienbesteuerung

Seit dem Inkrafttreten des 1. Stabilitätsgesetzes 2012 unterliegen sämtliche Gewinne aus der Veräußerung von Grundstücken der Einkommensteuerpflicht. Die vormalige Spekulationsfrist von grundsätzlich zehn Jahren wurde abgeschafft. Daher wird nunmehr zwischen „Alt-Grundstücken" und „Neu-Grundstücken" unterschieden – diese Unterscheidung ist insofern relevant, da unterschiedliche Spekulationsteuersätze zur Anwendung gelangen. Gewinne aus der Veräußerung privater Immobilien unterliegen der sogenannten Immobilienertragsteuer. Die Besteuerung erfolgt nicht über den regulären Einkommensteuertarif, sondern mit einem Sondersteuersatz. Der Sondersteuersatz beträgt 30 %.

4.3.1 Die Immobilienertragsteuer (Immo-ESt)

Seit dem 1. April 2012 gilt bei der Veräußerung von Grundstücken die Einkommensteuerpflicht. Die bisherige zehnjährige Spekulationsfrist ist nur mehr bei „Alt-Grundstücken" von Bedeutung. Von der Immo-ESt umfasst sind nur entgeltliche Erwerbs- bzw. Veräußerungsvorgänge. Nicht steuerrelevant sind folglich Schenkungen und Erbschaften, da es hier keinen Verkaufserlös in Form einer Gegenleistung gibt. Von der Besteuerung ausgenommen sind der Hauptwohnsitz des Veräußerers, selbst hergestellte Gebäude, Enteignungen sowie bestimmte Tauschvorgänge (vgl. Kapitel 2.3). Als Grundstücke gelten Grund und Boden, Gebäude (inkl. Eigentumswohnungen) und grundstücksgleiche Rechte (z.B. Baurechte).

Der Veräußerungsgewinn wird jedenfalls durch die Differenz zwischen dem Veräußerungserlös und den Anschaffungskosten bestimmt. Der Veräußerungserlös ist dabei immer in tatsächlicher Höhe anzusetzen und ist in der Regel der vereinnahmte Kaufpreis. Bei den davon abzuziehenden Anschaffungskosten muss man zwischen Alt- und Neu-Grundstücke unterscheiden. Bei Alt-Grundstücken wird grundsätzlich ein pauschaler Wert der Anschaffungskosten und bei Neu-Grundstücken die tatsächlichen Anschaffungskosten festgelegt. Der Veräußerungsgewinn ist schließlich mit dem 30 %igen Sondersteuersatz zu besteuern.

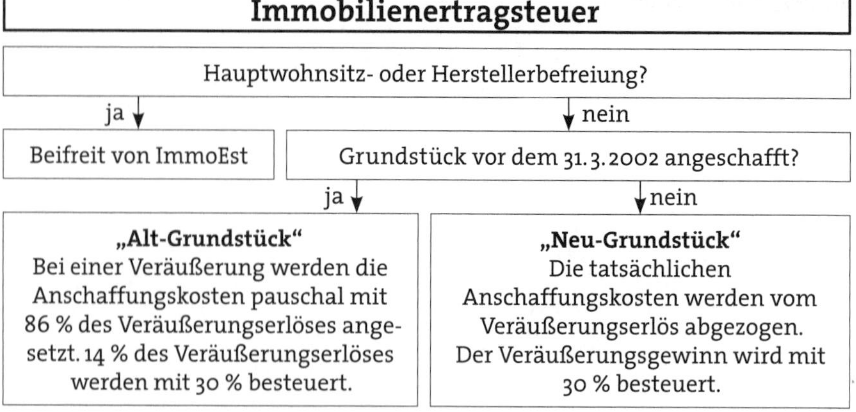

„Alt-Grundstücke"

Unter dem Begriff „Alt-Grundstücke" sind all jene Grundstücke zu verstehen, die vor dem 31. März 2002 angeschafft wurden und damit am 31. März 2012 nicht steuerverfangen waren (das heißt, dass die zehnjährige Spekulationsfrist bereits abgelaufen war). Für diese gilt folgende pauschale Anschaffungskostenermittlung: Die Anschaffungskosten werden pauschal mit 86 % des Veräußerungserlöses angesetzt. Der zu versteuernde Veräußerungsgewinn beträgt daher 14 % des Veräußerungserlöses – dieser ist mit dem besonderen Steuersatz in Höhe von 30 % zu versteuern. Die effektive Steuerbelastung vom Veräußerungserlös beträgt 4,2 %.

Erfolgt nach dem 31. Dezember 1987 eine Umwidmung (von Grünland in Bauland), werden die Anschaffungskosten pauschal mit 40 % des Veräußerungserlöses angesetzt. Der zu versteuernde Veräußerungsgewinn beträgt 60 % des Veräußerungserlöses, welcher wiederum mit dem besonderen Steuersatz in Höhe von 30 % zu versteuern ist. Die effektive Steuerbelastung des Veräußerungserlöses beträgt 18 %.

Beachte: bei der Ermittlung des Veräußerungsgewinnes ist zwischen Grund und Boden zu unterscheiden. Der auf den Grund entfallende Veräußerungserlos ist effektiv mit 18 % des Veräußerungserlöses zu versteuern. Der auf das selbst hergestellte Gebäude entfallende Veräußerungserlös unterliegt nicht der Besteuerung, weil die Steuerbefreiung für selbst hergestellte Gebäude greift.

„Neu-Grundstücke"

Unter „Neu-Grundstücken" sind jene Grundstücke zu verstehen, die ab dem 31. März 2002 angeschafft worden sind und somit am 31. März 2012 steuerverfangen waren (das bedeutet, dass die zehnjährige Spekulationsfrist noch nicht abgelaufen war) oder noch angeschafft werden. Die Bemessungsgrundlage ist der Veräußerungserlös abzüglich der tatsächlichen Anschaffungskosten. Der so ermittelte Betrag ist dann mit dem besonderen Steuersatz von 30 % zu versteuern.

Ausnahmen von der Immobilienertragsteuer

- **Hauptwohnsitzbefreiung**

  Die Veräußerung von Eigenheimen und Eigentumswohnungen samt Grund und Boden sind von der Besteuerung ausgenommen, wenn zwischen Anschaffung und Veräußerung durchgehend für mindestens zwei Jahre der Hauptwohnsitz des Veräußerers nachgewiesen werden kann. Die Hauptwohnsitzbefreiung erstreckt sich auf den Grund und Boden bis zu einer Fläche von 1.000 m^2. Die Befreiung setzt voraus, dass das Eigenheim oder die Eigentumswohnung von der Anschaffung bis zur Veräußerung ununterbrochen als Hauptwohnsitz genutzt worden ist und zwischen Anschaffung einerseits und Verkauf andererseits mindestens zwei Jahre liegen. Ein angemessener Zeitraum für die Adaptierung (ca. sechs Monate) im Anschluss an die Anschaffung wird steuerlich akzeptiert. Eine Befreiung greift jedoch auch dann, wenn das Objekt dem Veräußerer innerhalb der letzten zehn Jahre für mindestens fünf Jahre durchgehend als Hauptwohnsitz gedient hat. Da der Hauptwohnsitz in diesem Fall nicht unmittelbar gegeben sein muss, besteht die Befreiung auch für jene Steuerpflichtigen, die vor der Veräußerung den

Hauptwohnsitz bereits aufgegeben haben. Nach den Erläuterungen zum 1. Stabilitätsgesetz 2012 ist z.B. im Zuge einer Scheidung auch jener Ehepartner begünstigt, der noch vor der Veräußerung des im Eigentum beider Ehepartner stehenden Eigenheimes (Eigentumswohnung), aus dem gemeinsamen Ehewohnsitz ausgezogen ist. Ein Erbe oder ein Legatar kann das Eigenheim oder die Eigentumswohnung des Erblassers nicht steuerfrei veräußern, auch wenn der Erblasser die Voraussetzungen des Hauptwohnsitzes erfüllt hat. Erfüllt jedoch der Erbe selbst die Voraussetzung eines Hauptwohnsitzes (z.B. weil jener noch minderjährig ist), ist eine Befreiung anwendbar.

- **Herstellerbefreiung vom Spekulationsgewinn**

  Steuerfrei sind Gewinne aus der Veräußerung eines selbst hergestellten Gebäudes. Der Grund und Boden ist jedoch steuerpflichtig, sofern nicht auch die Hauptwohnsitzbefreiung anwendbar ist. Ein selbst hergestelltes Gebäude liegt vor, wenn der Steuerpflichtige das Gebäude von Grund auf neu errichtet und das Baurisiko hinsichtlich der Errichtung getragen hat. Treffen die Hauptwohnsitzbefreiung und die Herstellerbefreiung zu, hat die Hauptwohnsitzbefreiung Vorrang. Dies ist deswegen günstiger, weil bei der Herstellerbefreiung nur das Gebäude steuerfrei bleibt, bei der Hauptwohnsitzbefreiung, aber auch der Zugehörige Grund und Boden nicht zu versteuern sind.

- **Enteignungen**

  Steuerfrei sind Veräußerungen im Zuge oder zur Vermeidung eines behördlichen Eingriffs.

- **Bestimmte Tauschvorgänge**

  Steuerfrei sind Tauschvorgänge von Grundstücken im Rahmen eines Zusammenlegungs-, Flurbereinigungs- und Baulandumlegungsverfahrens, wobei hier die besteuerungsrelevanten Daten der eingetauschten Grundstücke fortgeführt werden müssen.

4.3.2 Immobilienveräußerung und Umsatzsteuer

Grundstücks und Liegenschaftsverkäufe sind gemäß § 6 Abs 1 Z 9 UStG umsatzsteuerbefreit. Dem Verkäufer steht jedoch die Möglichkeit zu, eine Option zur Umsatzsteuerpflicht zu nutzen. Die Option zur Umsatzsteuerpflicht sollte regelmäßig bei Immobilienveräußerungen im Rahmen eines Günstigkeitsvergleiches geprüft werden.

4.3.3 Grunderwerbsteuer

Jeder Verkauf oder Kauf einer im Inland befindlichen Liegenschaft unterliegt der Grunderwerbssteuerpflicht, da es sich um einen Erwerbsvorgang handelt. Die Grunderwerbsteuer beträgt im Allgemeinen 3,5 % der Bemessungsgrundlage. Dies gilt insbesondere bei einem entgeltlichen Erwerb, wenn dieser nicht im Familienverband stattfindet.

Wird eine Liegenschaft im Familienverband (u.a. Ehegatten, eingetragene Partner, Lebensgefährten, Eltern, Geschwister, Nichten, Neffen, Verwandte, Stief-,

Wahl-, Pflegekinder) verkauft, gilt der Erwerb als unentgeltlich und ein steuerlicher Stufentarif (siehe Tabelle) ist anzuwenden.

Die Bemessungsgrundlage der Grunderwerbsteuer ist bei unentgeltlichen Erwerbsvorgängen der Grundstückswert, bei entgeltlichen Erwerbsvorgängen der Kaufpreis einschließlich der vom Käufer übernommen „sonstigen Leistungen" (wie zum Beispiel Schulden), mindestens jedoch immer der Grundstückswert. Liegt der Kaufpreis unter dem Grundstückswert, so ist die Grunderwerbsteuer vom Grundstückswert zu berechnen.

Es gibt auch Fälle, bei denen ein teilentgeltlicher Erwerb vorliegt. Dies ist der Fall, wenn die Gegenleistung mehr als 30 % aber nicht mehr als 70 % des Grundstückswertes beträgt. Beim teilentgeltlichen Erwerb unterliegt der unentgeltliche Teil dem Stufentarif, der entgeltliche Teil dem allgemeinen Steuersatz von 3,5 %. Die Bemessungsgrundlage ist beim unentgeltlichen Teil der Grundstückswert, beim entgeltlichen Teil der Kaufpreis.

Kurzübersicht der Steuersätze

- Entgeltlicher Erwerb: 3,5 %
- Bei unentgeltlichen Erwerben ist der Stufentarif anzuwenden:

	Grunderwerbsteuersatz
Für die ersten € 250.000,– (des Grundstückswertes)	0,5 %
Für die nächsten € 150.000,–	2 %
Darüber hinaus	3,5 %

- Entgeltlichkeit/ Teilentgeltlichkeit /Unentgeltlichkeit:

	Grunderwerbsteuersatz
Gegenleistung mehr als 70 % vom Grundstückswert	3,5 %
Gegenleistung mehr als 30 %, aber weniger als 70 % vom Grundstückswert	3,5 % für den entgeltlichen Teil; der Stufentarif ist für den unentgeltlichen Teil anzuwenden
Gegenleistung weniger als 30 % vom Grundstückswert	Stufentarif

- In bestimmten Fällen (Übertagung in der Familie) wird immer – unabhängig von der tatsächlichen Gegenleistung – Unentgeltlichkeit angenommen.

5 Sonderausgaben

Ausgaben werden steuerlich normalerweise nur im Zusammenhang mit der Einnahmenerzielung anerkannt, private Ausgaben können daher nicht abgezogen werden. Im Rahmen der Sonderausgaben finden sie jedoch unter bestimmten Umständen Berücksichtigung. Der politische Hintergrund dieser Ausnahmen ist verschieden: Zum Teil wird der Abzug zugelassen, um einen sozialen Ausgleich zu schaffen, zum Teil auch, um bestimmte Sparformen und Vorsorgeaufwendungen zu begünstigen.

Welche privaten Ausgaben Sie als Sonderausgaben geltend machen können, und wie Sie dabei vorzugehen haben, erfahren Sie in diesem Kapitel.

5.1 Die Abzugsfähigkeit von Sonderausgaben

Das Einkommensteuergesetz zählt erschöpfend bestimmte private Ausgaben auf, welche steuerlich begünstigt werden und vom Gesamtbetrag der Einkünfte abzuziehen sind. Sind die aufgezählten Ausgaben gleichzeitig Werbungskosten oder Betriebsausgaben, dann ist ihr Abzug als Sonderausgabe ausgeschlossen. Diese Ausgaben müssen stets als Betriebsausgaben oder Werbungskosten abgesetzt werden. Sonderausgaben sind teils in unbeschränkter Höhe und teils in begrenztem Umfang absetzbar. Die Sonderausgaben werden in der Arbeitnehmerveranlagung beantragt, in der Regel ist der Zeitpunkt der Bezahlung maßgebend. Rechnungen müssen sieben Jahre lang aufbewahrt werden.

„Topf-Sonderausgaben"

Ab 2021 ist eine Absetzbarkeit von bestimmten „Topf-Sonderausgaben" nicht mehr möglich. Diese Sonderausgaben sind nur im Rahmen eines gemeinsamen Höchstbetrages abzugsfähig.

Hierbei handelt es sich um folgende „Topf-Sonderausgaben":

- Beiträge und bestimmte Versicherungsprämien (ausgenommen sind die freiwillige Weiterversicherung und der Nachkauf von Versicherungszeiten), sofern die Verträge vor dem 1. Jänner 2016 abgeschlossen wurden,
- Beiträge für Wohnraumschaffung und Wohnraumsanierung, sofern mit der tatsächlichen Bauausführung oder Sanierung vor dem 1.1.2016 begonnen wurde,
- Tilgung von Darlehen, welche für die Schaffung von begünstigtem Wohnraum oder die Sanierung von Wohnraum aufgenommen wurden, unter der Voraussetzung, dass das Darlehen vor dem 1.1.2016 aufgenommen wurde.

Für Neuverträge, die nach dem 1. Jänner 2016 abgeschlossen wurden, gibt es keine Absetzmöglichkeit mehr. Verträge, die vor dem 1. Jänner 2016 abgeschlossen wurden, konnten als „Topfsonderausgabe" bis 2020 geltend gemacht werden.

Änderungen seit 1.1.2017

Für Beiträge an Kirchen und Religionsgesellschaften, freigebige Zuwendungen (Spenden) und Beiträge für die freiwillige Weiterversicherung und den Nachkauf von Versicherungszeiten wurde ein automatischer Datenaustausch zwischen der empfangenden Organisation und der Finanzverwaltung eingerichtet. Diese Sonderausgaben können unabhängig vom Vertragsabschlussdatum geltend gemacht werden.

Es bestehen folgende Möglichkeiten, Sonderausgaben geltend zu machen:

- Beiträge an Kirchen und Religionsgesellschaften, freigebige Zuwendungen (Spenden) und Beiträge für die freiwillige Weiterversicherung und den Nachkauf von Versicherungszeiten werden von der empfangenden Organisation automatisch an das Finanzamt gemeldet und müssen daher nicht mehr im Rahmen der Steuererklärung dem Finanzamt bekannt gegeben werden.

- Mit dem Formular L 1d können Kirchenbeiträge oder Beiträge für den Nachkauf von Schulzeiten bzw. die freiwillige Weiterversicherung von einem Partner oder einem Kind abgesetzt werden. Das Formular L 1d dient auch dazu eine gewünschte Zehnjahresverteilung geltend zu machen, da diese von der übermittlungspflichtigen Organisation nicht berücksichtigt wird.
- Sonderausgaben können auch in den Formularen E 1, L 1 oder L 1d beantragt bzw. erklärt werden.

Die vom BMF geführte Liste enthält alle begünstigten Spendenorganisationen und alle anderen Organisationen, die zur Datenübertragung an das Finanzamt verpflichtet sind. Das sind:

- Spendenbegünstigte Einrichtungen, die einen gültigen Spendenbegünstigungsbescheid besitzen, z.B. Einrichtungen, die wissenschaftliche Forschung und Lehre betreiben, Einrichtungen, die Entwicklungs- oder Katastrophenhilfe verfolgen etc.,
- Kirchen und Religionsgesellschaften, die verpflichtende Beiträge erheben,
- Pensionsversicherungsanstalten und Versorgungseinrichtungen (betreffend freiwilliger Weiterversicherung),
- Spendenorganisationen, die im Gesetz aufgezählt sind. Das sind beispielsweise Forschungseinrichtungen (z.B. Universitäten), Museen (betreffend Spenden), freiwillige Feuerwehren (betreffend Spenden) etc.

Die Liste der begünstigten Einrichtungen finden Sie auf der Homepage des BMF (www.bmf.gv.at). Ist die Einrichtung in der Liste erfasst, bedeutet das für Sie, dass die Zahlung grundsätzlich als Sonderausgabe abgesetzt werden kann und die Einrichtung den Jahresbetrag der Zuwendung an das Finanzamt zu übermitteln hat. Das heißt, Sie müssen die betreffende Sonderausgabe nicht mehr im Rahmen der Steuererklärung dem Finanzamt bekannt geben.

Damit die Einrichtung die erforderlichen Daten an das Finanzamt übermitteln kann, braucht sie Vor- und Zuname sowie das Geburtsdatum der Abgabepflichtigen. Anonyme Spenden können daher nicht mehr steuerlich abgesetzt werden.

Steuerpflichtige können über FinanzOnline überprüfen, ob die jeweilige Organisation die richtigen Beträge gemeldet hat. Weiters wird auch auf dem Einkommensteuerbescheid angeführt, welche Organisation welche Beträge gemeldet hat. Sollte der Betrag der geleisteten Spende nicht korrekt sein, muss der Steuerpflichtige die Korrektur durch die Organisation selbst veranlassen. Sollte die Organisation die Meldung nicht berichtigen, können die Sonderausgaben von den Steuerpflichtigen selbst beantragt werden. Soll der Kirchenbeitrag bei einer anderen als der gemeldeten Person berücksichtigt werden, weil er z.B. nur von einem Ehepartner steuerlich geltend gemacht wird, können die Steuerpflichtigen dies selbst beim Finanzamt beantragen.

5.2 ABC der Sonderausgaben

5.2.1 Beiträge und Versicherungsprämien

Beiträge und Versicherungsprämien zählen, bis auf wenige Ausnahmen (Beiträge für die freiwillige Weiterversicherung in der gesetzlichen Pensionsversicherung und für den Nachkauf von Versicherungszeiten in der gesetzlichen Sozialversicherung), zu den Topf-Sonderausgaben und können daher nur begrenzt im Rahmen des gemeinsamen Höchstbetrags geltend gemacht werden. Nach dem Einkommensteuergesetz gehören dazu Beiträge und Versicherungsprämien (auch für Ehegatten und Kinder) zu einer

- freiwilligen Krankenversicherung
- freiwilligen Unfallversicherung (einschließlich Insassenunfallversicherung)
- freiwilligen Pensionsversicherung, soweit nicht die Beiträge zur freiwilligen Höherversicherung in der gesetzlichen Pensionsversicherung eine Prämie der Prämienbegünstigten Pensionsvorsorge in Anspruch genommen worden ist
- Rentenversicherung mit einer mindestens auf Lebensdauer zahlbaren Rente
- Lebensversicherung auf Ableben
- freiwilligen Witwen-, Waisen-, Versorgungs- und Sterbekasse
- Kapitalversicherung auf Er- und Ableben, wenn der Versicherungsvertrag vor dem 1. 6. 1996 abgeschlossen wurde
- Pensionskasse
- betriebliche Kollektivversicherung

Der Topf-Sonderausgabenabzug wurde im Zuge der Steuerreform 2016 abgeschafft. Betroffen sind Beiträge zur freiwilligen Kranken-, Unfall-, Pensions- und Lebensversicherung sowie Ausgaben zur Wohnraumschaffung und -sanierung. Für bestehende Verträge (wie beispielsweise Versicherungsverträge oder sonstige Verpflichtungsverträge), die vor dem 1. Jänner 2016 abgeschlossen wurden, soll die geltende Regelung noch fünf Jahre bis zur Veranlagung 2020 beibehalten werden. Eine Absetzung für das Jahr 2024 ist also nicht mehr möglich! Für Neuverträge gibt es bereits seit der Veranlagung für das Jahr 2016 keine Absetzmöglichkeit mehr.

Unter die Sonderausgabenbegünstigung fallen nur Personenversicherungen, nicht aber Sachversicherungen (z. B. Feuerversicherung, Haushaltsversicherung). Mit Ausnahme der Beiträge zu einer freiwilligen Höherversicherung sind Prämien an alle Versicherungsgesellschaften absetzbar, die in Österreich Sitz der Geschäftsleitung oder die Erlaubnis zum Geschäftsbetrieb in Österreich erteilt bekommen haben. Darunter fallen auch Versicherungen aus den EWR-/EU-Staaten.

Beiträge für eine **freiwillige Weiterversicherung in der gesetzlichen Pensionsversicherung** (gilt für Steuerpflichtige, die keine Pflichtversicherung mehr haben) sind ohne Anrechnung auf den Höchstbetrag in vollem Ausmaß und ohne Kürzung um den Pauschalbetrag als Sonderausgaben abzugsfähig.

Der **Nachkauf von Schul- oder Studienzeiten** in der Sozialversicherung gilt ebenfalls als freiwillige Weiterversicherung und ist daher auch unbeschränkt absetzbar.

Beiträge für eine **freiwillige Höherversicherung** (Steuerpflichtige, die neben einer bestehenden Pflichtversicherung wie z. B. nach ASVG oder GSVG freiwillig noch zusätzliche Beiträge leisten, um ihre Pension aufzubessern) sind hingegen nur innerhalb des Sonderausgaben-Topfes für die vor dem 1. Jänner 2016 abgeschlossenen Verträge abzugsfähig. Im Rahmen der Steuerreform 2015/16 sind die Topf-Sonderausgaben für Neuverträge ab 1. Jänner 2016 nicht mehr absetzbar.

Im Zusammenhang mit Pensionsversicherungen ist noch die **prämienbegünstigte Pensionsvorsorge** zu nennen. Mit der Steuerreform 2000 wurde eine der Bausparprämie nachgebildete Prämie für Arbeitnehmerbeiträge an Pensionskassen, Beiträge zur gesetzlichen Höherversicherung, Zahlungen an Pensionsinvestmentfonds (PIFs) und Beiträge zu einer Pensionszusatzversicherung geschaffen. Die Prämienbegünstigung erfolgt mit einem Pauschbetrag, der sich nach einem Prozentsatz der im jeweiligen Kalenderjahr geleisteten Prämie bemisst. Der Höchstbetrag für die prämienbegünstigten Beiträge entspricht € 1.000. Die Pensionsvorsorgeprämie ist wie die Bausparprämie von der Sekundärmarktrendite abhängig. Im Jahr 2024 beträgt sie 3,0 % der Beiträge.

Pensionsleistungen aus einer prämienbegünstigten Pensionszusatzversicherung oder eines PIFs sind insoweit von der Einkommensteuer befreit, als für die Beiträge eine Prämienbegünstigung in Anspruch genommen wurde. Beiträge zu prämienbegünstigten Pensionsvorsorgemodellen sind nicht gleichzeitig als Sonderausgaben abzugsfähig. Wenn man daher ab dem Jahr 2000 für freiwillige Höherversicherungen in der gesetzlichen Pensionsversicherung und Pensionskassenbeiträge die Vorsorgeprämie beansprucht, kann man dafür nicht gleichzeitig Sonderausgaben geltend machen.

i **Tipp:** Die Inanspruchnahme der Vorsorgeprämie ist zu empfehlen, wenn die Sonderausgaben nicht mehr steuerwirksam sind (Überschreiten des Höchstbetrags oder der Einkommensgrenze) und die Höchstgrenze die prämienbegünstigte Pensionsvorsorge (€ 1.000) nicht anderweitig verwendet werden kann.

Eine **Nachversteuerung** von Versicherungsprämien erfolgt dann, wenn

- die Ansprüche aus einer Rentenversicherung, die nach dem 31.12.1988 abgeschlossen wurde, vor oder nach Beginn der Rentenzahlungen ganz oder zum Teil durch eine **Kapitalzahlung** abgegolten werden.
- die Ansprüche aus einem Versicherungsvertrag auf den Erlebensfall – ohne Nachweis einer wirtschaftlichen Notlage – innerhalb von 20 Jahren seit Vertragsabschluss ganz oder zum Teil **abgetreten oder rückgekauft** werden. Dieser Zeitraum verkürzt sich, wenn der Versicherte im Zeitpunkt des Vertragsabschlusses das 41. Lebensjahr vollendet hat, auf den Zeitraum bis zur Vollendung des 60. Lebensjahres, er darf jedoch nicht weniger als zehn Jahre betragen.
- innerhalb von zehn Jahren seit Vertragsabschluss eine Vorauszahlung oder Verpfändung der Ansprüche aus dem Versicherungsvertrag erfolgt.

Die Nachversteuerung erfolgt mit 30 % der als Sonderausgaben abgesetzten Beträge. Im Falle von Rückvergütungen sind künftige Prämien bis zur Höhe des rückvergüteten Betrags nicht absetzbar.

5.2.2 Kirchenbeiträge

Beiträge an gesetzlich anerkannte Kirchen und Religionsgesellschaften können bis höchstens € 600,– als Sonderausgabe steuerlich abgesetzt werden. Sie sind abzugsfähig und werden nicht um die Sonderausgabenpauschale gekürzt. Es muss sich dabei jedoch um Zahlungen handeln, die aufgrund der Beitragspflicht geleistet werden. Spenden an Kirchen und Religionsgesellschaften können nicht abgezogen werden. Kirchenbeiträge sind auch dann absetzbar, wenn sie für den nicht dauernd getrennt lebenden Ehegatten oder ein Kind, für welches der Kinderabsetzbetrag oder der Unterhaltsabsetzbetrag mehr als sechs Monate im Jahr zusteht, geleistet werden. Das gilt auch für den Partner bei Lebensgemeinschaft mit Kind. Die Grenze von € 600,– erhöht sich dadurch aber nicht.

In Österreich sind derzeit 16 Kirchen und Religionsgesellschaften gesetzlich anerkannt:

- Altkatholische Kirche Österreichs
- Armenisch-apostolische Kirche in Österreich
- Evangelische Kirche A.B.und H.B.
- Evangelisch-methodistische Kirche in Österreich
- Freikirchen in Österreich
  - Bund der Baptistengemeinden in Österreich
  - Bund Evangelikaler Gemeinden in Österreich
  - Elaia Christengemeinden
  - Freie Christengemeinde – Pfingstgemeinde
  - Mennoitische Freikirche Österreich
- Griechisch-orientalische (= Orthodoxe) Kirche
  - Griechisch-orientalische Kirchengemeinde zur Hl. Dreifaltigkeit
  - Griechisch-orientalische Kirchengemeinde zum Hl. Georg
  - Bulgarisch-orthodoxe Kirchengemeinde zum Hl. Iwan Rilski
  - Rumänisch-griechisch-orientalische Kirchengemeinde zur Hl. Auferstehung
  - Russisch-orthodoxe Kirchengemeinde zum Hl. Nikolaus
  - Serbisch-griechisch-orientalische Kirchengemeinde zum Hl. Sava
- Islamische Glaubensgemeinschaft in Österreich
- Islamisch Alevitische Glaubensgemeinschaft in Österreich
- Israelitische Religionsgesellschaft
- Jehovas Zeugen
- Katholische Kirche
  - Römisch-katholischer Ritus
  - Griechisch-katholischer Ritus
  - Armenisch-katholischer Ritus
- Kirche Jesu Christi der Heiligen der Letzten Tage (Mormonen) in Österreich
- Koptisch-orthodoxe Kirche in Österreich
- Neuapostolische Kirche in Österreich
- Österreichische Buddhistische Religionsgemeinschaft
- Syrisch-orthodoxe Kirche in Österreich

Seit 2011 können Kirchenbeiträge auch für in Österreich gesetzlich anerkannte Religionsgemeinschaften mit EU- oder EWR-Sitz als Sonderausgaben abgesetzt werden.

Personen, die Kirchenbeiträge von der Steuer absetzten, müssen keinen Steuerausgleich mehr machen. Diese Sonderausgaben werden von den anerkannten Kirchen und Religionsgemeinschaften an das Finanzamt gemeldet und automatisch berücksichtigt.

5.2.3 Renten und dauernde Lasten

Renten sind regelmäßig wiederkehrende Leistungen, die aufgrund eines Rentenstammrechts gewährt werden, und deren Dauer vom Eintritt eines ungewissen Ereignisses (zumeist vom Tod einer Person) abhängt.

Dauernde Lasten sind Verpflichtungen, die mit einem Grundstück oder einer Person verbunden sind und für einen längeren Zeitraum (mindestens 10 Jahre) einem anderen gegenüber in Form von Geld- oder Sachleistungen zu erbringen sind.

Die steuerliche Beurteilung von Rentenzahlungen hängt einerseits davon ab, ob es sich um die Übertragung einer betrieblichen Einheit (Betrieb, Teilbetrieb oder Mitunternehmeranteil) oder um jene eines einzelnen Wirtschaftguts handelt. Als zweites Unterscheidungskriterium dient das Verhältnis zwischen dem Verkehrswert des einzelnen Wirtschaftsguts bzw. der Summe aller Teilwerte einschließlich selbst geschaffener unkörperlicher Wirtschaftsgüter (Firmenwert) der betrieblichen Einheit und dem nach versicherungsmathematischen Methoden ermittelten Rentenbarwert zuzüglich allfälliger Einmalbeträge.

i **Tipp:** Sonderausgaben haben meist nur einen geringen steuerlichen Effekt – daher sollte die Sinnhaftigkeit der Ausgabe im Vordergrund stehen. Der Abschluss einer Lebensversicherung, nur um die Prämie als Sonderausgabe absetzen zu können, wird in der Regel keine optimale Entscheidung sein.

5.2.4 Steuerberatungskosten

Steuerberatungskosten (Honorar inklusive Umsatzsteuer) können als Sonderausgaben in unbegrenzter Höhe geltend gemacht werden, wenn sie noch nicht als Betriebsausgaben oder Werbungskosten abgesetzt wurden und an berufsrechtlich zur Steuerberatung befugte Personen geleistet werden.

i **Tipp:** Wenn Sie im abgelaufenen Kalenderjahr ein steuerliches und wirtschaftliches Problem hatten, und ein Steuerberater stand Ihnen bei der Lösung zur Seite, dann können Sie die Rechnung des Steuerberaters als Sonderausgabe absetzen. Und die gute Nachricht am Schluss: Es gibt keine Beschränkung der Abzugsfähigkeit, die Rechnung kann in voller Höhe geltend gemacht werden. Unternehmer können die Honorare des Steuerberaters bei betrieblicher Veranlassung selbstverständlich als Betriebsausgaben abziehen und auch den Vorsteuerabzug geltend machen.

5.2.5 Spenden

Eine Steuerförderung besteht für Spenden

- an ganz bestimmte Forschungs- und Lehreinrichtungen,
- für mildtätige Zwecke, die überwiegend im Inland, in Mitgliedstaaten der EU, in Staaten des Europäischen Wirtschaftsraums verfolgt werden,
- für Zwecke der Entwicklungszusammenarbeit,
- für Hilfestellung in Katastrophenfällen (insbesondere Hochwasser-, Erdrutsch-, Vermurungs- und Lawinenschäden),
- für Museen von Körperschaften öffentlichen Rechts.

Die empfangende Spendenorganisation hat dabei eine Reihe von Voraussetzungen zu erfüllen und nachzuweisen, damit die Abzugsfähigkeit gewährt wird.

Wer als begünstigter Spendenempfänger in Frage kommt, ist entweder auf der Homepage des Finanzministeriums ersichtlich, oder kann beim Finanzamt erfragt werden. Weiters ist die jeweilige Finanzlandesdirektion in der Lage, per Bescheid andere gemeinnützige Vereine und Einrichtungen im Bereich der Forschung und Lehre als begünstigte Spendenempfänger anzuerkennen. Außerdem besteht für den Steuerpflichtigen die Möglichkeit sich bei dem Spendenempfänger zu erkundigen, ob der für die Sonderausgabenbegünstigung erforderliche Bescheid vorliegt.

2012 wurde die Spendenbegünstigung nochmals erweitert. Sowohl Private als auch Unternehmen können nun zusätzlich Spenden an Organisationen, die sich dem Umwelt-, Natur- und Artenschutz widmen, an Tierheime, freiwillige Feuerwehren und Landesfeuerwehrverbände von der Steuer absetzen. Voraussetzung für die Abzugsfähigkeit der Spenden ist, dass die empfangende Einrichtung ihren Sitz in Österreich hat. Seit 2014 ist der Kreis der spendenbegünstigten Einrichtungen auf vergleichbare Einrichtungen ausgeweitet worden, die ihren Sitz in einem Mitgliedstaat der EU oder in einem Staat haben, mit dem Österreich eine umfassende Amtshilfe vereinbart hat. Dabei ist jedoch grundsätzlich ein Österreichbezug für das Vorliegen der Spendenbegünstigung erforderlich. Lediglich Spenden, die an die der österreichischen Diplomatischen Akademie vergleichbare Einrichtungen mit Sitz in einem Mitgliedstaat der EU oder einem Staat mit umfassender Amtshilfe geleistet werden, sind auch ohne Vorliegen eines Österreichbezuges abzugsfähig.

Bei den Spenden kann es sich um Geld- und/oder Sachzuwendungen aus dem Privatvermögen handeln. Spenden aus dem Betriebsvermögen eines Unternehmens sind Betriebsausgaben. Zudem ist zu beachten, dass der Steuerpflichtige dem Finanzamt eine Bestätigung des Spendenempfängers vorzulegen hat. Durch das Abgabenänderungsgesetz 2012 kam es in diesem Bereich zu Änderungen. Künftig bezieht sich die Deckelung der als Betriebsausgaben abzugsfähigen begünstigten Spenden in Höhe von 10 % des Gewinns, vor Berücksichtigung des Gewinnfreibetrags, auf das laufende Wirtschaftsjahr – bisher war das vorangegangene Wirtschaftsjahr maßgeblich.

Spenden an begünstigte Empfänger werden von der empfangenen Organisation automatisch direkt an die Finanzverwaltung gemeldet und müssen daher nicht mehr bei der Steuererklärung angegeben werden. Begünstigt sind z.B. NGOs wie Caritas und Rotes Kreuz, aber auch Selbsthilfeorganisationen und Spitäler.

5.2.6 Verlustvortrag (Verlustabzug)

Natürliche Personen können vortragsfähige Verluste in vollem Ausmaß verrechnen bzw. abziehen. Der Verlustvortrag gewährleistet den Ausgleich von Verlusten, die im Entstehungsjahr mangels ausreichender positiver Einkünfte nicht verrechnet werden können. Die angefallenen Verluste können „vorgetragen", das heißt in Folgejahren als Sonderausgaben abgezogen werden. Um den Verlustvortrag berücksichtigen zu können, muss eine Veranlagung durchgeführt werden. Dabei sind zunächst alle anderen Sonderausgaben abzuziehen, dann erst ist der Verlustvortrag von Amts wegen zu berücksichtigen.

5.2.7 Wohnraumschaffung/Wohnraumsanierung

Ausgaben zur Wohnraumschaffung und Wohnraumsanierung fallen unter den **Sonderausgabentopf** und können daher für Neuverträge seit dem 1. Jänner 2016 nicht mehr geltend gemacht werden. Darunter fallen:

a) Ausgaben zur Wohnraumschaffung

Unter Wohnraumschaffung versteht der Gesetzgeber u. a. Neubau, Zubau (auch Aufstockung), Dachbodenausbau und sonstige Umbauten, die zusätzliche Wohnfläche schaffen (z. B. Umwandlung von Lagerraum in Wohnraum) – egal, ob der Wohnraum in Verbindung mit einem Eigenheim (Wohnhaus) oder einer Eigentumswohnung geschaffen wird. Wohnraumschaffung liegt demnach entweder beim Kauf einer neu errichteten Wohnung oder beim Bau eines neuen Hauses für Wohnzwecke mit nicht mehr als 2 Wohnungen vor.

b) Aufwendungen für die Errichtung von Eigenheimen und Eigentumswohnungen

1. Ein **Eigenheim** ist ein Wohnhaus, das
   - ganzjährig bewohnt werden kann (inkl. Heizung, Benützungsbewilligung). Ein Gartenhaus, eine Jagdhütte oder ein Badebungalow sind kein Eigenheim.
   - maximal zwei Wohnungen hat,
   - zu mindestens zwei Dritteln (der Gesamtnutzfläche) eigenen Wohnzwecken dient (wird mehr als ein Drittel vermietet oder für betriebliche/berufliche Zwecke genutzt, sind die Errichtungskosten nicht absetzbar),
   - eine baubehördliche Bewilligung hat und
   - unmittelbar nach der Fertigstellung zumindest zwei Jahre als Hauptsitz genutzt wird.

   Begünstigt ist nur die Errichtung (auch eines Fertigteilhauses), nicht aber der Ankauf eines fertigen Eigenheimes. Bei Erwerb eines Rohbaus stellen die Anschaffungskosten keine Sonderausgaben dar, wohl aber die weiteren Kosten der Baumaßnahmen.

2. Eine **begünstigte Eigentumswohnung** liegt vor, wenn es sich um eine Eigentumswohnung im Sinne des Wohnungseigentumsgesetzes handelt, von der zumindest zwei Drittel der Gesamtnutzfläche eigenen Wohnzwecken dienen. Zudem muss man die Wohnung selbst neu errichten oder errichten lassen. Der Ankauf einer bereits fertig gestellten (errichteten) Eigentumswohnung kann nicht abgesetzt werden.

c) Ausgaben zur Wohnraumsanierung

Die Kosten der Wohnraumsanierung sind für die vor dem 1. Jänner 2016 abgeschlossene Verträge absetzbar, wenn

- die Ausgaben der **Sanierung von bereits vorhandenem Wohnraum** dienen. Der Ausbau des Dachbodens stellt daher nicht Sanierung, sondern Schaffung von Wohnraum dar. Diese Abgrenzung ist von Bedeutung, da im Falle der Wohnraumschaffung auch selbst durchgeführte Arbeiten begünstigt sind.
- der Steuerpflichtige selbst der **unmittelbare Auftraggeber** ist. Die von Bauträgern getätigten und in den Mieten weiterverrechneten Aufwendungen (so genannte Erhaltungs- und Verbesserungsbeiträge) sind nicht abzugsfähig. Allerdings muss der Auftraggeber nicht auch selbst Eigentümer der Wohnung / des Hauses sein.
- die **Durchführung durch** ein **befugtes Unternehmen** durch Rechnungen bestätigt wird. Reine Materialrechnungen werden nicht anerkannt.
- entweder **Instandsetzungsaufwendungen** (Nutzungswert des Wohnraumes wird wesentlich erhöht oder dessen Nutzungsdauer wesentlich verlängert) oder **Herstellungsaufwendungen** (Veränderung der Bausubstanz) vorliegen (siehe auch „Herstellungs- und Erhaltungsaufwand" auf Seite 165).

d) Darlehen für Wohnraumschaffung/-sanierung

Rückzahlungen von Darlehen, die für die Schaffung oder Sanierung von begünstigtem Wohnraum aufgenommen wurden, sowie Zinsen für derartige Darlehen sind für die vor dem 1. Jänner 2016 abgeschlossenen Verträge ebenfalls begünstigt. Dies gilt auch dann, wenn das Darlehen vom Voreigentümer übernommen wird oder Kredite wegen günstigerer Konditionen umgeschuldet werden. Für Neuverträge ab dem 1. Jänner 2016 fallen die Topf-Sonderausgaben weg.

6 Außergewöhnliche Belastungen

Die Einkommensteuer ist auf dem Prinzip der Berücksichtigung der persönlichen Leistungsfähigkeit aufgebaut. Hat man ***private Aufwendungen*** *für die Lebensführung, die atypisch sind und daher zu einer außergewöhnlichen Belastung führen, anerkennt das Gesetz diese mit der Abzugsfähigkeit dieser Ausgaben. Wie und in welcher Höhe Sie Katastrophenschäden, Körperbehinderungen, Kindermädchen und andere außergewöhnliche Belastungen steuerlich geltend machen können, wird in diesem Kapitel behandelt.*

Bestimmte Aufwendungen und Ausgaben aus dem Privatbereich sind als außergewöhnliche Belastungen vom Gesamtbetrag der Einkünfte abzuziehen und mindern die Steuerbelastung, wenn sie folgende Voraussetzungen erfüllen:

- Sie müssen **außergewöhnlich** sein. Dies ist dann der Fall, wenn die Belastung des Steuerpflichtigen höher ist als jene, die der Mehrzahl der Steuerpflichtigen vergleichbarer Einkommens- und Vermögensverhältnisse erwächst.
- Sie müssen **zwangsläufig** erwachsen. Dies ist anzunehmen, wenn der Steuerpflichtige sich der Belastung aus tatsächlichen, rechtlichen oder sittlichen Gründen nicht entziehen kann. Wenn die Aufwendungen als Folge eines freiwilligen Verhaltens des Steuerpflichtigen (z.B. einvernehmliche Scheidung) entstanden sind, werden sie nicht als außergewöhnliche Belastung anerkannt.
- Sie müssen die **wirtschaftliche Leistungsfähigkeit** des Steuerpflichtigen wesentlich **beeinträchtigen.** Diese Bedingung liegt vor, wenn die Ausgaben einen festgelegten Prozentsatz, den Selbstbehalt, welcher sich individuell nach der Höhe des Einkommens und dem Familienstand bemisst, überschreiten.
- Bestimmte außergewöhnliche Belastungen (z.B. Aufwendungen zur Beseitigung von Katastrophenschäden, außergewöhnliche Belastungen bei Behinderungen) können auch ohne Selbstbehalt geltend gemacht werden.
- Es muss sich um Aufwendungen handeln, die zu einer endgültigen **Belastung** des Steuerpflichtigen und somit zu einer **Vermögensminderung** führen. Vermögensumschichtungen wie z.B. der Erwerb eines Hauses oder anderer Wirtschaftsgüter stellen keine außergewöhnlichen Belastungen dar, da in solchen Fällen Sach- gegen Geldwerte getauscht werden und keine Vermögensminderung stattfindet.
- Zudem können Aufwendungen nur insoweit als außergewöhnliche Belastung geltend gemacht werden, als ihnen keine Ersatzleistungen von dritter Seite (z.B. Versicherungsvergütungen, Familienbeihilfe, Kostenersätze) gegenüberstehen. Dies gilt auch dann, wenn die Ersatzleistung nicht im selben Jahr wie der Aufwand ausbezahlt wird.
- Die Ausgaben dürfen weder Werbungskosten, noch Betriebsausgaben oder Sonderausgaben darstellen, da sie sonst als solche abzugsfähig sind (Subsidiarität).

Steuerpflichtige haben die außergewöhnlichen Belastungen im Rahmen der Veranlagung geltend zu machen. Die entsprechenden Belege (Rechnungen, Quittungen) müssen sieben Jahre aufbewahrt und auf Verlangen vorgewiesen werden. Eine außergewöhnliche Belastung kann nicht berücksichtigt werden, wenn das steuerpflichtige Einkommen so niedrig ist, dass es nicht zur Vorschreibung von Einkommensteuer kommt.

6.1 Außergewöhnliche Belastungen mit Selbstbehalt

Die zu dieser Gruppe der außergewöhnlichen Belastungen zählenden Aufwendungen werden steuerlich nur dann anerkannt, wenn sie nicht „nur" die Kriterien der Außergewöhnlichkeit und Zwangsläufigkeit aufweisen, sondern auch die wirtschaftliche Leistungsfähigkeit des Steuerpflichtigen beeinträchtigen. Letzteres ist dann der Fall, wenn der individuell zu bestimmende Selbstbehalt überschritten wird.

Der Selbstbehalt beträgt bei einem Einkommen von

höchstens € 7.300,–	6 %
mehr als € 7.300,–	8 %
mehr als € 14.600,–	10 %
mehr als € 36.400,–	12 %

vom maßgeblichen Einkommen (siehe unten).

Der Selbstbehalt vermindert sich um je einen Prozentpunkt,

- wenn der Alleinverdiener- oder Alleinerzieherabsetzbetrag zusteht,
- dem Steuerpflichtigen kein Alleinverdiener- oder Alleinerzieherabsetzbetrag zusteht, er aber mehr als sechs Monate im Jahr verheiratet oder eingetragener Partner ist, vom (Ehe-) Partner nicht dauernd getrennt lebt, und der (Ehe-) Partner Einkünfte von höchstens € 6.937,– jährlich erzielt, sowie
- für jedes Kind, für das für mehr als sechs Monate der Kinderabsetzbetrag oder der Unterhaltsabsetzbetrag zusteht.

Der Selbstbehalt wird im Rahmen der Arbeitnehmerveranlagung vom Finanzamt ermittelt.Ein Arbeitnehmer kann das für den Selbstbehalt maßgebliche Einkommen nach folgendem Schema berechnen:

  lohnsteuerpflichtige Jahreseinkünfte (Kennzahl 245 lt. Jahreslohnzettel)
\+ Sonderzahlungen (13. und 14. Monatsgehalt, Kennzahl 220)
– Sozialversicherungsbeiträge der Sonderzahlungen (Kennzahl 225)
– Werbungskosten (auch jene, die vom Arbeitgeber berücksichtigt wurden; mindestens das Pauschale von € 132,–)
– weitere außergewöhnliche Belastungen ohne Selbstbehalt
= **maßgebliches Einkommen für die Ermittlung des Selbstbehalts**

Nicht zum maßgeblichen Einkommen zählen die steuerfreien Progressionsvorbehaltseinkünfte (siehe Kapitel 1.2.2 auf Seite 58) wie z.B. das versicherungsmäßige Arbeitslosengeld und die Notstandshilfe, die Überbrückungshilfe der Beamten, bestimmte Bezüge der Präsenz- und Zivildiener und Einkünfte aus Auslandstätigkeiten.

Um nun den Selbstbehalt zu ermitteln, ist das nach obigem Schema ermittelte Einkommen mit dem jeweiligen Prozentsatz zu multiplizieren. Lediglich die den errechneten Selbstbehalt übersteigenden Aufwendungen mindern das steuerpflichtige Einkommen des Steuerpflichtigen.

Ein Arbeitnehmer hat ein Kind, für welches der Kinderabsetzbetrag zusteht. Für das abgelaufene Kalenderjahr hat er folgende Kosten getragen:

für die Zahnregulierung eines Kindes	€ 1.000,–
für eigene Arztkosten	€ 4.000,–

Die Krankenkasse leistet insgesamt € 400,– Ersatz, die saldierten Ausgaben betragen daher € 4.600. Das für die Ermittlung des Selbstbehalts maßgebliche Einkommen beträgt € 30.000. Der Selbstbehalt von grundsätzlich 10 % vermindert sich noch wegen des Kindes um einen Prozentpunkt und beträgt somit 9 %. Die Gesamtausgaben in Höhe von € 4.600,– sind um den Selbstbehalt von € 2.700,– (9 % von € 30.000) zu kürzen, sodass sich steuerlich € 1.900,– als außergewöhnliche Belastung auswirken.

Steht dem Arbeitnehmer noch der Alleinverdiener- oder Alleinerzieherabsetzbetrag zu oder steht kein Alleinverdiener- oder Alleinerzieherabsetzbetrag zu, ist er aber mehr als sechs Monate im Jahr verheiratet oder eingetragener Partner, lebt er vom (Ehe-) Partner nicht dauernd getrennt und erzielt der (Ehe-) Partner im Jahr Einkünfte von höchstens € 6.312,–, würde sich der Selbstbehalt um einen weiteren Prozentpunkt vermindern. Der Selbstbehalt würde sodann 8 % betragen. Die Gesamtausgaben in Höhe von € 4.600,– wären um den Selbstbehalt von € 2.400,– (8 % von € 30.000) zu kürzen, sodass sich steuerlich € 2.200,– als außergewöhnliche Belastung auswirken würden.

Tipp: Da außergewöhnliche Belastungen erst dann Steuerwirksamkeit erlangen, wenn diese den Selbstbehalt übersteigen, sollten Sie darauf achten, dass möglichst viele der Kosten kumuliert in einem Kalenderjahr anfallen!

Tipp: Kostenrückerstattung durch gesetzliche/freiwillige Unfall- oder Krankenversicherung sind von den außergewöhnlichen Belastungen abzuziehen.

Grundsätzlich unterliegen außergewöhnliche Belastungen dem Selbstbehalt. Nur bestimmte, genau festgelegte Aufwendungen sind davon ausgenommen. In der folgenden Auflistung wird gesondert darauf hingewiesen.

Die Anzahl der anerkannten außergewöhnlichen Belastungen mit Selbstbehalt ist aber nicht begrenzt. Hier werden beispielhaft verschiedene (abzugsfähige) Aufwendungen beschrieben. Es ist daher durchaus denkbar, dass andere Belastungen, die die beschriebenen Kriterien erfüllen, ebenfalls als außergewöhnliche Belastungen – mit Selbstbehalt – anerkannt werden.

6.2 Außergewöhnliche Belastungen ohne Selbstbehalt

Bei gewissen Aufwendungen außergewöhnlicher Belastung wird kein Selbstbehalt abgezogen. Beispiele für außergewöhnliche Belastungen ohne Selbstbehalt sind:

- Behinderung ab 25 %
- Pauschalbeträge für eine auswärtige Berufsausbildung eines Kindes
- Aufwendungen zur Beseitigung von Katastrophenschäden
- Unterhaltsleistungen an Kinder im Ausland

6.3 ABC der außergewöhnlichen Belastungen

Allergiekosten

Kosten im Zusammenhang mit der Behandlung von Allergien stellen abzugsfähige Krankheitskosten (siehe Seite 197) dar. Der empfohlene Wohnungsumbau oder Möbelaustausch kann jedoch nicht als außergewöhnliche Belastung geltend gemacht werden.

Alters-, Pensionisten- und Pflegeheime

Die Kosten für Alters-, Pensionisten- oder Pflegeheime stellen außergewöhnliche Belastungen dar, wenn folgende Voraussetzungen vorliegen:

- Der Heimaufenthalt ist aus Gründen der Pflege- oder Betreuungsbedürftigkeit oder aus Krankheitsgründen **notwendig.** Wenn die Unterbringung lediglich aus Altersgründen erfolgt, liegen keine außergewöhnlichen Belastungen vor.
- Das Heim muss die erforderliche **Pflege und ärztliche Betreuung** anbieten.

Wenn der Aufenthalt in einem Heim dem Grunde nach absetzbar ist, können die **Kosten** für die **Unterbringung und Verpflegung** im Heim geltend gemacht werden. Der Einbettzimmerzuschlag kann als außergewöhnliche Belastung geltend gemacht werden, wenn die Unterbringung in einem Einzelzimmer vom Facharzt ausdrücklich für erforderlich erachtet wurde. Die ärztliche Bestätigung dient als Nachweis für die Zwangsläufigkeit der Aufwendung.

Die Aufwendungen sind allerdings noch um

- eine vom Finanzamt angenommene Haushaltsersparnis (€ 156,96 pro Monat),
- öffentliche Zuschüsse (z. B. Behindertenzulage, Pflegegeld),
- Kostenersätze von dritter Seite (Versicherung, Krankenkasse) sowie um
- den individuell zu ermittelnden Selbstbehalt (siehe obige Beschreibung)

zu kürzen. Wenn der Heimbewohner seine Privatwohnung beibehält, werden die Aufwendungen von der Finanz nicht um die gesamte Haushaltsersparnis, sondern „lediglich" um die Ersparnis der Verpflegungskosten gekürzt.

Wenn eine **Behinderung** des Steuerpflichtigen vorliegt, können entweder die pauschalen Behindertenfreibeträge (siehe „Behinderung der Kinder" auf Seite 189) oder die tatsächlichen Kosten ohne Selbstbehalt abgesetzt werden. Auch bei Alleinverdienern, die für ihren behinderten Ehepartner die Heimkosten übernehmen, wird kein Selbstbehalt angesetzt. Die von Unterhaltsverpflichteten (z. B. Kinder für Eltern) getragenen Aufwendungen können hingegen nur nach Berücksichtigung des Selbstbehalts als außergewöhnliche Belastungen geltend gemacht werden.

Begräbniskosten

Nicht durch das Nachlassvermögen gedeckte **Begräbniskosten** stellen bis zu einem Betrag von maximal € 20.000,– eine außergewöhnliche Belastung dar.

Dabei können die Kosten für ein würdiges Begräbnis und für einen einfachen Grabstein in der Höhe von insgesamt € 10.000,– geltend gemacht werden. Wenn höhere Kosten entstehen, ist die Zwangsläufigkeit nachzuweisen (z.B. besondere Überführungskosten oder Vorschriften über die Gestaltung des Grabdenkmals). Abzusetzen sind als Teil der Begräbniskosten die Ausgaben für Blumen, Kränze, Leichenschmaus sowie für Beileiddanksagungen. Die Kosten für Trauerkleidung und die Grabpflege sind hingegen nicht absetzbar.

Behinderung der Kinder

Steuerpflichtige mit Kindern mit Behinderung können Ausgaben, die ihre Kinder betreffen, grundsätzlich als außergewöhnliche Belastung geltend machen. Die Höhe der zustehenden Steuerfreibeträge hängt jedoch vom Grad der Behinderung ab, der von der zuständigen Stelle (Amtsarzt, Bundessozialamt etc.) zu bescheinigen ist.

- Wenn der Grad der Behinderung **weniger als 25 %** beträgt, können nur die tatsächlichen behinderungsbedingten Aufwendungen (Belege für Arzt- oder Spitalskosten, Medikamente usw.) – gekürzt durch erhaltenes Pflegegeld – geltend gemacht werden. Für Kinder, die aufgrund ihrer Behinderung eine Diätverpflegung benötigen, können zusätzlich entweder die Pauschalbeträge für Diätverpflegung (siehe „Krankendiät" auf Seite 198) oder die tatsächlichen Kosten der Krankendiät geltend gemacht werden.
- Alle zuvor genannten Aufwendungen können sich steuerlich aber nur insoweit auswirken, als sie den Selbstbehalt übersteigen.
- Bei einer Behinderung, deren Grad **mindestens 25 %,** aber **weniger als 50 %** beträgt, gibt es zwei Möglichkeiten:
  - Der Steuerpflichtige erhält für sein Kind **kein Pflegegeld.** Es können entweder die tatsächlichen Kosten oder die vom Grad der Behinderung abhängigen Freibeträge (siehe weiter unten) sowie zusätzlich die Kosten für Krankendiätverpflegung (siehe dort), die Kosten für nicht regelmäßig anfallende Hilfsmittel (z.B. Rollstuhl) und die Kosten der Heilbehandlung (z.B. Kurkosten, Therapiekosten, Kosten der Haltung eines Assistenzhundes) geltend gemacht werden.

Freibeträge für Kinder mit 25- bis 49-prozentiger Behinderung	
Grad der Behinderung	**Ab 2019**
25 bis 34 %	€ 124,–
35 bis 44 %	€ 164,–
45 bis 49 %	€ 401,–

  - Der Steuerpflichtige **erhält** für sein Kind **Pflegegeld.** Bei Bezug von pflegebedingten Geldleistungen können nur die das Pflegegeld übersteigenden tatsächlichen Kosten als außergewöhnliche Belastungen geltend gemacht werden. Zusätzlich stehen aber noch die Kosten (ohne Kürzung um das Pflegegeld) für Diätverpflegung, Hilfsmittel und Heilbehandlung zu.
- Ab einer Behinderung von mindestens 25 % werden die geltend gemachten Kosten nicht um einen Selbstbehalt gekürzt.
- Wenn der Grad der Behinderung **mindestens 50 %** beträgt, hat der Steuerpflichtige Anspruch auf erhöhte Familienbeihilfe. Hinsichtlich der Geltendmachung der Aufwendungen bestehen wiederum zwei Möglichkeiten:

- Nachweis der aus der Behinderung resultierenden **tatsächlichen Kosten** ohne Abzug eines Selbstbehalts. Die Aufwendungen sind jedoch um erhaltene Pflegegelder zu kürzen.
- Inanspruchnahme des **monatlichen Freibetrags** von € 262,– vermindert um die Summe der pflegebedingten Geldleistungen. Zusätzlich können noch die Kosten für Hilfsmittel (z. B. Rollstuhl, Hörgerät), für Heilbehandlungen (Arzt-, Spitals-, Kurkosten, Medikamente) sowie die Kosten für eine Sonder- oder Pflegeschule oder eine Behindertenschule geltend gemacht werden.
- Bei Unterbringung in einem Vollinternat vermindert sich der Freibetrag um ein Dreißigstel pro Tag des Internataufenthalts.
- Der Freibetrag und die weiteren Kosten können auch hier ohne Abzug eines Selbstbehalts geltend gemacht werden. Wenn mehrere Personen (z. B. beide Elternteile) den Freibetrag beantragen, ist dieser im Verhältnis der Kostentragung aufzuteilen.

Übersicht der Freibeträge für Kinder mit Behinderung

	Behinderung mindestens 25 % ohne erhöhte Familienbeihilfe	Behinderung mindestens 50 % mit erhöhter Familienbeihilfe	Behinderung mit erhöhter Familienbeihilfe und mit Pflegegeld
pauschaler Freibetrag je nach Grad der Behinderung	ja	nein	nein
pauschaler Freibetrag von € 262,–	nein	ja	ja, gekürzt um Pflegegeld
pauschaler Freibetrag für Diätverpflegung	ja	nein	nein
Aufwendungen für Behindertenhilfsmittel und Kosten der Heilbehandlung	ja	ja	ja
Kosten für Behindertenschule	ja	ja	ja

Behinderung des Steuerpflichtigen

Mehraufwendungen aufgrund einer **eigenen** körperlichen oder geistigen Behinderung sind als außergewöhnliche Belastungen absetzbar.

Alleinverdiener können auch die außergewöhnlichen Belastungen infolge einer Behinderung des **Ehegatten oder Lebensgefährten** geltend machen.

Des Weiteren können Steuerpflichtige Mehraufwendungen wegen der Behinderung des Ehepartners oder des eingetragenen Partners geltend machen, wenn kein Anspruch auf den Alleinverdienerabsetzbetrag besteht und die Einkünfte des Partners nicht mehr als € 6.937,– pro Jahr betragen.

Mehraufwendungen für **Kinder** mit Behinderungen können ebenfalls steuerlich berücksichtigt werden (siehe „Behinderung der Kinder" auf Seite 189. Die Tatsache der Behinderung und das Ausmaß der Minderung der Erwerbsfähigkeit (Grad der Behinderung) sind durch eine amtliche Bescheinigung der dafür zuständigen Stellen **nachzuweisen:**

Bei	zuständige Stelle
Berufskrankheiten, Berufsunfällen	Sozialversicherungsträger
Empfängern einer Opferrente	Landeshauptmann / Landeshauptfrau
Allen übrigen Fällen sowie bei Zusammentreffen von Behinderungen verschiedener Art	Bundesamt für Soziales und Behindertenwesen durch Ausstellung eines Behindertenpasses

Für die Bestätigung des Amtsarztes und die dafür erforderliche amtsärztliche Untersuchung benötigen Sie eine Zuweisung durch Ihr Finanzamt oder Ihren Pensionsversicherungsträger.

Bei der **Geltendmachung** der außergewöhnlichen Belastungen im Rahmen der Veranlagung hat der Steuerpflichtige anzugeben, ob er für seine Behinderung pflegebedingte Geldleistungen (Pflegegeld, Pflegezulage, Blindengeld) bezieht oder keine derartigen Zahlungen erhält. Diese Angabe ist deshalb von Bedeutung, weil sie den Umfang und die Höhe der steuerlich absetzbaren Aufwendungen bestimmt.

Wenn **kein Pflegegeld** bezogen wird und das Ausmaß der Behinderung **mindestens 25 %** beträgt, stehen dem Steuerpflichtigen folgende Möglichkeiten zur Verfügung:

- Geltendmachung der **tatsächlich entstandenen Kosten** ohne Selbstbehalt oder
- Inanspruchnahme des vom Grad der Behinderung abhängigen **Freibetrags** ohne Selbstbehalt.

Der pauschale Freibetrag ist abhängig vom Grad der Behinderung und beträgt ab dem Jahr 2019 jährlich

25 bis 34 %	€ 124,–
35 bis 44 %	€ 164,–
45 bis 54 %	€ 401,–
55 bis 64 %	€ 486,–
65 bis 74 %	€ 599,–
75 bis 84 %	€ 718,–
85 bis 94 %	€ 837,–
Ab 95 %	€ 1.198,–

Pensionisten mit Behinderung können die genannten Pauschalbeträge entweder beim Finanzamt oder direkt bei ihrem Pensionsversicherungsträger (bei der pensionsauszahlenden Stelle) geltend machen.

Zusätzlich zum Freibetrag können Steuerpflichtige noch folgende Aufwendungen ohne Abzug eines Selbstbehalts oder einer pflegebedingten Geldleistung als außergewöhnliche Belastungen geltend machen (allfällige Kostenersätze sind abzuziehen):

- Nicht regelmäßig anfallende Aufwendungen für Hilfsmittel (z. B. Rollstuhl, rollstuhlgerechte Adaptierung der Wohnung, behindertengerechter Umbau eines Bades und WC, Hörgerät oder Blindenhilfsmittel);
- Kosten der Heilbehandlung (z. B. Arztkosten, Spitalskosten, Kurkosten, Therapiekosten, Kosten für Medikamente, die im Zusammenhang mit der Behinderung stehen, mit der Heilbehandlung verbundene Fahrtkosten);

- Aufwendungen, die regelmäßig durch die Pflegebedürftigkeit verursacht werden (z.B. Kosten für Pflegepersonal, Bettwäsche oder Verbandsmaterialien), zählen jedoch nicht zu den Kosten der Heilbehandlung;
- Mehraufwendungen wegen Krankendiätverpflegung. Steuerpflichtige, die aufgrund ihrer Behinderung eine Diätverpflegung benötigen, können zusätzlich entweder die Pauschalbeträge für Diätverpflegung (siehe „Krankendiät" auf Seite 198) oder die tatsächlichen Kosten der Krankendiät geltend machen;
- Für Körperbehinderte, die infolge ihrer Gehbehinderung ein eigenes Fahrzeug für Privatfahrten benötigen, gibt es einen Freibetrag von monatlich € 190,–. Zur Geltendmachung dieses Pauschalbetrags kann der Befreiungsbescheid von der Kraftfahrzeugsteuer, ein Ausweis gemäß § 29 b StVO oder der Behindertenpass mit der Feststellung der Gehbehinderung vorgelegt werden. Die tatsächlichen Kosten einer behindertengerechten Adaptierung des KFZ können nicht geltend gemacht werden, da sie mit dem Freibetrag abgegolten sind;
- Behinderte mit einer mindestens 50-prozentigen Erwerbsminderung, die über kein eigenes KFZ verfügen, können Aufwendungen für Taxifahrten bis maximal € 153,– monatlich geltend machen.

Für Steuerpflichtige, deren Erwerbsfähigkeit wegen der **Behinderung** um **weniger als 25 %** eingeschränkt ist, gibt es den vom Grad der Behinderung abhängigen Freibetrag nicht, da dieser erst ab 25 % zusteht.

Es können allerdings die aus der Behinderung resultierenden tatsächlichen Aufwendungen geltend gemacht werden.

Nicht regelmäßig anfallende Ausgaben für Hilfsmittel (z.B. Hörgerät), Kosten der Heilbehandlung (z.B. Arztkosten, Kurkosten) sowie Mehraufwendungen wegen Krankendiätverpflegung (Pauschale oder tatsächliche Kosten) sind ebenfalls absetzbar.

Der größte Unterschied gegenüber den Steuerpflichtigen mit einem Behinderungsgrad von mindestens 25 % besteht jedoch darin, dass die abzugsfähigen Kosten um den Selbstbehalt (siehe außergewöhnliche Belastungen mit Selbstbehalt) zu kürzen sind.

Steuerpflichtigen, die **ganzjährig Pflegegeld** (Blindenzulage, Blindengeld, Pflege- oder Blindenbeihilfe) beziehen, steht der Freibetrag nicht zu. Sie können aber sämtliche aufgrund der Behinderung entstandenen tatsächlichen Kosten abzüglich der erhaltenen Pflegegelder geltend machen. Wenn der Grad der Behinderung mindestens 25 % beträgt, erfolgt kein Abzug eines Selbstbehalts.

Steuerpflichtigen, die pflegebedingte Geldleistungen **nur für einen Teil des Jahres** beziehen, steht der Freibetrag ebenfalls in voller Höhe zu. Wenn das Pflegegeld in den folgenden Jahren allerdings ganzjährig ausbezahlt wird, kann der Freibetrag nicht mehr in Anspruch genommen werden. Fällt der Pflegegeldbezug in späteren Jahren aber weg, kann der Freibetrag erst wieder in jenem Jahr geltend gemacht werden, in welchem ganzjährig kein Pflegegeld erhalten wurde.

Auswärtige Berufsausbildung der Kinder

Aufwendungen für die Berufsausbildung eines Kindes außerhalb des Wohnorts können nur dann als außergewöhnliche Belastungen geltend gemacht werden, wenn **im Einzugsbereich des Wohnorts keine entsprechende Ausbildungsmöglichkeit** besteht und der Nachwuchs daher eine auswärtige Schule, Universität oder Lehrstelle besuchen muss. Ferner muss die Absicht bestehen, durch ernsthaftes und zielstrebiges Bemühen das Ausbildungsziel zu erreichen und die vorgeschriebenen Prüfungen abzulegen.

Die Ausbildungsstätte liegt dann außerhalb des Einzugsbereichs, wenn

- der Wohnort mehr als 80 Kilometer von der Ausbildungsstätte entfernt liegt;
- die Fahrtzeit mit den günstigsten öffentlichen Verkehrsmitteln mehr als eine Stunde beträgt;
- die tägliche Hin- und Rückfahrt nach dem Studienförderungsgesetz nicht zumutbar ist;
- Schüler oder Lehrlinge, die innerhalb von 25 Kilometern keine adäquate und näher gelegene Ausbildungsmöglichkeit haben, für Zwecke der Ausbildung außerhalb des Hauptwohnortes eine Zweitunterkunft am Ausbildungsort bewohnen (z.B. Unterbringung in einem Internat).

Trifft eine dieser Bedingungen zu, kann ein **Pauschalbetrag** in der Höhe von € 110,– pro angefangenem Monat abgesetzt werden. Dauert die Ausbildung das ganze Jahr, dann steht der Pauschalbetrag auch für die Ferienzeit (insgesamt daher € 1.320,– jährlich) zu. Der Pauschalbetrag wird **ohne Berücksichtigung eines Selbstbehalts** vom steuerpflichtigen Einkommen abgezogen. Höhere tatsächliche Kosten, z.B. Fahrtkosten oder Schulgeld, können hingegen nicht geltend gemacht werden.

Bei **Schülern und Lehrlingen** stellt bereits der Besuch eines mehr als 25 Kilometer vom Wohnort entfernten Internats eine auswärtige Berufsausbildung dar, wenn es keine näher gelegene Ausbildungsstätte gibt. In Verordnungen zum Studienförderungsgesetz ist festgelegt, welche Wohnorte im Einzugsgebiet des jeweiligen Schul- oder Studienorts liegen.

Wichtig für den Steuerpflichtigen ist, dass **Schulgelder** grundsätzlich nicht abzugsfähig sind. Steuerpflichtige, deren Kinder eine Sonder- oder Pflegeschule besuchen, können die Kosten als außergewöhnliche Belastung ansetzen.

Berufsausbildung des Steuerpflichtigen

Die Berufsausbildung ist grundsätzlich keine außergewöhnliche Belastung, da Aufwendungen für Ausbildungsmaßnahmen im Zusammenhang mit der vom Steuerpflichtigen ausgeübten beruflichen Tätigkeit Werbungskosten darstellen können. In den folgenden Fällen liegt jedoch eine Ausnahme vor:

- Ein Arbeitnehmer muss sich aufgrund eines Arbeitsunfalls auf einen neuen Beruf umschulen lassen. Die anfallenden Kosten der Umschulung (Kurskosten, Lehrmaterial, Reisekosten usw.) können als außergewöhnliche Belastung angesetzt werden.
- Die Berufsausbildung kann auch durch Krankheit, Körperbehinderung, Verletzung oder eine andere Zwangslage (Gefahr der Dauerarbeitslosigkeit) erforderlich werden.

Bürgschaft

Ein Bürge kann die von ihm im Rahmen der Bürgschaft zu leistenden Zahlungen lediglich unter folgenden Voraussetzungen als außergewöhnliche Belastung geltend machen:

- die Bürgschaft muss zugunsten eines nahen unterhaltsberechtigten Angehörigen übernommen worden sein;
- auch für den Steuerpflichtigen selbst würde die Zahlung eine außergewöhnliche Belastung darstellen;
- die Übernahme der Bürgschaft dient zur Abwendung einer existenzbedrohenden Notlage des Angehörigen mit Aussicht auf Erfolg (= Zwangsläufigkeit);
- die Aufnahme des Kredits muss für den Angehörigen unabdingbar sein. Dies gilt z.B. nicht bei Krediten zur Betriebserweiterung oder zum Dachbodenausbau;
- es ist ausgeschlossen, dass der Bürge sein Geld vom eigentlichen Schuldner zurückerhält.

Keine außergewöhnliche Belastung liegt jedenfalls vor, wenn ein Arbeitnehmer eine Bürgschaft **zugunsten seines Arbeitgebers** eingegangen ist und daraus in Anspruch genommen wird.

Dies gilt auch für Bürgschaften, die von Gesellschafter-Geschäftsführern einer GmbH zugunsten des Unternehmens eingegangen werden, um dessen Konkurs abzuwenden.

Die Bürgschaftszahlungen stellen jedoch abzugsfähige Werbungskosten dar, wenn die Übernahme der Bürgschaft beruflich veranlasst war (z.B. weil der Arbeitnehmer seinen Arbeitsplatz sichern wollte).

Entbindungskosten

Kosten für eine Entbindung in der Sonderklasse sind absetzbar, wenn eine konkrete Gefahr von Komplikationen medizinischer Natur eine Behandlung durch den eigenen Arzt erfordert. Wünsche und Befürchtungen allgemeiner Art begründen allerdings keine Abzugsfähigkeit als außergewöhnliche Belastung.

Erkrankung an COVID-19

Sollten im Kalenderjahr 2020 Krankheitskosten aufgrund einer COVID-19-Erkrankung angefallen sein, können diese als außergewöhnliche Belastung geltend gemacht werden.

Aufwendungen zur Prävention der Verbreitung von COVID-19 wie z.B. Schutzmasken, Desinfektionsmittel sowie Kosten für die Inanspruchnahme von Lebensmitteleinkaufsdiensten stellen keine außergewöhnliche Belastung dar.

Hausgehilfin, Kindermädchen

Die Kosten für eine Hausgehilfin oder ein Kindermädchen können in folgenden Fällen abgesetzt werden:

In einer Ehe oder Lebensgemeinschaft

- sind beide Ehepartner bzw. Lebensgefährten nicht in der Lage, die Kinder zu betreuen bzw. den Haushalt zu führen, da **beide berufstätig** sein müssen, um die Existenz der Familie nicht zu gefährden.
- ist der nicht berufstätige Ehepartner bzw. Lebensgefährte **aus gesundheitlichen Gründen** nicht in der Lage, den Haushalt zu führen und die Kinder zu betreuen.

Eine alleinstehende Person

- benötigt wegen **Krankheit oder Pflegebedürftigkeit** eine ständige Betreuung.
- **mit Kind** muss beruflich tätig sein, weil die erhaltenen Unterhaltsleistungen nicht ausreichen.

Bei Personen, die über ein **hohes Einkommen oder Vermögen verfügen**, wird von der Finanz jedoch unterstellt, dass die Beschäftigung einer Hausgehilfin üblich ist und daher keine außergewöhnliche Belastung vorliegt. Eine Ausnahme besteht nur dann, wenn die betreffenden Personen krank oder pflegebedürftig sind.

Wenn die **Kosten** dem Grunde nach anerkannt werden, können die Lohnkosten für die Gehilfin oder das Kindermädchen, Sachbezüge (Unterkunft, Verpflegung) sowie sämtliche Lohnnebenkosten abgesetzt werden.

Katastrophenschäden

Katastrophenschäden sind grundsätzlich außergewöhnliche Belastungen. Darunter versteht man **Kosten der Wiederherstellung und der Wiederbeschaffung von zerstörten Wirtschaftsgütern.** Anfallende Kosten nach Katastrophen können z. B. sein:

- Reparaturen nach Sturmschäden, nach Hochwasser, Erdbeben, Erdrutsch-, Vermurungs-, Lawinen-, Hagel- oder Steinschlagschäden
- die Wiederherstellung nach Feuerschäden bei einem Zimmerbrand in einer Wohnung

Zerstörte Wirtschaftsgüter können aber nur dann als außergewöhnliche Belastung (ohne Selbstbehalt!) geltend gemacht werden, wenn sie vom Steuerpflichtigen notwendig gebraucht werden. Als Obergrenze gelten die tatsächlichen Wiederbeschaffungskosten **(Neupreis)** bei Ersatzbeschaffungen von Wirtschaftsgütern, die praktisch nicht in gebrauchtem Zustand erhältlich sind. PKW sind im Ausmaß des Gebrauchtwagenwertes abzugsfähig.

Ausgaben zur Wiederherstellung einer **Wohnung** werden von der Finanz nur insoweit anerkannt, als es sich um Gegenstände handelt, die für den Steuerpflichtigen existenznotwendig sind. Daher sind Katastrophenschäden beim Zweitwohnsitz nicht absetzbar.

Die Wiederherstellungskosten für ein **Einfamilienhaus** fallen unter die Topf-Sonderausgaben. Da aber die Abzugsfähigkeit der Aufwendungen im Rahmen der Topf-Sonderausgaben betraglich begrenzt ist, kann der nicht als Sonderausgaben abzugsfähige Teil der Wiederherstellungskosten als außergewöhnliche Belastung geltend gemacht werden.

Die Kosten für Katastrophenschäden können bei Steuerpflichtigen immer nur in dem Jahr berücksichtigt werden, in dem die Wiederherstellungskosten bezahlt werden. Jene Schäden, die von einer Versicherung oder öffentlichen Mitteln abgedeckt werden, müssen natürlich abgezogen werden und können nicht als außergewöhnliche Belastung geltend gemacht werden.

Natürlich gibt es auch Wiederherstellungskosten, die nicht abgesetzt werden können:

- Güter des gehobenen Bedarfs (z. B. Golfausrüstung, Schallplattensammlung)
- Mehrkosten einer Luxusausstattung (z. B. Marmorbad oder Perserteppiche)
- Kraftfahrzeuge
- Aufwendungen, die für die Abwehr künftiger Katastrophen geleistet werden (Errichtung von Lawinenverbauten und Stützmauern)

Kinderbetreuungskosten

Kinderbetreuungskosten sind letztmalig bei der Veranlagung für das Kalenderjahr 2018 als außergewöhnliche Belastung abzugsfähig. **Ab dem Jahr 2019** werden die Kinderbetreuungskosten vom **Familienbonus Plus** ersetzt. Der Familienbonus Plus ist ein monatlicher Steuerabsetzbetrag, der die Steuerlast des Steuerpflichtigen direkt reduziert. Dieser steht zu, wenn ein Kind Familienbeihilfe bezieht. Der Familienbonus Plus ersetzt ab dem Jahr 2019 den Kinderfreibetrag und die steuerliche Abzugsfähigkeit der Kinderbetreuungskosten. Der Familienbonus Plus beträgt ab 2022 € 166,68 monatlich (€ 2.000,– jährlich) für Kinder bis zum 18. Geburtstag. Nach dem 18. Geburtstag des Kindes steht ab 2024 ein reduzierter Familienbonus Plus in der Höhe von € 58,34 monatlich (€ 700,– jährlich) zu, wenn für dieses Kind noch Familienbeihilfe bezogen wird.

90 %/10 %-Aufteilung des Familienbonus Plus bei getrennt Lebenden, wenn ein Elternteil die überwiegenden Kinderbetreuungskosten trägt

Für **die Veranlagungsjahre 2019 bis 2021** besteht eine **Übergangslösung** für getrennt lebende Eltern. Die Bemessung der Kinderbetreuungskosten für eine mindere Steuerbemessungsgrundlage sind für getrennt lebende Eltern, welche eine Aufteilung des Familienbonus Plus gem. §124b Z336 ESTG 1988 beantragen, im Rahmen einer Übergangsfrist für die Veranlagungsjahre 2019 bis 2021 möglich.

Diese Aufteilungsvariante von 10 und 90 % kann nur in Ausnahmefällen beantragt werden, wenn alle folgenden Voraussetzungen vorliegen:

- Die/der Antragsteller/in hat im Jahr 2019 mehr als die Hälfte der Kinderbetreuungskosten für das Kind und zumindest € 1.000,– gezahlt.
- Das Kind war am 1. Jänner 2019 noch nicht 10 Jahre alt (erheblich behinderte Kinder mit erhöhter Familienbeihilfe noch nicht 16 Jahre alt).
- Die Kinderbetreuung erfolgte in einer dem Gesetz entsprechenden Kinderbetreuungseinrichtung oder durch eine pädagogisch qualifizierte Person, ausgenommen haushaltszugehörige Angehörige.
- Der Unterhaltsverpflichtete kann die 90 % des Familienbonus Plus nur dann beantragen, wenn der gesetzliche Unterhalt vollständig geleistet wurde und darüber hinausgehend Kinderbetreuungskosten geleistet wurden.

Anspruch auf 90 % des Familienbonus Plus kann immer nur ein Elternteil haben. Dem anderen Elternteil stehen dann nur 10 % zu.

Steuerfreier Zuschuss zur Kinderbetreuung

Zuschüsse zur Kinderbetreuung, die vom Arbeitgeber geleistet werden, sind bis zu einem Betrag von € 2.000,– pro Jahr von der Lohnsteuer befreit. Der Zuschuss muss die Betreuung in öffentlichen oder privaten Kinderbetreuungseinrichtungen oder von pädagogisch qualifizierten Personen betreffen und entweder direkt an die Betreuungseinrichtungen gezahlt oder in Form von Gutscheinen ausgegeben werden. Zuschüsse zur Kinderbetreuung sind nicht sozialversicherungsbeitragspflichtig.

Die Befreiung gilt allerdings nur für Kinder, die zu Beginn des Kalenderjahres das 14. Lebensjahr noch nicht vollendet haben und die dem/r Arbeitnehmer/in einem Zeitraum von mehr als sechs Monaten im Kalenderjahr der Kinderabsetzbetrag zusteht. Freie Dienstnehmer sind von der Befreiung nicht begünstigt. Das Kind muss sich ständig im Inland, in der EU, dem EWR oder in der Schweiz aufhalten.

Für die Geltendmachung muss eine Erklärung (Formular L 35) an den Arbeitgeber abgegeben werden. Darin muss erklärt werden, dass der Kinderabsetzbetrag zusteht und dass der Zuschuss nicht gleichzeitig von einem anderen Arbeitgeber geleistet wird. Diese muss auch die Sozialversicherungsnummer und das Geburtsdatum des Kindes enthalten, wenn dies nicht aus der Versicherungsnummer hervorgeht.

Kosmetische Operationen

Ausgaben für kosmetische Operationen sind steuerlich absetzbar, wenn sie nach entstellenden Verletzungen bzw. Verunstaltung, Geburtsfehlern oder der Gefahr psychischer Defekte anfallen. Schönheitsoperationen, welche alleine ästhetischen Bedürfnissen dienen, werden jedoch nicht anerkannt.

Krankheitskosten

Wichtig ist, dass nachweislich eine Krankheit vorliegt, die Behandlung in direktem Zusammenhang mit dieser erfolgt und eine Maßnahme zur Heilung oder Besserung darstellt.

Zu den abzugsfähigen Krankheitskosten zählen unter anderem:

- Arzt- und Krankenhaushonorare;
- Kosten für Medikamente (dazu zählen auch medizinisch verordnete homöopathische Präparate), Rezeptgebühren, Behandlungsbeiträge (das schließt auch Akupunktur und Psychotherapie ein), die der Patient selbst zu tragen hat, sowie Krankenscheingebühren;
- Aufwendungen für Behandlungen durch nichtärztliches Personal, z.B. Physiotherapie, wenn diese ärztlich verordnet wurde oder die Sozialversicherung mindestens einen Teil der Kosten ersetzt.
- Aufwendungen für Heilbehelfe (z.B. Hörgeräte, Brillen, Kontaktlinsen, Prothesen);
- Kosten für den Zahnersatz bzw. die Zahnbehandlung (z.B. Zahnprothese, Krone, Brücke);
- Fahrtkosten zum Arzt oder ins Spital;
- Fahrtkosten der Angehörigen anlässlich des Besuchs der erkrankten Person;

- Kosten für die im Spital untergebrachte Begleitperson bei einem Spitalsaufenthalt eines Kindes;
- Kosten für Telefonate mit der Familie bei einem länger dauernden Spitalsaufenthalt, soweit sie das übliche Ausmaß nicht überschreiten.
- Kosten für die notwendige Operation in einer Privatklinik können dann anerkannt werden, wenn im erhöhten Alter mit ernsthaften gesundheitlichen Nachteilen zu rechnen ist und bisherige Operationen und Behandlungen erfolglos geblieben sind. Dazu braucht es die Bestätigung eines Facharztes, dass die Operation aus triftigen medizinischen Gründen notwendig ist.
- Ebenso wurden die Aufwendungen für einen Privatklinikaufenthalt anerkannt, als aufgrund der unverzüglich vorzunehmenden intensivierten Behandlung eine allfällige Transferierung zur weiteren Versorgung weder möglich noch zumutbar war.

Für die Geltendmachung als außergewöhnliche Belastungen ist es gleichgültig, ob die Kosten im In- oder Ausland anfallen. Wenn die Ausgaben (beispielsweise teurere Augengläser, bessere Prothesen, Gold statt Amalgam bei Zahnfüllungen) höher sind als die von der Krankenkasse übernommenen Kosten und medizinische Gründe den Mehraufwand rechtfertigen, liegen ebenfalls außergewöhnliche Belastungen vor. Krankheitskosten aufgrund der Anwendung einer Außenseitermethode (z. B. Nano-Knife-Verfahren) sind jedoch nur bei medizinischer Notwendigkeit abzugsfähig.

Folgende Ausgaben werden allerdings **nicht** als außergewöhnliche Belastungen **anerkannt:**

- Ausgaben für prophylaktische Maßnahmen;
- Ausgaben für die Erhaltung der Gesundheit;
- Verhütungsmittel;
- Kosten einer Verjüngungskur oder einer Frischzellenbehandlung;
- Schönheitsoperationen.

Die dem Grunde nach abzugsfähigen Aufwendungen sind noch um allfällige **Kostenersätze** aus der gesetzlichen Kranken- oder Unfallversicherung, einer freiwilligen Krankenzusatz- oder Unfallversicherung oder von anderer Seite zu kürzen. Bei einem Krankenhausaufenthalt ist von den Aufwendungen zudem noch die **Haushaltsersparnis** (Lebenshaltungskosten, die wegen des Krankenhausaufenthalts nicht zu Hause anfallen) abzuziehen.

Krankheitskosten können auch im Zusammenhang mit einer **Behinderung** (Grad der Behinderung: mindestens 25 %) anfallen und als Kosten der Heilbehandlung ohne Berücksichtigung des Selbstbehalts geltend gemacht werden (siehe Seite 189, „Behinderung der Kinder").

Krankendiät

Für Kosten einer speziellen **Diätverpflegung** aufgrund einer Krankheit können folgende Pauschalbeträge geltend gemacht werden (eine ärztliche Bestätigung ist beizulegen):

Krankheit	Monatspauschale
andere ärztl. verordnete Diäten wg. innerer Krankheiten (Magen, Herz)	€ 42,–
Gallen, Leber oder Nierenkrankheit	€ 51,–
Tuberkulose (Tbc), Zöliakie, Zuckerkrankheit (Diabetes), AIDS	€ 70,–

Bei mehreren Krankheiten ist immer der höhere Pauschalbetrag zu berücksichtigen.

Wenn die tatsächlich anfallenden Kosten höher sind als die Pauschalbeträge, können auch die tatsächlichen Kosten (Nachweis in Form von Belegen) abgesetzt werden.

Grundsätzlich werden die Kosten der Krankendiät erst nach Abzug des Selbstbehalts steuerwirksam. Wenn die oben angeführten Krankheiten allerdings zu einer Behinderung von mindestens 25 % führen, ist keine Kürzung um den Selbstbehalt vorzunehmen (siehe „Behinderung der Kinder" auf Seite 189).

Kurkosten

Kurkosten sind nur dann außergewöhnliche Belastungen, wenn der Kuraufenthalt im direkten Zusammenhang mit einer Krankheit steht, aus medizinischen Gründen nachweislich **erforderlich** ist und grundsätzlich unter ärztlicher Begleitung und Aufsicht erfolgt.

Ein Kuraufenthalt zum Zwecke der Erholung oder Vorsorge wird vom Finanzamt nicht anerkannt. Die Voraussetzungen müssen durch eine ärztliche Bestätigung nachgewiesen werden, aus der sich auch die Notwendigkeit und Dauer der Reise sowie das Reiseziel ergeben. Der Umstand, dass die Sozialversicherung einen Teil der Kosten trägt, reicht aber in der Regel auch aus.

Zu den Kurkosten zählen:

- Aufenthaltskosten;
- medizinische Betreuung;
- Kurmittel;
- Fahrtkosten zum und vom Kurort;
- bei pflege- und hilfsbedürftigen Personen sowie Kindern die Aufwendungen für eine Begleitperson.

Nicht abzugsfähig sind Aufwendungen, denen schwerpunktmäßig der Charakter einer Erholungsreise zukommt, insbesondere dann, wenn es sich um einen Auslandsaufenthalt handelt.

Prozesskosten

Zu den Prozesskosten zählen unter anderem Gerichts-, Anwaltskosten und Gebühren. Ein Steuerpflichtiger kann Prozesskosten nur dann als außergewöhnliche Belastung absetzen, wenn er nicht der Kläger ist und den Prozess gewinnt. Bei positivem Ausgang können die Kosten für folgende beispielhaft aufgezählte Verfahren geltend gemacht werden:

- Strafprozess;
- Prozess über Schadenersatzansprüche;
- Zivilprozess mit Nachbarn.

Neben dem Selbstbehalt sind die abzugsfähigen Prozesskosten noch um Kostenersätze und Vergütungen aus einer Rechtsschutzversicherung zu kürzen. Zu beachten ist noch, dass Prozesskosten, die im Zusammenhang mit der beruflichen Tätigkeit stehen, nicht als außergewöhnliche Belastung mit Selbstbehalt, sondern als Werbungskosten absetzbar sind.

Scheidungskosten

Scheidungskosten (vor allem Prozesskosten) werden grundsätzlich nicht als außergewöhnliche Belastungen anerkannt. Eine Ausnahme besteht jedoch dann, wenn die Ehe aus überwiegendem Verschulden des Ehepartners (z.B. wegen Ehebruchs oder Misshandlung) geschieden wird. Dies ist jedoch vom individuellen Fall abhängig.

Schulgeld für eine Sonderschule bzw. Behindertenwerkstätte

Für Kinder mit einer mindestens 50-prozentigen Behinderung werden die Kosten für den Besuch einer Sonderschule, Pflegeschule oder Behindertenwerkstätte zusätzlich als außergewöhnliche Belastungen anerkannt. Erfolgt die Unterbringung in einem Vollinternat, so vermindert sich der monatliche Pauschalbetrag von € 262,– pro Tag des Aufenthalts um ein Dreißigstel.

Schwangerschaftsabbruch

Die nachgewiesenen Kosten für einen Schwangerschaftsabbruch sind steuerlich absetzbar, wenn medizinische Gründe vorliegen (z.B. bei Gefahr für Mutter und Kind oder nach Vergewaltigung).

Umzugskosten

Durch eine körperliche Behinderung oder eine sonstige akute Notlage veranlasste Umzugskosten in eine neue Wohnung können eine außergewöhnliche Belastung darstellen.

Unterhaltsleistungen

Unterhaltsleistungen stellen prinzipiell nur dann außergewöhnliche Belastungen dar, wenn für den Unterhaltsberechtigten Kosten übernommen werden, die für ihn selbst eine außergewöhnliche Belastung darstellen. Darunter fallen etwa Krankheitskosten für ein Kind, wie Brille oder Zahnregulierung, oder Kosten für die Beseitigung von Katastrophenschäden, die für Einkommenschwache Angehörige übernommen werden.

Sonstige Unterhaltsleistungen für mittellose Angehörige oder geschiedene Ehegatten sind daher nicht abzugsfähig.

- Unterhaltsleistungen für den Ehegatten oder Lebensgefährten sind durch den Alleinverdienerabsetzbetrag abgegolten.
- Unterhaltsleistungen für Kinder:

- Unterhaltsleistungen für ein haushaltszugehöriges Kind sind durch die Familienbeihilfe und den Kinderabsetzbetrag abgegolten.
- Gesetzliche Unterhaltsleistungen für uneheliche Kinder oder Kinder aus geschiedener Ehe, die nicht im Haushalt des Steuerpflichtigen leben, sind durch den Unterhaltsabsetzbetrag abgegolten.
- Unterhaltsleistungen an volljährige Kinder, für die keine Familienbeihilfe ausbezahlt wird, sind weder im Wege eines Kinder- oder Unterhaltsabsetzbetrags noch einer außergewöhnlichen Belastung zu berücksichtigen. Kosten, die für das volljährige Kind eine außergewöhnliche Belastung darstellen und für das Kind übernommen werden, können aber auch in diesem Fall abgesetzt werden.
- Mehraufwendungen für Kinder mit Behinderungen (siehe Seite 189) sowie Kosten der auswärtigen Berufsausbildung der Kinder (siehe Seite 193) stellen außergewöhnliche Belastungen dar.

7 Sonderthemen

Neben den allgemein bekannten Formen der Einkommensbesteuerung lassen sich gewisse Themen nicht zur Gänze einem einzigen Kapitel zuordnen. Daher widmet sich dieses Kapitel den Sonderthemen. Zu Beginn wird das Auto im Steuerrecht ausgiebig behandelt. Einerseits wird dessen Zurechnung zum Privatvermögen bzw. zum Betriebsvermögen erörtert, andererseits finden auch die Besonderheiten Einzug, welche bei der Abschreibung zu beachten sind. Zuletzt wird die Veränderung der NoVA-Abgabe über die Jahre besprochen, wobei auch die aktuelle Rechtslage berücksichtigt wird.

Aufgrund der Coronakrise greifen immer mehr Menschen auf den Versandhandel zurück. Auch der Klimawandel bringt Neuerungen mit sich. Aus diesem Grund folgen zwei kurze Abschnitte, welche sich zum einen mit der finanziellen Unterstützung bei Katastrophenschäden und zum anderen mit den Neuerungen im Versandhandel beschäftigen.

Angesichts der schnell vorantreibenden Digitalisierung, rückt die Besteuerung von Kryptowährungen immer mehr in den Vordergrund und gewinnt an Signifikanz. Mit der ökosozialen Steuerreform 2022 wurde die Besteuerung von Kryptos grundlegend geändert. Zunächst wird die Legaldefinition von Kryptos eruiert, anschließend folgen die Tatbestände von Einkünften i. S. d. EstG. Abschließend wird das Kapitel mit den Bestimmungen der neuen, sowie einer Gegenüberstellung mit der alten Gesetzeslage abgerundet.

7.1 Das Auto im Steuerrecht

Zurechnung zum Betriebsvermögen

Die steuerliche Behandlung von Kraftfahrzeugen hängt davon ab, ob die betriebliche oder private Nutzung überwiegt. Je nach Überwiegen ist das KFZ dem Betriebs- oder Privatvermögen zuzurechnen („50-Prozent-Regel", siehe dazu auch weiter unten).

Wenn mehr als 50 % der gefahrenen Kilometer betrieblich veranlasst sind, stellt das KFZ zur Gänze Betriebsvermögen dar. Die laufenden Aufwendungen (Treibstoff, Versicherung, Reparaturen, Reinigung, Parkgebühren, Leasingrate etc.) sowie die AfA sind allerdings nur im Ausmaß der betrieblichen Nutzung Betriebsausgaben. Der auf die private Verwendung entfallende Kostenanteil ist auszuscheiden.

Für ein zu 70 % betrieblich genutztes KFZ fallen jährliche Betriebskosten von € 7.000,– sowie eine Abschreibung (AfA) von € 4.000,– an. Als Betriebsausgaben können nur die auf die betriebliche Nutzung entfallenden Kosten geltend gemacht werden, das sind € 7.700,–.

Berechnung: Betriebsausgaben für KFZ = (€ 7.000,– + € 4.000,–) × 0,7

Bei einem Verkauf oder einer Übernahme des KFZ in das Privatvermögen ist ungeachtet der teilweisen Privatnutzung der gesamte Veräußerungs- bzw. Entnahmegewinn steuerpflichtig.

Ein zu 70 % betrieblich genutztes KFZ hat einen Restbuchwert (= Anschaffungskosten minus Summe der bisher geltend gemachten AfA ohne Abzug des Privatanteils) von € 12.000,–. Der Verkaufserlös beträgt € 15.000,–. Der Steuerpflicht unterliegen somit € 3.000,– (= € 15.000,– – € 12.000,–).

Zurechnung zum Privatvermögen

Wenn mehr als 50 % der gefahrenen Kilometer privat veranlasst sind, stellt das KFZ zur Gänze Privatvermögen dar. Die auf die betriebliche Verwendung entfallenden Betriebskosten sowie die aliquote AfA sind als Betriebsausgaben absetzbar. Es besteht grundsätzlich ein Wahlrecht zwischen der Verrechnung von Kilometergeld und dem Ansetzen der tatsächlichen Kosten im Ausmaß der betrieblichen Nutzung.

Ein zu 70 % privat genutztes KFZ verursacht Betriebskosten (inklusive AfA) in Höhe von € 9.000,– jährlich. Der betriebliche Anteil von € 2.700,– (30 % von € 9.000,–) ist im Rahmen der Gewinnermittlung als sogenannte Nutzungseinlage steuermindernd zu erfassen.

Da sich das KFZ im Privatvermögen befindet, unterliegt ein Veräußerungsgewinn grundsätzlich nicht der Einkommensteuer. Die Veräußerung löst nur dann Steuerpflicht aus, wenn das KFZ innerhalb eines Jahres nach der Anschaffung verkauft wird (Spekulationstatbestand).

Bei betrieblich genutzten KFZ, die dem Privatvermögen zuzurechnen sind, kann der Steuerpflichtige an Stelle der auf die betriebliche Nutzung entfallenden Kosten (laufende Betriebskosten, AfA) das amtliche Kilometergeld als Betriebsausgaben geltend machen. Es beträgt für Personen- und Kombinationskraftwagen € 0,42 pro betrieblich gefahrenen Kilometer, sowie für jede mitbeförderte Person € 0,05 pro Kilometer (ab 1.1.2025: € 0,15). Für ein Fahrrad beträgt das Kilometergeld € 0,38; für ein Motorrad € 0,24. Ab 1.1.2025 gilt einheitlich für alle Fahrzeuge der neue Satz von € 0,50.

Das Kilometergeld deckt folgende Kosten ab:

- Absetzung für Abnutzung (AfA)
- Treibstoff und Öl
- laufende Service-, Reparatur- und Reinigungskosten
- Zusatzausrüstungen (Winterreifen usw.)
- Autoradio und Navigationsgerät
- Autobahnvignette, Maut- und Parkgebühren, Steuern und Gebühren
- Finanzierungskosten
- Versicherungen aller Art
- Mitgliedsbeiträge von Autofahrerklubs
- Garagierungskosten

Wird das Kilometergeld angesetzt, sind diese Posten voll abgegolten und können daher nicht mehr extra abgesetzt werden. Zusätzlich zum Kilometergeld können nur noch die Ausgaben für ein **Autotelefon** sowie folgende **Unfallkosten** abgesetzt werden:

- Bei Blechschäden aufgrund von geringfügigem Versehen ist die dadurch verursachte Wertminderung steuerlich abzugsfähig. Die Reparaturkosten selbst sind nicht absetzbar.
- Resultiert der Schaden aus Gründen wie zum Beispiel überhöhter Geschwindigkeit oder Trunkenheit, sind die Aufwendungen nicht absetzbar.
- Schäden aufgrund höherer Gewalt (vor allem der Reparaturaufwand nach einem Unfall oder Steinschlag abzüglich der erhaltenen Versicherungsvergütung).
- Bei Totalschaden oder Diebstahl wird der Restbuchwert (= Anschaffungskosten minus bisher geltend gemachte AfA) als Betriebsausgabe anerkannt. Der Wrackerlös und Versicherungsvergütungen stellen Betriebseinnahmen dar. Die Reparaturkosten für einen reinen Motorschaden sind hingegen durch das Kilometergeld abgedeckt.

Der Ansatz der tatsächlichen Kosten ist zu empfehlen, wenn die Anschaffungs- und Betriebskosten des Fahrzeugs hoch sind. Da das Kilometergeld nicht von der Höhe der Anschaffungs- und Betriebskosten abhängt, ist es den tatsächlichen Kosten vorzuziehen, wenn es sich um ein preiswerteres Fahrzeug handelt oder eine hohe Kilometerleistung vorliegt.

Achtung: Kilometergelder können jährlich nur für maximal 30.000 betrieblich gefahrene Kilometer geltend gemacht werden. Die Fahrrad-Kilometer sind auf 1.500 km begrenzt. Bei betrieblichen Fahrten von mehr als 30.000 Kilometer im Jahr ist entweder nur das Kilometergeld für die Obergrenze von 30.000 km oder die tatsächlichen Kosten für die gesamten betrieblich gefahrenen Kilometer (das heißt auch für mehr als 30.000 km) als Betriebsausgaben abzugsfähig.

In einem Jahr betragen die betrieblichen Fahrten 35.000 Kilometer. Als Betriebsausgaben stehen nun entweder die auf die 35.000 Kilometer entfallenden tatsächlichen Kosten oder das Kilometergeld für 30.000 Kilometer zu.

Wenn die Fahrtkosten nicht ordnungsgemäß nachgewiesen werden, erfolgt die Ermittlung der Werbungskosten im Schätzungsweg.

Die betriebliche Nutzung des Fahrzeugs ist grundsätzlich mittels Fahrtenbuches nachzuweisen. Ist ein Nachweis über die Verwendung des KFZ auch mit anderen Unterlagen möglich, ist kein Fahrtenbuch notwendig. Wenn der Steuerpflichtige keine Aufzeichnungen über die betrieblichen KFZ-Kosten führt, sind diese der Höhe nach zu schätzen.

Sachbezug

Privatnutzung des firmeneigenen KFZ

Besteht die Möglichkeit, ein firmeneigenes KFZ kostenlos für Privatfahrten zu benutzen, so sind als monatlicher Sachbezug 2 % bzw. 1,5 % der tatsächlichen Anschaffungskosten des KFZ (max. € 960,– bzw. € 720,–) für die Lohnsteuerermittlung und die Sozialversicherungsbeitragsermittlung anzusetzen. Seit 2017 verringert sich der CO_2-Emissionswert um jährlich 3 g. Seit 1.1.2016 sind Fahrzeuge mit einem CO_2-Ausstoß von Null (Elektroautos) gänzlich vom Sachbezug befreit (siehe Seite 89).
Betragen die Privatfahrten monatlich durchschnittlich weniger als 500 km, ist der Sachbezug mit dem halben Betrag anzusetzen (Nicht schadstoffarme Fahrzeuge: 1 %, max. € 480,–; schadstoffarme Fahrzeuge: 0,75 %, max. € 360,–).

Kostenbeiträge des Arbeitnehmers mindern den Sachbezugswert. Trägt der Arbeitnehmer jedoch Treibstoffkosten selbst, ist der Sachbezug nicht zu kürzen. Einmalige Kostenbeiträge sind insofern zu berücksichtigen, als sie schon vor Ermittlung des Sachbezuges von den tatsächlichen Anschaffungskosten abgezogen werden müssen.

Auch wesentlich beteiligte Gesellschafter-Geschäftsführer (Beteiligung an einer Kapitalgesellschaft von mehr als 25 %) können die für sie günstigeren Regelungen der Privatnutzung des firmeneigenen KFZ nutzen, da sie im Sinne der Sachbezugswerteverordnung den Dienstnehmern gleichgestellt wurden.

KFZ-Abstellplatz

Hat der Arbeitnehmer die Möglichkeit, das von ihm für Fahrten zwischen Wohnung und Arbeitsstätte benutze Fahrzeug während der Arbeitszeit auf einem Abstell- oder Garagenplatz (welcher der Parkraumbewirtschaftung unterliegt) des Arbeitgebers abzustellen, ist ein Sachbezug von monatlich € 14,53 anzusetzen, auch wenn der Arbeitnehmer nur gelegentlich dort parkt.

Welche steuerlichen Sonderregelungen sind zu beachten?

Beim Ansatz der auf die betriebliche Nutzung entfallenden tatsächlichen Kosten (also auch der AfA) ist zu beachten, dass KFZ einer Angemessenheitsprüfung unterliegen und im Einkommensteuergesetz eine Nutzungsdauer von acht Jahren zwingend vorgeschrieben ist, dies gilt für Neufahrzeuge. Zudem kann der Steuerpflichtige für Personen- und Kombinationskraftwagen die Vorsteuer nicht abziehen. Bei Kleinautobussen (ab 7 Plätzen, daher auch Minivans) und Lastkraftwagen ist der Vorsteuerabzug seit dem Urteil des Europäischen Gerichtshofs vom 8. Jänner 2002 uneingeschränkt möglich.

Zur Wiederholung sei hier nochmals vermerkt, dass für KFZ, die zum Betriebsvermögen gehören, immer die tatsächlichen Kosten anzusetzen sind. Die Geltendmachung von Kilometergeld ist unzulässig.

Bei im Privatvermögen befindlichen KFZ kann der Steuerpflichtige entweder die tatsächlichen Kosten oder das amtliche Kilometergeld ansetzen.

In der Folge werden sowohl die gesetzliche Nutzungsdauer als auch die Angemessenheitsprüfung erläutert. Zudem wird auf die Besonderheiten der KFZ-Leasing-Geschäfte eingegangen.

Besonderheiten bei der Abschreibung

Für Personenkraftwagen und Kombinationskraftwagen ist eine gesetzliche Nutzungsdauer von acht Jahren vorgesehen. Diese gilt sowohl für die betrieblichen Einkunftsarten als auch für die außerbetrieblichen Einkunftsarten. Lastkraftwagen und Fiskal-LKWs können dagegen aber auch über einen kürzeren Zeitraum abgeschrieben werden.

Bei der Nutzungsdauer von acht Jahren handelt es sich um eine Mindestnutzungsdauer. Eine kürzere Nutzungsdauer kann daher nicht geltend gemacht werden. Ist die betriebsgewöhnliche Nutzungsdauer aber länger als die Mindestnutzungsdauer, so kommt diese zum Ansatz. Eine längere betriebsgewöhnliche Nutzungsdauer kann sich insbesondere bei Gebrauchtfahrzeugen, bei denen die Mindestnutzungsdauer nach der so genannten Differenzmethode zu ermitteln ist (siehe weiter unten „Nutzungsdauer bei Gebrauchtfahrzeugen"), ergeben.

Fiskal-LKW

Als Fiskal-LKW bzw. Kleinlastkraftwagen erkennt die Finanz Kleinlastfahrzeuge, die sich nach dem äußeren Erscheinungsbild und von der Ausstattung erheblich von einem PKW unterscheiden. Das Fahrzeug muss dabei so gebaut sein, dass ein Umbau in einen PKW oder Kombinationskraftwagen mit einem erheblichen technischen und finanziellen Aufwand verbunden und somit wirtschaftlich sinnlos wäre.

Die Qualifizierung als Fiskal-LKW hängt vom Vorliegen bestimmter Aufzählungsmerkmale ab, welche bereits werkseitig vorliegen müssen. Ein nachträglicher Umbau führt nicht zu einer Änderung der Einstufung.

Als Fiskal-LKW gelten Kleinautobusse (ab 7 Plätzen, z.B. Minivans) und Kastenwagen, auch wenn sie nicht als LKW angemeldet sind. Eine Liste aller Fahrzeuge, die das Finanzministerium als Lastenkraftwagen und Kleinautobusse anerkennt, finden Sie auf der Homepage des BMF.

Nutzungsdauer bei Gebrauchtfahrzeugen

Die Nutzungsdauer von Gebrauchtfahrzeugen errechnet sich mittels der so genannten Differenzmethode. Dabei wird der Zeitraum der Nutzung durch den bzw. die Voreigentümer von der achtjährigen Mindestnutzungsdauer abgezogen.

Ein Fahrzeug wird am 10.1.2018 erstmals in Nutzung genommen und am 10.6.2020 an einen Unternehmer veräußert. Der Zeitraum der Nutzung durch den Voreigentümer beträgt somit 2,5 Jahre (ergibt sich aus den vollen Nutzungsjahren 2018 und 2019 und dem halben Nutzungsjahr 2020). Folglich ergibt die Differenzmethode eine Mindestnutzungsdauer von 5,5 Jahren (= 8 – 2,5 Jahre). Da der Unternehmer das erworbene Gebrauchtfahrzeug noch im ersten Halbjahr 2020 in Betrieb nimmt, steht ihm für das Jahr 2020 eine Ganzjahres-AfA in Höhe 18,18 % (= 100 % / 5,5) der Anschaffungskosten zu.

Es wird ein PKW angeschafft, der beim Voreigentümer bereits sieben Jahre in Nutzung stand. Im Jahr der Anschaffung wird die betriebsgewöhnliche (Rest-)Nutzungsdauer nach den allgemeinen AfA-Grundsätzen auf drei Jahre geschätzt. Das Fahrzeug ist somit nicht auf die sich nach der Differenzmethode ergebende Nutzungsdauer von einem Jahr, sondern auf eine Nutzungsdauer von drei Jahren abzuschreiben.

Die Abschreibungsbasis umfasst den Kaufpreis inklusive Normverbrauchsabgabe (NoVA) und Umsatzsteuer sowie die Sonderausstattung. Die Kosten eines Autotelefons zählen nicht dazu. Bei vorsteuerabzugsberechtigten Fahrzeugen (siehe oben) ist der Nettopreis (exklusive Umsatzsteuer) als Berechnungsbasis heranzuziehen.

Angemessenheitsprüfung

Bei der Geltendmachung der tatsächlichen Kosten ist auch zu beachten, dass die Steuerbehörde für PKW und Kombi € 40.000,– für Anschaffungen für „angemessen" hält und damit nur Kosten bis zu dieser Preisgrenze als Betriebsausgaben anerkennt. Die Anschaffungskosten umfassen auch alle Kosten für Sonderausstattungen (z.B. Klimaanlage, Alufelgen, Sonderlackierung, ABS, Airbag, Allradantrieb, Tempomat).

Sonderausstattungen bzw. -einrichtungen, die selbständig bewertbar sind, gehören nicht zu den Anschaffungskosten des PKW und fallen nicht unter die Angemessenheitsgrenze. Die Anschaffungskosten umfassen daher nicht die Kosten eines Autotelefons, einer Funkeinrichtung oder eines Computerfahrtenbuchs. Der Steuerpflichtige kann solche Wirtschaftsgüter unabhängig von den Anschaffungskosten des PKW oder des Kombi entsprechend der betriebsgewöhnlichen Nutzungsdauer abschreiben. Ein Autoradio zählt ebenfalls zu den selbständig bewertbaren Wirtschaftsgütern, gleichgültig ob es nachträglich eingebaut wird oder bereits im gekauften KFZ enthalten ist.

Übersteigen die Anschaffungskosten eines PKW oder Kombi € 40.000,–, so ist eine Kürzung der laufenden Betriebskosten nur dann vorzunehmen, wenn für das Fahrzeug aufgrund seiner gehobenen Ausstattung tatsächlich höhere Kosten (z. B. höhere Servicekosten) anfallen. Treibstoffkosten sind allerdings in der Regel in der vollen Höhe abzugsfähig. Wertabhängige Kosten (z.B. Kosten einer Kaskoversicherung, Kreditzinsen) sind abzugsfähig, sofern diese auf angemessene Anschaffungskosten zurückzuführen sind.

Neuwagen

Anschaffungskosten	€ 42.500,–
Versicherung pro Jahr	€ 2.900,–
Preisgrenze	€ 40.000,–
Verhältnis Preisgrenze/Anschaffungskosten (= 40.000 / 42.500)	94,12 %
abzugsfähige AfA (€ 42.500,– : 8 × 0,9412)	€ 5.000,13
abzugsfähige Versicherung (€ 2.900,– × 0,9412)	€ 2.729,48
Summe	**€ 7.729,61**
Ausmaß der beruflichen Verwendung	40 %
Betriebsausgaben (€ 7.729,61 × 0,4)	**€ 3.091,84**

Die Angemessenheitsprüfung kommt auch bei Gebrauchtfahrzeugen zur Anwendung. In diesem Fall ist auf den damaligen Neupreis bei der Erstzulassung abzustellen. Diese Information erhält man klarerweise beim Erstbesitzer, aber auch bei den Autofahrerclubs. Wenn seinerzeit die Preisgrenze von € 40.000,- überstiegen wurde, kann der spätere Käufer ebenfalls nur die anteilige AfA und Versicherung geltend machen. Die Regelung gilt jedoch nicht für mehr als fünf Jahre alte Gebrauchtfahrzeuge. In solchen Fällen stellen die tatsächlichen Anschaffungskosten bei Erstzulassung die Abschreibungsbasis dar.

Tipp: Kaufen Sie daher aus steuerlicher Sicht einen gebrauchten, mindestens fünf Jahre alten Luxus-PKW; für die Angemessenheitsprüfung zählt dann nicht der Listenpreis, sondern die tatsächlichen Anschaffungskosten.

Gebrauchtwagen (4 Jahre)

Anschaffungskosten – Erstzulassung	€ 42.500,–
Kaufpreis	€ 18.000,–
Preisgrenze	€ 40.000,–
Verhältnis Preisgrenze/Anschaffungskosten (= € 40.000,– / € 42.500)	94,12 %
Abschreibungsbasis (= € 18.000,– × 0,9412)	€ 16.941,60
abzugsfähige AfA (= € 16.941,60 / 4)	€ 4.235,40
Versicherung pro Jahr	€ 1.500,–
abzugsfähige Versicherung (= € 1.500,– x 0,9412)	€ 1.411,80
Summe AfA + Versicherung	**€ 5.647,20**
Ausmaß der beruflichen Verwendung	40 %
Betriebsausgaben (€ 5.674,20 × 0,4)	**€ 2.269,68**

Die Preisgrenze gilt natürlich auch für **Leasing-Fahrzeuge.** Bei der Berechnung der abzugsfähigen Kosten sind jene Anschaffungskosten heranzuziehen, welche im Leasing-Vertrag für die Ermittlung der Leasing-Raten verwendet wurden.

Leasing-Fahrzeug

Anschaffungskosten lt. Leasing-Vertrag	€ 42.500,–
Preisgrenze	€ 40.000,–
Verhältnis Preisgrenze/Anschaffungskosten (€ 40.000,– / € 42.500)	94,12 %
monatliche Leasingrate	€ 1.000,–
absetzbare Leasingrate (= € 1.000,– × 0,9412)	941,20
jährliche Leasingraten (= € 941,20 × 12)	**€ 11.294,40**
Ausmaß der beruflichen Verwendung	40 %
Betriebsausgaben (= € 11.294,40 × 0,40)	**€ 4.517,76**

Die Betriebsausgaben sind noch um den ebenfalls zu ermittelnden Aktivposten zu kürzen.

i

Tipp: Bei der Frage, ob nun ein Dienstwagen oder ein privater PKW steuerlich interessanter ist, kommt es darauf an, ob Sie ein „beruflicher Vielfahrer" sind oder nicht. Ohne Dienstwagen können Sie ein Kilometergeld von bis zu € 0,42 pro Kilometer steuerfrei verrechnen, was bei umfassenden Dienstfahrten steuerlich günstig sein kann. Ein Dienstwagen hingegen wird für Sie dann interessant sein, wenn Sie wenige Fahrten für die Firma zurücklegen und das Auto eher privat nutzen oder das Auto insgesamt wenig genutzt wird und die Privatkilometer unter 6.000 im Jahr liegen, da hier nur der halbe Sachbezug versteuert werden muss.

Normverbrauchsabgabe (NoVA)

Aktuelle Rechtslage

Mit dem Ziel der Regierung, mehr Verantwortung für Österreich zu übernehmen, wurde eine stärkere Ökologisierung der NoVA eingeführt.

Ab 1.7.2021 unterliegen nun zusätzlich alle KFZ zur Güterbeförderung mit mindestens vier Rädern und einer zulässigen Gesamtmasse von bis zu 3,5 t (leichte Nutzfahrzeuge, also Kastenwagen, Pick-ups, Kleintransporter) der NoVA. Es zeigt sich, dass Änderungen insbesondere für PKW (Klasse M1) und LKW (leichte Nutzfahrzeuge; Klasse N1) eintreten. Im Folgenden sollen spezifische Änderungen nach den Fahrzeugklassen aufgezeigt werden:

PKW (Klasse M1)

Als Maßstab für die Besteuerung bei PKW werden die seit dem 1. Jänner 2020 geltenden CO_2-Emissionen nach dem WLTP-Verfahren herangezogen.

Der Steuersatz wird ab 1. 1. 2021 mit nachfolgender Formel errechnet:

(CO_2-Emissionswert in Gramm je Kilometer minus CO_2-Abzugsbetrag) : 5

Der Höchststeuersatz wurde von 32 % auf 50 % angehoben. Weiters soll dieser jährlich um 10 % angehoben werden, wobei der Höchstsatz bei 80 % liegt.

Darüber hinaus wird der jährliche Abzugsbetrag (im Jahr 2021: 112 g/km) jetzt um 5 g/km (statt 3 g/km) pro Jahr (112, 107, 102, 97 g/km) gesenkt.

Weiters besteht ein Abzugsbetrag in der Höhe von € 350,–; wobei keine Gutschrift möglich ist.

Leichte Nutzfahrzeuge (Klasse N1)

Der Steuersatz wird ab 1.1.2021 nach folgender Formel berechnet:

(CO_2-Emissionswert in Gramm je Kilometer minus CO_2-Abzugsbetrag) : 5

Der jährliche Abzugsbetrag ist (2021) mit 165 g/km festgesetzt und soll jährlich um 5 g/km gesenkt werden.

Der Höchststeuersatz beträgt nun 50 %, wobei die Malusgrenze (d.h. der zulässige CO_2-Ausstoß) mit 253 g/km festgesetzt ist und pro Jahr stufenweise um 15 g/km bis insgesamt 208 g/km sinken soll. Der Malusbetrag steigt auf € 50,– je g/km an und dann jährlich stufenweise um € 10,– bis zu einem Höchstbetrag von € 80,–.

Auch hier besteht ein Abzugsbetrag in der Höhe von € 350,–; wobei wiederum keine Gutschrift möglich ist.

Steuerfreie Fahrzeuge

Neuerdings sind alle KFZ, die aufgrund ihres Antriebs keine CO_2-Emissionen aufweisen, unabhängig von ihrer Antriebsart von der NoVA ausgenommen. Daraus folgt, dass die Befreiung nicht mehr auf nur elektrisch oder elektrohydraulisch angetriebene Fahrzeuge beschränkt ist.

NoVA-Erhöhung 2024

Ab 2024 ist für jedes Gramm CO_2 je Kilometer in den Papieren über 155 Gramm € 80,– zu bezahlen. Für jeden Liter mehr an Normverbrauch zahlt man zusätzlich ca. € 2.000,– für den Neuwagen. Darüber hinaus wurde der maximale Steuersatz für den Prozentsatz der NoVA bei PKW mit Jahresbeginn 2024 auf 80 % angehoben. Diese Verschärfung betrifft aber nur wenige Sportwagen. Bei Klein-LKW gibt es jährliche Anpassungen, wenn auch erst ab höheren Emissionswerten als bei PKW. Für Motorräder über 125 cm^3 wird es 2024 erstmals automatisch teurer, da hier der CO_2-Abzugsbetrag der Berechnungsformel um den Wert 2 sinkt. Bei einem durchschnittlichen Motorrad, welches 100 g CO_2 pro km emittiert, steigt die NoVA um einen Prozentpunkt. Motorräder bis 125 cm^3 bleiben weiterhin befreit.

Beispiele

PKW

Kaufpreis (netto)	€ 10.000,–
CO_2-Ausstoß	200 g/km
Berechnung Steuersatz: (200 – 102) : 5	19,6 %
Berechnung NoVA: (€ 10.000,– × 17,6 %)	€ 1.960,–
Abzugsposten	€ 350,–
NoVA gesamt (€ 1.960,– – € 350,–)	**€ 1.610,–**

Leichtes Nutzfahrzeug

Kaufpreis (netto)	€ 10.000,–
CO_2-Ausstoß	253 g/km
Berechnung Steuersatz: (253 – 155) :5	19,6 %
Berechnung NoVA: (€ 10.000,– × 19,6 %)	€ 1.960,–
Abzugsposten	€ 350,–
NoVA gesamt (€ 1.960,– – € 350,–)	**€ 1.610,–**

Wann ist die alte Rechtslage (1.1.2020 bis 30.6.2021) noch anwendbar?

- Für Kraftfahrzeuge, die im Unionsgebiet vor dem 1. Juli 2021 zugelassen waren.
- Für Kraftfahrzeuge, die bereits vor dem 1. Juli 2021 im Inland zugelassen waren, aber nicht der Normverbrauchsabgabe unterlagen oder befreit waren.
- Für Kraftfahrzeuge, für die ein unwiderruflicher schriftlicher Kaufvertrag vor dem 1. Juni 2021 abgeschlossen wurde und deren Lieferung oder deren innergemeinschaftlicher Erwerb vor dem 1. November 2021 erfolgt.

Rechtslage bis 30.6.2021

Die NoVA ist eine einmalig zu entrichtende Steuer, die bei erstmaliger Zulassung von Personenkraftwagen, Kombinationskraftwagen und Motorrädern in Österreich fällig wird. Für Lastkraftwagen wird die NoVA nicht erhoben.

Als Maßstab für die Besteuerung bei Personenkraftwagen werden seit 1. Jänner 2020 die CO_2-Emissionen nach WLTP herangezogen. Der für PKW geltende NoVA-Tarif bestimmt sich nach einem Steuersatz in Prozent und kann nach der Formel (CO_2-Emissionswert in Gramm je Kilometer minus 115 Gramm) dividiert durch fünf berechnet werden.

Hat ein Fahrzeug einen höheren CO_2-Ausstoß als 275 g/km, erhöht sich die Steuer für den die Grenze von 275 g/km übersteigenden CO_2-Ausstoß um € 40,– je Gramm CO_2 pro Kilometer.

Die so errechnete Steuer ist um einen Abzugsposten in Höhe von € 350,– zu vermindern (Die Berechnung kann zu keiner Steuergutschrift führen.) Der Höchststeuersatz beträgt 32 %.

Fahrzeugkategorie		Vorsteuer-abzug	NoVA	8-Jahres-AfA	Sach-bezug[1]	Luxus-tangente[2]
LKW		Ja	Nein	Nein	Nein	Nein
PKW/ Kombi	PKW Allgemein	Nein	Ja	Ja	Ja	Ja
	PKW gebraucht, nicht älter als 5 Jahre	Nein	Nein	Nein[3]	Ja	Ja[4]
	PKW gebraucht, älter als 5 Jahre	Nein	Nein	Nein[3]	Ja	Ja[6]
	Fahrschule, Taxi[5], Hotelwagen[5]	Ja	Nein	Nein	Ja[7]	Nein
	Kurzfristiger Vermieter	Ja	Ja	Ja	-	Nein
	Kurzfristiger Mieter	Nein	Nein	-	Ja[8]	Nein
	Beim Leasinggeber	Ja	Ja	Ja	-	Nein
	Beim Leasingnehmer	Nein	Nein	Ja	Ja[8]	Ja

1) Höchstgrenze: 2 % des Anschaffungswertes, maximal € 960; 0,75 % des Anschaffungswertes, maximal € 360, wenn das KFZ nachweislich nicht mehr als 500 km monatlich für Privatfahrten verwendet wird
2) € 40.000,–
3) Zeitraum der Nutzung durch den Voreigentümer wird abgezogen
4) € 40.000, berechnet von den **Erstanschaffungskosten**
5) KFZ dienen zu mindestens 80 % der gewerblichen Personenbeförderung
6) € 40.000, berechnet vom Kaufpreis im gebrauchten Zustand
7) wenn Berufschauffeure das Fahrzeug (PKW, Kombi), das privat nicht verwendet werden darf, nach der Dienstverrichtung mit nach Hause nehmen, so ist kein Sachbezug anzusetzen. Bei Vorführwagen sind die Anschaffungskosten um 15 % zu erhöhen
8) Als Basis dienen die der Leasing-Rate zugrunde liegenden Anschaffungskosten

Wer als Privatperson seinen Gebrauchtwagen im Ausland verkauft, kann seit Anfang 2016 – anders als bisher – die Normverbrauchsabgabe (NoVA) zurückverlangen. Dies ergibt sich aus einer neuen Entscheidung des Verfassungsgerichtshofs (VfGH), der einen Ausschluss von der Refundierung als *„unsachlich und daher gleichheitswidrig"* erkannt hatte. Die Entscheidung gilt auch für Unternehmer, die ihr Auto vorwiegend privat genutzt haben und es ins Ausland verkaufen.

7.2 Finanzielle Unterstützung bei Katastrophenschäden

Da sich im Zuge des Klimawandels heftige Unwetter, Hochwasser und extreme Hitzewellen immer mehr häufen, widmet sich dieses kurze Kapitel der Erlangung finanzieller Unterstützung in solchen Fällen.

Finanzielle Unterstützung im Katastrophenfall kann in Österreich auf verschiedenen Wegen erlangt werden:

- Mit Hilfe von Mitteln des Bundes und der Bundesländer (Katastrophenfonds)
- Sonstige Beihilfen aus öffentlichen Mitteln und verschiedenen Einrichtungen (z. B. Katastrophenfonds des Österreichischen Gewerkschaftsbundes)
- Zahlung aus einer privaten Versicherung

Der Bezug von Mitteln aus den einzelnen Katastrophenfonds der Länder ist nicht einheitlich geregelt. Dementsprechend variieren die Voraussetzungen sowie die einzuhaltenden Termine und Fristen bei der Antragstellung.

Je nach Schweregrad der Katastrophe und Betroffenheit können darüber hinaus noch andere Vergünstigungen greifen (z. B. Beihilfe für in Not geratene Familien aus dem Familienhärteausgleichsfond).

Steuerliche Erleichterungen im Katastrophenfall

Sofern Schäden nicht durch eine Versicherung oder aus öffentlichen Mitteln (Katastrophenfonds) abgedeckt werden können, sind sämtliche Kosten, die sich aus der Beseitigung des Schadens ergeben, als außergewöhnliche Belastung in vollem Umfang absetzbar. In einzelnen Fällen sind die absetzbaren Kosten aber gedeckelt (z. B. Mietkosten für ein Ersatzquartier).

Katastrophenbedingte Aufwendungen können steuerlich grundsätzlich nur berücksichtigt werden, wenn bei dem zuständigen Finanzamt eine über die Schadenserhebung aufgenommene Niederschrift von den Gemeindekommissionen eingebracht wird. Alternativ – bei Fehlen von Gemeindekommissionen – dem Katastrophenfond vorgelegte Unterlagen betreffend Fremdleistungen. Darüber hinaus sind sämtliche Kosten selbst durch Rechnung zu belegen.

Sind Kosten aus der Beseitigung von Katastrophenschäden erwachsen, kann außerdem auf Antrag vom zuständigen Finanzamt ein Freibetragsbescheid ausgestellt werden.

7.3 Neuerung im Versandhandel

Seit dem 1. Juli 2021 muss von jedem Transportunternehmen für jede EU importierte Warensendung eine Zollanmeldung abgegeben werden. Zudem fällt bereits beim ersten Cent eine Einfuhrumsatzsteuer von 20 % an. Darüber hinaus muss zusätzlich ab einem Warenwert von € 150,– Zoll entrichtet werden, wobei sich die Höhe nach der Ware, dem Warenwert und dem Ursprungsland richtet.

Dazu hier eine Auflistung von Ländern, die in die EU importieren müssen:

Andorra, Berg Athos, Büsingen, Campione d'Italia, Ceuta, Guadeloupe, Guayana, Martinique, Gibraltar, Grönland, Helgoland, Kanalinseln, Kanarische Inseln, Livigno, Melilla, San Marino, Vatikan und das Vereinigtes Königreich von Großbritannien (einschließlich Insel Man, ausgenommen Nordirland).

Änderungen für den Konsumenten

Zum Ärger des Konsumenten wird die Einfuhrumsatzsteuer nicht immer auf der Rechnung ausgewiesen. Die Steuer wird vom Transportunternehmen ausgelegt und später zurückgefordert. Folgende Kosten sollten Sie daher im Überblick behalten:

Jede Ware ist ab dem ersten Cent mit einer EUSt (Einfuhrumsatzsteuer) von 20 % zu besteuern	Ab einen Wert von € 150,– ist eine zusätzliche Zollabgabe möglich	Für verbrauchsteuerpflichtige Waren (Parfum, Tabak, ...) fallen Verbrauchersteuern an

Zollhindernis

Es kann durchaus passieren, dass die Warensendung durch ein Zollhindernis blockiert wird. Grund dafür sind meist fehlende Dokumente für die Einfuhr der Warensendung. Der Konsument wird in diesem Fall meist via Mail, Brief oder App aufgefordert, die fehlenden Dokumente nachzureichen.

Private Geschenksendungen

Die Abgaben können aber bei privaten Geschenksendungen (bis € 45,–) entfallen. Eine Sendung fällt unter eine private Geschenksendung, wenn:

- sie gelegentlich erfolgt,
- sie sich nur aus Waren zum Eigengebrauch zusammensetzt und die Mengen dementsprechend sind oder
- keine Bezahlung durch den Empfänger erfolgt.

7.4 Besteuerung von Krypto-Währungen

1) Definition „Kryptowährung“:

Gemäß der Legaldefinition in § 27b Abs 3 EstG sind Kryptowährungen

> *„... eine digitale Darstellung eines Werts, die von keiner Zentralbank oder öffentlichen Stelle emittiert wurde oder garantiert wird und nicht zwangsläufig an eine gesetzlich festgelegte Währung angebunden ist und die nicht den gesetzlichen Status einer Währung oder von Geld besitzt, aber von natürlichen oder juristischen Personen als Tauschmittel akzeptiert wird und die auf elektronischem Wege übertragen, gespeichert und gehandelt werden kann.“*

Dieser Begriff ist vom Gesetzgeber auffällig technologieneutral ausgestaltet, wodurch zukünftigen Entwicklungen Rechnung getragen werden soll. Für das Vorliegen einer steuerrechtlichen Kryptowährung ist nicht von Belangen, dass die Kryptowährung im Rahmen einer dezentralen Blockchain-technologie funktioniert. Vielmehr ist es ausreichend, dass diese digitale Darstellung auf elektronischem Wege gespeichert, übertragen und gehandelt werden kann.

Ein kennzeichnendes Merkmal dieser Definition ist die Voraussetzung der allgemeinen Akzeptanz als Tauschmittel. Aus diesem Merkmal heraus kann man eine weitere Voraussetzung ableiten, die Kryptowährungen erfüllen müssen; nämlich, dass sie öffentlich zugänglich sind und öffentlich angeboten werden (Public Placement), da für eine Akzeptanz als Tauschmittel (ähnlich einer gesetzlichen Währung) jedenfalls ein breiter Zugang zu der jeweiligen Kryptowährung Voraussetzung ist. Im Umkehrschluss genießen Kryptowährungen, die nur einer begrenzten Anzahl an Personen vorbehalten sind (Private Kryptos), keine solche Akzeptanz als Tauschmittel.

Mangels ihrer Eigenschaft als Tauschmittel sind „Non-Fungible-Token“ (NFT) keine Kryptowährungen, da sie nicht austauschbare bzw. nicht vertretbare Wirtschaftsgüter sind. Selbiges gilt für sogenannte „Asset-Token“, weil ihnen reale Werte zugrunde liegen (z.B. Immobilien oder Wertpapiere). Aus diesem Grund hängt die steuerliche Behandlung derartiger Produkte von deren tatsächliche Ausgestaltung ab, und eine Einstufung als Kapitalvermögen wäre nicht sachgerecht. Kryptowährungen hingegen haben aufgrund ihres Einsatzes als Tauschmittel eine faktische Nähe zu Kapitalvermögen entwickelt und sind daher als solche gerechtfertigt eingestuft.

2) Tatbestände von Einkünften i.S.d. § 27b Abs 2 und Abs 3 EstG:

Laut § 27b Abs 1 lassen sich die Einkünfte aus Kryptowährungen in laufende Einkünfte und Einkünfte aus realisierten Wertsteigerungen (Abs 3) unterscheiden. Zu den laufenden Einkünften gehören zum einen (Abs 2 Z 1) Entgelte aus der Überlassung von Kryptowährungen und zum anderen (Abs 2 Z 2) der Erwerb von Kryptowährungen durch einen technischen Prozess, bei dem Leistungen zur Transaktionsverarbeitung zur Verfügung gestellt werden.

a) Gemäß Abs 2 Z 1 liegen Entgelte aus der Überlassung von Kryptowährungen vor, wenn Kryptos im Rahmen von „Decentralized-Finance Vorgängen" einem Netzwerk für Liquiditäts- bzw. Kreditpools zur Verfügung gestellt werden. Solche Dienstleistungen beinhalten etwa den Tausch von Kryptowährungen in andere Kryptowährungen oder das Verleihen von Kryptowährungen. Hierfür ist die „Überlassung" als Kryptowährung entscheidend, dass es zu einem Zuordnungswechsel hinsichtlich der Währung kommt. Dazu muss die Kryptowährung von einem Steuerpflichtigen einem anderen Marktteilnehmer (andere Steuerpflichtige, private Personen, Netzwerke etc.) überlassen werden.
b) Gemäß Abs 2 Z 2 führt der Erwerb durch einen technischen Prozess zu laufenden Einkünften. Es handelt sich um Einkünfte, die den Betrieb der Blockchain bzw. deren Netzwerk aufrechterhalten. Der Hauptanwendungsfall stellt das „Mining" dar. Auch diese Einkünfte führen zu einer Steuerpflicht, sowohl originär erstellte Kryptowährungen als auch sonstige Transaktionsgebühren werden dazu gezählt.
c) Zu den Ausnahmen gehören die im Schlussteil des Abs 2 Z 2 angeführten Tatbestandselemente, also „Stakings", „Airdrops", „Bounties" und „Hardfork".
d) Einkünfte aus Wertsteigerungen i. S. d. Abs 3

Stellen die Veräußerung von Kryptowährungen dar, sowie der Tausch von Kryptowährungen gegen andere Wirtschaftsgüter und Leistungen, einschließlich gesetzlich anerkannter Zahlungsmittel. Der Tausch gegen eine andere Kryptowährung stellt keine Realisierung dar (damit in Zusammenhang stehende Aufwendungen sind steuerlich unbeachtlich).

3) Die neuen Bestimmungen für Kryptowährungen

Mit dem 1. März 2022 ist das Ökosoziale Steuerreformgesetz Teil I in Kraft getreten, welches eine klare Regelung für die Besteuerung von Einkünften aus Kryptowährungen zum Inhalt hat. Mit dem neuen Gesetz lassen sich zwei Tatbestandselemente unterscheiden. Zum einen gibt es die „Altcoins"; das sind jene Kryptowährungen, die vor dem 1. März 2021 gekauft wurden und den alten Bestimmungen des Steuergesetzes (bis zum 28. Februar 2021) unterliegen. Für „Neucoins" (nach dem 28. Februar 2021 angeschaffte Kryptowährungen) ist die Neubestimmung zur Besteuerung der Einkünfte anwendbar.

a) **„Altcoins bzw. Altvermögen"**
Bis dahin haben Kryptowährungen kein Kapitalvermögen i. S. d. EstG dargestellt, daher unterlagen die Gewinne bei einem Verkauf dem progressiven Steuersatz von bis zu 55%. Allerdings galt das nur dann, wenn der Verkauf innerhalb eines Jahres nach dem Kauf erfolgte, also noch innerhalb der einjährigen Spekulationsfrist. Das gilt für „Altcoins" auch weiterhin, dementsprechend sind Gewinne aus diesen „Altcoins" auch im Falle einer künftigen Gesetzesänderung steuerfrei.
b) **„Neucoins bzw. Neuvermögen"**
Mit dem neuen Gesetz kommen zwei wesentliche Änderungen; zum einen sind Gewinne aus der Veräußerung von Kryptowährungen fortan auch nach einem Jahr steuerpflichtig und die Einkünfte (s. o.) unterliegen einem Steuersatz von 27,5%.

4) Gegenüberstellung mit der alten Gesetzeslage:

- Ein Nachteil der neuen Regelung ist, dass die Gewinne aus den Kryptowährungen stets steuerpflichtig sind, unabhängig von der Behaltedauer.
- Jedoch bietet die neue Regelung auch Vorteile für die Anleger; die bei dem Verkauf von Kryptos realisierten Verluste können nicht mehr nur mit Gewinnen aus Kryptowährungen, aber auch mit Einkünften aus Wertpapieren (Dividenden, Zinsen), sowie mit Gewinnen aus der Veräußerung, entgegen gerechnet werden. Im Umkehrschluss ist das auch möglich; Verluste aus Wertpapierverkäufen mit Einkünften aus Kryptowährungen entgegenrechnen.
- Weiters ist zu erwähnen, dass nun der Tausch in eine andere Kryptowährung (z. B. von Ethereum zu Bitcoin) nunmehr steuerneutral ist. Dieser Vorgang war steuerpflichtig, wenn er innerhalb der einjährigen Spekulationsfrist erfolgte.

7.5 Photovoltaik

Der steigenden Bedeutung der Photovoltaik hat die Regierung – neben diversen Förderungen – auch mit steuerlichen Anreizen Rechnung getragen, wobei zwischen Volleinspeisern, Überschusseinspeisern und Inselbetrieben unterschieden wird.

Zu den steuerlichen Maßnahmen zählen die degressive AfA, der Investitionsfreibetrag, und Steuerbefreiungen für eingespeisten Strom Privater. Die neugeschaffene Einbindung in erneuerbare-Energie-Gemeinschaften ermöglicht die Versorgung mit Strom über das eigene Grundstück hinaus; sie ist ebenfalls von der Netzgebühr befreit.

C Besondere Besteuerung

1 Umsatzsteuer (USt)

Ob Mehrwert- oder Umsatzsteuer: Irgendeinen dieser Begriffe kennt wohl jeder. Und doch wissen viele nicht, dass beide dasselbe meinen. Österreicher zahlen sie nämlich brav (in der Regel 20 %), müssen den Betrag aber nicht an das Finanzamt abliefern. Das bleibt den Unternehmern vorbehalten. Als Privatperson ist man damit aus dem Schneider.

Verkaufen Sie nichts, dann hat das folgende Kapitel für Sie nur allgemeinen Informationswert.

Bieten Sie allerdings Waren oder Dienstleistungen selbständig an, sollten Sie es besonders genau lesen.

1.1 Wer muss eine Umsatzsteuererklärung abgeben?

Zur Abgabe einer Umsatzsteuererklärung (Formular U 1) ist jeder verpflichtet, der Unternehmer ist und einen **Jahresumsatz von mehr als € 35.000,–** erzielt. Die Steuererklärungspflicht besteht auch dann, wenn die Leistungen des Unternehmers (siehe dazu unten) zur Gänze umsatzsteuerfrei sind. Die Steuererklärungen sind via FinanzOnline elektronisch zu übermitteln. Die Erklärung ist an jenes Finanzamt zu richten, in dessen Bereich das Unternehmen betrieben wird. Sie ist **bis 30. April des Folgejahres bzw. bei elektronischer Übermittlung über Finanzonline bis 30. Juni des Folgejahres** zu übermitteln, wobei diese Frist jedoch auf Antrag verlängert werden kann.

Auf Basis der Steuererklärung erfolgt die Veranlagung, bei der die endgültige Umsatzsteuer laut Erklärung den aufgrund der Voranmeldungen gezahlten Beträgen gegenübergestellt wird. Bei richtiger Berechnung der Umsatzsteuervoranmeldungen kann es nur Rundungsdifferenzen geben. Sollte es zu einer Abweichung kommen, kann dies zu einer Nachforderung oder Gutschrift führen. Eine Nachforderung ist innerhalb eines Monats nachzuzahlen.

Unternehmerbegriff

Um in den Anwendungsbereich des Umsatzsteuerrechts zu fallen, muss der Steuerpflichtige Unternehmer sein. Unternehmer im Sinne des Umsatzsteuergesetzes ist, wer eine gewerbliche oder berufliche Tätigkeit (jede nachhaltige Tätigkeit zur Erzielung von Einnahmen), **selbständig** (das heißt z.B. nicht als Arbeitnehmer) ausübt. Ein Steuerpflichtiger kann zwar mehrere Betriebe, aber nur ein Unternehmen haben. Daraus folgt, dass Umsätze zwischen Betrieben eines Unternehmers nicht der Umsatzsteuer unterliegen.

Kleinunternehmer sind von der Umsatzsteuer befreit. Als solche gelten Unternehmer mit einem Jahresumsatz von nicht mehr als € 35.000,–. Für die Berechnung der Umsatzsteuer sind nur Nettobeträge (ohne Umsatzsteuer) maßgeblich.

Umsatzsteuerbefreite Kleinunternehmer müssen grundsätzlich keine Jahresumsatzsteuererklärung abgeben.

1.2 Entstehen der Steuerschuld

Unternehmer müssen nicht nur eine Umsatzsteuererklärung, sondern auch für die einzelnen Monate so genannte Umsatzsteuervoranmeldungen (Formular U 30) abgeben, in denen sie dem Finanzamt die angefallenen Umsätze und Vorsteuern melden. Die Übermittlung der Voranmeldung hat elektronisch zu erfolgen.

Die Umsatzsteuerschuld entsteht mit Ablauf des Kalendermonats, in dem die Lieferungen oder Leistungen ausgeführt (bei „Soll-Besteuerung") oder das Entgelt eingenommen (bei „Ist-Besteuerung") worden ist. Bei der Soll-Besteuerung verschiebt sich dieser Zeitpunkt um einen Monat, wenn die Rechnung erst nach Ablauf des Kalendermonats ausgestellt wird, in dem die Lieferung oder sonstige Leistung erbracht worden ist.

Die anfallende Umsatzsteuer muss (vermindert um die im selben Zeitraum anfallende Vorsteuer) dem Finanzamt monatlich vorangemeldet und vorausgezahlt werden. Dies hat spätestens am **15. des zweitfolgenden Monats** zu erfolgen (Beispiel: die Umsatzsteuer für März ist am 15. Mai zu zahlen).

Unternehmer, deren Vorjahresumsätze € 35.000,– übersteigen, aber max. € 100.000,– betragen, können die Umsatzsteuervoranmeldung auch quartalsweise abgeben. Allerdings kann freiwillig auch der monatliche Voranmeldungszeitraum gewählt werden. Die Entscheidung bindet den Unternehmer jeweils für ein Kalenderjahr. Übersteigen die Vorjahresumsätze allerdings € 100.000,–, so besteht eine Pflicht zur monatlichen Voranmeldung.

Hat ein Unternehmen ausschließlich unecht steuerfreie Umsätze (z.B. Ärzte) muss die Umsatzsteuer nicht vorangemeldet werden. So sind auch Kleinunternehmer (Jahresumsatz netto € 35.000,–), welche die Befreiung in Anspruch nehmen, von der Pflicht zur UVA befreit. Wird allerdings zur Steuerpflicht optiert, besteht eine Pflicht zur Abgabe einer Umsatzsteuervoranmeldung.

Kleinunternehmer, deren Umsätze im Vorjahr niedriger als € 35.000,– waren, sind von der Einreichung der UVA befreit, wenn die Umsatzsteuer spätestens am Fälligkeitstag entrichtet wird oder sich für einen Voranmeldungszeitraum eine Gutschrift ergibt.

Soll- oder Ist-Besteuerung

Das Umsatzsteuergesetz sieht grundsätzlich eine Besteuerung nach vereinbarten Entgelten vor, das ist die **Soll-Besteuerung.** Bei der Soll-Besteuerung entsteht die Steuerschuld am Ende des Monats, in dem die Lieferung oder Leistung erbracht wurde. Erfolgt aber die Rechnungslegung nicht im Monat der Lieferung oder Leistung, sondern später, so entsteht die Steuerschuld einen Monat nach Lieferung bzw. Leistung, jedoch nicht später. Zahlungstermine spielen keine Rolle. Nur bei Vorauszahlungen, Anzahlungen und Zahlungen, bei denen die Leistung noch nicht erbracht ist, entsteht die Steuerschuld mit Ablauf des Monats, in dem das Entgelt vereinnahmt wird.

Wer muss Ist- und wer muss Soll-besteuern?

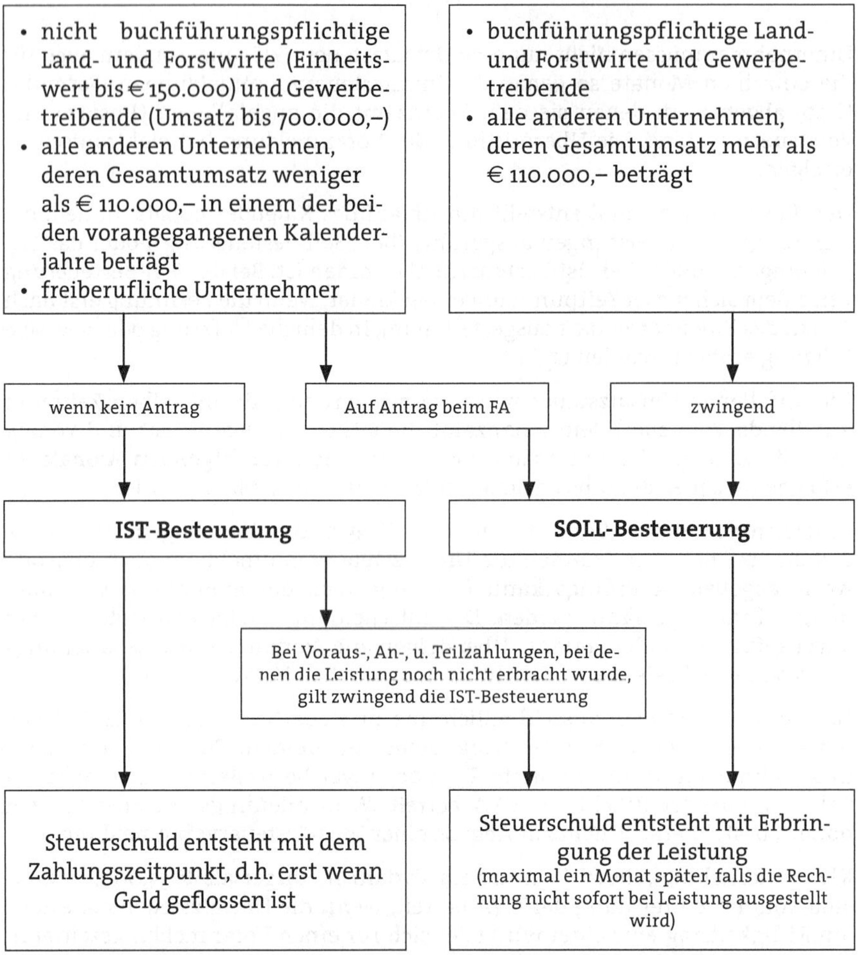

Beispiel: Entstehung und Fälligkeit der Steuerschuld bei „Ist" und „Soll":

			Entstehung		Fälligkeit	
Tag der Leistung	Tag der Rechnung	Tag der Bezahlung	IST	SOLL	IST	SOLL
21.2.	22.2.	31.5.	31.5.	28.2.	15.7.	15.4
21.2.	13.3.	17.8.	31.8.	31.3.	15.10.	15.5.
21.2.	14.7.	18.10.	31.10.	31.3.	15.12.	15.5.
Februar	Februar	Mai	Ende Mai	Ende Februar	Mitte Juli	Mitte April
Februar	März	August	Ende August	Ende März	Mitte Oktober	Mitte Mai
Februar	April od. später	Oktober	Ende Oktober	Ende März	Mitte Dezember	Mitte Mai

Bei der **Ist-Besteuerung** entsteht die Steuerschuld mit Ablauf des Monats, in dem die Entgelte vereinnahmt worden sind. Hier ist also der Zahlungszeitpunkt ausschlaggebend. Die Ist-Versteuerung ist in erster Linie für

- Freiberufler (Künstler, Wissenschaftler, Ziviltechniker, Rechtsanwälte usw.);
- nicht buchführungspflichtige Land- und Forstwirte (Einheitswert bis € 150.000);
- nicht buchführungspflichtige Gewerbetreibende (Umsatz bis € 700.000)
  Achtung: Ein Unternehmer, der freiwillig bilanziert, muss seine Umsätze grundsätzlich nach dem Ist-System versteuern.
- Vermieter (wenn sie in einem der beiden Vorjahre nicht mehr als € 110.000,– Umsatz hatten) vorgesehen.

1.3 Steuerbare Umsätze

Der Umsatzsteuer unterliegen **Lieferungen und Leistungen,** wenn sie vom Unternehmer im Rahmen seines Unternehmens gegen **Entgelt** im **Inland** ausgeführt wurden. Umsatzsteuerpflichtig sind nicht nur die eigentlichen Umsätze, sondern auch Hilfsgeschäfte wie z.B. der Verkauf von Anlagevermögen. Im Regelfall gilt die Lieferung dort als ausgeführt, wo sich der Gegenstand im Zeitpunkt der Verschaffung der Verfügungsmacht befindet.

Für den **Eigenverbrauch** und die **Einfuhr** von Gegenständen aus einem Drittlandsgebiet (= alle Länder, die nicht Mitglieder der EU sind) in das Inland besteht ebenfalls Steuerpflicht. Eigenverbrauch liegt vor, wenn ein Unternehmer im Inland Gegenstände des Unternehmens für Zwecke, die außerhalb des Unternehmens liegen, verwendet.

Nicht steuerbar und damit nicht in die Steuererklärung aufzunehmen sind durchlaufende Posten (z.B. Gerichtsgebühren), echte Schadenersatzzahlungen (z.B. Versicherungsvergütungen) sowie Subventionen (z.B. von Gebietskörperschaften).

Bemessungsgrundlage

Bemessungsgrundlage für die Umsatzsteuer ist das **Entgelt.** Entgelt ist alles, was der Empfänger einer Lieferung oder sonstigen Leistung aufzuwenden hat, um die Lieferung oder sonstige Leistung zu erhalten. Zum Entgelt gehören auch Gebühren für Rechtsgeschäfte und andere mit der Errichtung von Verträgen (über Lieferungen oder sonstige Leistungen) verbundene Kosten.

Nicht zum Entgelt gehören Beträge, die der Unternehmer im Namen und für Rechnung eines anderen vereinnahmt oder verausgabt (zum Beispiel Gerichtsgebühren des Anwalts für seinen Klienten), also sogenannte *durchlaufende Posten.* Nicht zum Entgelt gehören weiters Verzugszinsen und Mahnspesen. Sie unterliegen daher nicht der Umsatzsteuer. Die Umsatzsteuer zählt auch nicht zur Bemessungsgrundlage.

Steuerfreie Umsätze

Im Rahmen der Umsatzsteuer spricht man von einer so genannten **echten Steuerbefreiung,** wenn die ausgeführten Umsätze steuerfrei sind, aber trotzdem der Vorsteuerabzug zusteht. Damit ist gemeint, dass man keine Umsatzsteuer zahlt, aber trotzdem berechtigt ist, sich die Vorsteuer zu holen. Dazu zählen insbesondere:

- Ausfuhrlieferungen in Drittstaaten;
- Lohnveredelungen (Be- und Verarbeitung von Waren) an Gegenständen der Ausfuhr;
- Umsätze für die Seeschifffahrt und die Luftfahrt;
- Beförderung von Gegenständen im grenzüberschreitenden Verkehr;
- Lieferung von eingeführten Gegenständen an ausländische Abnehmer;
- innergemeinschaftliche Lieferung (siehe „Umsatzsteuer in der EU“ ab S. 230);
- Lieferungen neuer Fahrzeuge in die EU;
- Fahrzeuglieferung durch Private oder Nicht-Fahrzeughändler in die EU.

Steuerfreie Umsätze ohne Vorsteuerabzug

Unter der so genannten **unechten Steuerbefreiung** versteht man die Befreiung von der Umsatzsteuer, aber ohne das Recht auf Vorsteuerabzug. Damit kann man die Umsatzsteuer (Vorsteuer), die man beim Einkauf zahlt, nicht wieder zurückholen. Dazu gehören vor allem:

- Grundstücksumsätze (Verkauf, Entnahmen und Eigenverbrauch von Grundstücken);
- Umsätze der Kleinunternehmer (siehe Kleinunternehmerregelung);
- Umsätze im Zusammenhang mit Krediten, Wertpapieren, Gesellschaftsanteilen;
- Vergütungen von Aufsichtsräten;
- Umsätze von Blinden unter gewissen Voraussetzungen;
- Umsätze von Privatlehrern;
- Umsätze aus der Tätigkeit als Bausparkassen- und Versicherungsvertreter;
- Umsätze aus der Betreuung von Pflegekindern;
- Vermietung und Verpachtung von Grundstücken (die Vermietung für Wohnzwecke ist nicht befreit);
- bestimmte Umsätze von Gebietskörperschaften und gemeinnützigen Vereinigungen;
- Umsätze von Kranken- und Pflegeanstalten;
- Umsätze als Arzt, Psychotherapeut und Hebamme;
- Krankenbeförderung.

Kleinunternehmerregelung

Die Umsätze von Kleinunternehmern, das sind Unternehmer mit Umsätzen bis maximal € 35.000,– netto im Veranlagungsjahr, bleiben umsatzsteuerfrei. Es besteht für diese Unternehmen keine Möglichkeit, Vorsteuern geltend zu machen. Innerhalb eines Zeitraums von fünf Jahren kann man einmal die Grenze von € 35.000,– um 15 % überschreiten, ohne dass die Befreiung verloren geht.

Bei der Ermittlung der Umsatzsteuergrenze sind die gesamten Einnahmen, gleichgültig ob steuerfrei oder steuerpflichtig, sowie der Eigenverbrauch anzusetzen. Es können nur Hilfsgeschäfte einschließlich der Geschäftsveräußerungen außer Acht gelassen werden.

Herr Max Muster erzielt im Jahr Einnahmen von € 42.000,– inkl. 20 % USt.

Bruttoentgelt	€ 42.000,– (inkl. 20 % USt)	120 %
Nettoentgelt	€ 35.000,–	100 %

Dieser Bruttoumsatz entspricht einem Nettoumsatz von € 35.000 (= € 42.000 : 1,2). Die Steuerbefreiung als Kleinunternehmer steht daher zu.

Herr Muster erhält in einem Jahr € 20.000,– an Provisionen, die umsatzsteuerfrei sind. Für eine Vortragstätigkeit kassiert er im selben Jahr € 24.000,– (netto € 20.000,–) an Honoraren. Die Folge ist, dass die 35.000-Euro-Grenze überschritten ist, und dass für die Vortragshonorare die Umsatzsteuer in Höhe von € 4.000,– bezahlt werden muss.

Es gibt für den Kleinunternehmer auch die Möglichkeit, **auf die Steuerfreiheit zu verzichten.** Dieser Verzicht erfolgt durch ein formloses Schreiben an das Finanzamt und ist auch in der Steuererklärung entsprechend anzugeben. Der

Nachteil dabei ist, dass der Kleinunternehmer fünf Jahre an seine Verzichtserklärung gebunden ist. Erst nach dem Ablauf von fünf Jahren nach Abgabe der Verzichtserklärung, kann er sich wieder auf die Steuerfreiheit berufen – vorausgesetzt, die Kleinunternehmerregelung ist weiterhin auf ihn anwendbar.

Der Verzicht auf die Steuerfreiheit ist natürlich nur dann sinnvoll, wenn die Vorsteuer höher als die zu verrechnende Umsatzsteuer ist oder der Kleinunternehmer hauptsächlich an vorsteuerabzugsberechtigte Unternehmer leistet.

i

Tipp: Die Inanspruchnahme der unechten Umsatzsteuerbefreiung im Rahmen der Kleinunternehmerregelung zahlt sich besonders dann für den Steuerpflichtigen aus, wenn man an Nicht-Vorsteuerabzugsberechtigte (z.B. einen Endverbraucher, Bank, Versicherungsmakler, Arzt etc.) eine Leistung erbringt und wenn man möglichst wenig Vorleistungen bezieht, in denen die Vorsteuer enthalten ist. So erbringt z.B. ein Friseur eine Dienstleistung an Private. Die Ausgaben des Salons werden zum größten Teil Lohn- und Gehaltszahlungen an seine Mitarbeiter umfassen, welche nicht umsatzsteuerpflichtig sind.

1.4 Steuersatz

Normalsteuersatz von 20 %

Mit dem Normalsteuersatz von 20 % sind alle steuerpflichtigen Umsätze zu versteuern, für die kein besonderer Steuersatz vorgesehen ist.

Ermäßigter Steuersatz von 10 %

Für folgende beispielhaft aufgezählten Umsätze beträgt die Umsatzsteuer nur 10 %:

- Lieferung und Eigenverbrauch verschiedener Lebensmittel und Getränke, Rohstoffe, Heizstoffe (außer Holz), Bücher, Zeitungen, Arzneimittel
- Abgabe von Speisen und Getränke an Ort und Stelle (Restaurant, Imbissstube etc.)
- Vermietung für Wohnzwecke
- Leistungen gemeinnütziger, mildtätiger oder kirchlicher Vereinigungen
- Leistungen von Rundfunk- und Kabelfernsehunternehmen
- Personenbeförderung (Taxi, Busreisen)
- Müllbeseitigung
- Umsätze von Krankenanstalten, Altersheimen, Kuranstalten usw.
- Beherbergungs- und Campingplätze
- Damenhygieneartikel (seit 1.1.2021)

Ermäßigter Steuersatz von 13 %

Für folgende beispielhaft aufgezählte Umsätze beträgt die Umsatzsteuer 13 %:

- Tiere, Futtermittel
- Pflanzen, Saatgut, Holz
- Kulturelle Dienstleistungen wie Kino, Museen, Oper etc.
- Jugendbetreuung
- Umsätze von Schwimmbädern und Thermalbehandlungen
- Luftverkehr
- Ab-Hof Verkauf von Wein
- Eintrittsberechtigungen für sportliche Veranstaltungen
- künstliche Tierbesamung
- Umsätze als Tätigkeit als Künstler

Ermäßigter Steuersatz von 19 %

Diesen Steuersatz genießen Unternehmer aus den Zollausschlussgebieten Jungholz und Mittelberg.

1.5 Vorsteuer

Die abziehbare Vorsteuer ist nichts anderes als die Umsatzsteuer, die in den eigenen Aufwendungen des Unternehmers enthalten ist. Sie stellt also die dem Unternehmer von anderen Unternehmern in Rechnung gestellte Umsatzsteuer dar.

Da die Umsatzsteuer beim Unternehmen nur einen Durchlaufposten darstellt (zahlt eigentlich der Konsument), darf der Unternehmer die Vorsteuer von der an das Finanzamt abzuführenden Umsatzsteuer abziehen. Sie mindert daher die Umsatzsteuerschuld des Unternehmers. Voraussetzung für den Vorsteuerabzug ist, dass die Lieferung oder Leistung für das Unternehmen ausgeführt wurde und eine den Formvorschriften des Umsatzsteuergesetzes entsprechende Rechnung vorliegt.

Die Ausstellung von Rechnungen

Eine der Voraussetzungen für den Vorsteuerabzug ist das Vorliegen einer den Formvorschriften des Umsatzsteuergesetzes entsprechenden Rechnung. Der Unternehmer kann von seinem Lieferanten oder Leistungserbringer verlangen, dass dieser eine Rechnung ausstellt.

Die Rechnung hat folgende **Angaben** zu beinhalten:

- Name und Anschrift des liefernden oder leistenden Unternehmers
- Name und Anschrift des Leistungsempfängers
- Menge und Bezeichnung des Gegenstands bzw. der Leistung
- Tag bzw. Zeitraum der Lieferung bzw. der Leistung
- Entgelt
- anzuwendender Steuersatz
- Ausstellungsdatum
- eine fortlaufende Nummer, die zur Identifizierung der Rechnung einmalig vergeben wird
- UID-Nummer des Empfängers, wenn der Rechnungsbetrag inkl. USt € 10.000,– übersteigt
- UID-Nummer des leistenden Unternehmers, wenn der Leistungsempfänger das Recht auf Vorsteuerabzug besitzt; jeder Unternehmer erhält eine UID-Nummer
- im Fall einer Steuerbefreiung einen Hinweis, dass für diese Lieferung oder sonstige Leistung eine Steuerbefreiung gilt

Bei Rechnungen, deren Gesamtbetrag € 400,– (inklusive Umsatzsteuer) nicht übersteigt, gelten geminderte Formvorschriften. Neben dem Ausstellungsdatum sind der Name und die Anschrift des liefernden oder leistenden Unternehmers, die Menge und die handelsübliche Bezeichnung des Gegenstandes bzw. der Leistung, der Tag der Lieferung oder der Zeitraum, über den sich die Lieferung erstreckt sowie der Bruttopreis und der Steuersatz anzugeben.

Elektronische Rechnungen

Bislang haben elektronische Rechnungen nur dann zum Vorsteuerabzug berechtigt, wenn sie entweder mit einer fortgeschrittenen Signatur versehen waren oder die Übermittlung mittels elektronischem Datenaustausch erfolgte. Elektronische Rechnungen können auch als E-Mail, E-Mail-Anhang, Internet-Download, PDF-Datei oder als reine Textdatei übermittelt werden, wenn alle gesetzlich vorgeschriebenen Bestandteile einer Rechnung enthalten sind.

Es gilt eine Gleichbehandlung von Rechnungen auf Papier und elektronischen Rechnungen.

1.6 Umsatzsteuer im EU-Bereich

Für die Besteuerung von Auslandsgeschäften gilt das Recht des Landes, in dem die Leistung umsatzsteuerlich erbracht wird. Es gibt teilweise unterschiedliche Regelungen bei Geschäften innerhalb der EU und Geschäften mit Drittländern. Innergemeinschaftliche Lieferungen sind, wenn alle Voraussetzungen erfüllt sind, steuerfrei. Liefert ein Österreicher an ein Unternehmen in der EU, bleibt die Lieferung steuerfrei, wenn sich der andere Unternehmer durch eine UID-Nummer ausweist **(innergemeinschaftliche Lieferung).** Dieser Unternehmer muss die Umsatzsteuer für den Erwerb in seinem Staat an sein Finanzamt entrichten, kann sich aber gleichzeitig diese Steuer als Vorsteuer wieder abziehen (nicht jedoch bei unechter Befreiung). Gleiches gilt natürlich auch für Lieferungen eines Unternehmers aus einem EU-Land an einen österreichischen Unternehmer (so genannter **innergemeinschaftlicher Erwerb).**

Die innergemeinschaftliche Lieferung von **Neufahrzeugen** ist für den Lieferanten steuerfrei. Der Erwerber muss im Bestimmungsland die Umsatzsteuer entrichten. Privatpersonen müssen dazu in Österreich spätestens bis zum Ablauf eines Monats nach dem Tag des Erwerbs eine Steuererklärung abgeben. Ein KFZ gilt dann als neu, wenn die erste Inbetriebnahme nicht mehr als 6 Monate zurückliegt oder das KFZ nicht mehr als 6.000 Kilometer gefahren wurde.

Es ist auch bei den **verbrauchsteuerpflichtigen Waren** (z. B. Tabakwaren, Alkohol, Mineralöle) eine Sonderregelung zu beachten. Wenn man solche Waren als Unternehmer erwirbt, zahlt man immer die Erwerbsteuer.

Jeder Unternehmer, der sich am EU-Binnenmarkt beteiligt, benötigt eine **Umsatzsteueridentifikationsnummer** (UID-Nummer). Die österreichische UID besteht aus drei Buchstaben (AT für Austria, U für Umsatzsteuer) und einer achtstelligen Zahl (z. B. ATU 12345678).

Die UID haben alle steuerlich erfassten Unternehmer automatisch zugesandt erhalten. Als Unternehmer hat man bis zum Ablauf des auf jeden Kalendermonat folgenden Kalendermonats an sein für die Umsatzsteuer zuständiges Finanzamt auf einem amtlichen Vordruck eine **zusammenfassende Meldung** über die durchgeführten innergemeinschaftlichen Warenlieferungen einzureichen. Seit 2010 müssen auch innergemeinschaftliche Leistungen, die unter das *Reverse Charge* (Übergang der Steuerschuld auf den Leistungsempfänger) fallen, in die zusammenfassende Meldung aufgenommen werden.

Unternehmer, deren Umsätze im vorangegangenen Kalenderjahr € 35.000,– nicht übersteigen und damit das Kalendervierteljahr der Voranmeldezeitraum ist, haben diese Meldung bis zum Ablauf des auf jedes Kalendervierteljahr folgenden Kalendermonats abzugeben.

Die Einreichung der zusammenfassenden Meldungen hat auf elektronischem Wege (FinanzOnline) zu erfolgen, es sei denn, dem Unternehmer ist die elektronische Übermittlung mangels technischer Voraussetzungen unzumutbar.

Für welche Umsätze ist USt in Rechnung zu stellen?

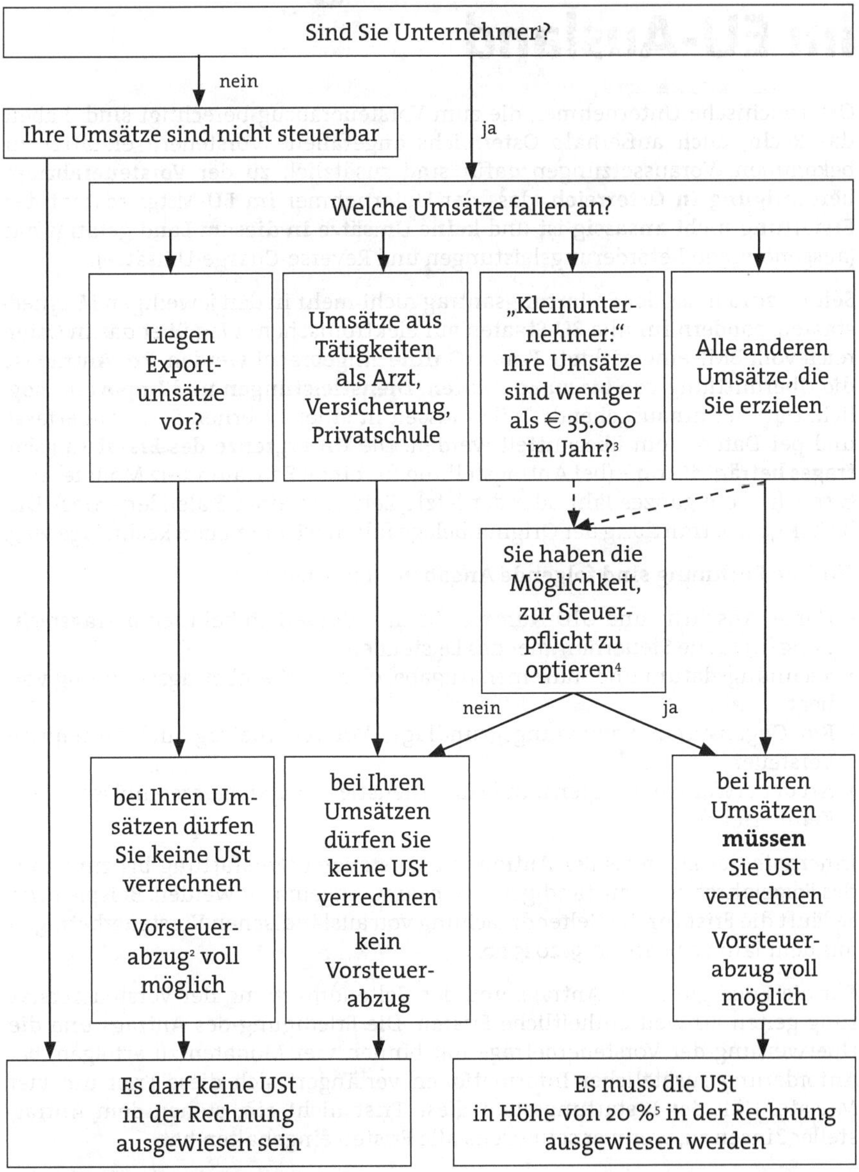

1) Unternehmer ist, wer auf Dauer eine Tätigkeit zur Erzielung von Einnahmen ausübt, auch dann, wenn keine Gewinnerzielungsabsicht besteht.
2) Die Ihnen von anderen Unternehmen in Rechnung gestellte USt für Leistungen an ihr Unternehmen können sie vom Finanzamt als Vorsteuer zurückfordern.
3) Für die Berechnung der Umsatzgrenze ist die USt herauszunehmen. Einmaliges Überschreiten um nicht mehr als 15 % innerhalb von fünf Jahren ist unschädlich.
4) Option auch möglich bei: Grundstücksumsätzen, Umsätzen aus Vermietung und Verpachtung von Grundstücken, Kreditgewährung, Kreditkartenumsätzen
5) für bestimmte Umsätze nach § 10 UStG ermäßigt sich der Steuersatz auf 5 %, 13 % bzw. 19 %

1.7 Vorsteuererstattung im EU-Ausland

Österreichische Unternehmer, die zum Vorsteuerabzug berechtigt sind, haben das Recht, auch außerhalb Österreichs angefallene Vorsteuern erstattet zu bekommen. Voraussetzungen dafür sind zusätzlich zu der **Vorsteuerabzugsberechtigung in Österreich,** dass der Unternehmer **im EU-Mitgliedstaat der Erstattung nicht ansässig ist** und **keine Umsätze in diesem Land** getätigt hat (ausgenommen Beförderungsleistungen und Reverse-Charge-Umsätze).

Seit 1.1.2010 muss der Erstattungsantrag nicht mehr in den jeweiligen Mitgliedstaaten, sondern für alle EU-Staaten auf elektronischem Weg über das in Österreich vom BMF eingerichtete **FinanzOnline** eingebracht werden. **Pro Antrag** ist die Übermittlung von **bis zu 40 Käufen, Dienstleistungen und Importen** möglich. Darüber hinausgehende Teile müssen in einer externen Software erfasst und per Datenstrom übermittelt werden. Die **Untergrenze des Erstattungsbetrages beträgt € 400,–** (bei Antragstellung für einen Zeitraum 3–12 Monate) bzw. € 50,– (für ein ganzes Jahr oder der letzte Zeitraum eines Kalenderjahres). Die bisherige Übermittlung der Originalbelege fällt nach der neuen Rechtslage weg.

Für jede **Rechnung sind folgende Angaben** zu machen:

- Name, Anschrift und UID-Nummer (nicht erforderlich bei Kleinbetragsrechnungen) sowie Steuernummer des Leistenden
- Rechnungsdatum und -nummer, Angabe, ob eine Kleinbetragsrechnung vorliegt
- Pro Gegenstand: Bemessungsgrundlage, Vorsteuerbetrag und abziehbare Vorsteuer
- Art der erworbenen Gegenstände und Dienstleistungen (aufgeschlüsselt nach Kennziffern)

Innerhalb der EU muss der Antrag auf Vorsteuerrückerstattung bis zum 30.9. des Folgejahres beim zuständigen Finanzamt eingebracht werden. Beispielsweise läuft die Frist für die Geltendmachung von ausländischen Vorsteuerbeträgen aus dem Jahr 2024 am 30.9.2025 ab.

Für die Erledigung des Antrags und der Geltendmachung der Vorsteuererstattung gelten EU-weit einheitliche Fristen. Die Erledigung des Antrags und die Überweisung der Vorsteuerbeträge hat binnen vier Monaten zu erfolgen, bei Anforderung zusätzlicher Informationen verlängert sich diese Frist um vier Monate. Hält der Erstattungsstaat diese Frist nicht ein, stehen dem Antragsteller Zinsen zu, wenn er seinerseits alle Fristen eingehalten hat.

2 Erben & Schenken

In Österreich wurde die Erbschafts- und Schenkungsteuer für Erbschaften, bei denen der Erblasser vor dem 1.8.2008 verstorben ist und für Schenkungen unter Lebenden, wenn die Übergabe des geschenkten Vermögenswertes vor dem 1.8.2008 erfolgt ist, mit Wirkung ab dem 31.7.2008 abgeschafft. Seit 1.8.2008 besteht allerdings die Verpflichtung Schenkungen beim Finanzamt anzuzeigen. Bei Erbschaften und Schenkungen ist weiterhin die Grunderwerbsteuer zu entrichten.

Mit 1.1.2017 trat das Erbrechtsänderungsgesetz 2015 in Kraft, welches vor allem eine Modernisierung des Pflichtteilsrechts, eine Stärkung der Testierfreiheit, eine erbrechtliche Berücksichtigung von Pflegeleistungen und eine Berücksichtigung von Lebensgemeinschaften im Erbrecht mit sich brachte.

2.1 Anzeigepflicht für Schenkungen

Sofern zwischen Angehörigen eine Vermögensgrenze von € 50.000,– pro Jahr und zwischen Nichtangehörigen innerhalb von fünf Jahren ein Betrag von € 15.000,– überschritten wurde, müssen dem Finanzamt folgende Schenkungen unter Lebenden und Zweckzuwendungen unter Lebenden angezeigt werden:

- Bargeld, Kapitalforderungen, Anteile an Kapitalgesellschaften und Personenvereinigungen (Personengemeinschaften) ohne eigene Rechtspersönlichkeit, Beteiligung als stiller Gesellschafter oder
- (Teil-)betriebe, die der Erzielung von betrieblichen Einkünften dienen oder
- bewegliches körperliches Vermögen und immaterielle Vermögensgegenstände

Grundvoraussetzung für die Anzeigepflicht ist, dass der Erwerber, Geschenkgeber, Zuwendende bei freigiebiger Zuwendung oder der Beschwerte bei Zweckzuwendung im Zeitpunkt des Erwerbes einen Wohnsitz (Zweitwohnsitz ist ausreichend), den gewöhnlichen Aufenthalt, den Sitz oder die Geschäftsleitung im Inland hat.

Nicht anzeigepflichtig sind:

- übliche Gelegenheitsgeschenke unter € 1.000,– und Hausrat,
- Schenkungen unter Ehegatten zur Schaffung einer dringenden Wohnstätte (für max. 150 m^2 Wohnnutzfläche),
- Zuwendungen von körperlich beweglichen Sachen und Geldforderungen an Kirchen, inländische juristische Personen, die gemeinnützige, mildtätige oder kirchliche Zwecke verfolgen,
- Gewinn aus Preisausschreiben, Gewinnspielen,
- unter das Stiftungseingangsteuergesetz fallende Zuwendungen,
- Weiters sind Schenkungen und Erbschaften von Grundstücken nicht anzeigepflichtig, da dafür Grunderwerbsteuer zu entrichten ist. Betroffen sind sowohl Wohnhäuser als auch Übergaben von Betrieben, Höfen und Liegenschaften.

Für Liegenschaften gilt folgendes: Seit 1.1.2016 wird bei Erbschaften und Schenkungen von Liegenschaften der höhere Verkehrswert (bis 31.12.2015: dreifacher Einheitswert) herangezogen. Im Zuge dessen entstand ein neuer Stufentarif, welcher auf dem Verkehrswert als Bemessungsgrundlage basiert. Die Steuer beträgt je nach Grundstückswert:

für die ersten € 250.000,–	0,5 %
für die nächsten € 150.000,–	2,0 %
darüber hinaus	3,5 %

Zuwendungen betreffend Stiftungen, sofern sie unter das Stiftungseingangssteuergesetz fallen, und übliche Gelegenheitsgeschenke, soweit der gemeine Wert € 1.000,– nicht übersteigt.

Zur Anzeigepflicht verpflichtet sind folgende Personen:

- der Erwerber
- der Geschenkgeber
- der Zuwendende bei freigiebiger Zuwendung
- der Beschwerte bei Zweckzuwendungen
- Rechtsanwälte und Notare, die beim Erwerb oder bei der Errichtung der Vertragsurkunde über den Erwerb mitgewirkt haben, oder die zur Erstattung der Anzeige beauftragt sind.

Es genügt, wenn eine dieser Personen die Meldung rechtzeitig durchführt. Damit hat die meldende Person die Meldepflicht für sich selbst und alle anderen erfüllt.

Die Anzeige hat spätestens drei Monate ab dem Erwerb zu erfolgen. Wird die Anzeigepflicht durch Zusammenrechnung ausgelöst, ist jener Zeitpunkt maßgeblich, in dem die Betragsgrenze erstmals überschritten wird. Die Anzeige hat grundsätzlich auf elektronischem Weg zu erfolgen, außer dies ist nicht zumutbar, und sie ist an das Finanzamt zu übermitteln.

Wird eine anzeigepflichtige Schenkung vorsätzlich nicht an das Finanzamt gemeldet, macht man sich einer Finanzordnungswidrigkeit schuldig. Eine solche Finanzordnungswidrigkeit wird mit einer Geldstrafe von bis zu 10 % des gemeinen Wertes des nicht gemeldeten Schenkungsvermögens bestraft. Grundsätzlich besteht die Möglichkeit, sich der Bestrafung durch Selbstanzeige zu entziehen, allerdings wird im Bereich der Anzeigepflicht als weitere Voraussetzung festgelegt, dass die Anzeige innerhalb eines Jahres ab Ende der dreimonatigen Anzeigefrist erstattet werden muss – spätere Selbstanzeigen sind wirkungslos.

Bestraft werden können alle Personen, die zur Meldung verpflichtet sind (siehe oben).

Die Verjährungspflicht beträgt drei Jahre ab dem Ende der Anzeigefrist. Hierbei handelt es sich um eine absolute Verjährung, eine Verlängerung oder Aussetzung kommt nicht in Frage.

2.2 Erbrechtsänderungsgesetz 2015

Das im Juli 2015 beschlossene Erbrechts-Änderungsgesetz bringt eine umfassende Neugestaltung des geltenden Erbrechts. Das neue Erbrechts-Änderungsgesetz trat mit 1.1.2017 in Kraft und ist damit auf Verlassenschaften seit diesem Zeitpunkt anzuwenden.

Das neue Erbrecht ermöglicht eine Stundung des Pflichtteils: Der Erblasser hat die Möglichkeit, den Pflichtteil durch letztwillige Verfügung auf einen Zeitraum von fünf Jahren zu stunden oder eine Zahlung in Teilbeträgen anzuordnen. Wird der Pflichtteil durch eine Zuwendung auf den Todesfall oder eine Schenkung zu Lebzeiten gedeckt, so kann die Pflichtteilsdeckung dem Pflichtteilsberechtigten im Laufe von fünf Jahren zukommen. Bei nicht ausreichender Deckung des Pflichtteils steht dem Pflichtteilsberechtigten ein Geldpflichtteilsanspruch bzw. Pflichtteilsergänzungsanspruch zu. Der fehlende Betrag kann frühestens ein Jahr nach Ableben des Erblassers eingefordert werden.

Bis zur Zahlung des Pflichtteils stehen dem Pflichtteilsberechtigten die gesetzlichen Zinsen von 4 % p. a. zu. Durch die neue Rechtslage sind nur noch die Kinder des Erblassers und dessen Ehepartner bzw. eingetragener Partner pflichtteilsberechtigt. Der bisherige Pflichtteilsanspruch der Eltern des Erblassers – wenn keine Nachkommen vorhanden sind – entfällt somit seit 1.1.2017. Die gesetzliche Erbfolge bleibt unverändert bestehen.

Nunmehr ist es auch möglich, dass der Erblasser – wenn er und der Pflichtteilsberechtigte über einen längeren Zeitraum (mindestens zwei Jahrzehnte) vor dem Tod nicht mehr in einem Naheverhältnis standen – den gesetzlichen Pflichtteil im Testament auf die Hälfte reduziert.

Die Verlassenschaft muss nur noch mit den Kindern des Erblassers geteilt werden. Damit kommt es zu einer Erweiterung des gesetzlichen Erbrechts des Ehepartners oder eingetragenen Partners.

Beim fremdhändigen Testament (z. B. bei einem notariell erstellten Testament) muss der Erblasser zusätzlich zu seiner Unterschrift durch einen eigenhändig geschriebenen Zusatz auf dem Testament ausdrücklich erklären, dass das Testament seinen letzten Willen enthält. Es müssen drei Testamentszeugen gleichzeitig anwesend sein, wenn der Erblasser das Testament unterzeichnet und bekräftigt. Die Zeugen müssen durch Nennung von Vor- und Familienname, Geburtsdatum und Adresse identifizierbar sein.

Die Gesetzesreform sieht für nahe Angehörige (gesetzliche Erben und deren nächste Angehörige, Lebensgefährten) die den Verstorbenen in den letzten drei Jahren vor seinem Tod mindestens sechs Monate in „nicht bloß geringfügigem Ausmaß" gepflegt haben, einen Anspruch auf angemessene Abgeltung der Pflege vor. Allerdings gilt dies nur, soweit keine Zuwendung gewährt oder kein Entgelt vereinbart wurde. Für die Höhe des Vermächtnisses sind die Dauer, die Art und der Umfang der Leistungen maßgeblich.

Nach alter gesetzlicher Lage hatten Lebensgefährten keinen Erbanspruch. Nun erhalten Lebensgefährten erstmals ein (außerordentliches) gesetzliches Erbrecht für den Fall, dass keine gesetzlichen Erben vorhanden sind. Voraussetzung ist, dass der Lebensgefährte und der Verstorbene mindestens drei Jahre vor dessen Tod in einem gemeinsamen Haushalt (Ausnahmeregelung: Gründe beruflicher oder gesundheitlicher Art) gelebt haben.

Künftig sollen alle Formen unentgeltlicher Zuwendungen - gleichgültig ob Schenkung, Vorschuss, Vorempfang oder die Vermögenswidmung an eine Privatstiftung - unter Lebenden gleich behandelt werden. Der Verlassenschaft sind zur Berechnung der Pflichtteile alle Zuwendungen hinzuzurechnen - es sei denn, der Erblasser hat die Anrechnung durch letztwillige Verfügung oder Vereinbarung mit dem Geschenknehmer erlassen. Schenkungen, auch jene von Liegenschaften, sind künftig mit dem Wert zum Schenkungszeitpunkt zu bewerten und auf den Todeszeitpunkt zu valorisieren.

Neben der Streichung mancher Enterbungsgründe wurden andere neu aufgenommen. Waren bisher nur Straftaten gegen den Erblasser selbst erfasst, so können künftig Kinder nun auch enterbt werden, wenn sie schwere Straftaten gegen nahe Angehörige begangen haben.

3 Familie, Kinder & Studierende

3.1 Beihilfen für Familie und Kinder

Familienbeihilfe

Für Kinder, die demselben Haushalt angehören wie die Eltern, oder, bei fehlender Haushaltszugehörigkeit, wenn die Eltern für das Kind überwiegend Unterhalt leisten, steht Familienbeihilfe zu. Wohnt ein Kind nicht bei den Eltern und kommt es für seinen Unterhalt überwiegend selbst auf - wie es häufig bei Studenten der Fall ist – so kann es selbst einen Antrag auf Familienbeihilfe stellen. Dieser Anspruch besteht unabhängig von der Beschäftigung oder dem Einkommen der Eltern. Als zweite Voraussetzung müssen die Eltern ihren Lebensmittelpunkt in Österreich haben.

Seit 1. Mai 2015 wird die Familienbeihilfe anlässlich der Geburt eines Kindes automationsunterstützt ohne Antragstellung gewährt.

So lange das Kind minderjährig ist, steht die Familienbeihilfe auf jeden Fall zu. Ab Eintreten der Volljährigkeit wird nur dann Familienbeihilfe gewährt, wenn einer beruflichen Ausbildung nachgegangen wird und dadurch die Ausübung des Berufes nicht möglich ist. Die Bestimmungen der Familienbeihilfe für Studierende finden Sie später in diesem Kapitel.

Für volljährige Kinder bis zum 24. Lebensjahr besteht während des Präsenz-, Ausbildungs- oder Zivildienstes kein Anspruch auf Familienbeihilfe. Diesen steht für die Zeit zwischen der Beendigung des Präsenz-, Ausbildungs- oder Zivildienstes und dem Beginn oder der Fortsetzung der Berufsausbildung Familienbeihilfe zu, wenn die Berufsausbildung zum frühestmöglichen Zeitpunkt nach dem Ende des Präsenz- oder Zivildienstes begonnen oder fortgesetzt wird.

Für körperlich oder geistig behinderte Kinder steht Familienbeihilfe ohne Altersbegrenzung zu,

- wenn die Behinderung vor Vollendung des 21. Lebensjahres oder während einer späteren Berufsausbildung (jedoch spätestens vor Vollendung des 25. Lebensjahres) eingetreten ist
- und das Kind durch die körperliche oder geistige Behinderung voraussichtlich dauerhaft außerstande sein wird, sich selbst zu erhalten,

Erhöhte Familienbeihilfe

Für Kinder mit einer mindestens 50 %-igen Behinderung beträgt die erhöhte Familienbeihilfe im Kalenderjahr 2024 € 180,90 monatlich und wird zusätzlich zur Familienbeihilfe ausbezahlt. Zudem muss das Kind dauerhaft nicht im Stande sein, für sich selbst Unterhalt zu verschaffen.

Die erhöhte Familienbeihilfe wird nur so lange gewährt, als die allgemeine Familienbeihilfe zusteht. Ist das Kind bereits volljährig, müssen die Voraussetzungen für die Gewährung der Familienbeihilfe für volljährige Kinder (z.B. Notwendigkeit einer Berufsausbildung) erfüllt sein; die Gewährung der Familienbeihilfe ist in einem solchen Fall bis zur Vollendung des 25. Lebensjahres möglich.

Für dauernd erwerbsunfähige Kinder gilt keine Altershöchstgrenze, wenn die voraussichtlich dauernde Erwerbsunfähigkeit vor Vollendung des 21. Lebensjahres, oder während einer Berufsausbildung vor Vollendung des 25. Lebensjahres eingetreten ist. Die Behinderung beziehungsweise voraussichtliche Erwerbsunfähigkeit ist durch eine Bescheinigung eines ärztlichen Sachverständigen nachzuweisen.

Mehrkindzuschlag

Der Mehrkindzuschlag steht in Österreich jeder Familie mit drei oder mehr Kindern zu. Er beträgt monatlich € 23,30 für das dritte und jedes weitere Kind. Der Antrag ist in jedem Kalenderjahr gesondert bei der zuständigen Stelle zu stellen. Der Betrag wird im Zuge der Arbeitnehmerveranlagung ausgezahlt bzw bei der Einkommenssteuererklärung berücksichtigt.

Neben der Voraussetzung, dass Familienbeihilfe für mindestens drei Kinder bezogen werden muss, ist der Anspruch auch von einer bestimmten Einkommensobergrenze abhängig. Das zu versteuernde jährliche Familieneinkommen darf € 55.000– nicht überschreiten. Grundlage ist das Einkommen des Vorjahres.

Der Mehrkindzuschlag kann jederzeit beantragt werden. Rückwirkend wird er jedoch nur für fünf Jahre ab dem Monat der Antragstellung gewährt.

Höhe der Familienbeihilfe

Die Höhe der Familienbeihilfe ist abhängig vom Alter und der Anzahl der Kinder, für die Anspruch auf Familienbeihilfe besteht:

Höhe der Familienbeihilfe (Werte 2024)	
Ab der Geburt	€ 132,30
Ab 3 Jahren	€ 141,50
Ab 10 Jahren	€ 164,20
Ab 19 Jahren	€ 191,60
Geschwisterstaffelung pro Kind	
Bei 2 Kindern	€ 8,20
Bei 3 Kindern	€ 20,20
Bei 4 Kindern	€ 30,70
Bei 5 Kindern	€ 37,20
Bei 6 Kindern	€ 41,50
Bei 7 und mehr Kindern	€ 60,30
Zuschlag für erheblich behinderte Kinder	€ 180,90

Wann habe ich Anspruch auf Familienbeihilfe?

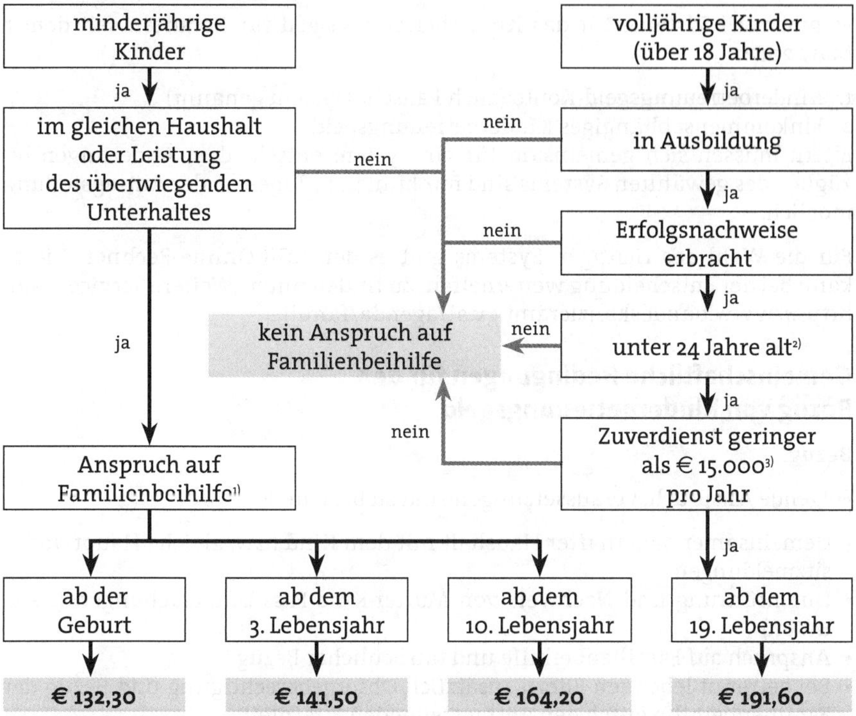

1) Der Anspruch auf Familienbeihilfe steht nur einer Anspruchsberechtigten Person zu. Lebt das Kind nicht zu Hause und kommt es für seinen Unterhalt überwiegend selbst auf, steht dem Kind selbst die Familienbeihilfe zu.
2) Die Frist verlängert sich um ein Jahr, wenn vor Vollendung des 24. Lebensjahres ein Kind geboren wurde, oder an dem Tag, an dem das 24. Lebensjahr vollenden wird, eine Schwangerschaft besteht, oder wenn in dem Monat, in dem das 24. Lebensjahr vollendet wird, Präsenz-, Ausbildungs- oder Zivildienst geleistet wird oder davor geleistet wurde.
3) Die € 15.000,– stellen das zu versteuernde Einkommen dar.

Schulstartgeld

Mit der Familienbeihilfe wird im August jedes Jahres ein Betrag von € 116,10 als Schulstartgeld für Kinder ausbezahlt, die im betroffenen Kalenderjahr das 6. Lebensjahr bereits vollendet haben oder vollenden und das 16. Lebensjahr noch nicht vollendet haben. Die Anweisung erfolgt gemeinsam mit der Auszahlung der Familienbeihilfe. Es ist daher kein gesonderter Antrag nötig.

Kinderfreibetrag

Der Kinderfreibetrag kann bis einschließlich der Veranlagung für das Kalenderjahr 2018 geltend gemacht werden. Ab dem Jahr 2019 ersetzt der Familien Bonus Plus die steuerliche Abzugsfähigkeit der Kinderbetreuungskosten und den Kinderfreibetrag.

Kinderbetreuungsgeld

Es gibt zwei Systeme für das Kinderbetreuungsgeld für Geburten seit dem 1. März 2017:

1. Kinderbetreuungsgeld-Konto (auch Pauschalsystem genannt)
2. Einkommensabhängiges Kinderbetreuungsgeld

Eltern müssen sich gemeinsam für ein System entscheiden. Änderungen bezüglich des gewählten Systems sind nur binnen 14 Tagen ab der Antragstellung möglich.

Für die Wahl des richtigen Systems gibt es den KGB-Online-Rechner. Dieser kann bei der Entscheidung weiterhelfen. Zu finden unter „Weitere Services" auf: https://www.bundeskanzleramt.gv.at/agenda/familie

Gemeinschaftliche Bedingungen für den Bezug von Kinderbetreuungsgeld

Bezug

Folgende Anspruchsvoraussetzungen sind zu beachten:

- Gemeinsamer dauerhafter Haushalt mit dem Kind bzw. gleiche Hauptwohnsitzmeldungen.
- Durchführung und Nachweis von Mutter-Kind-Pass-Untersuchungen (siehe unten)
- Anspruch auf Familienbeihilfe und tatsächlicher Bezug
- Bei getrennt lebenden Eltern zusätzlich Obsorgeberechtigung und Bezug der Familienbeihilfe durch den antragstellenden Elternteil.
- Beachtung der Zuverdienstgrenze (siehe unten)
- Mittelpunkt der Lebensinteressen in Österreich
- Rechtmäßiger Aufenthalt in Österreich

Der Bezug des Kinderbetreuungsgeldes ist nur für das jüngste Kind zulässig. Der Anspruch endet mit dem Erreichen der der höchstmöglichen Anspruchsdauer bzw. einen Tag vor der Geburt eines weiteren Kindes. Das Kinderbetreuungsgeld muss für jedes neugeborene Kind erneut beantragt werden.

Achtung: Bei der Geburt eines weiteren Kindes ist eine Meldung bei der für das Kinderbetreuungsgeld zuständigen Stelle bei der Krankenkasse zu erstatten. Kinderbetreuungsgeld für das ältere Kind wird zu Unrecht bezogen und muss daher zurückgezahlt werden.

Wechsel zwischen den Elternteilen (gilt für beide Systeme)

Die Eltern können sich höchstens zweimal abwechseln. Das bedeutet, dass sich maximal drei Blöcke ergeben können (z.B. Vater–Mutter–Vater wechseln sich ab), wobei jeder Block immer mindestens durchgehend 61 Tage dauern muss. Wird ein Wechsel gewünscht, ist durch den anderen Elternteil beim zuständigen Krankenversicherungsträger ein Antrag zu stellen. Dieser hat ca. einen Monat vor dem gewünschten Wechsel zu erfolgen.

Kinderbetreuungsgeld-Konto (pauschales Kinderbetreuungsgeld)

Hierbei handelt es sich um ein pauschales Kinderbetreuungsgeld, das den Eltern unabhängig von der Erwerbstätigkeit zusteht, die sie vor der Geburt des Kindes ausgeübt haben. Zu den Anspruchsberechtigten zählen daher beispielsweise auch Hausfrauen und Hausmänner, Studierende und geringfügig Beschäftigte. Die Bezugshöhe beträgt € 16,87 bis € 39,33 pro Tag, je nach gewähltem Zeitraum. Eine Erhöhung von 50 % des Tagesbetrages wird bei Mehrlingsgeburten gewährt.

Bei der Bezugsdauer kann zwischen zwei Varianten gewählt werden. Die Bezugsdauer kann flexibel zwischen 365 bis 851 Tagen (bei Inanspruchnahme durch einen Elternteil) bzw. 456 bis 1.063 Tagen (bei Inanspruchnahme durch beide Elternteile) gewählt werden. 20 % der Bezugsdauer sind (bei Inanspruchnahme durch beide Elternteile) für je einen Elternteil reserviert und können nicht auf das andere Elternteil übertragen werden. Beträgt die Bezugsdauer beispielsweise 456 Tage, so sind 91 Tage (20 % von 456 Tagen) dem einen Elternteil vorbehalten. Jeder Bezugsblock jedes Elternteils muss immer durchgehend 61 Tage betragen.

Entscheidet man sich für eine bestimmte Anspruchsdauer, so wählt man automatisch auch den Tagesbetrag, denn je länger die Anspruchsdauer, desto niedriger ist der Tagesbetrag. Die Wahl der Dauer ist für den anderen Elternteil verbindlich.

Höhe des Zuverdienstes

Während des Bezugs von pauschalem Kinderbetreuungsgeld muss eine individuelle Zuverdienstgrenze beachtet werden. Diese beträgt € 18.000,– oder 60 % der Einkünfte des letzten Kalenderjahres vor der Geburt des Kindes. Berücksichtigt werden nur die Einkünfte desjenigen Elternteils, der das Kinderbetreuungsgeld bezieht. Die Einkünfte des anderen Elternteils sind nicht ausschlaggebend. Wird die Zuverdienstgrenze überschritten, ist nicht das ganze Kinderbetreuungsgeld zurückzuzahlen, sondern nur jener Betrag um den die Zuverdienstgrenze überschritten wurde (= Einschleiferregelung).

Für die Berechnung der Zuverdienstgrenze wird das Einkommen durch den Krankenversicherungsträger im Nachhinein geprüft. Dabei wird jedes Jahr separat betrachtet. Wenn bereits klar ist, dass die Zuverdienstgrenze überschritten werden könnte, kann im Vornherein auf das Kinderbetreuungsgeld verzichtet werden, um eine Rückzahlung zu verhindern. Der Verdienst aus diesem Monat wird dann nicht in die Berechnung der Zuverdienstgrenze einbezogen. Der Verzicht muss rechtzeitig vor der Auszahlung bekannt gegeben werden, da die Auszahlung im Nachhinein erfolgt. Durch einen Verzicht verlängert sich der Anspruchszeitraum nicht. Ein Verzicht kann auch widerrufen werden, jedoch nur für maximal sechs Monate rückwirkend.

Beispiel: Herr Muster weiß, dass er für den Monat September einen Verzicht des Kinderbetreuungsgeld melden soll. Dieser muss Ende September erfolgen, damit die Einkünfte für September nicht für die Berechnung der Zuverdienstgrenze berücksichtigt werden.

Für die Berechnung des Zuverdiensts werden Einkünfte aus nicht selbstständiger Arbeit, Einkünfte aus selbstständiger Arbeit, Einkünfte aus Gewerbebetrieb und Einkünfte aus Land- und Forstwirtschaft berücksichtigt. Für die Berechnung werden nur steuerpflichtige Einkünfte nach EStG herangezogen.

Das bedeutet, dass steuerfreie Einkünfte grundsätzlich nicht als Zuverdienst berücksichtigt werden. Auch werden Alimente, Familienbeihilfe, Kinderbetreuungsgeld, Abfertigungen, Wochengeld, 13. & 14. Gehalt (Einkünfte nach § 67 EstG), Pflegegeld oder Stipendien nicht dazugezählt. Außer Ansatz bleiben auch Einkünfte aus Kapitalvermögen und aus Vermietung und Verpachtung. Leistungen aus der Arbeitslosenversicherung werden hingegen einbezogen.

Wechsel der Bezugsvariante

Die Konto-Variante kann pro Kind einmal geändert werden. Der Antrag ist spätestens 91 Tage vor Ablauf der ursprünglich beantragten Variante zu stellen und bindet auch den anderen Elternteil.

Da sich mit der Änderung der Bezugsdauer auch der Tagessatz ändert, ergibt sich für die vergangenen Bezugszeiträume entweder eine Rückzahlungspflicht oder eine Gutschrift. Erfolgt die Rückzahlung nicht binnen 61 Tagen ab Einlangen des Änderungsantrages beim Krankenversicherungsträger in voller Höhe, ist die Änderung wirkungslos.

Beihilfe zum pauschalen Kinderbetreuungsgeld

Zusätzlich zum pauschalen Kinderbetreuungsgeld können einkommensschwache Eltern eine Beihilfe von € 6,06 pro Tag beantragen. Das sind ca. € 181,- pro Monat.

Die Beihilfe wird für max. 365 Tage ausbezahlt. Dieser Zeitraum gilt unabhängig davon, welche Konto-Variante (365–851 Tage bzw 456–1.063 Tage) gewählt wurde.

Anspruchsberechtigte sind folgende Personen:

- Bezieher, die Anspruch auf pauschales Kinderbetreuungsgeld haben.
- Alleinstehende Elternteile, wenn sie eine Urkunde vorlegen, aus der der andere Elternteil hervorgeht, und eine Erklärung abgeben, dass keine Partnerschaft mit dem anderen Elternteil oder einer anderen Person besteht. Die Zuverdienstgrenze beträgt im Kalenderjahr 2024 € 8.100,– (2023: € 7.800,–).
- Paare, das sind Mütter/Väter, die verheiratet sind oder in einer Lebensgemeinschaft leben. Auch in diesem Fall ist die Zuverdienstgrenze des beziehenden Elternteiles € 8.100,– pro Kalenderjahr, die Zuverdienstgrenze des anderen Elternteils/des Partners liegt allerdings bei € 18.000,–.

Sollten falsche Angaben gemacht oder maßgebende Tatsachen verschwiegen werden, wird nicht nur die zu Unrecht bezogene Beihilfe zur Gänze zurückgefordert, es droht zudem eine Verwaltungsstrafe von bis zu € 2.000.– und eine Strafanzeige.

In der Variante des einkommensabhängigen Kindergeldes gebührt keine Beihilfe.

Einkommensabhängiges Kinderbetreuungsgeld

Das einkommensabhängige (ea) Kinderbetreuungsgeld ist vor allem für jene Eltern vorteilhaft, die sich nur für eine kurze Zeit aus dem Berufsleben zurückziehen wollen und über ein höheres Einkommen verfügen. Eltern haben somit die Möglichkeit, in dieser Zeit einen Einkommensersatz zu erhalten.

Anders als bei der ersten Variante, gibt es keinen Mehrlingszuschlag und keine Beihilfe zum Kinderbetreuungsgeld.

Voraussetzungen für das einkommensabhängige Kinderbetreuungsgeld:

Im Unterschied zum Kinderbetreuungs-Konto steht das ea Kinderbetreuungsgeld nur jenen Personen zu, die in den 6 Monaten (182 Tagen) vor der Geburt des Kindes oder vor dem Mutterschutz einer sozialversicherungspflichtigen Erwerbstätigkeit in Österreich tatsächlich und ununterbrochen nachgegangen sind. Eine Unterbrechung der Erwerbstätigkeiten ist bis zu 14 Tagen nicht beachtlich.

Höhe des Tagessatzes

- 80 % der Letzteinkünfte, maximal jedoch € 76,60 täglich (etwa € 2.300,– pro Monat)
- Für BezieherInnen von Wochengeld (Unselbständige, Selbständige, Landwirtinnen, Vertragsbedienstete, freie Dienstnehmerinnen, geringfügig Beschäftigte mit Selbstversicherung) 80 % des Wochengeldes. Die Krankenkasse führt zusätzlich eine Günstigkeitsrechnung durch, womit sich der ermittelte Tagesbetrag nur erhöhen, nicht aber reduzieren kann.
- Für Beamtinnen 80 % eines fiktiv zu berechnenden Wochengeldes einer Vertragsbediensteten. Zusätzlich wird eine Günstigkeitsrechnung durchgeführt (siehe oben).
- Für Väter, Adoptiv- und Pflegeeltern 80 % eines fiktiv zu berechnenden Wochengeldes. Es wird auf den achtwöchigen Zeitraum vor der Geburt des Kindes abgestellt. Zur Günstigkeitsrechnung siehe oben.
- Für alle anderen werden die im relevanten Steuerbescheid ausgewiesenen Einkünfte aus Land- und Forstwirtschaft, selbständiger Arbeit, Gewerbebetrieb und nicht-selbständiger Arbeit herangezogen. Von Relevanz ist immer der Steuerbescheid des Kalenderjahres vor der Geburt des Kindes.

Die Berechnung erfolgt nach folgender Formel:

(Summe der maßgeblichen Einkünfte × 0,62 + 4.000) / 365
= Tagesbetrag des ea-Kinderbetreuungsgeldes

Diese Formel entspricht jener der oben genannten Günstigkeitsrechnung.

Bezugsdauer

- Bei Inanspruchnahme durch einen Elternteil: längstens bis zum 365. Tag ab der Geburt des Kindes.
- Bei Inanspruchnahme durch beide Elternteile: längstens bis zum 426. Tag ab der Geburt des Kindes.

Höhe des Zuverdienstes

Die Zuverdienstgrenze beträgt beim einkommensabhängigen Kinderbetreuungsgeld ab 2024 € 8.100,– (2023: € 7.800,–). Ein paralleler Bezug von Zahlungen aus der Arbeitslosenversicherung ist unzulässig.

Mutter-Kind-Pass-Untersuchungen

Um das Kinderbetreuungsgeld im vollen Ausmaß zu beziehen, sind fünf Mutter-Kind-Pass-Untersuchungen während der Schwangerschaft und fünf Untersuchungen des Kindes nach der Geburt nachzuweisen. Als Nachweis dienen die drei Formblätter aus dem Mutter-Kind-Pass. Die Nachweise über die Untersuchungen sollten vor dem Ende des vorgeschriebenen Zeitpunktes an den zuständigen Krankenversicherungsträger geschickt werden. Auf den Formblättern müssen alle Untersuchungen durch Stempel und Unterschrift des Arztes bestätigt sein (auch die interne Untersuchung ist durchzuführen und durch den Arzt zu bestätigen). Es empfiehlt sich, sicherheitshalber Kopien der Originalformblätter aufzubewahren. Wird auch nur eine Untersuchung nicht pünktlich nachgewiesen, wird das Kinderbetreuungsgeld um € 1.300,– pro Elternteil gekürzt.

Partnerschaftsbonus

Jedem Elternteil steht auf Antrag unabhängig von der gewählten Bezugsvariante ein Partnerschaftsbonus in Höhe von € 500,– (für beide Partner insgesamt € 1.000,–) zu. Voraussetzung ist, dass die Eltern das Kinderbetreuungsgeld zu annähernd gleichen Teilen (50:50 bis 60:40) und zumindest 124 Tage bezogen haben. Der Antrag auf den Partnerschaftsbonus kann gleichzeitig mit dem Antrag auf Kinderbetreuungsgeld beim jeweils zuständigen Krankenversicherungsträger gestellt werden. Wird der Antrag später gestellt, so ist er spätestens binnen 124 Tagen ab dem letzten Tag der Auszahlung des letzten Kinderbetreuungsgeldes (für beide Eltern) zu stellen. Nach Auszahlung des Partnerschaftsbonus darf für das Kind kein Kinderbetreuungsgeld mehr bezogen werden.

Familienzeitbonus für Väter

Beim Familienbonus handelt es sich um eine finanzielle Unterstützung für Väter, die sich unmittelbar nach der Geburt ihres Kindes der Familie widmen. Dabei wird Familienzeit in Anspruch genommen, wenn Väter anlässlich der gerade erfolgten Geburt alle Erwerbstätigkeiten vorübergehend einstellen und sich intensiv und ausschließlich der Familie widmen. Der Familienzeitbonus beträgt für Geburten ab 1. Jänner 2024 täglich € 52,46 (ca. € 1.580,–) und kann wahlweise zwischen 28–31 Tage dauern. Der Antrag ist frühestens ab dem Tag der Geburt des Kindes möglich und muss spätestens binnen 121 Tagen ab dem Tag der Geburt erfolgen.

Ein Beispiel für Familienzeit ist der Papamonat, was eine Freistellung von der Arbeitsleistungspflicht gegen Entfall des Entgelts aus Anlass der Geburt ihres Kindes bedeutet. Ab 1. September 2019 haben alle unselbständigen erwerbstätigen Väter in der Privatwirtschaft und im öffentlichen Dienst einen Rechtsanspruch auf den Papamonat. Die Freistellung kann ab dem auf die Geburt des Kindes folgenden Tag bis zum Ende des Beschäftigungsverbotes der Mutter in Anspruch genommen werden. Der Vater hat dem Arbeitgeber spätestens drei Monate vor dem errechneten Geburtstermin bekanntzugeben, dass er die Freistellung in Anspruch nehmen will.

Familienbonus PLUS

Der Familienbonus Plus ist ein Absetzbetrag und ersetzt ab dem 1. Jänner 2019 die steuerliche Abzugsfähigkeit der Kinderbetreuungskosten und den Kinderfreibetrag.

Den Familienbonus Plus erhalten Familien so lange, wie sie für das Kind Familienbeihilfe beziehen. Er beträgt im Jahr 2024 € 2.000,– und steht jedem Kind bis zum 18. Geburtstag zu. Nach dem 19. Geburtstag reduziert sich der Familienbonus Plus auf € 700,– jährlich.

Den Bonus können Eltern geltend machen, die Lohn- und Einkommensteuer bezahlen. Das heißt, dass Eltern, die unter der Geringfügigkeitsgrenze arbeiten, der Bonus nicht zusteht. Ein sogenannter Kindermehrbetrag in Höhe von € 700,– pro Kind und Jahr soll geringverdienenden Alleinerziehern bzw. Alleinverdienern zustehen.

Voraussetzungen

Voraussetzung für den Bezug des Familienbonus Plus ist jedenfalls der Bezug von Familienbeihilfe und ein in Österreich lebendes Kind. Für Kinder, die im EU/EWR-Raum bzw. in der Schweiz leben, wird der Familienbonus an das Preisniveau des Wohnsitzstaates angepasst.

Geltendmachung des Familienbonus PLUS

- über die Lohnverrechnung durch den Arbeitgeber (dazu ist das Formular E 30 auszufüllen und dem Arbeitgeber abzugeben) oder
- in der Steuererklärung/Arbeitnehmerveranlagung.

Aufteilung

Der Familienbonus Plus kann bei Ehepartnern von einem Elternteil in voller Höhe bezogen werden, oder der Betrag wird zwischen den Eltern zu gleichen Teilen aufgeteilt, womit jeder Elternteil jeweils € 1.000,– erhält. Dasselbe gilt auch bei dem reduzierten Bonus.

Bei getrennt lebenden Elternteilen kann entweder nur ein Elternteil den vollen Bonus beziehen oder die Eltern teilen sich den Bonus jeweils zur Hälfte auf. Kommen sie zu keiner Einigung, erhalten beide die Hälfte.

Auf der Homepage des Bundesministeriums für Finanzen kann mittels dem Berechnungsprogram (Brutto-Netto-Rechner) die Steuerersparnis im Rahmen des Familienbonus Plus berechnet werden.

3.2 Studierende

In diesem Teilkapitel werden sämtliche Informationen für Studierende dargelegt.

Sind Studenten steuerpflichtig?

Grundsätzlich besteht für nicht erwerbstätige Studenten keine Steuerpflicht. Übersteigt der Gewinn aus einem freien Dienstvertrag/Werkvertrag (Einkünfte aus selbständiger Arbeit) € 12.816,– bzw das Einkommen aus einem echten Dienstvertrag (Einkünfte aus nichtselbständiger Arbeit) € 13.981,–, fällt Einkommensteuer an. Beläuft sich das Einkommen pro Kalenderjahr hingegen unter diesen Grenzen, sind Studierende von der Steuerpflicht ausgenommen.

Was ist bei einem Studentenjob zu beachten?

Studenten können jede Art von Dienstverhältnis (echtes, freies) eingehen oder eine selbständige Tätigkeit ausüben. Sie können auch Unternehmen gründen. Je nach Arbeitsverhältnis ergibt sich die Versicherungspflicht nach den Bestimmungen des ASVG, GSVG usw.

Ist man als Student als echter Dienstnehmer angestellt (Einkünfte aus nichtselbständiger Arbeit), wird vom Arbeitgeber grundsätzlich Lohnsteuer einbehalten.

Studierenden, die nicht ganzjährig arbeiten oder einer Teilzeitbeschäftigung nachgehen, wird die Durchführung einer Arbeitnehmerveranlagung empfohlen.

Ist man steuerpflichtiger Studierender, können im Rahmen der Arbeitnehmerveranlagung sämtliche Kosten, die mit dem Studium in Zusammenhang stehen, als Werbungskosten von der Steuer abgesetzt werden. Dazu zählen z.B.

- Kursunterlagen und Skripten
- Fachliteratur
- Notebook, PC, Drucker, Scanner und Zubehör
- Fahrten zur Ausbildungs-, Fortbildungs- oder Umschulungsstätte
- auswärtige Nächtigungen
- Internet und Telefon (auch Handy)
- Kurse, die man im Zuge der Ausbildung absolviert
- Studiengebühren

Nach Durchführung der Arbeitnehmerveranlagung kann es zu einer Steuergutschrift in Form einer (teilweisen) Rückzahlung der Lohnsteuer kommen. Die einbehaltene Lohnsteuer wird dabei zur Gänze zurückgezahlt, wenn das Jahreseinkommen € 13.981,– nicht übersteigt.

Wird eine Steuererklärung abgegeben, kann sich eine Steuergutschrift auch aus der **Negativsteuer** für die Sozialversicherungsbeiträge ergeben. Die Negativsteuer ist ein Begriff, der mit den Sozialversicherungsbeiträgen in Zusammenhang steht. Sie betrifft vor allem Teilzeit-Beschäftigte, Lehrlinge, Ferial- bzw Pflichtpraktikanten und geringfügig Beschäftigte, wenn Sozialversicherungsbeiträge einbehalten werden. Sie steht nur echten Dienstnehmern zu, freie Dienstnehmer haben keinen Anspruch auf die Negativsteuer.

Dabei werden vom Finanzamt im Steuerjahr 2024 55 % der abgezogenen Sozialversicherungsbeiträge, maximal aber € 1.215,– rückerstattet. Bei Arbeitnehmer*innen mit Pendlerpauschale beträgt dieser Wert 55 % der SV-Beiträge, maximal € 1.331,–.

Ab dem Steuerjahr 2020 gibt es eine Negativsteuer auch über der Steuergrenze. Bis zu einem Jahreseinkommen von € 18.499,– gibt es einen Zuschlag zum Verkehrsabsetzbetrag. Dieser Betrag verringert bis zu einem Einkommen von € 28.326,– linear auf Null. Der Zuschlag zum Verkehrsabsetzbetrag liegt 2024 bei € 752,–.

Wenn es im Umkreis von > 80km des Wohnortes der Eltern keine entsprechenden universitären Ausbildungsmöglichkeiten gibt, und das Kind daher auswärts studieren muss, können die Aufwendungen für die Universitätsausbildung des Studierenden außerhalb des Wohnorts als **außergewöhnliche Belastung** geltend gemacht werden.

Geringfügige Beschäftigung und Sozialversicherung

Die geringfügige Beschäftigung ist ein Begriff des Sozialversicherungsrechts, nicht aber des Steuerrechts.

Ein großer Teil der Studenten ist geringfügig beschäftigt. Das bedeutet, ihr Verdienst liegt unter der Geringfügigkeitsgrenze von **€ 518,44**. Diese Studenten sind nicht pflicht- bzw vollversichert, was bedeutet, dass eine Pensions- und Krankenversicherung nicht automatisch bezahlt wird. Der Dienstgeber muss lediglich 1,2 % Unfallversicherung an die Gebietskrankenkasse abführen. Da ein Student meist noch bei seinen Eltern mitversichert ist, besteht auch von dieser Seite kein Zwang zur Vollversicherung.

Studentische Selbstversicherung

Ist ein Student beispielsweise geringfügig angestellt, besteht die Option einer Selbstversicherung. Die **studentische Selbstversicherung nach § 16 Abs 2 ASVG** kostet derzeit **€ 69,13 pro Monat** und umfasst nur die Krankenversicherung. Die selbstversicherte Person und die mitversicherten Angehörigen erhalten sämtliche Sachleistungen (ärztliche Hilfe, Krankenhausaufenthalt, Medikamente) ohne Barleistungen (Kranken- und Wochengeld).

Eine studentische Selbstversicherung ist nicht möglich, wenn das Studium öfter als zweimal gewechselt wurde oder die Gesamtstudiendauer um mehr als vier Semester überschritten wurde.

Selbstversicherung für geringfügig beschäftigte Studierende

i

Die freiwillige Selbstversicherung nach § 19a ASVG unterscheidet sich von der studentischen Selbstversicherung nach § 16 Abs 2 ASVG. Sie kostet im Jahr 2024 monatlich € 73,20 und kommt auch für jene Studierenden in Frage, die die Voraussetzungen für die studentische Selbstversicherung nach § 16 Abs 2 ASVG nicht erfüllen.

Im Unterschied zur studentischen Selbstversicherung nach § 16 Abs 2 ASVG umfasst die Selbstversicherung nach § 19a ASVG nicht nur die Kranken-, sondern auch die Pensionsversicherung. Nicht erfasst ist die Arbeitslosenversicherung. Diese Art der Versicherung stellt einen günstigen Weg dar, um wichtige Pensionsmonate günstig zu erwerben. Der Nachkauf ist erheblich teurer.

Selbstversicherte Studierende erhalten sämtliche Sachleistungen wie ärztliche Hilfe, Krankenhausaufenthalte oder Medikamente sowie Geldleistungen wie Kranken- und Wochengeld. Zudem kommt den mitversicherten Angehörigen ein Anspruch auch Sachleistungen, nicht jedoch auf Geldleistungen zu.

In der Regel endet die Selbstversicherung für Studenten automatisch, wenn die für zwei Kalendermonate fällig gewordenen Beiträge nicht bezahlt werden.

Familienbeihilfe

Für die Zeit zwischen dem Abschluss der Schulausbildung und dem frühestmöglichen Beginn einer Universitätsausbildung oder Fachhochschule, besteht grundsätzlich ein Anspruch auf Familienbeihilfe. Für Studierende, die das 19. Lebensjahr noch nicht vollendet haben, beträgt die Familienbeihilfe € 164,20 monatlich. Ab dem 19. Lebensjahr erhöht sie sich auf € 191,60 monatlich.

Grundsätzlich wird die Familienbeihilfe den Eltern ausbezahlt. Allerdings können volljährige Studierende, für die ein Anspruch besteht, beim Finanzamt die direkte Überweisung auf ihr eigenes Girokonto beantragen. Dazu ist die Zustimmung der anspruchsberechtigten Person (Mutter oder Vater) auf dem Antragsformular erforderlich. Dieser Antrag kann auch von den Eltern gestellt werden, wobei in diesem Fall auch eine Direktauszahlung an Minderjährige möglich ist. Studierende, deren Eltern nachweislich keinen entsprechenden Unterhalt leisten, haben einen eigenen Anspruch auf Familienbeihilfe. Das gilt auch für Vollwaisen.

Welche Mindestkriterien gibt es und was passiert bei ihrer Nichteinhaltung?

Die Familienbeihilfe kommt Studierenden bis zu ihrem 24. Lebensjahr zu, wenn sie bestimmte Voraussetzungen erfüllen. Sie wird nur für fortgesetzt gemeldete Semester ausgezahlt. Der Bezugszeitraum richtet sich dabei nach der gesetzlichen Mindeststudiendauer plus ein Toleranzsemester pro Studienabschnitt bzw plus ein Studienjahr bei Studien ohne Abschnittsgliederung.

Zudem muss dem Finanzamt für das **erste Studienjahr** ein Studienerfolgsnachweis über 16 ECTS aus Wahl- oder Pflichtfächern oder eine Teilprüfung der ersten Diplomprüfung (des ersten Rigorosums) erbracht werden; es kann auch ein Nachweis von der Ablegung von Prüfungen aus der STEOP über mindestens 14 ECTS vorgelegt werden. Danach (= nach dem ersten Studienjahr) müssen keine Nachweise mehr erbracht werden. Um sich von der Ernsthaftigkeit des Studiums zu überzeugen, benötigt das Finanzamt jedoch regelmäßig Nachweise von Zeugnissen (siehe unten).

Die Familienbeihilfe **fällt weg,** wenn der oben genannte Zeitraum überschritten wird oder die entsprechenden Nachweise nicht erbracht werden. Zu Unrecht bezogene Leistungen müssen zurückgezahlt werden. Bei Beginn des nächsten Studienabschnittes oder bei Erbringung der Erfolgsnachweise kann die Familienbeihilfe allerdings erneut beantragt werden.

Wann wird die Bezugsdauer verlängert?

Der Bezugszeitraum kann sich unter bestimmten Voraussetzungen bis zur Vollendung des 25. Lebensjahres verlängern. Dazu zählen:

- Ableistung des Präsenz-, Zivil- oder Ausbildungsdienstes zum 24. Geburtstag oder davor,
- Schwangerschaft/Geburt eines Kindes,
- Behinderung (mindestens 50 %),
- Mindeststudienzeit des betriebenen Studiums beträgt 10 Semester + Beginn mit diesem Studium in dem Kalenderjahr, in dem das 19. Lebensjahr vollendet wurde,
- Einmalige Absolvierung einer freiwilligen Hilfstätigkeit bei einem gemeinnützigen Träger der freien Wohlfahrt in Österreich mit einer Dauer von 8–12 Monaten (z. B. freiwilliges soziales Jahr).

Die zulässige Studienzeit verlängert sich um ein Semester, wenn

- Eine Studienbehinderung durch ein unvorhergesehenes oder unabwendbares Ereignis (z. B. Krankheit) oder
- ein Auslandstudium von jeweils mindestens drei Monaten

nachgewiesen wird.

Studienvertretern können bis zu vier Semestern auf die Mindeststudiendauer angerechnet werden.

Was ist bei einem Studienwechsel zu beachten?

Achtung: Ein Studienwechsel ist maximal zweimal möglich und muss spätestens vor dem dritten inskribierten Semester vorgenommen werden.

Bei einem späteren Wechsel entfällt die Familienbeihilfe für so viele Semester, wie in dem vor dem Wechsel betriebenen Studium Familienbeihilfe bezogen wurde. Durch die Anrechnung von Prüfungen aus dem alten Studium kann diese Wartezeit verkürzt werden.

Was passiert, wenn die Mindeststudienaktivität nicht eingehalten wird?

Wie bereits erwähnt, muss im ersten Studienjahr ein Erfolgsnachweis erbracht werden. Aber auch während des gesamten Studiums muss dem Finanzamt regelmäßig eine Mindeststudienaktivität nachgewiesen werden. Diese liegt vor, wenn mindestens eine Prüfung pro Semester positiv absolviert wird.

Einer positiv absolvierten Prüfung gleichgestellt ist der Nachweis eines Antritts zu einer Prüfung, auch wenn sie negativ beurteilt wird. Die Anmeldung zur Prüfung reicht allerdings nicht aus.

In diesem Fall ist es ratsam, die Vorbereitung auf die Prüfung z. B. durch den Besuch von Vorlesungen oder Aufenthalten in der Bibliothek nachzuweisen.

Kann die Mindeststudienaktivität nicht nachgewiesen werden, muss die zu Unrecht bezogene Familienbeihilfe zurückgezahlt werden.

Was ist bei einem Doppelstudium zu beachten?

Bei einem Doppelstudium ist dem Finanzamt anzugeben, welches Studium als Hauptstudium betrieben wird. Dieses Studium ist für die Familienbeihilfe maßgeblich. Wird in weiterer Folge das Nebenstudium das maßgebliche, gilt dies als Studienwechsel und es müssen die Regeln zum Studienwechsel beachtet werden.

Was ist bei einem Zuverdienst zu beachten?

Grundsätzlich haben Studierende trotz eines bestehenden Arbeitsverhältnisses einen Anspruch auf Familienbeihilfe. Seit 1. Jänner 2024 dürfen höchstens € 16.455,– brutto an zu versteuerndem Einkommen pro Kalenderjahr dazuverdient werden. Dies können sowohl Einkünfte aus selbständiger, als auch aus nichtselbständiger Arbeit sein.

Das Einkommen eines Studierenden bleibt bis zu jenem Kalenderjahr außer Betracht, in dem es 19 Jahre alt wird.

Das 13. und 14. Gehalt ist bei der Berechnung der Zuverdienstgrenze nicht einzubeziehen.

Wird der Betrag von € 16.455,– überschritten, ist jener Betrag, um den der Grenzbetrag überschritten wurde, zurückzuzahlen. Wird dieser Betrag im darauffolgenden Jahr wieder unterschritten, kann die Familienbeihilfe erneut beantragt werden.

Studienbeihilfe

Die Eltern von Studierenden sind dazu verpflichtet, für den finanziellen Bedarf ihrer Kinder bis zur Erreichung der Selbsterhaltungsfähigkeit aufzukommen. Wenn die Eltern oder der Studierende selbst nicht in der Lage sind, aus eigenen Mitteln die mit dem Studium verbundenen Kosten zu tragen, soll Studienbeihilfe gewährt werden.

Sozial bedürftige Studenten haben daher die Möglichkeit, Studienbeihilfe zu beantragen. Die Voraussetzungen sind:

- Studienbeginn vor dem 33. Geburtstag (Selbsterhalter und Studierende mit Kind maximal bis zum 38. Geburtstag)
- soziale Bedürftigkeit (ergibt sich z.B. aus Einkünften und Familienstand des Studierenden, Eltern, Ehepartner)
- günstiger Studienerfolg
- Mindeststudienzeit plus ein Toleranzsemester (pro Abschnitt bei Diplomstudien)
- es darf noch keine gleichwertige Ausbildung im In- oder Ausland absolviert worden sein (Ausnahme: Kurzstudien und Doktorats- oder Masterstudien)
- Die Studienrichtung darf nicht mehr als zweimal gewechselt werden.

Zu beachten ist, dass sich die Studienbeihilfe um den Betrag der Unterhaltsleistungen der Eltern oder des Ehepartners bzw um die Überschreitung der Zuverdienstgrenze von € 16.455,– vermindert. Abgezogen werden auch die Familienbeihilfe und der Kinderabsetzbetrag.

Die Höhe der Studienbeihilfe hängt vom Alter und der Lebenssituation des Studierenden ab. Die Mindestbeihilfe liegt im Jahr 2024 bei € 404,– pro Monat bzw. € 4.848,– pro Jahr. Die Zuerkennung eines Erhöhungszuschlags ist unter gewissen Umständen möglich, die maximale Höchstbeihilfe beträgt allerdings € 923,– im Monat bzw. € 11.076,– im Jahr.

Die genauen Beträge finden Sie auf www.oesterreich.gv.at/Studienbeihilfe

Checkliste für Studierende

✔	**Geringfügigkeitsgrenze**	Die Geringfügigkeitsgrenze liegt im Jahr 2024 bei € 518,44.
✔	**Familienbeihilfe**	Im ersten Studienjahr müssen **16 ECTS** in Pflicht- oder Wahlfächern oder **14 ECTS** aus Prüfungen aus der **STEOP** nachgewiesen werden. Während des gesamten Studiums kann das Finanzamt Zeugnisse verlangen, um sich von der Ernsthaftigkeit des Studiums zu überzeugen.
✔	**Zuverdienstgrenze für die Familienbeihilfe**	Der Zuverdienst darf **€ 16.455,–** nicht überschreiten.
✔	**Studienwechsel**	Mehr als zweimaliges Wechseln des Studiums führt zu einem (zeitlich beschränkten) Entfall der Familienbeihilfe.
✔	**Förderungen**	Man sollte sich zu Studienbeginn darüber informieren, ob das jeweilige Bundesland/Bezirk/Gemeinde Förderungen für Studierende anbietet **(z. B. Zuschuss für die öffentlichen Verkehrsmittel).**
✔	**Lohnsteuerpflichtiger Studierender**	Sollten Sie neben dem Studium arbeiten und steuerpflichtig sein (über € 13.981–), dann können Sie sämtliche Materialien in Zusammenhang mit dem Studium als Werbungskosten geltend machen (z. B. Kursunterlagen, Skripten, Fachliteratur, Notebook, PC, Drucker, Scanner, Internet und Handy)
✔	**Studienbeihilfe**	Die Höchststudienbeihilfe beträgt monatlich € 923,–. Wichtig ist, dass die Zuverdienstgrenze nicht überschritten wird. Andernfalls wird die Studienbeihilfe gekürzt, und der zu viel erhaltene Betrag ist zurückzuzahlen.

D Sozialversicherung und Arbeitslosengeld

1 Sozialversicherung für Erwerbstätige

Neben der Besteuerung des Einkommens gibt es einen zweiten Belastungspunkt, welcher oft tiefe Löcher in die Geldbörse reißt – die Sozialversicherung. Ob es nun den Dienstnehmer betrifft, bei welchem der Anteil wie die Lohnsteuer bereits von seinem Bruttogehalt abgezogen wird, oder ob es den Selbständigen betrifft, welcher seine Beiträge von der Sozialversicherungsanstalt vorgeschrieben bekommt – die Höhe dieser Sozialversicherungsbeiträge sollte man im Vergleich zur Steuer nicht unterschätzen.

- Welche Regelungen gelten für mich?
- Worin bestehen diese?
- Welches Dienstverhältnis ist für mich das richtige?

Nutzen Sie mit diesen Informationen und den Entscheidungshilfen von www.geldzurueck.at die Gestaltungsspielräume, welche unter Umständen die Belastung mit Sozialversicherungsbeiträgen wesentlich reduzieren können.

www

Die verschiedenen Versicherungsträger

Die gesetzliche Sozialversicherung ist in drei große Zweige gegliedert. Diese sind wie folgt:

- Krankenversicherung
- Unfallversicherung
- Pensionsversicherung

Für die Durchführung der einzelnen Versicherungszweige sind in den meisten Fällen unterschiedliche Versicherungsträger zuständig. In der nachstehenden Tabelle wird gezeigt, für welchen Zweig der Sozialversicherung die einzelnen Versicherungsträger zuständig sind:

Zuständigkeit der Versicherungsträger			
Versicherungsträger	**Krankenversicherung**	**Unfallversicherung**	**Pensionsversicherung**
Österreichische Gesundheitskasse (ÖGK)	Ja	Nein	Nein
Versicherungsanstalt öffentlich Bediensteter, Eisenbahnen und Bergbau	Ja	Ja	Ja
Sozialversicherung der Selbstständigen (SVS)	Ja	Ja	Ja
Allgemeine Unfallversicherung (AUVA)	Nein	Ja	Nein
Pensionsversicherungsanstalt (PVA)	Nein	Nein	Ja

Wie komme ich zu einer e-card?

Die e-card ist eine Chipkarte, die an alle Versicherten ausgegeben wird und die unter anderem den Krankenversicherungsschutz nachweist. Die e-card ist somit der persönliche Schlüssel zum elektronischen Gesundheitswesen. Sie muss zu jedem Arztbesuch bzw. zu Behandlungen in einer der Gesundheitseinrichtungen der Sozialversicherung und Krankenanstalten mitgebracht und vorgelegt werden.

Die e-card wird jedem Versicherten und Angehörigen ausgestellt, der einen Anspruch auf Leistungen aus der gesetzlichen Krankenversicherung hat oder innerhalb der letzten neun Monate hatte. Auch geringfügig Beschäftigte erhalten die e-card. Sie wird mit der Post zugesandt. Jeder Angehörige bekommt eine eigene e-card, für Neugeborene wird diese automatisch ausgestellt.

Bei einer mehrfachen Versicherung wird nur eine e-card ausgestellt, beim Arztbesuch kann man sich entscheiden, aus welcher Krankenversicherung die Leistung in Anspruch genommen werden soll.

Seit 1.1.2020 wird eine neue Generation von e-card ausgegeben, welche auch mit einem Foto des Versicherten ausgestattet ist.

Die Umstellung erfolgt bei den meisten Versicherten automatisch, da die Sozialversicherung die Fotos aus bestehenden Registern zur Verfügung gestellt bekommt. Die neue e-card wird rechtzeitig, bevor die alte abläuft, spätestens aber Ende des Jahres 2023 ausgetauscht und zugeschickt.

1.1 Welcher Sozialversicherung unterliege ich?

Um zu wissen, bei welcher Sozialversicherung man sich anmelden muss, und welche Regelungen anzuwenden sind, muss zunächst bestimmt werden, in welchem Vertragsverhältnis man zum Arbeitgeber/Auftraggeber steht. In der folgenden Übersicht wird gezeigt, wie die verschiedenen Vertragsverhältnisse charakterisiert sind und welche Bestimmungen anzuwenden sind. Dabei ist die dargestellte Prüfungs-Reihenfolge einzuhalten.

Zuerst muss immer geprüft werden, ob ein echtes Dienstverhältnis vorliegt. Wenn dies nicht der Fall ist und auch keine Pflichtversicherung nach dem GSVG als Kammerzugehöriger vorliegt, ist das Bestehen eines freien Dienstvertrages zu prüfen. Die Versicherung als „Neuer Selbständiger" nach § 2 Abs 1 Z 4 GSVG ist als „Auffangbecken" für alle Beschäftigungsverhältnisse zu verstehen, die nicht von den ersten drei Versicherungsformen erfasst sind.

1. Schritt

Bin ich Echter Dienstnehmer?

- persönliche Abhängigkeit
- Bindung an vorgegebenen Arbeitsort, Arbeitszeit, arbeitsbezogenes Verhalten
- wirtschaftliche Abhängigkeit
- keine Möglichkeit der Vertretung
- Weisungsbindung
- Dienstnehmer schuldet Bemühen
- Kontrollgewalt des Dienstgebers

ja → **ASVG-Versicherung** als **Echter Dienstnehmer**
§ 4 Abs 2 ASVG

nein ↓

2. Schritt

Bin ich Gewerbetreibender?

- Gewerbeschein
- bestimmte Freiberufler
- keine persönliche oder wirtschaftliche Abhängigkeit
- eigene wesentliche Betriebsmittel
- Möglichkeit der Vertretung
- betriebliche Tätigkeit mit selbständigen oder gewerblichen Einkünften

ja → **GSVG-Versicherung** als **Gewerbetreibender** mit Gewerbeberechtigung oder **Freiberufler** mit Kammerzugehörigkeit
§ 2 Abs 1 Z 1 bis 3 GSVG

nein ↓

3. Schritt

Bin ich Freier Dienstnehmer?

- freier Dienstvertrag
- keine wesentlichen Betriebsmittel
- erbringt Dienstleistungen
- Leistungen im Wesentlichen persönlich
- Recht, sich vertreten zu lassen
- keine Weisungsbindung hinsichtlich Arbeitszeit, Arbeitsort und Art der Verrichtung der Tätigkeit

ja → **ASVG-Versicherung** als **Freier Dienstnehmer**
§ 4 Abs 4 ASVG

nein ↓

4. Schritt

Ich bin **Neuer Selbständiger.**

- kein Gewerbeschein
- keine persönliche oder wirtschaftliche Abhängigkeit
- eigene wesentliche Betriebsmittel
- betriebliche Tätigkeit mit selbständigen oder gewerblichen Einkünften

ja → **GSVG-Versicherung** als **Neuer Selbständiger** mit selbständigen oder gewerblichen Einkünften
§ 2 Abs 1 Z 4 GSVG

1.2 Echte Dienstnehmer

Die Merkmale, welche für die Einordnung in eine der vier genannten Gruppen und die Höhe der Belastung mit Sozialversicherungsbeiträgen ausschlaggebend sind, werden in den folgenden Punkten dargestellt.

Das wohl typischste Beschäftigungsverhältnis ist das eines echten Dienstnehmers (Arbeiter, Angestellte). Der Dienstnehmer arbeitet in **persönlicher Abhängigkeit** und ist demnach an Ordnungsvorschriften über Arbeitsort, Arbeitszeit und arbeitsbezogenes Verhalten gebunden. Er muss sich Weisungen seines Dienstgebers unterwerfen und darf von diesem bei seiner Tätigkeit auch kontrolliert werden. Weiters hat er grundsätzlich persönliche **Arbeitspflicht** – er darf sich also nicht von jemand anderem vertreten lassen (vgl. dazu unten: freier Dienstnehmer). Der echte Dienstnehmer ist auch wirtschaftlich abhängig. Dies bedeutet, dass der Dienstgeber über die wesentlichen organisatorischen Einrichtungen zur Leistungserbringung und die Betriebsmittel verfügt.

Die **Sozialversicherungsbeiträge** für Dienstnehmer betragen abhängig von der jeweiligen Beitragsgruppe (Arbeiter, Lehrlinge, Angestellte etc.) in der Regel bei **Angestellten** 39,05 %, wobei auf den Dienstgeber 20,98 % und auf den Dienstnehmer 18,07 % entfallen.

Bei **Arbeitern** betragen die Sozialversicherungsbeiträge so wie bei den Angestellten 39,05 %. In diesen Beiträgen sind auch die nur bei echten Dienstnehmern anfallenden sonstigen Beiträge wie Umlagen zur Arbeiterkammer, Wohnbauförderungsbeitrag, IESG- Zuschlag usw. enthalten.

Bei der Berechnung der Sozialversicherungsbeiträge gibt es eine so genannte **Höchstbeitragsgrundlage.** Diese beträgt im Jahr 2024 € 6.060,– pro Monat. Wenn Sie also mehr als diesen Betrag brutto pro Monat verdienen, zahlen Sie dennoch nur Sozialversicherung von diesem Maximalbetrag.

Besonderheit: Geringfügig Beschäftigte

Liegt das Gehalt/der Lohn/das Honorar bei echten oder freien Dienstnehmern unter der so genannten **Geringfügigkeitsgrenze** (Wert im Jahr 2024 € 518,44), dann tritt keine Pflichtversicherung und damit auch kein Sozialversicherungsabzug ein. **Lediglich** der Dienstgeber muss 1,1 % **Unfallversicherung** an die Österreichische Gesundheitskasse (ÖGK) abführen – damit ist der Dienstnehmer aber auch im Rahmen dieser Tätigkeit unfallversichert.

Durch die geringfügige Beschäftigung tritt zwar keine Vollversicherung (mit Pensions-, Arbeitslosen- und Krankenversicherung) ein, allerdings besteht für den Dienstnehmer die Möglichkeit, sich bei der ÖGK selbstzuversichern. Für das Jahr 2024 ist hierfür ein monatlicher Beitrag von € 73,20 (für Studenten € 69,13) zu entrichten. Dieser Betrag umfasst Kranken- und Pensionsversicherung (keine Arbeitslosenversicherung!).

i **Tipp:** Vor allem für Studenten ist eine geringfügige Beschäftigung mit gleichzeitiger Selbstversicherung ein günstiger Weg, wichtige Pensionsmonate günstig zu erwerben.

Obige Ausführungen zur geringfügigen Beschäftigung gelten nur, wenn Sie lediglich eine geringfügige Beschäftigung ausüben oder zumindest mit mehreren geringfügigen Beschäftigungen in Summe die Geringfügigkeitsgrenze nicht überschreiten. Überschreiten Sie mit der Summe Ihrer Gehaltsbezüge die Grenze, werden Ihnen die Sozialversicherungsbeiträge nachträglich verrechnet.

Woher die ÖGK weiß, dass Sie diese verschiedenen Beschäftigungen haben? Ihr Dienstgeber muss jeden Dienstnehmer oder freien Dienstnehmer (auch geringfügig Beschäftigte) bei der ÖGK anmelden und auch die Höhe der Bezüge bekannt geben. Denken Sie also rechtzeitig daran, dass hier noch Nachforderungen entstehen können.

1.3 Freie Dienstnehmer

Den Dienstnehmern gleichgestellt sind aufgrund freier Dienstverträge beschäftigte Personen. Bei freien Dienstnehmern gelten seit dem 1.1.2008 die gleichen Beitragssätze, jedoch gelten arbeitsrechtliche Bestimmungen nur sehr eingeschränkt. Folgende Merkmale bzw. Voraussetzungen sind gesetzlich normiert, damit ein derartiges freies Dienstverhältnis vorliegt:

Der freie Dienstnehmer verpflichtet sich auf bestimmte oder unbestimmte Zeit zur **Dienstleistung für einen Auftraggeber.** Dabei verpflichtet er sich zu einem „Wirken/Tun" und nicht zur Erstellung eines vordefinierten, fertigen „Werks".

Der freie Dienstnehmer muss dabei die Möglichkeit haben, den Arbeitsablauf selbst zu regeln und zu gestalten. Er darf in der Organisation bzw. Ausführung seiner Tätigkeit **keinen Kontrollen bzw. Weisungen** unterworfen sein. Weiters darf keine bzw. nur eine sehr eingeschränkte Bindung bei Arbeitszeit bzw. Arbeitsort gegeben sein, und der freie Dienstnehmer darf nicht in den geschäftlichen Organismus des Auftraggebers eingebunden sein.

Verpflichtet sich der freie Dienstnehmer zur laufenden Erbringung von Dienstleistungen, ohne ein bestimmtes Ausmaß an Arbeitszeit zu vereinbaren, und hat er die Möglichkeit, Aufträge auch abzulehnen, liegt kein echtes Dienstverhältnis vor. Aus einer wöchentlichen stundenweisen Anwesenheit im Betrieb des Auftraggebers ergibt sich noch nicht die Eingliederung in dessen geschäftlichen Organismus und damit wird ein versicherungspflichtiger freier Dienstvertrag gegeben sein.

Für den freien Dienstnehmer muss die Möglichkeit bestehen, sich jederzeit vertreten lassen zu können. Dies schließt eine Einstufung als echter Dienstnehmer aus. Trotz der jederzeitigen **Vertretungsberechtigung** muss der freie Dienstnehmer die Arbeiten im Wesentlichen selbst erbringen. Es ist empfehlenswert, oben genannte Merkmale zur Absicherung gegenüber der Sozialversicherung in einem schriftlichen freien Dienstvertrag festzuhalten. Bitte beachten Sie jedoch, dass der Inhalt eines solchen freien Dienstvertrags für die Einstufung als solchen nicht ausschlaggebend ist, sondern dass die tatsächlichen Gegebenheiten auch diesen Bestimmungen entsprechen müssen.

Für freie Dienstverhältnisse sind arbeitsrechtliche Vorschriften nur in sehr eingeschränktem Ausmaß anwendbar. Das freie Dienstverhältnis unterliegt der **Vertragsfreiheit,** und die Vertragspartner können den Vertragsinhalt frei vereinbaren (z.B. Kündigungsfristen, Auszahlung 13. und 14. Gehalt, Entlohnung während Krankenstand, Urlaubsansprüche). Lediglich wenn in notwendigen Bereichen keine vertragliche Regelung getroffen wurde, kann die ergänzende Vertragsauslegung zur Anwendung der am ehesten entsprechenden arbeitsrechtlichen Regelung führen. Natürlich ist es aber auch möglich, die jeweiligen arbeitsrechtlichen Bestimmungen oder auch nur Teile davon zu vereinbaren (z.B. Angestelltengesetz).

Die **Lohnnebenkosten** eines freien Dienstvertrags belaufen sich für den Dienstgeber auf 20,48 % Sozialversicherung sowie 17,57 % Dienstnehmeranteil. Andere Lohnabgaben – wie DB, DZ (bei WKO-Zugehörigkeit des AG) und KommSt fallen genauso wie beim echten Dienstverhältnis an. Als Bemessungsgrundlage werden Gehälter und sonstige Vergütungen jeder Art, die der freie DN als Gegenleistung im Rahmen des freien Dienstvertrages erhält (z. B. Auslagenersätze für freie DN oder Reisekostenersätze) herangezogen. Die obigen Ausführungen zur **geringfügigen Beschäftigung** sind auch auf den freien Dienstnehmer anzuwenden.

1.4 Neue Selbständige

Seit dem Beginn des Jahres 1998 gibt es bei den selbständig Tätigen die Versicherungssparte des so genannten „Neuen Selbständigen". Damit wollte der Gesetzgeber erzielen, dass möglichst alle Erwerbstätigen in die Pflichtversicherung einbezogen werden. Die neuen Selbständigen zeichnet vor allem aus, dass sie keinesfalls Mitglied der Kammer der gewerblichen Wirtschaft sind, und Kammermitglied eines freien Berufes sein können, aber nicht müssen.

Die Gruppe der Neuen Selbständigen ist daher insofern frei, als sie nicht der Gewerbeordnung unterliegt und zu einem freien Beruf oder zu gar keinem „Beruf" gehört. In diese Versicherungssparte fallen vor allem jene, welche im Rahmen dieser Tätigkeit nicht bereits von einer anderen Pflichtversicherung erfasst sind. Eine Besonderheit bei den Neuen Selbständigen ist, dass die Pflichtversicherung beim Unterschreiten der so genannten Versicherungsgrenze unterbleibt. Es gibt also **keine Mindestpflichtversicherung** aufgrund der Tätigkeit (wie z.B. im Zuge der Mindestbeitragsgrundlage der Gewerbetreibenden), sondern nur eine Pflichtversicherung aufgrund einer bestimmten Höhe der Einkünfte.

Wird die maßgebliche Versicherungsgrenze nicht überschritten, kann jedoch eine **Pflichtversicherung durch Erklärung** begründet werden. Dies ist vor allem beim Beginn einer betrieblichen Tätigkeit wichtig, wo erfahrungsgemäß in den ersten Jahren negative Einkünfte erzielt werden und damit im System der Neuen Selbständigen keine Pflichtversicherung und damit aber auch kein Versicherungsschutz in der Unfall-, Kranken- und Pensionsversicherung entsteht.

Im System der Neuen Selbständigen erfolgt **keine automatische Meldung** durch andere Stellen (wie z.B. beim Gewerbetreibenden durch den Magistrat oder die Bezirkshauptmannschaft bei Lösung eines Gewerbescheins) an die Sozialversicherung. Deshalb muss der Neue Selbständige selbst bei der Sozialversicherungsanstalt melden, dass er eine derartige Tätigkeit aufgenommen hat. Nur so erfährt – vorläufig – die Sozialversicherungsanstalt der gewerblichen Wirtschaft von der Tätigkeit und stellt dann mittels Fragebogen fest, ob Versicherungspflicht vorliegt oder nicht.

Bei dieser Erklärung kann nun Folgendes vorliegen:

a) **Der Versicherte erklärt, Einkünfte über der Versicherungsgrenze zu erzielen.** Sollte sich nachträglich herausstellen, dass seine Einkünfte unter der Versicherungsgrenze geblieben sind, bleibt die Versicherung dennoch aufrecht (bis zum Widerruf der Erklärung). Damit kann also auch dann eine Pflichtversicherung und damit Versicherungsschutz erzielt werden, wenn man Einkünfte unter der Versicherungsgrenze erzielt.

b) **Der Versicherte gibt keine Erklärung bei Beginn seiner Tätigkeit ab.** Hat der Versicherte dann Einkünfte über der Versicherungsgrenze erzielt, die bescheidmäßig veranlagt wurden, kommt es zu einer automatischen Einbeziehung in die Pflichtversicherung als Neuer Selbständiger (das Finanzamt meldet die Einkünfte nämlich automatisch an die Sozialversicherungsanstalt). Die Folge ist, dass 9,3 % der Sozialversicherungsbeiträge als **Strafzuschlag** verrechnet werden. Will man diesen Strafzuschlag vermeiden, so muss man zumindest vor der Veranlagung der Einkünfte beim Finanzamt das Überschreiten der Versicherungsgrenze bei der Sozialversicherungsanstalt bekannt geben.

Der Versicherte kann jederzeit bei geänderten Einkünfteprognosen eine einmal abgegebene Erklärung widerrufen und so Beginn oder Ende der Pflichtversicherung herbeiführen.

In der Krankenversicherung kann ein **„Opting in"** beantragt werden, wenn die Einkünfte (voraussichtlich) unter der Versicherungsgrenze bleiben. Die Beiträge werden in diesem Fall von einer monatlichen Grundlage in Höhe von € 518,44 berechnet.

Versicherungsgrenzen in der Sparte der neuen Selbständigen

Die monatliche Beitragsgrundlage beträgt mindestens € 518,44. Liegen die betreffenden Einkünfte unter dieser Grenze, besteht keine Sozialversicherungspflicht. Bei ausschließlich betrieblicher Tätigkeit setzt die Sozialversicherungspflicht demnach erst ab einem jährlichen Bruttoeinkommen von mehr als € 6.221,28 ein.

Es gibt für Neue Selbständige nur eine Versicherungsgrenze, ab der eine Pflichtversicherung eintritt. Diese Versicherungsgrenze orientiert sich genauso wie die Mindestbeitragsgrundlage bei den gewerblichen Selbständigen an der Geringfügigkeitsgrenze. Damit macht es keinen Unterschied, ob neben der Selbständigkeit noch Einkommen anderer Beschäftigungsverhältnisse vorliegen.

Als neuer Selbständiger hat man mit Sozialversicherungsbeiträgen in folgender Höhe zu rechnen:

Pensionsversicherungsbeitrag (Wert 2024)	18,50 %
Krankenversicherungsbeitrag (Wert 2024)	6,80 %
Unfallversicherung (Fixbetrag pro Monat, 2024)	€ 11,35

Keine Pflichtversicherung als Neuer Selbständiger besteht dann, wenn durch andere Tätigkeiten bereits die Höchstbeitragsgrundlage von € 7.070,– erreicht wird.

1.5 Gewerbliche Selbständige

Gewerbliche Selbständige sind bei der Sozialversicherungsanstalt der gewerblichen Wirtschaft pflichtversichert. Hierzu gehören vor allem jene Selbständigen, welche

- Mitglieder der Wirtschaftskammern sind (Personen, die einen Gewerbeschein erwerben),
- persönlich haftende Gesellschafter von OG/KG (wenn die Gesellschaft über einen Gewerbeschein verfügt) und auch
- Gesellschafter-Geschäftsführer einer GmbH (wenn die GmbH über einen Gewerbeschein verfügt).

Zahlreiche andere Berufsgruppen sind in der Sozialversicherung der gewerblichen Wirtschaft nur teilversichert (z.B. Pensionsversicherung: Ärzte, Wirtschaftstreuhänder, Tierärzte) bzw. haben eigene Regelungen betreffend ihrer Pflichtversicherung. Auskünfte, ob eine bestimmte Tätigkeit einen Gewerbeschein benötigt, erteilen unter anderem das Betriebsgründungsservice der Wirtschaftskammer bzw. das Gewerbeamt (Magistrat bzw. Bezirkshauptmannschaft).

Die **Beiträge** werden von den Einkünften des jeweiligen Jahres berechnet und gestalten sich folgendermaßen:

Selbständigenvorsorge (Wert 2024)	1,53 %
Pensionsversicherungsbeitrag (Wert 2024)	18,5 %
Krankenversicherungsbeitrag (Wert 2024)	6,8 %
Unfallversicherung (Fixbetrag pro Monat; 2024)	€ 11,35

Wenn Sie Ihre betriebliche Tätigkeit erstmals aufnehmen, gelten Sie als so genannter **Neuzugang.** Es gilt eine einheitliche Mindestbeitragsgrundlage – sie gilt für alle gewerblich selbständigen, unhabhängig davon, wie lange sie selbständig sind. Diese Mindestbeitragsgrundlage orientiert sich am Grenzwert für geringfügig Beschäftigte für den Krankenversicherungsbeitrag und die Selbständigenvorsorge, welcher im Jahr 2024 € 518,44 beträgt. Die Mindestbeitragsgrundlage für die Pensionsversicherung beträgt € 518,44 (Stand 2024).

1.6 Sonstige Regelungen

Höchstbeitragsgrundlage

Wenn es für die Bemessung von Beiträgen eine Höchstbeitragsgrundlage gibt, dann bedeutet dies, dass Sie maximal von dieser Höchstbeitragsgrundlage Ihre Sozialversicherungsbeiträge abführen, auch wenn Sie mehr als diese verdienen.

Bei Dienstnehmern mit 14 Monatsbezügen ist diese Höchstbeitragsgrundlage für das Jahr 2024 mit € 6.060,– pro Monat festgelegt (= € 84.840,– pro Jahr).

Bei den Selbständigen gibt es ja keine 14 Bezüge, sodass es hier eine höhere monatliche Höchstbemessungsgrundlage gibt (= € 7.070,–), die auf das gesamte Jahr umgerechnete maximale Bemessungsgrundlage ist jedoch auch hier wiederum für das Jahr 2024 € 84.840,–.

Mindestbeitragsgrundlage

Bei selbständig erwerbstätigen Gewerbetreibenden (mit Gewerbeschein) gibt es auch eine so genannte Mindestbeitragsgrundlage.

Dies bedeutet Folgendes: Haben Sie negative Einkünfte (also Verluste) oder liegen Ihre Einkünfte unter dieser Mindestbemessungsgrundlage, so zahlen Sie dennoch Ihre Sozialversicherungsbeiträge von dieser Mindestbemessungsgrundlage.

Arbeitslosengeld auch für Selbständige

Für die nach dem gewerblichen Sozialversicherungsgesetz (GSVG) oder Bauernsozialversicherungsgesetz (BSVG) als freie Dienstnehmer oder als Vorstandsmitglieder krankenversicherten Erwerbstätigen gilt nun Folgendes: Eine durch ein früheres Dienstverhältnis einmal erworbene und nicht konsumierte Anwartschaft ermöglicht auch noch nach Beendigung der selbständigen Erwerbstätigkeit den Arbeitslosengeldbezug.

Wenn Sie also Ihren Betrieb einstellen und vor Ihrer selbständigen Tätigkeit lange genug unselbständig und damit arbeitslosenversicherungspflichtig tätig waren, können Sie beim Arbeitsmarktservice einen Antrag auf Arbeitslosengeld stellen.

Selbständigenvorsorge

Selbständige sind in die betriebliche Vorsorge einbezogen. Gewerbetreibende und Neue Selbständige, die nach dem GSVG krankenversichert sind, müssen Pflichtbeiträge leisten. An dem Vorsorgemodell nimmt also jeder Unternehmer teil, solange er krankenversichert ist. Angehörige der freien Berufe und Bauern können sich dem Modell freiwillig unterstellen. Berufsanfänger müssen sich innerhalb von zwölf Monaten ab Tätigkeitsbeginn entscheiden. Hat eine Person in die Selbständigenvorsorge optiert, kann dies nicht mehr widerrufen werden.

Die Beiträge zur Selbständigenvorsorge betragen wie bei Unselbständigen 1,53 % des monatlichen Entgelts inklusive allfälliger Sonderzahlungen.

Ist ein Unternehmer gleichzeitig Arbeitnehmer, ist er also doppelt versichert. Er muss als Gewerbetreibender trotzdem Beiträge für die Selbstvorsorge zahlen. Diese werden von der für die Kranken- bzw. Pensionsversicherungsbeiträge maßgeblichen Differenzbeitragsgrundlage berechnet.

Die Einhebung der Beiträge erfolgt im Pflichtmodell zunächst gemeinsam mit den Krankenversicherungsbeiträgen, durch die Sozialversicherungsanstalt der Selbständigen (SVS). Die Beiträge werden an die jeweilige betriebliche Vorsorgekasse abgeführt. Diese Vorsorgekasse muss der Unternehmer innerhalb von sechs Monaten ab Beginn der Beitragspflicht auswählen, hat er für seine Angestellten bereits eine Kasse ausgewählt, gilt diese auch für ihn selbst. Es stehen insgesamt acht Kassen zur Auswahl. Wird die Auswahl nicht rechtzeitig getroffen, wird dem Unternehmer eine Vorsorgekasse zugeteilt.

Ein Auszahlungsanspruch entsteht nach mindestens drei Einzahlungsjahren oder nach mindestens zwei Jahren des Ruhens der Gewerbeausübung bzw. zwei Jahre nach Beendigung der betrieblichen Tätigkeit, bei Pensionsantritt oder wenn fünf Jahre vergangen sind, seit Sie das letzte Mal nach dem betrieblichen Mitarbeiter- und Selbständigenvorsorgegesetz Beiträge entrichten mussten. Im Todesfall fällt der Kapitalbetrag an den Ehegatten, die Kinder bzw. in die Verlassenschaft.

Die angesparten Beträge können in Form einer monatlichen Zusatzpension ausbezahlt werden und sind dann steuerfrei. Es besteht allerdings auch die Möglichkeit, sich einen einmaligen Barbetrag steuerbegünstigt auszahlen zu lassen, die Steuer beträgt dann 6 %. Daneben ist auch eine Übertragung in eine andere Vorsorgekasse oder die Überweisung an eine Pensionskasse oder Privatversicherung möglich.

Im Falle der Selbständigenvorsorge gelten die gleichen steuerlichen Begünstigungen wie für Arbeitnehmer. Das bedeutet, dass die Beiträge zur Selbständigenvorsorge als steuerliche Betriebsausgabe gelten und somit die Veranlagung in der betrieblichen Vorsorgekasse steuerfrei ist.

1.7 Welches Dienstverhältnis ist das richtige?

Früher war die Sache einfach: Die meisten Arbeiten wurden in einem einfachen Dienstverhältnis (Angestelltenverhältnis) erledigt. Heute sieht sich der Arbeitsuchende aber immer öfter mit den neuen Dienstverhältnissen konfrontiert.

Wie aber kann der Arbeitsuchende entscheiden, wenn ihm (von verschiedener Seite) unterschiedliche Angebote unterbreitet werden, die auf verschiedenen Vertragsmodellen basieren?

Für die Beurteilung eines Angebotes ist es unabdingbar, die Unterschiede der verschiedenen Vertragsverhältnisse mit allen Vor- und Nachteilen zu berücksichtigen, um so das beste Vertragsmodell für sich selbst zu finden. Die folgende Auflistung soll einen Überblick über die Merkmale der verschiedenen Dienstverhältnisse geben.

Angestellte

Als Angestellter/Arbeiter (Dienstnehmer) genießen Sie den bestmöglichen Schutz:

- **geregelte Arbeitszeit:** Es gelten genaue Regelungen über Anzahl und Länge der Pausen, der maximalen (täglichen und wöchentlichen) Arbeitszeit.
- **Überstunden:** Jene Arbeitsstunden, die über die vertraglich vereinbarte Arbeitszeit hinausgehen, werden höher bezahlt.
- **Bezahlte Feiertage.**
- **Urlaub:** Sie haben das Recht, mindestens 5 Wochen pro Jahr bezahlten Urlaub zu nehmen.
- **Krankenstand:** Für die Zeit eines Krankenstandes wird Ihnen Ihr Lohn weiter ausbezahlt.
- **13. und 14. Monatsgehalt:** Bekommen Sie als „Geschenk", ohne dafür eine besondere Leistung erbracht zu haben. Viele Berufsgruppen sind durch weitere Bestimmungen im Kollektivvertrag geschützt: Diese können Feiertags- und Nachtarbeit, Gehälter, Freizeit bei nachgewiesener Dienstverhinderung, Kündigung, Abfertigung und Zulagen regeln.
- Im Schnitt arbeitet ein Angestellter nur 43 Wochen im Jahr die volle Arbeitszeit.

Nachteile:

- Schwieriger, (Betriebs-)Ausgaben zum Steuer Sparen anzusetzen.
- Einkommensniveau im Allgemeinen niedriger (dafür praktisch kein Risiko).

Freie Dienstnehmer (Werkvertrag)

Es wird Ihnen **ein Basisschutz** gewährt, die meisten für den Angestellten zutreffenden Punkte können aber **im Vertrag frei geregelt werden.** Nutzen Sie diese Gelegenheit, zusätzliche Leistungen zu reklamieren!

Als Beispiel für Regelungen im Arbeitsvertrag:

- Welche Arbeitszeit ist vorgesehen?
- Gilt immer der gleiche Stundensatz?
- Dürfen Sie Arbeiten auch delegieren?
- Wer trägt jene Ausgaben, die für die Arbeitsleistung notwendig sind?
- Wird ein 13. und 14. Monatsgehalt ausgezahlt?
- Werden Urlaub, Krankenstand, Feiertage bezahlt?

Selbständige

Sie haben sehr **viele Gestaltungsmöglichkeiten,** jedoch keinen Schutz mehr. Sie können:

- Jede Arbeit auch (an Personen, Firmen, ...) delegieren.

Sie müssen sich selbst um:

- Versicherung,
- Steuerentrichtung

kümmern.

Übersicht

Für einen besseren Vergleich sind in der folgenden Tabelle die wichtigsten Vertragsverhältnisse noch einmal gegenübergestellt.

	echter Dienstnehmer	Freier Dienstnehmer	Neuer Selbständiger
Rechtlicher Status	echter Arbeitsvertrag	freier Dienstvertrag	Werkvertrag
Schutz bei Arbeitsgestaltung und Entlohnung	Kollektivvertragliche, arbeitsrechtliche Bestimmungen (Arbeitszeit, Zuschläge, etc.)	Keine besonderen arbeitsrechtlichen Regelungen	Völlig frei
Arbeitszeit, -ort	Vorgabe durch Auftraggeber	Gestaltbar durch Auftragnehmer	Keine Vorgaben
Auslagenersatz	Auftraggeber	Keine Vorgaben	Eher Auftragnehmer
Bereitstellung der Betriebsmittel	Aufttraggeber	Im Wesentlichen Auftraggeber	Auftragnehmer
Entlohnung	Zeitlohn, Nichtleistungslohn	Geleisteter Zeitlohn	Erfolgslohn
Pflichten			
Leistungserbringung	persönlich	im Wesentlichen persönlich	Auch durch Hilfskräfte
Tätigkeitsinhalt	Persönliches Schulden der Arbeitskraft	gattungsmäßig umschriebene Dienstleistung	Abgeschlossenes Werk
Unternehmerrisiko	Nein	gering	ja
Meldung Sozialversicherung	durch Arbeitgeber bei ÖGK	durch Auftraggeber bei ÖGK	SVS der gewerblichen Wirtschaft
Abgaben			
SV-Beiträge	39,05 %	38,05 %	25,3 %
Auftraggeber-Anteil	20,98 % + 1,53 % Mitarbeiter-/ Selbständigenvorsorge	20,48 % + 1,53 % Mitarbeiter-/ Selbständigenvorsorge	+ € 11,35 monatlich + 1,53 % Mitarbeiterfürsorge/ Selbständigenvorsorge
Auftragnehmer-Anteil	18,07 % einbehalten monatlich über AG max. 14 × € 6.060,–	17,57 % einbehalten monatlich über AG max. 12 × € 6.060,– (wenn Sonderzahlungen vereinbart, sonst € 7.070,–)	vierteljährlich max. 12 × € 7.070,–
Steuerliche Behandlung für Arbeitnehmer	LSt, Freiw. ANVA Mehrere DV → verpflichtende ANVA bis 30.9. des Folgejahres	ESt: > € 12.816,– → Erklärungspflicht USt: > € 35.000,–	ESt: > € 12.816,– → Erklärungspflicht USt: > € 35.000,–
Steuerliche Behandlung für Arbeitgeber	LSt, DB, DZ KommSt, wenn über € 12.816,–/Jahr	Keine LSt; DB., DZ; KommSt, wenn über € 12.816,–/Jahr	Keine LSt, kein DB, keine DZ Keine KommSt
Leistungen			
Urlaubsanspruch	✓		
Abfertigung	✓	✓	
Unfallversicherung	✓	✓	
Krankenversicherung	✓		
Krankengeld, Wochengeld (Lohnfortzahlung)	✓ ✓	✓	✓
Pensionsversicherung	✓	✓	
Arbeitslosenvers.	✓	✓	

2 Arbeitslosengeld

Das Arbeitslosengeld ist eine Überbrückungshilfe, die vom Arbeitsmarktservice ausbezahlt wird. Um Arbeitslosengeld beziehen zu können, muss der Antragsteller folgende Kriterien erfüllen:

- Arbeitsfähigkeit, Arbeitswilligkeit und Arbeitslosigkeit
- Erfüllung der Anwartschaft und
- noch keine Ausschöpfung der Bezugsdauer.

Antragstellung

Der Antrag auf Arbeitslosengeld ist möglichst bald beim Arbeitsmarktservice einzureichen, da es prinzipiell erst ab der Antragstellung - sofern die Voraussetzungen erfüllt sind - zusteht, und es nur in seltenen Fällen rückwirkend gewährt wird.

Die Anwartschaft ist erfüllt, wenn der Antragsteller in den letzten 24 Monaten mindestens 52 Wochen lang beschäftigt war oder innerhalb der letzten zwölf Monate 28 Wochen, wenn er schon einmal Arbeitslosengeld erhalten hat.

Jugendliche Arbeitslose (bis zum 25. Lebensjahr)

Ist der Antragsteller unter 25 Jahre, so sind 26 Wochen innerhalb der letzten zwölf Monate ausreichend. Für jede unselbständige Tätigkeit über der Geringfügigkeitsgrenze besteht Arbeitslosenversicherungspflicht. Die Bezugsdauer ist abhängig vom Alter des Antragstellers und von der Anzahl der Wochen, in denen einer arbeitslosenversicherungspflichtigen Beschäftigung nachgegangen wurde.

Anspruch auf Bezug des Arbeitslosengeldes	
Grundsätzlich	20 Wochen
Bei einer Beschäftigung in den letzten fünf Jahren mit mindestens 156 Wochen	30 Wochen
Bei Vollendung des 40. Lebensjahr und einer Beschäftigung in den letzten zehn Jahren von mindestens 312 Wochen	39 Wochen
Bei Vollendung des 50. Lebensjahr und einer Beschäftigung in den letzten 15 Jahren mit mindestens 468 Wochen	52 Wochen

Zusammensetzung des Arbeitslosengeldes

Das Arbeitslosengeld besteht aus dem Grundbetrag, den Familienzuschlägen und einem allfälligen Ergänzungsbeitrag. Die Höhe des Grundbetrages wird vom Erwerbseinkommen bemessen. Von dieser Bruttobemessungsgrundlage werden die sozialen Abgaben sowie die Einkommensteuer abgezogen. 55 % dieses errechneten täglichen Nettoeinkommens gebühren als Grundbetrag des Arbeitslosengeldes. Bestehen Ansprüche auf Familienzuschläge, ist die Größe der Familie entscheidend.

Wann habe ich Anspruch auf Arbeitslosengeld?

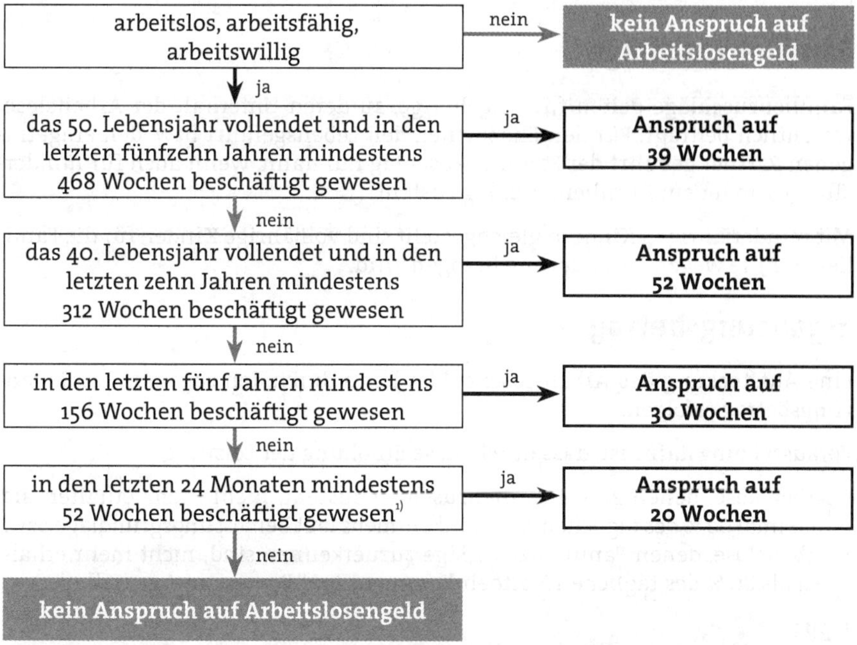

1) Oder innerhalb der letzten 12 Monate 28 Wochen beschäftigt gewesen, wenn schon einmal Arbeitslosengeld bezogen wurde. Ist der Antragsteller unter 25 Jahre, so sind 26 Wochen innerhalb der letzten 12 Monate ausreichend.

Sonderfälle

Bei Beendigung des Arbeitsverhältnisses durch Entlassung oder durch unberechtigten vorzeitigen Austritt steht das Arbeitslosengeld frühestens ab dem 29. Tag nach der Beendigung des Arbeitsverhältnisses zu.

Wird nach Ende des Arbeitsverhältnisses ein bezahlter Resturlaub verbraucht, so steht das Arbeitslosengeld erst nach diesem Zeitraum zu.

Vorsicht ist geboten: Auslandsaufenthalte führen zur Unterbrechung des Arbeitslosengeldes, da der Antragsteller in diesen Fällen dem Arbeitsmarktservice nicht zur Verfügung steht und damit das Kriterium der Arbeitswilligkeit nicht erfüllt, es sei denn, der Auslandsaufenthalt findet im Rahmen der Arbeitssuche statt.

Jede Arbeitsaufnahme, auch eine geringfügige, muss innerhalb von einer Woche dem Arbeitsamt mitgeteilt werden. Auch jede andere Änderung, die Einfluss auf den Leistungsanspruch (z.B. ein Auslandsaufenthalt) hat, muss dem Arbeitsamt innerhalb der einwöchigen Frist mitgeteilt werden.

Wiederholte Arbeitslosigkeit

Sollten Sie vor dem ausschöpfen des maximalen Arbeitslosengeldes eine Beschäftigung finden, bleibt Ihnen der Restanspruch auf das Arbeitslosengeld erhalten. Dieser Restanspruch kann bei wiederholter Arbeitslosigkeit geltend gemacht werden.

Familienzuschläge

Familienzuschläge gelten für Angehörige, zu deren Unterhalt der Arbeitslose wesentlich beiträgt. Für den Ehepartner, den Lebensgefährt bzw. den eingetragenen Partner gebührt der Familienzuschlag nur dann, wenn auch für minderjährige Kinder ein Familienzuschlag zusteht.

Mit minderjährigen Kindern gleichgestellt sind volljährige Kinder, für die Familienbeihilfe wegen Behinderung bezogen wird.

Ergänzungsbetrag

Eine Aufstockung des Arbeitslosengeldes kann durch den sogenannten Ergänzungsbetrag erfolgen.

Voraussetzung dafür ist, dass durch diese Erhöhung der Leistung

- Arbeitslose, denen kein Familienzuschlag zusteht, nicht mehr erhalten als maximal 60 % des täglichen Nettoeinkommens laut Bemessungsgrundlage bzw.
- Arbeitslose, denen Familienzuschläge zuzuerkennen sind, nicht mehr erhalten als 80 % des täglichen Nettoeinkommens laut Bemessungsgrundlage.

Tipps

Arbeitslose können bei der Gebühren Info Service GmbH um Befreiung von der Fernseh- und Rundfunkgebühr ansuchen. Ausschlaggebend für die Befreiung ist allerdings das gesamte Haushaltseinkommen.

Grundsätzlich ist der gleichzeitige Bezug von Arbeitslosengeld und Kinderbetreuungsgeld möglich. Es muss jedoch sichergestellt sein, dass das Kind entweder durch die Familie, durch Kindereinrichtungen (Krabbelstube, Kindergarten etc.) oder durch andere geeignete Personen betreut wird. Die Person muss dem Arbeitsmarkt ohne wesentliche Einschränkungen zur Verfügung stehen.

Arbeitslosenversicherung für Selbständige

Seit 1. Jänner 2009 besteht für Selbständige, die nach dem GSVG oder nach dem FSVG pensionsversichert sind, sowie für selbständige Rechtsanwälte und Ziviltechniker die Möglichkeit, eine freiwillige Arbeitslosenversicherung abzuschließen. Früher erworbene Ansprüche auf Arbeitslosengeld bleiben für die Dauer der Selbständigkeit auch ohne Beitritt zur freiwilligen Arbeitslosenversicherung kostenlos gewahrt.

E Umgang mit dem Finanzamt

Wer kennt sie nicht, die Erzählungen vom verständnislosen Finanzbeamten, der mit all den Vorschriften, auf die er sich beruft, mehr Probleme schafft als löst? Dieses Kapitel beschreibt, wie Sie sich verhalten sollen, damit Sie Ihr Interesse durchsetzen:

- Was Sie unbedingt wissen sollten, steht in Kapitel 1 und 2
- Wie Sie zu Ihrem Recht kommen, beantwortet Kapitel 3
- Was sie im Falle eines Finanzstrafverfahrens beachten sollten, wird in Kapitel 4 erklärt

1 Der erste Finanzamtskontakt

Steuern sind für die meisten Menschen ein unangenehmes Thema – allerdings eines, dem man sich stellen muss. Denn Steuern zahlen und sogar das Abgeben einer Steuererklärung ist eine Pflicht des Staatsbürgers, welche die Behörde auch mit Finanzstrafverfahren und Beugestrafen erzwingen kann. Aber so weit sollten Sie es nicht kommen lassen.

In puncto Steuern haben Sie drei Möglichkeiten: Erstens, Sie zahlen sie einfach und sehen sie als eine göttliche Fügung an; oder Sie planen, berechnen und organisieren sie und versuchen so, die Steuerlast so weit wie möglich zu reduzieren. Zu guter Letzt bleibt noch die Möglichkeit, Steuern zu hinterziehen – dies ist allerdings kein Kavaliersdelikt, sondern wird – soweit man Sie erwischt – mit saftigen Strafen bis zu 200 % der hinterzogenen Steuern geahndet.

In der Realität gibt es allerdings die Möglichkeit, einiges **mit guter Argumentation** und dem Wissen um die eigenen rechtlichen Möglichkeiten zu erreichen. Hier gilt der Grundsatz, plausibel und vernünftig zu bleiben und auch so zu argumentieren. (Halten Sie die Finanzbeamten nie für dumm!) Daher sollten Sie auch eine alte Buchhalterweisheit im Kopf behalten: **keine Buchung ohne Beleg** – egal wofür Sie Geld ausgeben, lassen Sie sich eine Rechnung/Beleg dafür geben und legen Sie diese sorgfältig ab. Sie machen's sich und dem Finanzamt damit wesentlich leichter. Oft gibt es Chancen z. B. zur Absetzung von Ausgaben, die man versuchen sollte – Sie haben nie ein Problem, wenn Sie plausibel argumentieren und die Punkte offen in der Steuererklärung angeben.

Im Umgang mit der Behörde haben Sie im Normalfall einen großen Vorteil. Sie sind einer von vielen Akten, der zu bearbeiten ist, und nicht alle Akte können in voller Tiefe bearbeitet werden! Werden Sie daher vom Finanzamtscomputer nicht ausgesucht, und sind Sie weder ein großer Fisch noch sonst irgendwie auffällig, dann beschäftigt man sich von Seiten der Finanz nur wenig mit Ihnen. Fallen Sie allerdings laufend auf (z. B. durch zu spätes Zahlen der Steuern oder nicht rechtzeitige Abgabe der Steuererklärung), so können Sie mit dem erhöhten Augenmerk der Finanz rechnen. Durch die automatische Berücksichtigung von Spenden, Kirchenbeiträgen, Beiträgen für die freiwillige Weiterversicherung und Nachkauf von Versicherungszeiten werden die Steuerzahler entlastet. Für die genannten Sonderausgabenkategorien findet ein automatischer Datenaustausch zwischen den empfangenden Organisationen und der Finanzverwaltung statt. Der Steuerpflichtige muss die betreffenden Steuerausgaben nicht mehr im Rahmen der Steuererklärung dem Finanzamt bekannt geben.

Keine Angst vor dem Finanzamt und den Finanzbeamten – dort arbeiten Menschen wie Sie und ich – die allerdings auch wie Menschen behandelt werden wollen – und zwar freundlich und offen. Dass der Finanzminister ein Blutsauger ist, und die Steuergesetze aus subjektiver Sicht oft unverständlich sind, mag zwar stimmen, das haben sich die Finanzbeamten allerdings mehrmals täglich anzuhören – sie können nichts dafür und haben es satt, ständig den Unwillen der Steuerbürger ausbaden zu müssen.

Sie können aber so weit gehen, das Wissen der Finanzbeamten zu nutzen und sie einfach Dinge zu fragen. Machen Sie sich verständlich, und Sie werden sehr oft Hilfe bekommen. Die Zeit des Parteienverkehrs bietet sich dafür an. In einem persönlichen Gespräch können oft eine Vielzahl der offenen Fragen und Probleme vorweg gelöst werden. Allerdings vergessen Sie nicht, dass die Interessen der Finanzbeamten sich von Ihren grundlegend unterscheiden.

Und sollte das alles nichts helfen, dann haben Sie immer noch die Möglichkeit des Rechtsweges. In diesem Kapitel finden Sie Unterstützung für die ersten Schritte. Sollte der Bescheid allerdings nicht wunschgemäß ausfallen, empfiehlt es sich, so rasch wie möglich – jedenfalls rechtzeitig innerhalb der Berufungsfrist – einen Experten (Steuerberater) einzubinden.

1.1 Besorgung und Abgabe der Steuererklärung

Hat Ihnen das Finanzamt keine Steuererklärung im Zuge der antragslosen Arbeitnehmerveranlagung zugesandt, und sind Sie dennoch zur Abgabe einer solchen verpflichtet, dann können Sie die Steuererklärung via FinanzOnline einbringen, sich das Formular (L 1 für die Arbeitnehmerveranlagung oder E 1 für die Einkommensteuererklärung) von der Einlaufstelle des Finanzamts zuschicken lassen (telefonische oder schriftliche Anfrage) oder natürlich auch selbst abholen. Die Steuererklärung kann direkt via FinanzOnline eingebracht werden, man kann das ausgefüllte Formular an das zuständige Finanzamt schicken oder es am Eingangsschalter desselben abgeben. Eine Übermittlung der Steuererklärung per Fax ist nicht zulässig. Grundsätzlich hat die Abgabe in elektronischer Form via FinanzOnline zu erfolgen!

Haben Sie Probleme mit der **Einhaltung des Abgabetermins,** können Sie beim zuständigen Finanzamt um eine Verlängerung der Frist (mit entsprechender Begründung) ansuchen. Dieser Antrag ist an keine Form gebunden und kann daher auch per Fax eingebracht werden. Zu beachten ist, dass bei verspäteter Abgabe der Erklärung ein **Verspätungszuschlag** von bis zu 10 % der festgesetzten Einkommensteuer auferlegt werden kann.

Verfügen Sie über die technischen Voraussetzungen (PC, Internet, Drucker), dann können Sie eine Vielzahl von Formularen auch unter folgender Adresse aufrufen, herunterladen und drucken: www.bmf.gv.at, Rubrik „Formulare". Hier finden Sie auch eine Vielzahl von Mustervorlagen.

1.2 Meldung des Tätigkeitsbeginns

Nimmt ein Steuerpflichtiger eine **betriebliche Tätigkeit** (= Land- und Forstwirtschaft, selbständige Arbeit, gewerbliche Tätigkeit) auf, muss er dies dem Finanzamt **innerhalb eines Monats** bekannt geben. Dem Steuerpflichtigen wird in der Folge seine höchstpersönliche Steuernummer zugeschickt. Zudem erhält er einen Fragebogen, welcher Fragen über weitere Personalien (Foto, Kopie des Reisepasses) und den voraussichtlichen Umsatz und Gewinn im Kalenderjahr enthält.

Werden **außerbetriebliche Einkünfte** (z.B. Kapitalvermögen, Vermietung und Verpachtung, Spekulationsgeschäfte etc.) erzielt, so besteht keine Mitteilungspflicht. Es ist ausreichend, wenn der Steuerpflichtige die Einkünfte in seiner Steuererklärung angibt.

Welche Tätigkeiten genau als betrieblich oder außerbetriebliche Einkunftsart zu qualifizieren sind, finden Sie im Kapitel B.

Durch vorsichtige Einschätzung hinsichtlich des Umsatzes und des Gewinns bei der Ausfüllung des Fragebogens können Sie durch daraus folgende niedrige Steuervorauszahlungen einen Liquiditätsvorteil erlangen! Doch auch hier ist Vorsicht geboten: Im Folgejahr ist nämlich mit einer entsprechenden Nachzahlung (und im Zusammenhang damit Anspruchszinsen) sowie einer Erhöhung der laufenden Vorauszahlungen zu rechnen!

2 FinanzOnline

Seit 2003 gibt es das Online-Service der österreichischen Finanzverwaltung. Dieses ermöglicht es jedem Steuerzahler mit Wohnsitz bzw. Firmensitz in Österreich, seine Steuererklärung rund um die Uhr elektronisch abzugeben, jederzeit Einsicht in sein Steuerkonto bzw. seinen Steuerakt zu nehmen und Anträge zum Steuerkonto, wie beispielsweise Rückzahlungsanträge, aber auch Fristerstreckungen, zu stellen. Außerdem kann über das FinanzOnline-Konto eine Berechnung des voraussichtlichen Bescheidergebnisses durchgeführt werden. Bevor Sie jedoch in das Verfahren selbst einsteigen, müssen Sie sich entweder einmalig anmelden oder mit einer Bürgerkarte einsteigen. Im ersten Fall werden Ihnen nach der Registrierung per Rückscheinbrief (Rsa) Ihre persönlichen Zugangskennungen, Teilnehmer-Identifikation (TID), Benutzer-Identifikation (BENID) und Persönliche Identifikationsnummer (PIN) übermittelt.

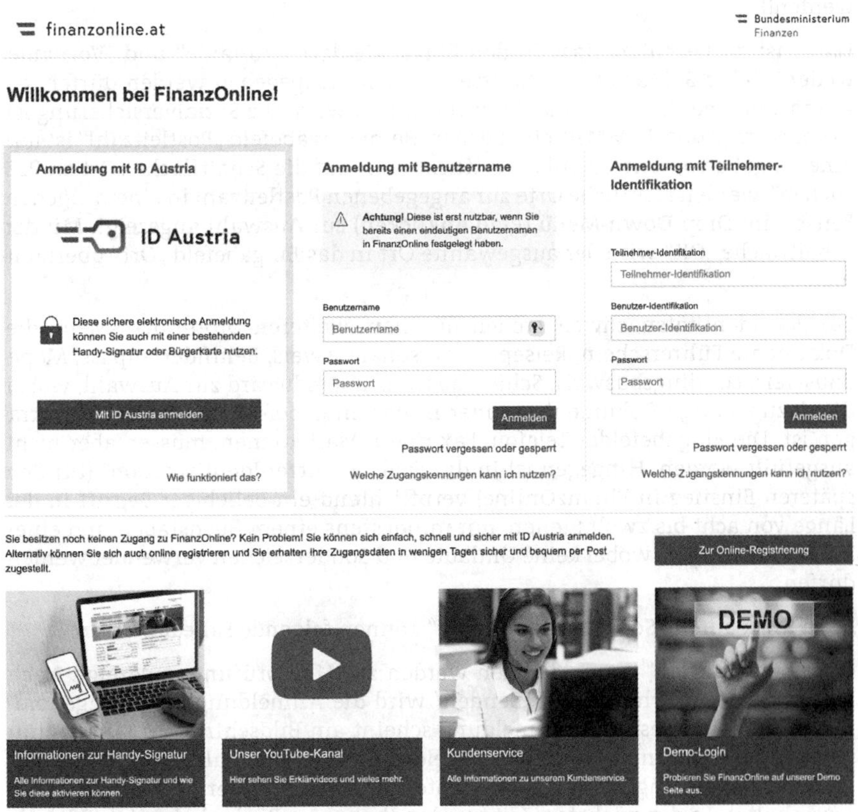

Anmeldung

Es bestehen mehrere Möglichkeiten für die Anmeldung bei FinanzOnline:

- elektronisch im Internet
  - über www.bmf.gv.at
  - über den normalen Login oder ID Austria (früher: Handy-Signatur)
  - direkt über finanzonline.bmf.gv.at – Anklicken von „Online-Anmeldung“
- schriftlich (Brief, Fax mittels Formular)
- persönlich bei jedem beliebigen Finanzamt

Online-Anmeldung

Unter https://finanzonline.bmf.gv.at finden Sie den Link „Online-Erstanmeldung“, wo Sie dazu aufgefordert werden, Ihre persönlichen Daten einzugeben (alle mit * gekennzeichneten Felder sind Pflichtfelder und müssen ausgefüllt werden!).

Dabei ist zu beachten, dass in den Eingabefeldern „Zuname“ und „Vorname“ weder Titel (z. B. Mag.) noch Zusätze (z. B. sen.) eingegeben werden dürfen, da ansonsten eine Online-Anmeldung verhindert wird. Die Sozialversicherung ist in der Form „9999-TTMMJJ“ einzugeben. Beim Eingabefeld „Postleitzahl“ ist nur eine Eingabe von Ziffern zulässig. Klickt man auf die Schaltfläche „Ort zu PLZ suchen“, werden sämtliche Orte zur angegebenen Postleitzahl in einem eigenen Fenster im Drop-Down-Menü (Pfeil anklicken) zur Auswahl angezeigt. Mit der Schaltfläche „OK“ wird der ausgewählte Ort in das Eingabefeld „Ort“ übernommen.

Für den Identitätsnachweis stehen in einem weiteren Drop-Down-Menü die Dokumente Führerschein, Reisepass, Personalausweis, Behindertenpass, Mopedausweis, Lehrlingsausweis, Schülerausweis und edu.card zur Auswahl, wobei die dazugehörige Dokumentnummer in das Eingabefeld „Nummer“ einzutragen ist. Die Eingabefelder Telefon, Fax und E-Mail können, müssen aber nicht ausgefüllt werden. Hingegen ist in das Feld „Benutzer-Identifikation“ (für den späteren Einstieg in FinanzOnline) verpflichtend ein beliebiger Begriff in der Länge von acht bis zwölf Stellen, mit mindestens einem Buchstaben und einer Ziffer einzutragen, wobei keine Umlaute und Sonderzeichen verwendet werden dürfen.

Beim Klick auf die Schaltfläche „Weiter“ können folgende Fälle auftreten:

- Die „wichtigsten“ Anmeldedaten werden zur Überprüfung angezeigt. Nach Anklicken der Schaltfläche „Senden“ wird die Anmeldung entgegengenommen und eine Bestätigungsmeldung scheint am Bildschirm auf (am Beginn der Seite, grün umrandet). Die Anmeldedaten stimmen also mit den bei der Finanzverwaltung gespeicherten Daten überein und der Zugang wird frei geschaltet. In der nächsten Zeit werden Ihnen per Rückscheinbrief (RSa) die drei Zugangskennungen (TID, BENID und PIN) übermittelt, womit Sie in FinanzOnline einsteigen können.
- Die „wichtigsten“ Anmeldedaten werden zur Überprüfung angezeigt. Nach Anklicken der Schaltfläche „Senden“ wird die Anmeldung entgegengenommen und eine Fehlermeldung scheint am Bildschirm auf (am Beginn der Seite,

blau umrandet). Die Anmeldedaten stimmen nicht mit den bei der Finanzverwaltung gespeicherten Daten überein und werden zur Bearbeitung an das auf Grund der angegebenen Postleitzahl ermittelte Finanzamt weitergeleitet. Erforderlichenfalls wird mit Ihnen Kontakt aufgenommen. Nach Überprüfung der Anmeldedaten durch einen Sachbearbeiter des Finanzamtes werden die Zugangskennungen (TID, BENID und PIN) entweder mittels Rückscheinbrief (RSa) zugestellt oder bei erforderlicher Vorsprache am Finanzamt vom Sachbearbeiter persönlich übergeben.

- Am Bildschirm wird eine Fehlermeldung angezeigt (am Beginn der Seite, rot umrandet) mit dem Hinweis, dass bereits ein aufrechter FinanzOnline-Zugang besteht. Da nur eine Anmeldung zulässig ist, wird die Anmeldung von der Finanzverwaltung nicht entgegengenommen.

Schriftliche Anmeldung

Für eine schriftliche Anmeldung müssen Sie das entsprechende Anmeldeformular (FON1) herunterladen. Dazu rufen Sie die Seite http://bmf.gv.at auf, wählen in der unteren Menüauswahl „Formulare" und geben im Suchfenster „FON1" ein. Das Formular muss ausgefüllt und an ein Finanzamt geschickt werden. Für die Benutzer-Identifikation gilt dasselbe wie bei der Online Anmeldung. Nach erfolgter schriftlicher Anmeldung tritt wiederum einer der bereits unter „Online Anmeldung" beschriebenen Fälle mit den jeweiligen Folgen ein (die Anmeldedaten stimmen mit jenen der Finanzverwaltung überein, die Anmeldedaten stimmen nicht mit jenen der Finanzverwaltung überein, Sie haben bereits einen aufrechten FinanzOnline-Zugang).

Persönliche Anmeldung

Für eine persönliche Anmeldung müssen Sie das entsprechende Anmeldeformular (FON1) herunterladen. Dazu rufen Sie die Seite http://bmf.gv.at auf, wählen in der unteren Menüauswahl „Formulare" und geben im Suchfenster „FON1" ein. Füllen Sie das Formular aus und sprechen Sie bei einem Finanzamt vor (Sie können sich bei jedem Finanzamt persönlich anmelden, es muss nicht das zuständige Finanzamt sein). Für die Benutzer-Identifikation gilt dasselbe wie bei der Online Anmeldung. Nach Überprüfung der Anmeldedaten von einem Sachbearbeiter des Finanzamtes werden die Zugangskennungen (TID, BENID und PIN) entweder gegen Vorlage eines amtlichen Lichtbildausweises am Finanzamt persönlich übergeben oder per Post mittels Rückscheinbrief (RSa) zugesendet.

Tipp: Die voraussichtliche Steuer kann auch ohne Anmeldung berechnet werden. Auf der Willkommensseite von FinanzOnline (https://finanzonline.bmf.gv.at/) finden Sie den unter Services Link „Anonyme Steuerberechnung", unter welchem Sie das Ergebnis der Arbeitnehmerveranlagung berechnen können.

Die Zugangskennungen werden per Rückscheinbrief (RSa) zugesandt. Dieser Brief muss persönlich entgegengenommen werden. Wird man vom Postboten nicht angetroffen, versucht er es am nächsten Tag noch einmal. Trifft er dann wieder niemanden an, hinterlässt er einen Abholschein. Mit diesem Abholschein kann der Brief innerhalb der auf dem Abholschein angegebenen Frist beim zuständigen Postamt mit einem amtlichen Lichtbildausweis persönlich abgeholt werden.

Der Einstieg in FinanzOnline

Sobald Sie Ihre Zugangsdaten vom Finanzamt erhalten haben, können Sie mittels Eingabe von TID, BENID und PIN ins System einsteigen. Dabei ist zu beachten, dass die TID nicht veränderbar ist, wohingegen die BENID frei gewählt werden kann und die PIN nach dem ersten Einstieg geändert werden muss. Die PIN ist mindestens 8 bis 10 Stellen lang und muss mindestens einen Buchstaben (es wird empfohlen, nur Kleinbuchstaben zu verwenden) und eine Ziffer enthalten. Sonderzeichen und Umlaute dürfen jedoch nicht verwendet werden. Die PIN kann jederzeit unter dem Menüpunkt „Ihre persönlichen Daten/PIN" erneuert werden.

Wurden die Zugangskennungen dreimal hintereinander falsch eingegeben, wird der Zugang zu Ihrer persönlichen Sicherheit vorübergehend gesperrt. Um wieder in FinanzOnline einsteigen zu können, beantragen Sie über das Anklicken von „PIN vergessen" auf der Einstiegsseite https://finanzonline.bmf.gv.at eine neue Start-PIN. Die neuen Zugangskennungen werden Ihnen wiederum per Post mit Rückscheinbrief (RSa) zugesandt.

Hat man TID und BENID vergessen, muss eine Meldung an das Finanzamt gemacht werden, wofür es ein eigenes Antragsformular (FON2) gibt. Das ausgefüllte Formular kann an jedes Finanzamt gesandt (Brief, Fax) oder persönlich abgegeben werden. Daraufhin erhält man eine neue Start-PIN. Mit dieser wird ein neuer Eintritt in das System ermöglicht, bei welchem wieder Benutzerkennung und PIN vom Benutzer eingestellt werden müssen.

Einstieg über ID Austria

Aktivierung der ID Austria

Die ID Austria löst ab Dezember 2023 die Handy-Signatur ab. Sie stellt sicher, dass sich Menschen online ausweisen und digitale Services nutzen können. Sie ist die Weiterentwicklung der Handy-Signatur und Bürgerkarte. Die ID Austria kann über die bestehende Bürgerkarte, FinanzOnline, persönlich in einem Finanzamt oder über die Post aktiviert werden.
Am unkompliziertesten ist es jedoch über die App „Digitales Amt", in der Sie einfach durch den Prozess geleitet werden.

Sie finden die App im App Store oder im Play Store. Die Nutzung ist vollkommen kostenlos.

1. Öffnen Sie „Digitales Amt" und klicken Sie auf das Symbol „Anmelden".
2. Wählen Sie nun die Anmeldeart „Anmelden mit ID Austria / Handy-Signatur".
3. Nun brauchen Sie aus Sicherheitsgründen ein zweites Gerät (z.B. Laptop): Gehen Sie mit diesem auf die Webseite oesterreich.gv.at/digitalesamt.
4. Klicken Sie dort auf „Jetzt starten" und melden Sie sich durch Klicken auf „Identifizieren" an.
5. Sie erhalten kurz darauf eine TAN per SMS auf Ihr Smartphone. Geben Sie diese auf Ihrem Zweitgerät ein und wählen Sie „Signieren".
6. Nun folgen Sie den Anleitungen in der App „Digitales Amt" auf Ihrem Smartphone, welche Sie durch den weiteren Prozess begleiten.

Der Anmeldeprozess muss nur ein Mal durchgeführt werden. Danach erfolgt die Anmeldung mithilfe der Fingerabdruck-/Gesichtserkennung.

Einstieg in FinanzOnline

1. Rufen Sie die FinanzOnline-Seite auf.
2. Klicken Sie auf die Schaltfläche „Mit ID Austria anmelden"
3. Geben Sie Ihre Telefonnummer und Ihr Signatur-Passwort (das Sie bei der Aktivierung erstellt erstellt haben) ein.
4. Danach wird Ihnen auf der Handy-App eine Signaturanfrage angezeigt oder per SMS ein zugehöriger TAN zugeschickt. Diesen TAN geben Sie im Computer ein. Nun sind Sie in FinanzOnline angemeldet.

Abgabe der Arbeitnehmerveranlagung

Nach erfolgreichem Login gelangen Sie auf die Hauptseite. Mittels „Ihre letzten Steuererklärungen/Steuerjahr" oder „Weitere Services/Erklärungen" gelangen Sie zur „Auswahl der Erklärung", wo Sie das entsprechende Jahr eingeben müssen. Durch das Anklicken der Schaltfläche „weiter" gelangen Sie zur Übersichtsseite. Der erste Link führt Sie zu Ihren persönlichen Daten, die auf der Hauptseite unter „Ihre persönlichen Daten/Grunddaten" geändert werden können. In der Funktion „Ihre persönlichen Daten/Zustelloptionen" kann auch der elektronischen Bescheidzustellung zugestimmt werden. Wenn die Erklärung zur Arbeitnehmerveranlagung elektronisch eingebracht und der elektronischen Bescheidzustellung zugestimmt wurde, wird der Arbeitnehmerveranlagungsbescheid elektronisch in Ihre „DataBox" – das ist Ihr „Briefkasten", in dem Sie Mitteilungen, Bescheide und Berechnungsblätter in elektronischer Form finden – zugestellt. Ein Guthaben aus der Arbeitnehmerveranlagung wird auf das angeführte Konto überwiesen. Wird kein Konto angezeigt, erfolgt die Auszahlung per Post.

Unter „Allgemeine Daten" geben Sie unter anderem Daten zum Veranlagungsjahr, Alleinverdiener-, Alleinerzieherabsetzbetrag, Mehrkindzuschlag und Freibetragsbescheid ein. Auch die weiteren Daten (Sonderausgaben, Werbungskosten, außergewöhnliche Belastungen) sind im Online Formular einzugeben und können für eine weitere Bearbeitung gespeichert werden. Durch die Übermittlung der Lohnzettel durch den Arbeitgeber an das Finanzamt wird Ihr Einkommen automatisch berechnet, Sie brauchen es also nicht einzufüllen.

Unter „Vorberechnung" kann das voraussichtliche Ergebnis auf Basis der eingegebenen Daten vorberechnet werden. Im „Datenkorb" werden die in den einzelnen Eingabebereichen eingegebenen Daten (Sonderausgaben etc.) angezeigt, die vor dem Abschicken der Erklärung noch einmal kontrolliert und sodann bestätigt werden sollten. Mit Klick auf die Schaltfläche „Erklärung senden" wird die Erklärung an die Finanzverwaltung gesendet. Ab diesem Zeitpunkt ist eine elektronische Änderung der Daten nicht mehr möglich. Hat man der elektronischen Zustellung zugestimmt, findet man den Bescheid binnen weniger Tage in seiner DataBox vor.

Tipp: Die Übermittlung der Steuererklärung hat nicht zwingend auf elektronischem Wege zu erfolgen, da dies für viele Bürger mangels technischer Voraussetzungen unzumutbar ist. In diesem Falle ist vom amtlichen Vordruck Gebrauch zu machen. Haben Sie die Steuererklärung jedoch einmal über

FinanzOnline abgegeben, wird angenommen, dass die technischen Voraussetzungen dafür vorliegen, und Sie müssen Ihre Steuererklärung auch künftig via FinanzOnline abgeben.

Da die Vorgehensweise bei der Abgabe der Einkommensteuererklärung jener der Arbeitnehmerveranlagung sehr ähnlich ist, wird diese nicht gesondert beschrieben.

Belege, die der Arbeitnehmerveranlagung zu Grunde liegen, müssen nur noch nach Aufforderung dem Finanzamt vorgelegt werden und sind nicht mehr automatisch im Zuge der Einreichung der Arbeitnehmerveranlagung zu übermitteln. Diese Belege müssen jedoch mindestens sieben Jahre aufgehoben werden, um einer etwaigen Aufforderung zur Vorlage nachkommen zu können.

Auch Unternehmer können sich für FinanzOnline für das Unternehmensserviceportal (USP) anmelden. Unternehmer müssen hierfür ebenfalls das Formular FON 1 unter www.bmf.gv.at, Rubrik „Formulare" ausfüllen. Ihnen bietet sich allerdings nur die Möglichkeit, sich persönlich beim Finanzamt anzumelden, wobei sich sowohl Einzelunternehmer als auch gesellschaftsrechtliche Vertreter, bei Vorliegen einer beglaubigten Spezialvollmacht durch einen Bevollmächtigen vertreten lassen können. Für die Anmeldung beim Finanzamt werden folgende Unterlagen benötigt:

- Anmeldeformular FON 1
- Nachweis der gesellschaftsrechtlichen Vertretungsbefugnis
- Amtlicher Lichtbildausweis

Die Zugangskennungen werden in weiterer Folge entweder sofort vom Finanzamt ausgehändigt oder mit persönlichem Rückscheinbrief (RSa) zugestellt. Nach dem Ersteinstieg ist die PIN zu ändern und auch die BENID kann ausgetauscht werden. Hierfür gelten dieselben Voraussetzungen wie bei privaten Benutzern.

Unternehmer können auch ihren Mitarbeitern Zugang zu FinanzOnline geben und hierbei selbst entscheiden, mit welchen Berechtigungen die jeweiligen Benutzer ausgestattet werden sollen. Hierbei soll erreicht werden, dass nicht jeder Benutzer Zugriff auf alle Funktionen des Systems hat, sondern nur auf jene, die sie für ihre Arbeit benötigen. Ferner können Supervisoren bestimmt werden, welche über sämtliche Funktionen verfügen und auch weitere Benutzer oder weitere Supervisoren anlegen, die Benutzerrechte der Benutzer ändern, Benutzer löschen, durch mehrfach fehlerhaftes Einloggen aufgetretene Sperren der Benutzer oder anderer Supervisoren aufheben und selbstverständlich alle Funktionen des FinanzOnline nutzen können (Abfragen, Anmeldungen, Datenänderung). Wird der Supervisor gesperrt und sind keine weiteren Supervisoren angelegt, so muss eine neue BENID und eine neue PIN persönlich beim Finanzamt mit dem Formular FON 2 beantragt werden.

Weiters kann über den FinanzOnline-Zutritt der Unternehmer die Gültigkeit von UID-Nummern abgefragt werden. Allerdings steht diese Funktion nur für die Abfrage ausländischer UID-Nummern zur Verfügung.

Umsatzsteuervoranmeldungen und Steuererklärungen über FinanzOnline

Seit der Erweiterung des FinanzOnline Angebots im April 2004 müssen Unternehmer ihre Umsatzsteuervoranmeldungen, die Zusammenfassenden Meldungen zur Umsatzsteuer sowie Jahreserklärungen zur Umsatz-, Einkommen- und Körperschaftsteuer über FinanzOnline abgeben, außer es ist mangels technischer Voraussetzungen unzumutbar. Die auszufüllenden Felder entsprechen im Grunde jenen auf den jeweiligen Vordrucken und sind nach Bereichen gegliedert (z. B. Lieferungen, sonstige Leistungen, Eigenverbrauch).

Sonstige Funktionen

- Die Grunddaten wie z. B. Adresse, Bankverbindung, E-Mail-Adresse können jederzeit geändert werden. Möglich ist das über die Funktion „Ihre persönlichen Daten".
- Will man nicht, dass der Bescheid per Post zugestellt wird, steht stattdessen der elektronische Briefkasten, die sog. DataBox, zur Verfügung. Voraussetzung dafür ist die Aktivierung der elektronischen Zustellung unter der Funktion „Ihre persönlichen Daten/Zustelloptionen". Von der Zustellung kann man sich benachrichtigen lassen, indem man seine E-Mail-Adresse bekannt gibt. Das Einlangen des Bescheides ist deshalb von Bedeutung, da der Bescheid mit dem Einlangen in der DataBox als zugestellt gilt, das Datum ist also wichtig für den Fristenlauf, eventuelle Nachzahlungen oder Berufungen. Von einer Nachricht in der DataBox erfährt man aber jedenfalls durch eine Benachrichtigung nach dem Einstieg in FinanzOnline, auch wenn eine E-Mail-Adresse nicht angegeben wird.
- Das Steuerkonto kann abgefragt werden, indem man unter dem Menüpunkt „Weitere Services" auf „Steuerkonto" klickt. Dort muss die Finanzamts- und Steuernummer angegeben werden. Eingesehen werden können z. B. Buchungen, Rückzahlungen oder Zahlungspläne.
- Wird zusätzlich zur Finanzamts- und Steuernummer das entsprechende Jahr eingegeben, können im Steuerakt der aktuelle Stand der Arbeitnehmerveranlagung und die Lohnzettel abgefragt werden. Auch kann man in den Steuerbescheid Einsicht nehmen.
- Die DataBox kann über die Menüleiste unter „Nachrichten" aufgerufen werden. Nach dem Einstieg in FinanzOnline wird man über ungelesene Nachrichten informiert.
- Über die Funktion „Weitere Services/Änderungen/Bescheidänderung" kann man die Änderung des Bescheides z. B. durch Berufung beantragen.
- Weitere Informationen zu FinanzOnline findet man:
  - unter dem Punkt „Über FinanzOnline"
  - direkt in FinanzOnline findet man detaillierte Hilfestellungen zum Verfahren
  - für technische Unterstützung steht Ihnen auf der Webseite von FinanzOnline „Fred", der Chatbot der Finanzverwaltung, zur Verfügung, telefonisch unter 050 233 790 von Montag bis Freitag von 8 bis 17 Uhr
  - auf www.bmf.gv.at/Steuern findet man unter der Rubrik „Für Arbeitnehmer/innen & Pensionist/innen" Informationen über die Arbeitnehmerveranlagung

3 Verfahrensrecht

Wenn der Bescheid des Finanzamtes von der abgegebenen Steuererklärung zum Nachteil des Steuerpflichtigen abweicht – das leider seltene Gegenteil braucht hier nicht behandelt zu werden – kann der Bescheid, ehe er rechtskräftig wird, (Rechtsmittelfristen immer beachten!) bekämpft werden. Die dafür maßgeblichen Regelungen, die schon aus formalrechtlichen Gründen unbedingt einzuhalten sind, sind in der Bundesabgabenordnung (BAO) zu finden. Die BAO regelt Verfahren in Angelegenheiten der öffentlichen Abgaben des Bundes, der Länder und der Gemeinden und somit auch den Rechtsverkehr zwischen der Finanzverwaltung und dem Steuerpflichtigen.

Die Zuständigen Abgabenbehörden im Zusammenhang mit Ihrer Steuererklärung sind das Bundesministerium für Finanzen, die Finanzämter (Finanzamt Österreich oder das Finanzamt für Großbetriebe), die Finanzstrafbehörde und andere Prüfstellen.

i **Tipp:** Anbringen oder Beschwerden an die Abgabebehörde sollten Sie immer schriftlich einbringen.

Bei Aktivitäten im Ausland müssen Sie mit Ihrer erhöhten Mitwirkungspflicht als Steuerpflichtiger rechnen – daher gilt: besonders gründlich Belege sammeln und, wenn notwendig, zusätzlich dokumentieren.

3.1 Rechtsmittel

Eine Veranlagung des Steuerpflichtigen endet immer mit einem Einkommensteuerbescheid. Darin stellt das Finanzamt die Einkünfte des Steuerpflichtigen und die zu zahlende Einkommensteuer fest. In diesem Bescheid steht, wie das Finanzamt die Steuererklärung verarbeitet und die Steuer berechnet hat. Es ergibt sich daraus entweder eine Nachzahlung oder ein Guthaben.

Es kommt auch vor, dass der Bescheid des Finanzamts nicht mit der vom Steuerpflichtigen abgegebenen Steuererklärung übereinstimmt. Ist der Steuerpflichtige mit dem Inhalt des abweichenden Bescheids nicht einverstanden, muss er diesen nicht vorbehaltlos hinnehmen, sondern kann dagegen das Rechtsmittel der Beschwerde erheben.

Frist und Inhalt

Ist der Steuerpflichtige mit dem Inhalt des Finanzamtsbescheides nicht einverstanden, muss er diesen nicht hinnehmen, sondern kann dagegen Bescheidbeschwerde beim Bundesfinanzgericht erheben (§ 243 BAO). Diese muss innerhalb **eines Monats** ab Zustellung des angefochtenen Bescheides bei der Behörde, die den Bescheid erlassen hat, schriftlich eingebracht werden, sie kann jedoch auch innerhalb dieser Frist direkt beim Bundesfinanzgericht eingebracht werden (§ 249 BAO). Eine Verlängerung dieser Frist ist auf Antrag aus berücksichtigungswürdigen Gründen möglich (§ 245 BAO).

Dazu ein Beispiel:

Das Finanzamt stellt den Einkommensteuerbescheid von Ihnen fest. Dieser Bescheid ist Ihrer Meinung nach falsch berechnet worden, weil nicht alle Begünstigungen berücksichtigt wurden. Sie können nun Beschwerde beim Finanzamt, welches den Bescheid erlassen hat oder beim Gericht erheben.

Die Monatsfrist beginnt grundsätzlich ab der Zustellung, also mit der Übergabe an den Bescheidadressaten bzw. mit der Hinterlegung bei der Poststelle und nicht ab dem Ausstellungsdatum des Bescheides zu laufen. Der erste Tag der Abholfrist bei der Post gilt dann als Zustelldatum.

Die Bescheidbeschwerde hat zu enthalten:

- Die Bezeichnung des Bescheides, gegen den sich die Beschwerde richtet,
- die Erklärung, in welchen Punkten der Bescheid angefochten wird,
- eine Erklärung, welche Änderungen beantragt werden und
- eine Begründung.

Das Finanzamt, welches den angefochtenen Bescheid erlassen hat, prüft die Beschwerde auf ihre Zulässigkeit. Ist die Beschwerde nicht zulässig (z. B. jemand beruft gegen die Aufforderung des Finanzamts, eine Steuererklärung abzugeben) oder wurde die Beschwerde zu spät eingebracht, dann erfolgt eine Zurückweisung der Beschwerde. Im Falle einer mangelhaften Beschwerde (z. B. es fehlt die Begründung) hat das Finanzamt dem Steuerpflichtigen eine angemessene Frist zur Mängelbehebung (schriftlich, **nicht** per E-Mail!) zu setzen. Nach ergebnislosem Ablauf der Frist gilt die Beschwerde als zurückgenommen.

Aussetzungsantrag

Achtung: Die Beschwerde hebt weder die Zahlungsfrist auf, noch verlängert sie diese. Eine im Bescheid fällige Steuerschuld bleibt aufrecht und ist zu bezahlen! Es gibt allerdings die Möglichkeit, eine Aussetzung der Einhebung zu beantragen.

Durch die Einbringung der Bescheidbeschwerde wird jedoch **nicht** die Wirksamkeit des angefochtenen Bescheides gehemmt, insbesondere werden die Einhebung und die zwangsweise Einbringung einer Abgabe nicht aufgehalten (§ 254 BAO). Der **Fälligkeitstermin** der Zahlung, welcher aus dem Bescheid ersichtlich ist, kann jedoch mit einem Antrag auf Aussetzung der Einhebung der Beschwerde hinausgeschoben werden, welcher allerdings gesondert gestellt werden müsste (§ 212a BAO).

Tipp: Ein Aussetzungsantrag ist dann sinnvoll, wenn ein positiver Ausgang der Beschwerde zu erwarten ist bzw. wenn die Bankzinsen, die für die Nachzahlung anfallen, höher sind als die Aussetzungszinsen. Wir empfehlen daher, diesbezüglich im Vorfeld den zuständigen Referenten des Finanzamts zu kontaktieren!

Beschwerdevorentscheidung und Vorlageantrag

Wird die Beschwerde vom Finanzamt als zulässig erachtet, so hat die Behörde eine Beschwerdevorentscheidung binnen sechs Monaten zu erlassen (unter anderem falls darauf in der Beschwerde nicht verzichtet oder die Beschwerde binnen drei Monaten dem Bundesfinanzgericht vorgelegt wird). Fällt diese nicht im Sinne des Beschwerdeführers aus, kann innerhalb eines Monats ab Bekanntgabe dieser Beschwerdevorentscheidung ein Vorlageantrag an das Bundesfinanzgericht (BFG) gestellt werden. Damit geht die Entscheidungskompetenz auf das BFG über. Zur Erbringungen eines Vorlageantrags sind der Beschwerdeführer und jeder befugt, dem gegenüber die Beschwerdeführung wirkt.

Revision

Wird im Beschwerdeverfahren neu entschieden, und ist man immer noch nicht mit der Entscheidung einverstanden, weil man der Meinung ist, dass die Rechtslage nicht richtig beurteilt wurde, kann man eine Revision erheben.

Gegen Erkenntnisse des BFG kann innerhalb eines Monats nur noch das außerordentliche Rechtsmittel der Revision beim VwGH erhoben werden. Die Zulässigkeit dieses Rechtsmittels ist auf Rechtsfragen von grundsätzlicher Bedeutung beschränkt.

Hierbei ist zu unterscheiden:

- Hat das Verwaltungsgericht in der angefochtenen Entscheidung ausgesprochen, dass die Revision aufgrund des Vorliegens einer Rechtsfrage von grundsätzlicher Bedeutung zulässig ist, kann eine ordentliche Revision erhoben werden.
- Hat das Verwaltungsgericht in der angefochtenen Entscheidung ausgesprochen, dass die Revision nicht zulässig ist, besteht die Möglichkeit eine außerordentliche Revision zu erheben. Bei der außerordentlichen Revision muss

jedoch dargestellt werden, warum die Revision von der Lösung einer Rechtsfrage von grundsätzlicher Bedeutung abhängt.

Absolut unzulässig ist eine Revision gegen ein verwaltungsrechtliches Erkenntnis in einer Verwaltungssache dann, wenn höchstens eine Geldstrafe von tatsächlich € 400,– verhängt wurde, sofern in der betreffenden Sache keine Freiheitsstrafe und höchstens eine Geldstrafe bis zu € 750,– verhängt werden durfte.

Säumnisbeschwerde

Wird von der Behörde für eine längere Zeit (6 Monate) keine Entscheidung getroffen, und verletzt die Abgabenbehörde damit ihre Entscheidungspflicht, dann kann der Steuerpflichtige eine Säumnisbeschwerde beim Bundesfinanzgericht erheben. Grundsätzlich hat die Behörde innerhalb von 6 Monaten nach Einlangen des Anbringens eine Entscheidung zu treffen. Entscheidet die Behörde auch nach Einbringen der Säumnisbeschwerde nicht, kann ein Antrag auf Fristsetzung beim Verwaltungsgericht gestellt werden.

3.2 Wiederaufnahme des Verfahrens

Auch ein bereits rechtskräftig abgeschlossenes Verfahren kann entweder auf Antrag einer Partei oder auch von Amts wegen wieder aufgenommen werden, wenn z.B. neue Tatsachen oder Beweismittel hervorgekommen sind oder Vorfragen nachträglich von Behörden oder Gerichten anders entschieden worden sind (§ 305 BAO). Keine rückwirkenden Ereignisse sind Änderungen der Rechtsprechung, rückwirkende Änderungen steuerrechtlicher Vorschriften oder rückwirkend in Kraft gesetzte Doppelbesteuerungsabkommen.

Ein Beispiel zur geänderten Vorfragenentscheidung:

Sie haben in ihrer Steuererklärung eine Behinderung als außergewöhnliche Belastung beantragt, und diese wurde nicht im Steuerbescheid anerkannt. Wird jedoch in einem anderen Verfahren über die selbe Behinderung als außergewöhnliche Belastung entschieden und ihnen diese bestätigt, dann hat sich die Vorfrage geändert. Das Verfahren kann wiederaufgenommen und der Steuerbescheid noch einmal geprüft werden.

3.3 Wiedereinsetzung in den vorigen Stand

Bei Versäumung einer Frist auf Grund eines unvorhergesehenen oder unabwendbaren Ereignisses kann man das Rechtsmittel der **Wiedereinsetzung in den vorigen Stand** geltend machen, wobei die versäumte Handlung (z.B. die Einbringung einer Bescheidbeschwerde) gleichzeitig nachzuholen ist. Der Antrag muss binnen einer dreimonatigen Frist nach Wegfall des Hindernisses bei der Behörde (Abgabenbehörde oder Verwaltungsgericht), bei der die Frist wahrzunehmen war, eingebracht werden. Nach Ablauf von fünf Jahren, gerechnet vom Ende der versäumten Frist, ist der Antrag auf Wiedereinsetzung nicht mehr möglich.

3.4 Fälligkeit und Zahlungserleichterungen

Die Einkommensteuer ist spätestens bis zum Fälligkeitstermin, welcher aus dem Einkommensteuerbescheid hervorgeht, zu entrichten. Ist im Bescheid allerdings kein Fälligkeitstag angegeben, so wird die Steuer **einen Monat nach Bekanntgabe** des Bescheides fällig.

Es ist ganz wichtig, die Steuerschuld innerhalb der Frist zu bezahlen, weil eine verspätete oder nicht bezahlte Steuerschuld bestraft wird. Auf den Abgabebetrag wird ein Säumniszuschlag in Höhe von 2 % draufgeschlagen **(1. Säumniszuschlag)**. Ist die Abgabe drei Monate nach Fälligkeit immer noch nicht entrichtet, fällt der **2. Säumniszuschlag** in Höhe von 1 % an. Der **3. Säumniszuschlag** im Ausmaß von 1 % des Abgabenbetrages fällt an, wenn der Betrag drei Monate nach Vorschreibung des zweiten Säumniszuschlags immer noch ausständig ist.

Unter folgenden Umständen können Säumniszuschläge aber auch herabgesetzt bzw. gar nicht angesetzt werden:

- Wenn die Säumnis nicht mehr als fünf Tage beträgt und innerhalb der letzten sechs Monate vor dem Eintritt der Säumnis alle Abgabenschulden zeitgerecht entrichtet wurden, so hat der Steuerpflichtige keinen Säumniszuschlag zu entrichten.
- Weiters wird auf jene Säumniszuschläge verzichtet, die den Betrag von € 50,00 nicht erreichen.
- So können auf Antrag die Säumniszuschläge dann nicht oder vermindert festgesetzt werden, wenn dem Steuerpflichtigen **kein grobes Verschulden** an der Säumigkeit vorzuwerfen ist (z. B. Abgabenentrichtung unmöglich oder unzumutbar, leichte Fahrlässigkeit).
- Auf Antrag können die Säumniszuschläge außerdem herabgesetzt werden, wenn die **ursprüngliche Abgabenschuld nachträglich herabgesetzt** wird oder aus besonderem Grund die **Zahlungsfrist rückwirkend verlängert** wird (z. B. bei Wiederaufnahmen des Verfahrens, Bescheidaufhebungen, Wiedereinsetzungen in den vorigen Stand, Berichtigungen von Amts wegen).

Auf **Ansuchen** des Steuerpflichtigen um **Zahlungserleichterung** kann das Finanzamt die Steuerschuld auch stunden oder eine Ratenzahlung bewilligen, wenn die sofortige volle Entrichtung der Steuerschuld mit erheblichen Härten verbunden wäre und die Einbringlichkeit durch den Aufschub nicht gefährdet wird. Typische Gründe sind z. B. vorübergehende Liquiditätsengpässe, Unterhaltsverpflichtungen oder Krankheitsfolgen. Das Ansuchen um Zahlungserleichterung ist spätestens am Fälligkeitstag einzubringen. Beträgt der gestundete Betrag mehr als € 750, werden Stundungszinsen in Höhe von 4,5 % über dem jeweils geltenden Basiszinssatz verrechnet. Stundungszinsen unter € 50,– werden dabei nicht festgesetzt (§ 212 BAO).

3.5 Verjährung

Im Abgabenverfahren ist zwischen der Bemessungs- bzw. Festsetzungsverjährung, der Einhebungsverjährung und der absoluten Verjährung (als Teil der Festsetzungsverjährung) zu unterscheiden.

Bemessungsverjährung bzw. Festsetzungsverjährung

Die Bemessungsverjährung befristet das Recht, die Abgabe bescheidmäßig festzusetzen. Sie beginnt mit Ablauf des Jahres, in dem der Abgabenanspruch entstanden ist und beträgt grundsätzlich fünf Jahre. Die Frist ist aber nicht für alle Abgaben einheitlich festgesetzt.

Für einige Abgaben gibt es spezielle Fristen, sie betragen für

- Verbrauchsteuern (Umsatzsteuer, Tabaksteuer) drei Jahre
- hinterzogene Abgaben zehn Jahre; ob eine Hinterziehung von Abgaben vorliegt, muss durch die Finanzstrafbehörde oder durch Gerichte entschieden werden. Erst danach kann entschieden werden, ob die betroffenen Abgaben noch festgesetzt werden dürfen.
- feste Stempelgebühren lt. Gebührengesetz drei Jahre
- Zwangsstrafen, Ordnungsstrafen und Mutwillensstrafen ein Jahr
- die Anforderung von Kostenersätzen ein Jahr

Dieser Verjährung unterliegen sowohl Abgaben aufgrund eines Veranlagungsverfahrens als auch Selbstbemessungsabgaben (wie z.B. Verbrauchsteuern), für den Fall, dass eine bescheidmäßige Festsetzung erforderlich ist.

Werden innerhalb der Verjährungsfrist nach außen erkennbare Amtshandlungen zur Geltendmachung des Abgabenanspruches oder zur Feststellung des Abgabepflichtigen von der Abgabenbehörde unternommen, wie zum Beispiel die Zusendung eines Steuererklärungsformulars oder die Zusendung eines Vorhaltes, so verlängert sich die Verjährungsfrist um ein Jahr. Die Verjährungsfrist verlängert sich jeweils um ein weiteres Jahr, wenn solche Amtshandlungen in einem Jahr unternommen werden, bis zu dessen Ablauf die Verjährungsfrist verlängert ist. Alle diese Verjährungsfristen gelten auch für bereits laufende Verfahren. Nach Ablauf von zehn Jahren tritt allerdings in allen Fällen Verjährung ein (absolute Verjährung).

Einhebungsverjährung

Die Einhebungsverjährung befristet das Recht der Finanzbehörden, eine Abgabe, die bereits festgesetzt, aber noch nicht entrichtet worden ist, einzuheben und zwangsweise einzubringen. Sie beginnt mit Ablauf des Jahres, in dem die Abgabe fällig geworden ist, und beträgt fünf Jahre. Bei einer Selbstbemessungsabgabe genügt schon der Nachweis, dass der gesetzliche Fälligkeitstermin eingetreten ist und die Abgaben noch nicht entrichtet wurden. Das Recht zur Einhebung darf jedoch keinesfalls früher als das Recht zur Festsetzung verjähren.

Der Fristenlauf kann bei der Einhebungsverjährung unterbrochen oder gehemmt werden.

Unterbrechung bedeutet, dass mit Ablauf des Jahres, in welchem die Unterbrechungsmaßnahme gesetzt wurde, die Frist von neuem zu laufen beginnt. Unterbrechungsmaßnahme ist jede nach außen erkennbare Amtshandlung zur Geltendmachung des Abgabenanspruchs (z.B. Betriebsprüfung, Vorhalte, Zeugeneinvernahmen, Zusendung von Steuererklärungsformularen). Die Handlungen unterbrechen die Verjährung auch dann, wenn sie nicht zur Durchsetzung geeignet sind. Unterbrechungswirkung haben auch vorläufige Bescheide gemäß § 200 BAO. Unterbrechungsmaßnahmen für die Einhebungsverjährung können Mahnungen, die Bewilligung von Zahlungserleichterungen oder Maßnahmen auf Grundlage der Abgabenexekutionsordnung sein.

Hemmung bedeutet, dass der Fristenlauf angehalten wird. Nach Wegfall des Hemmungsgrundes läuft die zuvor noch offengebliebene Verjährungsfrist weiter. Bei einer Verhinderung der Finanzbehörden durch höhere Gewalt innerhalb der letzten sechs Monate der Verjährungsfrist ist die Festsetzungs- und Einhebungsverjährung gehemmt, bei Aussetzung der Abgabe gemäß § 212a BAO die Einhebungsverjährung. Das bedeutet, dass die Verjährungsfrist erst wieder nach Wegfall des Hindernisses weiterläuft. Die Einhebungsverjährung ist außerdem im Fall der Aussetzung der Einhebung gehemmt.

Absolute Verjährung

Das Recht, die Abgabe bescheidmäßig festzusetzen, unterliegt einer absoluten Verjährungsfrist von 10 Jahren ab Entstehen des Abgabenanspruchs. Das ist dann von Bedeutung, wenn die Verjährungsfrist mehrmals unterbrochen worden ist. Dies gilt allerdings nur für die Festsetzung in erster Instanz, eine Abgabenfestsetzung in einer Berufungsentscheidung kann trotzdem erfolgen. Voraussetzung ist nur, dass die Berufung noch vor Ablauf der Frist oder ein Antrag auf Wiederaufnahme des Verfahrens rechtzeitig eingebracht worden ist. Aufgrund des Betrugsbekämpfungsgesetzes 2010 wurde die absolute Verjährungsfrist für den Fall, dass Bescheide vorläufig erlassen wurden, auf 15 Jahre verlängert.

Verjährung der Strafbarkeit bei Finanzvergehen

Die Strafbarkeit eines Finanzvergehens verjährt nach:

- 5 Jahren allgemein,
- 3 Jahren oder nach 1 Jahr für Finanzordnungswidrigkeiten.

Beginn der Verjährung ist grundsätzlich jener Zeitpunkt, sobald die strafbare Handlung abgeschlossen ist oder das strafbare Verhalten beendet ist bzw mit Eintritt des Erfolgs.

3.6 Rückzahlung von Abgabenguthaben

Wird im Einkommensteuerbescheid ein Guthaben festgestellt, so kann man per Rückzahlungsantrag fordern, dass das Guthaben rücküberwiesen wird. Ein Guthaben entsteht dann, wenn die bereits während des Jahres vom Arbeitgeber einbehaltene Lohnsteuer, beziehungsweise der durch Einkommensteuervorauszahlung ausgewiesene Betrag höher ist, als die im Bescheid festgesetzte Steuerschuld.

Werden aber innerhalb von drei Monaten ab Einbringung des Antrages Abgaben fällig, so sind diese erst mit dem bestehenden Guthaben auszugleichen. Nur der übersteigende Teil des Guthabens gelangt zur Auszahlung.

Den Rückzahlungsantrag können Sie formlos schriftlich oder in FinanzOnline unter der Rubrik „Weitere Services/Rückzahlung" einbringen.

3.7 Maßnahmen zur Betrugsbekämpfung

Im Zuge der Steuerreform 2015/16 und des Bankenpakets wurden durch Änderungen des Finanzstrafgesetzes, der Abgabenordnung und des Einkommensteuergesetzes Regelungen geschaffen, die der Betrugsbekämpfung dienen sollen. Seit 1.1.2016 sind nicht nur Buchführungspflichtige bzw. freiwillige Buchführende, sondern auch Einnahmen-Ausgaben-Rechner dazu verpflichtet, tägliche Barumsätze mit Hilfe einer Registrierkasse festzuhalten. Von dieser Regelung gibt es jedoch einige Ausnahmen und Erleichterungen, auf welche im Kapitel 3.7.1.1 näher eingegangen wird. Zudem ist das Bankenpaket durch die Lockerung des Bankgeheimnisses, die Einführung eines Kontenregisters, die Meldepflicht für Kapitalabflüsse und den automatischen Informationsaustausch ein zentraler Bestandteil der Betrugsbekämpfungsmaßnahmen.

Registrierkassenpflicht

Einführung der Registrierkassenpflicht

Seit 2016 sind alle Betriebe, die einen Nettojahresumsatz in Höhe von € 15.000,– (je Betrieb) und Barumsätze von über € 7.500,– pro Jahr erzielen, verpflichtet, Registrierkassen (= elektronische Aufzeichnungssysteme) zur Erfassung der einzelnen Bareinnahmen zu verwenden. Von der Registrierkassenpflicht sind nur betriebliche Einkünfte betroffen – Einkünfte aus Vermietung und Verpachtung (= außerbetriebliche Einkünfte) unterliegen somit nicht der Registrierkassenpflicht, sondern lediglich der Einzelaufzeichnungspflicht. Generell kann festgehalten werden, dass die bloße Einzelaufzeichnungspflicht für Barumsätze (d. h. ohne Registrierkasse) auch unter dieser Umsatzgrenze gilt. Bei erstmaliger Überschreitung der Grenzen entsteht die Verpflichtung zur Verwendung einer Registrierkasse mit Beginn des viertfolgenden Monats nach Ablauf des Voranmeldungszeitraums, in dem die Grenzen überschritten wurden. Sofern nicht vorhersehbar ist, dass die Grenzen für die Registrierkassenpflicht in einem Jahr nicht erreicht werden (bspw. durch Betriebsumstellung oder Betriebsaufgabe), bleibt eine einmal bestehende Registrierkassenpflicht auch für die Folgejahre bestehen.

Als Barumsätze gelten Bargeld-, Bankomat- und Kreditkartenzahlungen, die Bezahlungen mit Gutscheinen und andere vergleichbare Zahlungsformen (Zahlung mittels Mobiltelefon, PayLife Quick usw.). Überweisungen bzw. E-Banking oder Zahlungen mit Erlagschein gelten hingegen nicht als Barumsätze.

Kassenbelege

Jede Unternehmerin/jeder Unternehmer muss bei Barzahlung einen Kassenbeleg erstellen. Für die Kassenbelege, die bei Barzahlung ausgestellt und ausgehändigt werden, muss ein bestimmter Mindestinhalt enthalten sein: Bezeichnung des Unternehmens, fortlaufende Nummer, Datum und Uhrzeit der Belegausstellung, Menge und Bezeichnung der gelieferten Gegenstände oder Art und Umfang der Dienstleistung, Kassenidentifikationsnummer und der Betrag der Barzahlung getrennt nach Steuersätzen.

Ausnahmen

Ausnahmen bzw. Erleichterungen von der Verpflichtung zur Verwendung einer Registrierkasse sind für gewisse Unternehmer möglich. Durch diese Ausnahmebestimmungen sollen bürokratische Hürden abgebaut werden und in erster Linie das ehrenamtliche Engagement und die heimische Wirtschaft gestärkt werden. Darunter fallen folgende Umsätze:

- „Kalte Hände Regel" für Umsätze, die von Haus zu Haus oder auf öffentlichen Wegen, Straßen, Plätzen oder anderen öffentlichen Orten erbracht werden und einen Jahresumsatz von € 30.000,– nicht überschreiten (z. B. Christbaumverkäufer, Maronibrater, Eisverkäufer etc.).
- Die steuerlichen Begünstigungen für gemeinnützige Vereine und Körperschaften öffentlichen Rechts (KöR) wurden weitgehend vereinheitlicht. D.h. Feste von Vereinen und KöR (z. B. Feuerwehren) unterliegen im Ausmaß von 72 Stunden im Jahr einer steuerlichen Begünstigung – bei derartigen Veranstaltungen besteht also keine Registrierkassenpflicht.
- Bestimmte Automaten wie Tischfußball, Darts, Musik-, Getränke- oder Fahrkartenautomaten
- Für den Kantinenbetrieb von gemeinnützigen Vereinen (z. B. Fußballverein) besteht keine Registrierkassenpflicht, wenn die Kantine an maximal 52 Tagen pro Jahr geöffnet hat und einen Umsatz von maximal € 30.000,– erzielt.
- Auch für Kreditinstitute besteht keine Registrierkassenpflicht, weil diese ohnehin einer strengen staatlichen Aufsicht unterliegen, die eine korrekte Erfassung der Abgabenbemessungsgrundlagen bereits sicherstellt.
- Keine Registrierkassenpflicht besteht auch für Alm-, Berg-, Schi- und Schutzhütten, wenn die Umsätze € 30.000,– nicht überschreiten.
- Auch für politische Parteien gelten dieselben Regelungen wie für gemeinnützige Vereine und KöR, allerdings mit der Einschränkung, dass eine steuerliche Begünstigung nur für ortsübliche Feste zusteht. Eine derartige Ortsüblichkeit wird dann gegeben sein, wenn der Jahresumsatz eine Grenze von € 15.000,– nicht überschreitet und die Überschüsse für gemeinnützige oder parteipolitische Zwecke verwendet werden.
- Zuwendungen von gemeinnützigen Vereinen an ihre Mitglieder sind im Ausmaß von höchstens € 100,– pro Vereinsmitglied (z. B. Einladung durch den Verein im Rahmen einer Weihnachtsfeier) möglich, ohne dass dies steuerschädlich für den Verein ist.
- Bei unentgeltlicher Mitarbeit von vereinsfremden Personen im Rahmen eines kleinen Vereinsfestes soll sichergestellt werden, dass der Verein seine steuerlichen Begünstigungen nicht verliert.

Unternehmer, die mangels Ausnahmeregelung zur Führung einer Registrierkasse verpflichtet sind, aber ihre Leistungen außerhalb ihrer Betriebsstätte erbringen (z. B. Ärzte, Masseure usw.), müssen ihre Umsätze nicht sofort in einer Registrierkasse erfassen. In derartigen Fällen hat der Unternehmer die Umsätze nach Rückkehr in die Betriebsstätte unverzüglich in der Registrierkasse einzeln zu erfassen.

Finanzstrafrechtliche Maßnahmen

Wer vorsätzlich die Verpflichtung zur Einrichtung technischer Sicherheitsvorkehrungen oder die Registrierkassenpflicht an sich verletzt, begeht eine Finanzordnungswidrigkeit, welche mit einer Geldstrafe von bis zu € 5.000,– geahndet wird. Wer vorsätzlich abgaben- oder monopolrechtlich zu führende Bücher, Aufzeichnungen oder Aufzeichnungssysteme, die automationsunterstützt geführt werden, durch Gestaltung oder Einsatz eines Programms, mit dessen Hilfe Daten verändert, gelöscht oder unterdrückt werden können, verfälscht, ohne dadurch den Tatbestand eines anderen Finanzvergehens zu erfüllen, begeht eine Finanzordnungswidrigkeit, welche mit einer Geldstrafe von bis zu € 25.000,– bedroht wird. Im Rahmen der Registrierkassenpflicht kann auch ein Abgabenbetrug begangen werden, bei welchem Freiheitsstrafen von bis zu zehn Jahren drohen und neben einer Freiheitsstrafe auch Geldstrafen von bis zu € 2,5 Millionen festgesetzt werden können.

Achtung: Fehlende Aufzeichnungen können zu einer Schätzung der Umsätze (= Bemessungsgrundlage) durch die Behörden führen. In diesem Fall müsste man wegen den fehlenden Aufzeichnungen womöglich zu viel Steuern zahlen!

Belegerteilungs- und Belegannahmepflicht

Unternehmer haben über empfangene Bezahlungen für im Inland getätigte Lieferungen und sonstige Leistungen Belege zu erteilen (als Beleg gilt auch ein entsprechender elektronischer Beleg). Der Kunde hat den Beleg entgegenzunehmen und zumindest aus den Geschäftsräumlichkeiten mitzunehmen. Verstößt der Unternehmer vorsätzlich gegen die Belegerteilungspflicht, stellt dies eine Finanzordnungswidrigkeit dar und kann mit einer Geldstrafe von bis zu € 5.000,– sanktioniert werden. Die Verletzung der Entgegennahme- und Mitnahmepflicht des Kunden ist hingegen nicht strafbar und wird im Alltag auch oft nicht so umgesetzt.

Manipulationsschutz

Seit 1.4.2017 ist die Registrierkasse zusätzlich mit einer elektronischen Sicherheitseinrichtung auszustatten: Diese soll jeden einzelnen Barumsatz mit einer digitalen Signatur versehen, wodurch der Manipulationsschutz bzw. die Unveränderbarkeit und Nachprüfbarkeit der Aufzeichnungen gewährleistet wird. Zudem hat jede Registrierkasse ein Datenerfassungsprotokoll zu führen, in dem jeder Barumsatz erfasst und abgespeichert werden muss. Das Datenerfassungsprotokoll einer Registrierkasse muss jederzeit auf einen externen Datenträger im Exportformat exportiert werden können.

Verwendung des Webservice zur Registrierkassenanmeldung auf FinanzOnline

Manche Kassensysteme ermöglichen eine selbstständige Anmeldung der Registrierkasse auf FinanzOnline über einen sogenannten Webservice. Dabei wird in FinanzOnline ein „Registrierkassen-Webservice-Benutzer" angelegt. Die dort erzeugten Zugangsdaten werden direkt im Kassensystem hinterlegt. Die Kasse übernimmt dann automatisch alle Anmeldeschritte. Vorausgesetzt ist eine Internetverbindung. Falls Ihr Kassensystemen eine solche Möglichkeit anbietet, sollten Sie diese jedenfalls nutzen.

4 Finanzstrafverfahren

Zu einem Finanzstrafverfahren sollten Sie es nicht kommen lassen. Sollten Sie trotzdem einmal Beschuldigter oder Beteiligter bei einem Finanzstrafverfahren sein, dürfen Sie nicht die Nerven verlieren.

- Wir geben Ihnen hier einen kurzen Überblick über die wichtigsten Finanzvergehen, die Höhen der Strafen und den gewöhnlichen Lauf des Verfahrens.
- Außerdem klären wir Sie über Ihre wichtigsten Rechte und Pflichten auf und erläutern kurz was die auf keinen Fall tun sollten (Don'ts).
- Was eine sogenannte Selbstanzeige ist, was sie bewirkt und wann man sich am besten selbst anzeigen sollte, können Sie ebenfalls hier nachlesen.
- Da Sie ein Finanzstrafverfahren nicht auf die leichte Schulter nehmen sollten, können Sie sich vor der Finanzstrafbehörde oder vor Gericht vertreten lassen. Wie das funktioniert, und wann Sie einen Anspruch auf eine kostenlose Verfahrenshilfe haben, erfahren Sie ebenfalls in diesem Kapitel.

Wir als Steuerberater unterstützen Sie gerne in Ihrem Verfahren!

4.1 Übersicht von Finanzvergehen

Das Finanzstrafgesetz unterscheidet vor allem folgende Finanzvergehen:

- Abgabenbetrug (Steuerhinterziehung)
- Grob fahrlässige Abgabevergehen
- Finanzordnungswidrigkeiten
- Schmuggel
- Abgabenhelerei.

Abgabenhinterziehung

begeht, wer:

- vorsätzlich seine abgaberechtlichen Verpflichtungen verletzt oder
- vorsätzlich seine Abgabe verkürzen will oder sich damit zumindest abfindet (zum Beispiel jener, der die Lohnsteuer oder Beiträge vorsätzlich zu niedrig bemisst)

Ein Unternehmer setzt eine Urlaubsreise (private Ausgabe) als Dienstreise (Betriebsausgabe) ab.

Zolldelikte

- **Schmuggel** begeht jeder, der vorsätzlich Waren vorschriftswidrig in die EU einführt.
  Ein Flugreisender nimmt Waren im Wert von mehr als € 430,– aus einem Nicht-EU-Staat mit und meldet diese nicht beim Zoll an.
- **Hinterziehung von Eingangsabgaben** begeht jemand, der bei der Zollanmeldung falsche Auskünfte gibt.
  Bei einer Paketsendung wird, um Geld zu sparen, ein Warenwert von € 160,–angegeben, obwohl die Ware einen Wert von € 300,– hat.
- **Bargeldverkehr:** wenn jemand Barmittel im Wert von € 10.000,– vorsätzlich oder grob fahrlässig nicht anmeldet oder falsche oder unvollständige Angaben macht.

Besonders schwere Delikte im Finanz- und Zollbereich

- **Bandenmäßige Tatbegehen** liegt vor, wenn mindestens drei Personen einen Schmuggel, Abgabenhinterziehung oder eine Hinterziehung von Eingangs- oder Ausgangsabgaben begehen.
- **Abgabenbetrug** liegt vor, wenn eine Abgabenhinterziehung, Schmuggel oder Abgabenhehlerei und zusätzlich ein Urkundendelikt wie z. B. die Verwendung falscher Urkunden begangen wird. Auch Scheingeschäfte, -handlungen oder unrechte Vorsteuerabzüge fallen darunter.

Finanzordnungswidrigkeiten

Werden Umsatzsteuervorauszahlungen oder andere Selbstbemessungsabgaben vorsätzlich nicht bezahlt, dann liegt eine Finanzordnungswidrigkeit vor.

4.2 Strafen

Finanzvergehen sehen sowohl Geld- als auch Freiheitsstrafen vor. Dabei bestimmt sich die Höhe der Strafe nach der Art des Delikts. Im Folgenden werden ausgewählte Delikte näher erläutert.

Abgabenhinterziehung, Schmuggel, Abgabenbetrug

Abgabenhinterziehung wird mit einer Geldstrafe von bis zum Doppelten des hinterzogenen Steuerbetrags geahndet. Bei Waren, auf welche ein Abgabenbetrag entfällt, ist das Doppelte dieses Betrags maßgeblich. Bei der Abgabenhinterziehung ist neben einer Geldstrafe eine Freiheitsstrafe von bis zu vier Jahren möglich.

Das Zollamt hat weiters die Möglichkeit Gegenstände, die für die Verwirklichung des Delikts benutzt wurden oder dazu bestimmt waren (z. B. Fahrzeuge, Koffer, Rohstoffe) für verfallen zu erklären. Verfall bedeutet, dass man nicht mehr Eigentümer der Sache ist, sondern das Eigentum auf den Staat übergeht.

Für den Schmuggel ist neben einer Geldstrafe eine Freiheitsstrafe zwischen drei Monaten und vier Jahren vorgesehen.

Abgabenbetrug begeht z. B., wer unter Verwendung falscher oder gefälschter Urkunden oder mit Hilfe von Scheingeschäften eine Abgabe hinterzieht. Das ist z. B. der Fall, wenn man eine fremde Rechnung fälscht, um Steuern zu sparen. Ein Abgabenbetrug wird – je nach Höhe der Abgabenhinterziehung -– mit einer Freiheitsstrafe von bis zu 10 Jahren bestraft. Zusätzlich kann auch eine Geldstrafe verhängt werden.

Abgabenverkürzung, Verzollungsumgehung, Verkürzung von Eingangsgebühren, Abgabenhehlerei

Werden diese Delikte grob fahrlässig begangen, werden sie mit einer Geldstrafe bis zu 100 % des Verkürzungsbetrags oder des auf die Ware entfallenden Abgabenbetrags bestraft. Grob fahrlässig ist ein Verhalten, wenn der Fehler einem ordentlichen Menschen in der selben Situation keinesfalls unterlaufen würde.

Achtung: Können Geldstrafen nicht gezahlt oder sonst nicht eingebracht werden, dann droht der Vollzug einer Ersatzfreiheitsstrafe!

4.3 Verlauf eines Finanzstrafverfahrens

Vorerhebung

Kommt es zu Anzeigen bzw. Mitteilungen von Finanzvergehen, muss die Finanzstrafbehörde prüfen, ob genügend Verdachtsgründe vorliegen, um ein Finanzstrafverfahren einzuleiten.

Innerhalb dieser sorgfältigen Prüfung wird genau analysiert, ob die Beschuldigungen gerechtfertigt sind oder nicht. So werden ungerechtfertigte Anschuldigungen bzw. Anzeigen vermieden. Vor Eröffnung des Finanzstrafverfahren werden zudem Informationen von anderen Behörden, Firmen oder Privatpersonen eingeholt.

Vorladung

Bekommen Sie eine Vorladung, lesen Sie diese unbedingt ganz aufmerksam durch. Sie können in einem Finanzstrafverfahren als Verdächtigter, Beschuldigter, Zeuge oder Auskunftsperson vorgeladen sein. Zu Ihrer Vorladung dürfen Sie mit einem Verteidiger erscheinen.

i **Tipp:** Leisten Sie einer Vorladung **als Beschuldigter** in Ihrem Interesse unbedingt Folge! Kleine Missverständnisse oder Unklarheiten lassen sich oftmals in einem Gespräch mit den Bediensteten direkt vor Ort klären. Das schlechteste, was Sie tun können, ist überhaupt nicht zu reagieren und zu hoffen, dass die Sache von alleine geregelt wird. Das ist leider meistens nicht der Fall!

Einleitungsbescheid

Hat die Vorerhebung konkrete Verdachtsgründe gegen den Beschuldigten ergeben, wird dieser mittels Einleitungsbescheid darüber informiert. In diesem wird mitgeteilt, unter welchen Verdachtsgründen der Beschuldigte steht sowie welche Strafbestimmungen relevant sind.

Gegen einen Einleitungsbescheid ist kein Rechtsmittel zulässig, da der Einleitungsbescheid eine Mitteilung ist und zu diesem Zeitpunkt noch nicht über eine Schuld entschieden wird.

Ab dem Zugang des Einleitungsbescheids ist der Beschuldigte Teil des Finanzstrafverfahrens und genießt besondere Rechte.

Vereinfachtes Verfahren – mündliche Verhandlung

Wenn es eine ausreichende Erklärung des Sachverhalts gibt und der Beschuldigte die Gelegenheit zu einer Stellungnahme gehabt hat, kann die Finanzstrafbehörde eine Strafverfügung gemäß § 143 FinStrG erlassen. Bei dieser wird keine mündliche Verhandlung abgehalten, weshalb es auch vereinfachtes Verfahren genannt wird.

Kommt es dann zum Rechtsakt, kann gegen die Strafverfügung ein Einspruch erhoben werden. Dieser muss schriftlich erfolgen, ist aber an keinerlei Form gebunden. Dieser Einspruch lässt die Strafverfügung außer Kraft treten. Eine mündliche Verhandlung wird anschließend als Untersuchungsverfahren abgehalten.

Normales Verfahren

Ist ein vereinfachtes Verfahren nicht möglich oder wurde ein Einspruch gegen die Strafverfügung getätigt, wird ein normales Verfahren abgehalten. Nach der Gelegenheit einer Stellungnahme des Beschuldigten wird eine mündliche Verhandlung angesetzt. In dieser können noch etwaige Beweise vorlegt oder Beweisanträge gestellt werden.

Sind die Ihnen vorgeworfenen Finanzvergehen nicht nachweisbar oder stellt sich im Verfahren heraus, dass Sie die Tat nicht begangen haben, dann hat die Behörde das Verfahren einzustellen und zu beenden. Das Erkenntnis lautet dann auf Einstellung des Verfahrens.

Wird im Verfahren festgestellt, dass Sie dic Tat begangen haben, dann fällt die Finanzstrafbehörde ein Erkenntnis. Dieses lautet in diesem Fall auf Bestrafung.

Ist die mündliche Verhandlung erfolgreich beendet, so ist das Verfahren abgeschlossen. Der Beschuldigte hat ab diesem Zeitpunkt einen Monat Zeit, eine Beschwerde einzubringen. Nützt dieser diese Frist nicht, so wird die Strafverfügung rechtskräftig.

4.4 Zuständigkeit der Finanzstrafbehörden

Bei der Verteilung der Zuständigkeiten ist zunächst zwischen sachlicher und örtlicher und Zuständigkeit zu unterscheiden.

Sachliche Zuständigkeit

Das Finanzstrafverfahren wird für Finanzvergehen im Bereich der Zollverwaltung vom Zollamt Österreich geführt. Liegt kein solches Vergehen vor, ist subsidiär das Amt für Betrugsbekämpfung als Finanzstrafbehörde zuständig. Liegen bestimmte Delikte vor und wird ein bestimmter Betrag überschritten, ist ein Spruchsenat zuständig. Dies verdeutlicht, dass Finanzämter und Zollämter neben ihrer Funktion als Abgabenbehörde auch als Finanzstrafbehörde eingerichtet sind.

In bestimmten Fällen liegt die Zuständigkeit beim Bundesfinanzgericht (BFG). Dies ist z. B. bei vorsätzlich gegangenen Delikten mit einem Hinterziehungsbetrag von mehr als € 100.000,– der Fall. In Fällen des Schmuggels, der Hinterziehung von Eingangs- oder Ausgangsabgaben und der Abgabenhehlerei beträgt der Schwellenwert € 50.000,–.

Örtliche Zuständigkeit

Die örtliche Zuständigkeit wird mit einer Geschäftsverteilung je Finanzstrafbehörde festgelegt, wobei sehr detaillierte Anknüpfungspunkte bestehen. Dieses Vorgehen dient in weiterer Hinsicht auch dazu, einem fairen Verfahren vor dem gesetzlichen Richter gerecht zu werden.

4.5 Rechte und Pflichten des Beschuldigten

Steht eine Person unter Verdacht, ein Finanzvergehen begangen zu haben, ist sie zunächst Verdächtiger. Ab der Verständigung über die Einleitung des Verfahrens oder ab dem Zeitpunkt der ersten Vernehmung ist die Person bis zum rechtskräftigen Abschluss des Verfahrens Beschuldigter. Wird sie verurteilt, ist sie Bestrafter.

Beschuldigte oder Verdächtigte haben das Recht auf eine Rechtsbelehrung. Das bedeutet, dass sie durch die Finanzstrafbehörde sobald wie möglich über das gegen sie geführte Finanzstrafverfahren informiert werden müssen. Außerdem sind die darüber in Kenntnis zu setzen, warum sie Beschuldigter sind und welche Rechte ihnen im Verfahren zustehen.

Der Beschuldigte hat im Wesentlichen folgende weitere Rechte:

- Recht auf Verständigung von der Einleitung eines Strafverfahrens
- Verteidigungsrecht (Selbstverteidigung oder durch einen Verteidiger, allenfalls einen Anspruch auf einen kostenlosen Verteidiger)
- Anwesenheits- und Mitwirkungsrechte
- Beweisantragsrecht
- Recht auf Parteiengehör
- Recht auf Akteneinsicht
- Recht auf angemessene Verfahrensdauer
- Recht auf Ablehnung befangener Organe
- Recht auf Verweigerung der Aussage

Vernehmung des Beschuldigten

Die Finanzstrafbehörde ist verpflichtet, den Beschuldigten zur Vernehmung zu laden oder ihn zu einer schriftlichen Rechtsfertigung aufzufordern. Ist sein persönliches Erscheinen ausdrücklich gefordert und erscheint er unentschuldigt nicht, kann er zwangsweise vorgeführt werden. In allen anderen Fällen kann er sich durch einen Vertreter vertreten lassen.

Vor Beginn der ersten Vernehmung hat die Behörde dem Beschuldigten insbesondere bekanntzugeben, unter welchem Tatverdacht er steht und dass eine Beiziehung eines Verteidigers möglich ist.

Es ist auch über das Recht zu belehren, die Aussage zu verweigern. Der Beschuldigte ist also nicht verpflichtet, sich zur Sache zu äußern bzw. sich selbst zu belasten. Soweit der Kontakt zum Verteidiger nicht eingeschränkt ist, hat er auch das Recht, sich zuvor mit diesem zu beraten.

Weiters ist darauf hinzuweisen, dass Aussagen des Beschuldigten einerseits zu der eigenen Verteidigung, andererseits aber auch als Beweismittel gegen ihn gelten.

Schließlich ist er über seine Personalien zu befragen, wobei auch Fragen über Einkommens-, Vermögens- und Familienverhältnisse zulässig sind.

Der Beschuldigte darf nicht zur Aussage gezwungen werden. Dabei ist weder physischer noch psychischer Zwang (z.B. durch Drohung, Unterdrucksetzung, unangemessen lange Verhöre) zulässig. Verstöße gegen diese Gebote führen zu einem Verwertungsverbot dieser Beweismittel. Darüber hinaus sind Fangfragen grundsätzlich unzulässig. Darunter versteht man Fragen, in welchen nicht zugegebene Tatsachen als bereits zugegeben angenommen werden. Sie sind allerdings als ultima ratio zulässig. Falls dies erforderlich ist, ist die Zuziehung eines Dolmetschers erforderlich.

Als Beschuldigter stehen Sie nicht unter Wahrheitspflicht. Sie können als Beschuldigter auch nicht zur Aussage gezwungen werden. Sie sollten allerdings bedenken, dass ein Geständnis ein wichtiger Milderungsgrund im Falle einer Bestrafung sein kann.

Zeugen

Als Zeuge kommt grundsätzlich jede vom Beschuldigten verschiedene natürliche Person in Betracht, die aufgrund der eigenen Wahrnehmung Angaben über bestimmte Vorgänge in der Außenwelt machen kann. Relevant sind nur Angaben, die für das Finanzstrafverfahren von Bedeutung sind.

Zeugen sind nicht unter allen Umständen verpflichtet, auszusagen. In bestimmten Fällen darf die Aussage verweigert werden:

- Angehörige des Beschuldigten dürfen die Aussage zur Gänze verweigern. Dies ist allerdings bloß ein Recht. Sagt der Angehörige gegen den Beschuldigten aus, so ist die Aussage zulässig.
- Die Beantwortung einzelner Fragen kann verweigert werden, wenn mit ihrer Beantwortung die Gefahr einer strafgerichtlichen oder finanzstrafbehördlichen Verfolgung insbesondere für den Zeugen oder seine Angehörigen verbunden ist.
- Die Beantwortung einzelner Fragen kann weiters verweigert werden, wenn dadurch eine Gefahr eines Vermögensnachteils oder einer Schande für den Zeugen oder seines Angehörigen verbunden ist.
- Auch kann die Aussage hinsichtlich einzelner Fragen verweigert werden, wenn deren Beantwortung eine gesetzlich anerkannte Verschwiegenheitspflicht (z.B. Ärzte) entgegensteht oder ein Kunst- oder Betriebsgeheimnis verletzen würde.
- Das gleiche gilt für berufsmäßige Parteienvertreter (z.B. Rechtsanwälte) und deren Hilfskräfte über Umstände, die ihnen in ihrer Vertretereigenschaft zur Kenntnis gelangt sind.

Allgemein ist festzuhalten, dass den Zeugen die Verpflichtung trifft, wahrheitsgemäß auszusagen und nichts zu verschweigen. Eine falsche Zeugenaussage ist nach dem StGB strafbar. Auch er darf zur Aussage nicht gezwungen werden, wobei Zwangsstrafen allerdings zulässig sind.

4.6 Selbstanzeige

Die Selbstanzeige ist ein Strafaufhebungsgrund. Das bedeutet, dass die bei Setzung der Tathandlung angedrohte Strafe wegfällt. Durch dieses Institut blieben Finanzbehörden schwierige Ermittlungsverfahren erspart, wobei die versäumte Handlung gleichzeitig nachgeholt wird.

Die strafbefreiende Wirkung tritt nur ein, wenn die gesetzlich erforderten Voraussetzungen erfüllt sind. Die Selbstanzeige kann in mündlicher oder schriftlicher Form ergehen.

Voraussetzungen

- **Offenlegung der Verfehlung**

  Die Abgabe muss dargelegt werden. Der Behörde ist die Verfehlung bzw. der Sachverhalt so präzise zu beschrieben, dass sie in die Lage versetzt wird, ohne langwierige Nachforschungen in der Sache rasch und richtig zu entscheiden. Insbesondere muss der Behörde mitgeteilt werden, dass es innerhalb eines bestimmten Zeitraums zu einer Verkürzung gekommen ist. Es genügt jedoch z. B. die Einreichung einer berichtigten Erklärung.

  Tipp: War Ihre Einkommensteuererklärung unrichtig und geben Sie eine „Berichtigte Jahreserklärung" ab, dann ergibt sich daraus, dass die ursprüngliche eingereichte Erklärung unrichtig war.

- **Offenlegung der bedeutsamen Umstände:**

  Um der Behörde die Basis für eine rasche und richtige Entscheidung hinsichtlich des Abgabenanspruchs zu liefern, sind bei Verkürzungsdelikten die bedeutsamen Umstände präzise offenzulegen.

- **Entrichtung der Beträge**

  Die Beträge, die sich bei Einhaltung der Abgabenvorschriften ergeben, müssen binnen einer Frist von einem Monat tatsächlich entrichtet werden. Die Frist beginnt bei selbst zu berechnenden Abgaben (UVA, Lohnsteuer) mit der Selbstanzeige, in allen übrigen Fällen (ESt, KÖSt) mit der Bekanntgabe des Abgabenbescheids.

- **Rechtzeitigkeit der Anzeige**

  Erfolgt die Selbstanzeige nicht rechtzeitig, wirkt sie nicht strafbefreiend. Die Selbstanzeige ist beispielsweise zu spät, wenn die Tat zum Zeitpunkt der Selbstanzeige bereits ganz oder teilweise entdeckt war, die Anzeige bei Betretung auf frischer Tat erfolgt oder gegen den Anzeiger/anderen Tatverdächtigen bereits Verfolgungshandlungen gesetzt waren. Bei Verstößen gegen Zollvorschriften reicht es aus, dass die Entdeckung der Tat unmittelbar bevorstand.

  Bei Betriebsprüfungen sind Selbstanzeigen hinsichtlich vorsätzlichen Finanzvergehen vor Beginn der Prüfung zu stellen. Bei einem grob fahrlässigen und vorsätzlichen Verstoß ist darüber hinaus ein Strafzuschlag zu entrichten.

  Tipp: Die Selbstanzeige ist auch dann noch wirksam, wenn die Behörde eine Abgabenverkürzung nur vermutet. Auch dann, wenn der Steuerpflichtige nur vermutet, dass die Behörde bereits Kenntnis hat. Bloße Ermittlungen sind noch keine strafbehördliche Verfolgungshandlung. Daher ist die Selbstanzeige selbst dann noch möglich und rechtzeitig, wenn der Steuerpflichtige mit der Entdeckung der Tat bereits rechnen musste (anders aber bei Zollvergehen! Siehe bereits oben).

- **Täterbenennung**

  Die Selbstanzeige wirkt nur für den Anzeiger selbst und die Person, für die sie erstattet wird. Eine Strafaufhebung kommt auch für Personen, die in der Selbstanzeige angeführt sind, in Betracht.

- **Einbringung**

  Der Einbringungsort richtet sich nach der Art des Delikts. Wenn die Selbstanzeige hinsichtlich Delikten, die der Handhabung des Zollamts unterliegen, haben gegenüber einem Zollamt zu erfolgen. Die Selbstanzeige in Abgabeangelegenheiten ist gegenüber einem Finanzamt oder dem Amt für Betrugsbekämpfung zu erstatten.

4.7 Verkürzungszuschlag

Der Steuerpflichtige kann ein drohendes Finanzstrafverfahren abwehren, wenn er dafür einen Verkürzungszuschlag von 10 % entrichtet. Es müssen folgende Voraussetzungen erfüllt sein:

- Die Steuernachforderung darf für ein Jahr insgesamt nicht mehr als € 10.000.– und bei mehreren Jahren in Summe nicht mehr als € 33.000,– betragen.
- Der Steuerpflichtige hat einen Rechtsmittelverzicht gegen den Verkürzungszuschlag erklärt,
- Die Steuernachforderung und der Verkürzungsbetrag sind innerhalb eines Monats nach der Festsetzung zu bezahlen.

Ein Verkürzungszuschlag ist ausgeschlossen, wenn ein Strafverfahren bereits anhängig ist, eine Selbstanzeige vorliegt oder Wiederholungsgefahr besteht und eine Bestrafung erforderlich ist, um den Täter von der Begehung neuerlicher Strafen abzuhalten.

4.8 Vertretung & kostenlose Verfahrenshilfe

Es gibt die Möglichkeit, sich in einem Finanzverfahren durch einen Verteidiger vertreten zu lassen. Dabei kommen vor allem Rechtsanwälte und Notare in Betracht. Unter gewissen Umständen muss man dann nicht einmal persönlich zum Verhandlungstermin erscheinen. Weiters kann auch eine Zustellungsvollmacht erteilt werden. In diesem Fall erhält der jeweilige Vertreter alle Zustellungen und kann diese bearbeiten.

Bei gerichtlichen Finanzstrafverfahren muss ein Verteidiger hinzugezogen werden, wobei man zusätzlich auch noch einen Wirtschaftstreuhänder hinzuziehen kann.

Ist es für den Beschuldigten nicht möglich, die Kosten für ein Verfahren vor dem Spruchsenat zu tragen, ist ihm für das gesamte Verfahren oder für einzelne Verfahrenshandlungen unentgeltlich ein Verteidiger zur Verfügung zu stellen. Voraussetzung dafür ist, dass der eigene Unterhalt bzw. der der Familie durch die Bezahlung der Verteidigerkosten gefährdet wäre. Die Kosten der Verteidigung trägt dann die Kammer der Wirtschaftstreuhänder. Die unentgeltliche Verteidigung erfolgt jedoch nur, wenn dies im Interesse einer zweckentsprechenden Verteidigung erforderlich ist. Bei kleineren Finanzvergehen, bei dem kein Spruchsenat zuständig ist, ist dies nicht der Fall. Im Falle eines gerichtlichen Finanzstrafverfahrens kann, wie bei der Zuständigkeit des Spruchsenats, Verfahrenshilfe gewährt werden, da in diesem Fall die Pflicht besteht, einen Verteidiger hinzuziehen.

Gem. § 292 Abs 1 BAO kann ein Abgabenpflichtiger im Rahmen eines Beschwerdeverfahrens (z.B. Bescheid- oder Maßnahmenbeschwerde) einen Antrag auf Verfahrenshilfe stellen. Der Antrag muss grundsätzlich bei einem Verwaltungsgericht eingebracht werden. Die Anwendung des § 292 BAO ist jedoch bei Verfahren vor der Abgabenbehörde oder bei Anbringen an das Verwaltungsgericht außerhalb von Beschwerdeverfahren jedoch nicht möglich.

i Voraussetzung für eine Verfahrenshilfe im Rahmen des § 292 Abs 1 BAO ist eine Rechtsfrage, welche noch nicht durch ständige Judikatur geklärt wurde und überdurchschnittlich komplex ist. Die Beiziehung einer Verfahrenshilfe muss daher aufgrund der Rechtsfrage notwendig sein, um die Verfahrenshilfe zu bewilligen. Weiters ist die Verfahrenshilfe nur dann zu bewilligen, wenn es für die Partei nicht möglich ist, die Kosten des Verfahrens ohne die Gefährdung des Unterhalts zu tragen und die Rechtsverteidigung nicht aussichtslos erscheint.

Sollte der Antrag auf Verfahrenshilfe gem. § 292 Abs 1 BAO abgelehnt werden, kann eine Beschwerde beim VfGH oder eine Revision beim VwGH erhoben werden.

4.9 Don’ts – Was sie auf keinen Fall tun sollten

- Sie sollten keinesfalls unvertreten zu einem Finanzstrafverfahren erscheinen. Möglicherweise sagen Sie sonst Dinge, die Sie in eine missliche Lage bringen können und zusätzlich belasten.
- Sie sollten auf keinen Fall vergessen abzuklären, ob Sie einen Anspruch auf kostenlose Verfahrenshilfe haben. Dies tun Sie idealerweise, bevor Sie zu einem Termin vor Gericht oder zur Finanzstrafbehörde müssen.
- RSa- und RSb-Briefe sollten keinesfalls ignoriert werden. Diese können nämlich wichtige Informationen für Sie enthalten (z.B. Vorladungen). Wenn Sie beispielsweise einer Vorladung nicht Folge leisten, kann dies unangenehme Konsequenzen für Sie haben.
- Sie sollten es vermeiden, zu spät zu Terminen vor Gericht oder bei der Finanzstrafbehörde zu erscheinen. Dadurch begeben Sie sich in die Gefahr, die jeweils zuständigen Personen zu verärgern. Dies stellt keinen guten Beginn für eine Verhandlung dar.
- Eine unvollständige Selbstanzeige sollten Sie unterlassen, da diese nicht vollends strafbefreiend wirken würde. Lassen Sie sich vorher lieber beraten, um so das beste Ergebnis für Sie herauszuholen.
- Vor Gericht sollten Sie sich nicht mit dem Richter streiten oder ihn provozieren.
- Außerdem sollten Sie nicht auf einer falschen Aussage beharren, obwohl der Richter das genaue Gegenteil beweisen kann. Damit begeben Sie sich ebenfalls nur in die Gefahr, diesen zu verärgern.
- Sie sollten es unterlassen, sich nicht einsichtig zu zeigen, wenn es offensichtlich ist, dass Sie nicht im Recht sind.

Allgemein gilt, dass Sie sich von einem Experten beraten lassen sollten, wenn Sie sich nicht sicher sind!

F Anhang

Anhang

1 Nützliche Internetadressen

Neben den aktuellen Steuerformularen bietet www.bmf.gv.at auch eine Online- und eine Download-Version der Steuerrichtlinien. Die Steuerrichtlinien sind ein umfassendes Nachschlagewerk zu den verschiedensten Bereichen des Steuerrechts. Zurzeit gibt es Richtlinien zu den Themen Lohnsteuer, Einkommensteuer, Umsatzsteuer, Körperschaftsteuer, Vereinsbesteuerung, Stiftungsbesteuerung, Umgründungssteuer, Gebühren und Investmentfonds.

Von www.bmf.gv.at gelangen Sie auch direkt zu der Homepage von FinanzOnline. Dort können Sie Ihre Steuererklärung bequem von zu Hause aus abgeben. Wie Sie dieses Service nutzen können, erfahren Sie auf 281.

Stichwort	**Adresse**
Einkommensteuerrichtlinien 2000	www.bmf.gv.at
Finanzjournal	www.finanzjournal.at
Gesetzestexte	www.ris.bka.gv.at
Kammer der Wirtschaftstreuhänder	www.ksw.or.at
Lohnsteuerrichtlinien 2002	www.bmf.gv.at
Steuerberatung	www.steuerservice.at
Steuerberatung für Ärzte	www.medmanagement.at
Steuer- und Wirtschafts-Kartei	www.swk.at
Verfassungsgerichtshof-Urteile	www.ris.bka.gv.at
Verwaltungsgerichtshof-Urteile	www.ris.bka.gv.at
Sozialversicherungdatenbank	www.sozdok.at
Bund der Steuerzahler	www.steuerzahler.at
Verein österreichischer Investment-Gesellschaften	www.voeig.at

2 Stichwortverzeichnis

Absetzbetrag: Der Absetzbetrag ist jener Betrag, der direkt von der Steuerschuld abgezogen wird und so direkt die Steuerlast senkt. Dazu zählen etwa der Alleinverdiener- oder der allgemeine Absetzbetrag.

Absetzung für Abnutzung: Die Anschaffungs- bzw. Herstellungskosten von abnutzbarem Anlagevermögen (z.B. Maschinen, Gebäude, KFZ) werden gleichmäßig auf die betriebsgewöhnliche Nutzungsdauer verteilt und als AfA steuerlich geltend gemacht.

Anlagevermögen: Das Anlagevermögen sind jene Wirtschaftsgüter, die dazu bestimmt sind, dauernd (d.h. während der betriebsgewöhnlichen Nutzungsdauer) dem Betrieb zu dienen. Dieses kann abnutzbar (z.B. der Computer im Arbeitszimmer) oder auch nicht abnutzbar (Grund und Boden) sein.

Arbeitslosengeld: Das Arbeitslosengeld stellt eine Überbrückungshilfe dar, die vom Arbeitsmarktservice ausbezahlt wird. Voraussetzungen dafür sind Arbeitsfähigkeit, Arbeitswilligkeit und Arbeitslosigkeit, Erfüllung der Anwartschaft und noch keine Ausschöpfung der Bezugsdauer.

Außergewöhnliche Belastungen: Kosten der privaten Lebensführung können nicht steuermindernd geltend gemacht werden. Unter bestimmten Umständen mindern sie die steuerliche Bemessungsgrundlage. Dazu gehören z.B. Begräbniskosten, Katastrophenschäden, auswärtige Berufsausbildung und andere.

Barwert ist jener Betrag, den man (bei einem bestimmten Zinssatz) einmalig einzahlen müsste, um später die gewünschten, regelmäßigen Rückflüsse (Renten) zu erhalten.

Bemessungsgrundlage ist die Basis bzw. der Betrag, von welcher/m die Steuer berechnet wird.

Beschränkte Steuerpflicht: Hat ein Steuerpflichtiger keinen Wohnsitz oder gewöhnlichen Aufenthalt im Inland, unterliegt er der beschränkten Steuerpflicht. Es werden nur inländische Quellen oder im Inland verwirklichte Tatbestände besteuert (z.B. Einkommen aus Vermietung einer Immobilie). Ist der Steuerpflichtige hingegen unbeschränkt steuerpflichtig, dann unterliegt sein gesamtes Welteinkommen – egal in welchem Land es erzielt worden ist – der Steuerpflicht in Österreich.

Betriebsausgaben: Unter Betriebsausgaben sind Minderungen des Betriebsvermögens zu verstehen, die durch den Betrieb veranlasst sind und in einem wirtschaftlichen Zusammenhang mit dem Betrieb stehen. Das können beispielsweise Beiträge zu gesetzlichen Pflichtversicherungen oder auch Reisekosten sein. Von Betriebsausgaben wird immer nur im Zusammenhang mit den betrieblichen Einkunftsarten (Land- und Forstwirtschaft, selbständige Tätigkeit und Gewerbebetrieb) gesprochen.

Betriebseinnahmen sind alle betrieblich veranlassten Mehrungen des Betriebsvermögens. Das sind beispielsweise laufende Erlöse, Erlöse aus Anlagenverkäufen, Entschädigungen oder Schuldnachlässe. Betriebseinnahmen können nur im Rahmen der betrieblichen Einkunftsarten (Land- und Forstwirtschaft, selbständige Tätigkeit und Gewerbebetrieb) anfallen.

Betriebsgewöhnliche Nutzungsdauer: Ist jener Zeitraum, für den die Nutzung eines Wirtschaftsguts wirtschaftlich sinnvoll ist. Einige sind vom Gesetzgeber festgelegt (z. B. Firmenwertabschreibung oder PKW und Kombi).

Betriebsvermögen: Die Zuordnung von Wirtschaftsgütern zum Betriebsvermögen ist deshalb von Bedeutung, weil die Einnahmen und Ausgaben, die mit den zum Betriebsvermögen gehörenden Wirtschaftsgütern in Zusammenhang stehen, steuerlich als Betriebseinnahmen und Betriebsausgaben zu erfassen sind. Im Falle von Betriebsvermögen sind auch Wertschwankungen sowie Gewinne und Verluste aus Veräußerungen zu berücksichtigen.

Betriebsvermögensvergleich: Dieser dient der Gewinnermittlung. Der Gewinn ist der Unterschiedsbetrag zwischen dem Betriebsvermögen am Schluss des Wirtschaftsjahres und dem Betriebsvermögen am Schluss des vorangegangenen Wirtschaftsjahres.

Einkommen: Das ist der Gesamtbetrag der Einkünfte nach Ausgleich von Verlusten und nach Abzug der Sonderausgaben, der außergewöhnlichen Belastungen sowie der Freibeträge für Landarbeiter und Inhaber von Amtsbescheinigungen und Opferausweisen.

Einkünfte: Das ist das positive oder negative Ergebnis bei den einzelnen Einkunftsarten nach Abzug der Betriebsausgaben oder Werbungskosten, wobei zwischen folgenden sieben Einkunftsarten unterschieden wird:

1. **Einkünfte aus Land- und Forstwirtschaft:** Einkünfte aus dem Betrieb einer Landwirtschaft, Wein-, Garten-, Obst- und Gemüsebau sowie aus Tier- und Fischzucht.
2. **Einkünfte aus selbständiger Arbeit:** Einkünfte aus freiberuflicher Tätigkeit, sonstige selbständige Arbeiten, Gewinnanteile der Gesellschaft von Gesellschaftern, bei denen die Gesellschafter als Mitunternehmer anzusehen sind.
3. **Einkünfte aus Gewerbebetrieb:** Betätigungen, die die Merkmale Selbständigkeit, Nachhaltigkeit, Gewinnerzielungsabsicht, Beteiligungen am allgemeinen wirtschaftlichen Verkehr aufweisen und weder als Land- und Forstwirtschaft noch als selbständige Arbeit eingestuft werden.
4. **Einkünfte aus nichtselbständiger Arbeit:** Entgelte aus einem bestehenden oder früheren Dienstverhältnis, sowie Bezüge von Gesellschaftern, deren Beteiligung unter 25 % liegt.
5. **Einkünfte aus Kapitalvermögen:** Früchte der entgeltlichen Überlassung von Kapital, Substanzgewinne bzw. –verluste, sowie Einkünfte aus Derivaten.
6. **Einkünfte aus Vermietung und Verpachtung:** Erträge aus der entgeltlichen Nutzungsüberlassung von bestimmten körperlichen und unkörperlichen Wirtschaftsgütern.
7. **Sonstige Einkünfte:** Wiederkehrende Bezüge, Einkünfte aus privaten Grundstücksveräußerungen und Spekulationsgeschäften sowie aus Leistungen.

Einnahmen: Das sind die positiven Zuflüsse innerhalb der einzelnen Einkunftsarten vor Abzug der Betriebsausgaben oder der Werbungskosten.

Einnahmen-Ausgaben-Rechnung ist eine vereinfachte Art der Gewinnermittlung unter Anwendung des Zufluss-Abflussprinzips. Ein Geschäftsfall wird grundsätzlich dann erfasst, wenn auch die zugehörigen Geldströme fließen. Üblicherweise sind Freie Berufe und kleine Gewerbebetriebe Einnahmen-Ausgaben-Rechner.

Elektronische Rechnung: Elektronische Rechnungen berechtigen seit 1.1.2013 auch dann zum Vorsteuerabzug, wenn sie als E-Mail, E-Mail Anhang, Internet Download, PDF- Datei oder als reine Textdatei übermittelt werden – unter der Voraussetzung, dass die umsatzsteuerrechtlichen Formvorschriften einer Rechnung eingehalten werden.

Endbesteuerung: Die Einbehaltung der Kapitalertragsteuer auf Einkünfte aus Kapitalvermögen an der Quelle mit der Wirkung der Einkommensteuerabgeltung wird als Endbesteuerung bezeichnet. Somit werden diese bei der Einkommensteuer nicht mehr berücksichtigt. Dies trifft vor allem Zinsen auf Sparguthaben und Forderungswertpapiere.

Familienbeihilfe: Wohnen Kinder im selben Haushalt wie die Eltern, oder leisten die Eltern für diese überwiegend Unterhalt, besteht ein Anspruch auf Familienbeihilfe. Der Anspruch ist unabhängig von Beschäftigung oder Einkommen der Eltern. Für Kinder mit einer mindestens 50 %igen Behinderung steht eine erhöhte Familienbeihilfe zu.

Familienbonus Plus: Der Steuerabsetzbetrag steht jedem zu, der in Österreich unbeschränkt steuerpflichtig ist und für ein Kind Familienbeihilfe bezieht. Der Familienbonus Plus ersetzt seit 2019 den Kinderfreibetrag und die Kinderbetreuungskosten.

Familienwohnsitz: Einen Wohnsitz hat jemand dort, wo er eine Wohnung innehat und darauf schließen lässt, dass er diese beibehält und benutzen wird. Kinder ohne eigenen Wohnsitz wohnen grundsätzlich bei den Eltern. Der steuerliche Wohnsitz ist unabhängig von der polizeilichen Meldung.

Freibetrag: Ein Freibetrag ist ein bei der Ermittlung der Steuerbemessungsgrundlage abzugsfähiger Betrag, der endgültig steuerfrei bleibt. So gibt es unter bestimmten Voraussetzungen bei der Veräußerung eines Betriebs einen Freibetrag.

Freigrenzen sind Teile der Bemessungsgrundlage der Steuer, die bis zu deren Obergrenzen steuerfrei sind. Wird diese aber überschritten, ist der volle Betrag (ohne Abzug der Freigrenze) steuerpflichtig. So sind z.B. Spekulationsgeschäfte, wenn sie den Freibetrag übersteigen, voll steuerpflichtig.

Freiwillige Weiterversicherung: Darunter sind im Wesentlichen Beiträge an freiwillige Kranken-, Unfall-, Pensions- und Lebensversicherungen zu verstehen. Diese werden gewöhnlich als Sonderausgaben steuerlich anerkannt.

Genussscheine werden von Unternehmen ausgegeben und können verschiedene Rechte beinhalten, wie z.B. einen bestimmten Anteil am Gewinn des Unternehmens. Anschaffungen von Genussscheinen im Sinne des Beteiligungsfondsgesetzes gelten unter bestimmten Bedingungen als abzugsfähige Sonderausgaben.

Geringfügige Beschäftigung: Liegt das Gehalt bei echten oder freien Dienstnehmern unter der Geringfügigkeitsgrenze von aktuell € 518,44 (= Wert im

Jahr 2024) tritt keine Pflichtversicherung ein, wodurch es auch zu keinem Sozialversicherungsabzug kommt. Der Dienstnehmer ist jedoch im Rahmen seiner Tätigkeit unfallversichert.

Geringwertiges Wirtschaftsgut (GWG): Güter, die einen Anschaffungswert von unter € 1.000,– haben (ab 1.1.2023, bislang galt eine Grenze von € 800,–), werden (aus Gründen der Vereinfachung) sofort vollständig als Betriebsaufwand oder Werbungskosten verbucht, auch wenn die Nutzungsdauer ein Jahr übersteigt. Gängige Beispiele dafür sind der Tischrechner oder das Mobiltelefon.

Gesetzlicher Unterhalt: Jene gesetzlich geregelten Zahlungen, die für ein nicht im Haushalt lebendes Kind zu leisten sind. Wird keine Familienbeihilfe bezogen, so steht der Unterhaltsabsetzbetrag zu.

Gewinnanteile: Beteiligungserträge aufgrund einer Beteiligung (Gesellschaftsanteile oder auch Genussrechte) an einer inländischen Kapitalgesellschaft (AG oder GmbH) und Erwerbs- oder Wirtschaftsgenossenschaft werden als Gewinnanteile bezeichnet.

Hälftesteuersatzbegünstigung: Für bestimmte Einkünfte ist der halbe Durchschnittssteuersatz vorgesehen. Dazu zählen etwa Lizenzgebühren oder auch außerordentliche Einkünfte sowie Einkünfte aus Beteiligungen, sofern diese nicht endbesteuert sind.

Höchstbeitragsgrundlage: Existiert eine Höchstbeitragsgrundlage (2024: Dienstnehmer € 6.060,–/Monat, Selbständige € 6.060,–/Monat), werden die Sozialversicherungsbeiträge maximal von dieser Bemessungsgrundlage berechnet, auch wenn sie mehr verdienen.

Immobilienbesteuerung: Sämtliche Verkäufe von Immobilien sind unabhängig von der Behaltedauer und der Zurechnung zu Privat- oder Betriebsvermögen einkommensteuerpflichtig.

Kapitalertragsteuer (KESt): Diese wird auf im Inland bezogene Kapitalerträge einbehalten. Zu versteuern sind z.B. Bezüge aus Aktien oder Anteilen einer GmbH, aber auch Bankzinserträge. Zur Einbehaltung und Abfuhr der Kapitalertragsteuer ans Finanzamt ist die auszahlende Stelle (z.B. Bank) verpflichtet.

Kinderabsetzbetrag: Berücksichtigt die Versorgungspflicht von Kindern. Wird für ein Kind Familienbeihilfe bezogen, so besteht ein Anspruch auf den Kinderabsetzbetrag.

Kinderbetreuungskosten: Der Familienbonus Plus ersetzt ab 2019 die Kinderbetreuungskosten und den Kinderfreibetrag. Nur bei Arbeitnehmerveranlagungen bis inklusive 2018 können bis zum 10. Lebensjahr die Kinderbetreuungskosten von höchsten € 2.300,– abgesetzt werden.

Kirchenbeitrag: Beiträge an gesetzlich anerkannte Kirchen und Religionsgesellschaften können bis höchstens € 600,– als Sonderausgabe steuerlich abgesetzt werden.

Leasing ist das mietweise Überlassen von Investitions- und Gebrauchsgütern. Häufige Leasing-Objekte sind Fahrzeuge, aber auch Bürogeräte.

Lohnsteuerpflichtige Bezüge sind Bezüge, die zur Ermittlung der Lohnsteuer herangezogen werden. Beispiele sind das monatliche Gehalt oder der monatliche Lohn.

Lohnzettel: Der Lohnzettel enthält die Abrechnung der Lohn- bzw. Gehaltszahlungen eines Jahres und ist vom Dienstgeber bis zum 31. Jänner des Folgejahres für alle im Kalenderjahr beschäftigten Arbeitnehmer an das Betriebsstättenfinanzamt zu übermitteln. Daher ist es auch nicht notwendig, dass der Dienstnehmer seine Lohnzettel der Steuererklärung beilegt.

Pauschalierung: Unter bestimmten Umständen werden entweder der Reingewinn oder die Betriebsausgaben pauschal mit Durchschnittssätzen ermittelt. Verwendet werden entweder allgemeine oder branchenspezifische Sätze.

Pendlerpauschale: Grundsätzlich werden die Fahrtkosten zwischen Wohnung und Arbeitsstätte durch den Verkehrsabsetzbetrag gedeckt, unter bestimmten Voraussetzungen wird aber auch eine „kleine" bzw. „große" Pendlerpauschale gewährt.

Rente: Renten sind regelmäßig wiederkehrende Leistungen (z.B. monatliche Zahlungen) aufgrund eines besonderen vermögenswerten Anspruchs. Der insgesamt auszuzahlende Betrag steht zumeist nicht immer fest, weil er von ungewissen Ereignissen abhängig ist (Leibrente). Die steuerliche Behandlung hängt davon ab, um welche Art der Rente es sich handelt (z.B. Kaufpreisrente oder Versorgungsrente).

Selbstbehalt bei außergewöhnlichen Belastungen: Bestimmte Belastungen der privaten Lebensführung können als außergewöhnliche Belastungen geltend gemacht werden. Bei einigen ist allerdings ein Selbstbehalt vorgesehen, wie z.B. bei den Kosten auswärtiger Berufsausbildung der Kinder oder verschiedenen Krankheitskosten, wo nur ein monatlicher Pauschalbetrag gewährt wird.

Solidarabgabe: Seit 2013 (nicht mehr befristet seit dem Abgabenänderungsgesetz 2014) werden Sonderzahlungen einem progressiven Steuertarif unterworfen. Betroffen sind jedoch nur Bruttoeinkommen aus unselbständiger Tätigkeit über € 13.280,– pro Monat, für darunter liegende Einkommen bleibt der Steuersatz von 6 % erhalten.

Sonderausgaben sind überwiegend Kosten der privaten Lebensführung, die aber nicht mit dem Einkommen zusammenhängen. Die wichtigsten sind Renten und dauernde Lasten, freiwillige Personenversicherungen und die Wohnraumschaffung und -sanierung.

Spendenabsetzbarkeit: Spenden an begünstigte Spendenempfänger können seit der Steuerreform 2009 geltend gemacht werden. Die Listen der begünstigten Spendenempfänger können auf der Homepage des Finanzministeriums oder beim Finanzamt eingesehen werden.

Steuerpflichtiges Einkommen: Das ist jenes Einkommen, das ein Steuerpflichtiger innerhalb eines Kalenderjahres bezogen hat. Vom Gesamtbetrag aller Einkünfte werden Sonderausgaben und außergewöhnliche Belastungen abgezogen und ergeben somit das zu versteuernde Einkommen.

Stille Reserven: Als stille Reserve wird die in der Bilanz nicht sichtbare Wertdifferenz zwischen dem Buchwert und dem tatsächlichen Wert eines Wirtschaftsguts bezeichnet. Beim Ausscheiden eines Wirtschaftsguts werden die darauf vorhandenen stillen Reserven aufgedeckt und erhöhen den zu versteuernden Gewinn.

Umsatzsteuer (USt): Wird – wie der Name schon sagt – auf den Umsatz, also den Verkaufspreis aufgeschlagen. Der Öffentlichkeit ist sie meist als „Mehrwertsteuer" geläufig.

Umsatzsteuervoranmeldung (UVA): Durch die UVA meldet der Unternehmer dem Finanzamt monatlich die angefallenen Umsätze bzw. Vorsteuern.

Unbeschränkte Steuerpflicht: Dies bedeutet, dass grundsätzlich alle in- und ausländischen Einkünfte („Welteinkommen") in Österreich der Einkommensteuer unterliegen. Personen, die in Österreich einen Wohnsitz oder gewöhnlichen Aufenthalt haben, fallen darunter.

Veranlagungsjahr: Dieses ist das Jahr, für das eine Steuererklärung abgegeben wird. Alle in ein Veranlagungsjahr fallenden Einkünfte sind in der betreffenden Steuererklärung für ein Jahr zu erfassen.

Vorsteuer (VSt): Jene Umsatzsteuer, die ein Unternehmer beim Einkauf eines Gutes / einer Dienstleistung bezahlt, stellt für ihn eine Vorsteuer dar. Er kann sie (in der Regel) beim Finanzamt zurückholen. Auch eine Einfuhrumsatzsteuer oder eine Erwerbsteuer (beim Import) kann in der Umsatzsteuervoranmeldung als Vorsteuer abgezogen werden.

Verkehrsabsetzbetrag: Der Verkehrsabsetzbetrag in Höhe von € 463,– deckt die Fahrtkosten für den Arbeitsweg. Er wird mit der Lohnabrechnung automatisch berücksichtigt.

Werbungskosten sind Aufwendungen oder Ausgaben zum Erwerb bzw. zur Sicherung oder Erhaltung der Einnahmen (des Einkommens) eines Steuerpflichtigen. Dazu gehören u.a. Schuldzinsen, Abgaben- und Versicherungsbeiträge oder auch Aufwendungen für Arbeitsmittel.

Werbungskostenpauschale: Deckt alle nicht vom Arbeitgeber zu berücksichtigenden Werbungskosten ab. Höhere Werbungskosten können geltend gemacht werden und vermindern die Steuer.

Wirtschaftsgut: Als Wirtschaftsgüter bezeichnet man alle im wirtschaftlichen Verkehr nach der Verkehrsauffassung selbständig bewertbaren Güter jeder Art, wenn im Rahmen des Gesamtkaufpreises des Unternehmens ein besonderes Entgelt angesetzt wird. Es gibt sowohl **aktive** Wirtschaftsgüter (z.B. Waren, Maschinen) als auch **passive oder negative** Wirtschaftsgüter (z.B. Lieferantenverbindlichkeiten, Bankkredite). Eine weitere Unterscheidung ist jene in **materielle und immaterielle** Wirtschaftsgüter. Zu der ersten Gruppe gehören beispielsweise Waren, Bargeld und Gebäude. Unter die immateriellen Wirtschaftsgüter fallen z.B. Erfindungen, Software, Lizenzen und Mietrechte.

Zahllast: Übersteigt die monatlich erhaltene Umsatzsteuer (durch Verkäufe) die bezahlte Vorsteuer (durch Einkäufe), dann ergibt sich eine Steuerschuld, die man als Zahllast bezeichnet.

Zeitwert ist der auf dem Markt erzielbare Wert für ein (gebrauchtes) Gut.

Zufluss-Abfluss-Prinzip: Dieses regelt die zeitliche Zuordnung von Geschäftsfällen. Einnahmen liegen dann vor, wenn dem Steuerpflichtigen Geld oder geldwerte Vorteile zufließen.

3 Index